国家社科基金一般项目（批准号：16BWW025）
河南省科技创新人才支持计划（人文社科类，批准号：2021-CX-040）
国家社科基金重点项目（批准号：23AWW005）
河南师范大学学术专著出版基金重点资助

日本古代试律试策论稿

孙士超 著

中国社会科学出版社

图书在版编目（CIP）数据

日本古代试律试策论稿／孙士超著． —北京：中国社会科学出版社，2023.11

ISBN 978-7-5227-2785-1

Ⅰ.①日… Ⅱ.①孙… Ⅲ.①科举制度—研究—日本—古代 Ⅳ.①D731.3

中国国家版本馆 CIP 数据核字(2023)第 231043 号

出 版 人	赵剑英
责任编辑	刘　芳
责任校对	赵雪姣
责任印制	李寡寡

出　　版	中国社会科学出版社
社　　址	北京鼓楼西大街甲 158 号
邮　　编	100720
网　　址	http://www.csspw.cn
发 行 部	010-84083685
门 市 部	010-84029450
经　　销	新华书店及其他书店
印　　刷	北京明恒达印务有限公司
装　　订	廊坊市广阳区广增装订厂
版　　次	2023 年 11 月第 1 版
印　　次	2023 年 11 月第 1 次印刷

开　　本	710×1000　1/16
印　　张	23.25
字　　数	325 千字
定　　价	128.00 元

凡购买中国社会科学出版社图书，如有质量问题请与本社营销中心联系调换
电话：010-84083683
版权所有　侵权必究

前　言

　　自20世纪90年代"科举学"被作为专门的学问提出以来，科举文化研究持续升温，直至形成了专门的"科举制与科举学国际学术会议"（该学术会议已成功举办二十一届。第二十一届研讨会于2022年9月在陕西省蒲城县举办）。科举选士制度不仅是儒家思想在中国封建社会得以长期贯彻的重要手段，也是儒家思想在整个东亚汉字文化圈内传播的重要载体，"是中国对世界文化贡献的一件可以自夸的事"（胡适语，见《胡适文集》，北京大学出版社1998年版）。随着东亚汉字文化圈内诸国科举文化研究的不断深入，"东亚科举文化圈"概念呼之欲出。

　　本书立足东亚科举文化圈，重点考察日本古代的试律试策——省试诗和对策文。统观中日两国学界的科举文化研究可以发现，日本学者往往重制度考察，轻作品研究，且研究视野相对狭窄、方法比较单一。而我国学者对日本试律试策涉足不多，成果有限。之所以出现如此状况，以笔者看来，这是与我国长期以来在西方学术方法影响下对文化进行文史分科研究的影响分不开的，诚然，这种分科研究开创了中国学术的新纪元，但不可否认的是，分割的研究往往不能完整呈现文化的全貌和全部价值。

　　纵观一千多年中日古典型文化交流史，对策文、愿文、蒙书等方面的交流占有十分重要的地位，对日本早期思想文化的形成产生了重要作用。因此，笔者认为：首先，中日文学交流研究应从两国文学交流的实际出发,而不是从某种抽象的概念出发,才能充满活力。其次,随着科举选士制度东传而为日本选士所采用的省试诗、对策文等科举文体在东瀛落地生根,对儒学在日本的传播起到了重要作用。日本古代的试律试策文学研究是我国传统文化研究的延伸和有益补充,在中华传统文化研究中具有深远的现实理论指导意义。

综上,在东亚文化共同体的东亚各国,在以科举文化为研究对象的"科举学"正逐步形成和发展起来,"科举"研究的热潮逐步兴起的当下,把在中日学界长期被"束之高阁",乏人问津的日本古代试律试策,从文学视角出发进行研究。我们相信,这样的尝试将从根本上弥补当前科举文化研究中的这一短板,进而把科举文化研究进一步推向深入。

本书的主要内容摘自笔者所主持的国家社科基金项目"唐代科举文化影响下的日本古代试律试策文学研究"的结项报告。对试律试策文献的基础整理在原课题设计中占有很大一部分比重,包括《经国集》卷十三、十四省试诗校注、《经国集》卷二十对策文校注以及《本朝文粹》卷三对策文校注等三部分,二十万余字,由于篇幅所限,这次只能割爱。本书主要收录了结项报告中的"研究"部分,分为上中下三篇。全书主要以东亚科举文化圈为研究视角,以日本奈良平安时代的试律试策文献为重点考察对象,分析研究唐代试律试策文化东传及其对日本科举文化的重要影响。"上篇"省试诗研究的主要内容包括以下部分。

第一章为日本古代的试诗制度与体式规范研究。在与唐代试诗制度进行比较考述基础上,重点论述了日本古代的试诗制度以及日本古代省试诗的诗形、限韵方式等内容。与《文苑英华》所收唐代省试诗均为五言六韵排律体不同,平安初期省试诗除了五言六韵、五言四韵,还有七言四韵、七言八韵、十韵等这样的长诗,表现出平安时代省试诗在诗形上的多样化特征。在用韵研究方面,在归纳唐代科举诗赋用韵以及唐代科举诗赋用韵研究方法基础上,重点分析了《切韵》

系韵书东传与平安时代省试诗的赋韵情况。

第二章为平安时代省试诗用典研究。从诗歌用典的典面、典源和典源文献等理论出发，分析了平安时代省试诗诗题以及正文用典的典面构成方式、典源和典源文献特征等。平安时代省试诗用典在承载着命题者与应试者思想及文学涵养的同时，也是平安时代学人在思想、政治和文化等方面努力吸收中国文化的集中体现。

第三章重点分析了唐日省试诗的祥瑞尚奇文化。第一节重点探讨我国祥瑞文化及其渊源以及唐代试律诗中的祥瑞文化等相关问题。第二节重点分析祥瑞文化东传日本的情况以及平安时代省试诗对祥瑞文化的接受等。第三、四节则通过与异闻和神仙等相关典故运用情况的分析，考察了日本古代省试诗的传奇性用典问题。

第四章论述了初唐咏尘诗赋对平安时代《奉试咏尘》诗的影响。《经国集》所收五言试律诗《奉试咏尘》，从命题角度看，是对唐代传统试律诗命题范式的拓展和突破，表现出平安时代试律诗的模仿轨迹与创新意图。这组《奉试咏尘》诗在创作中大量化用谢偃《尘赋》、张说《咏尘》等初唐咏尘诗赋语句，在用典上亦表现出与初唐咏尘诗赋的相似特征。《文选》《艺文类聚》传入日本之后，成为平安时代士人试律诗用典用事的宝库，在日本古代的试律诗创作中发挥了重要作用。

"中篇"为对策文研究，主要内容如下。

第五章为日本古代试策制度考述。日本科举在唐制影响下创立，科举选士制度在日本古代律令制封建国家形成中发挥了重要作用。受社会环境和汉学教育水平等影响，日本科举在考试试项、考试内容等方面在唐制基础上进行了诸多改进。与唐制进士科时务策受到重视不同，秀才科方略策在日本一枝独秀。

第六章为日本对策文的文献学研究。本部分对现存对策文的对策年代等进行梳理、考订。《经国集》所收对策文尚无完整的定本可供参考，本章对《经国集》对策文整理中的写本运用，尤其是敦煌本

《兔园策府》残卷的重要参考价值进行了考说。

第七章为对策文的文体研究。中国现代文体学意义文学研究中，文体一般指文学体裁、体制或者样式等。日本的文体研究中，除了这一体裁、体制之外，语言表现风格、段落结构特征等均为文体研究范围。该章先从"文"的角度出发，分析奈良至平安时代对策文在对句、声律等方面的文体特色。接下来则从对策文段落结构角度，分析了对策文的述"理"功能。

第八章为唐初试策类书与日本古代对策文之关系研究。该章主要以佚存日本的试策类书《魏征时务策》为中心，研究唐初科举类书东传日本及其与日本古代试策的关系。律令注释书引用《魏征时务策》用以注释"进士"条时务策，足见其对律令时期进士科时务策之影响。除了《经国集》时务策在句式等方面对《魏征时务策》的借鉴，魏征的文学思想亦为平安初期文学家所接受。

第九章主要探讨了对策文与早期中国思想文化的摄入问题。奈良时代对策文中，几篇有关论述"忠孝先后""儒道精粗"的题目值得关注。对《孝经》"忠孝一如"思想的接受和老子玄学思想的"排斥"反映了日本律令社会早期对待中国思想文化的特点。随着社会的发展和汉学教育水平的不断提高，日本试策所关注的课题不仅逐步趋向具体，对中国思想文化的理解也越发深入。

"下篇"内容主要聚焦日本古代试律试策文献整理方法论，主要内容如下。

第十章论述《经国集》对策文精细化整理的学术意义。《经国集》卷二十所收对策文在日本古代文学史、思想史、政治史研究中具有重要的文献价值。小岛宪之对《经国集》对策文的注释整理，是一项开创性的工作，为对策文研究的顺利展开提供了极具参考价值的注释文本。通过对小岛注释本的词语出典、难解语以及句读与训读等方面的全面审视发现，有必要对《经国集》对策文进行进一步的精细化整理。敦煌本《兔园策府》在文字校勘、词语出典等方面可以弥补小岛宪之注释本的诸多不足。积极利用敦煌文献及其整理方法，对于提高《经国集》对策文精细化整理的效率和水平具有重要的学术意义。

第十一章以《本朝续文粹》著录试策文献的整理研究为例，考察日本古代汉文整理的相关学术问题：一是关于写本中的句读与圈发点问题，这是日本试律试策文献整理中必须面对的问题之一；二是俗字问题，俗字问题的解决对于试律试策文献整理具有重要意义，尤其是如何利用敦煌俗字通例研究成果整理日本古代试律试策文献，本章进行了探讨；三是出典论视角下的文献整理问题，找出语句出典，尤其是在中国典籍中的出典，对日本古代文献的整理至关重要。

第十二章主要以敦煌本《兔园策府》残卷为中心，探讨其在日本律令官人的试策中发挥的重要作用，尤其是在奈良时代对策文校勘上的重要学术价值等问题。

第十三章重点探讨文本变异与文献整理问题。基于中日汉诗文整理研究实践，笔者提出文本的"跨文化变异"命题。复杂的"变异"文本给传统的辑佚、校勘、训诂等学术方法带来了新的挑战。组建跨文化的学术研究团队，把"底本式"整理与文本细读相结合，是实现文献整理、学术研究和理论创新的重要途径。

最后，关于本书的学术创新，笔者想从以下三个方面进行说明。

第一，在学术思想层面。当前，科举文化与东亚文化共同体形成关系的研究正成为东亚文化研究的热门话题。但有两种倾向值得警惕：一是以中国标准去衡量域外汉学和汉学研究，犯了以"自我"衡量"他者"的毛病；二是失去自我，被国外汉学家的观点同化，犯了以"他者"审视"自我"的毛病。本书在分析日本试律试策与中国相"同"点的同时，重点在于揭示其"异"，同时纠正日本学界在汉文学研究中片面强调"内在"的倾向，做到既保持"自我"又观照"他者"，努力实现两者的平衡。

第二，在本书写作过程中，笔者始终坚持以下观点：首先，把省试诗和对策文两种文体放在一起综合考察才能完整反映日本科举文学的全貌。中外科举文学研究史表明，分割开来的研究无论是在制度史还是在文学研究方面都出现了以偏概全，混淆"科举文学"概念的情况。其次，省试诗和对策文推动了日本古代文学、文化的孕育和发展，是奈良平安时期日本汉文学的基石。对于试律试策在日本汉文学史上的地位，必须结合日本的社会、历史环境具体分析。最后，日本文学理论源自中国，但在文体定义、诗病、对句、声律等方面又与中国存在差异，弄清这些差异及其产生的根源是以之考察试律试策的关键，否则可能走向极端。

第三，研究方法方面，本书进行了如下尝试：一是始终立足文献学方法。作为文学研究的重要方法之一，文献学研究理应在外国文学研究中占有一席之地。文学文献学研究在日本学界早已大行其道。本书把文献学方法用之于日本古代的试律试策文学研究之中，力图在研究方法上有所突破。二是文史结合。试律与试策本身既是一个"文学"的课题，又是一个"史学"课题（主要是制度史）。历史、制度与文学的结合是贯穿本书的重要写作方法之一。三是处处体现比较思维。比较思维是外国文化研究的生命。对日本试律试策的考察既要具有国际视野，又必须具有本土情怀，处处体现比较思维。

诚然，通过本书的写作实践，笔者也发现了课题设计的一些不足之处，主要表现为把试律试策两种科举文体放在一起进行研究，这体现了课题设计的全面性和整体性，但是，因研究体量庞大，且在具体实践中，先进行了试策部分的研究，导致该部分内容相对充分，而在试律研究方面，由于时间仓促，一些课题尚未深入探讨，留下一些遗憾，需要在今后的研究中进一步加强。

目　录

绪　论 …………………………………………………………（1）

上篇　日本古代省试诗研究

第一章　日本古代的试诗制度与体式规范 …………………（19）
- 第一节　日本古代的试诗制度 ………………………………（19）
- 第二节　平安时代省试诗的诗形特征 ………………………（33）
- 第三节　平安时代省试诗的限韵方式 ………………………（44）
- 第四节　平安时代省试诗的用韵 ……………………………（52）
- 小　结 …………………………………………………………（70）

第二章　平安时代省试诗用典研究 …………………………（71）
- 第一节　平安时代省试诗用典概述 …………………………（71）
- 第二节　平安时代省试诗用典的典源与典据 ………………（83）

第三章　唐日省试诗与祥瑞尚奇文化 ………………………（97）
- 第一节　唐代省试诗与祥瑞文化 ……………………………（98）
- 第二节　平安时代的省试诗与祥瑞文化 ……………………（104）
- 第三节　唐日省试诗与尚奇文化 ……………………………（115）
- 第四节　平安时代省试诗尚奇文化特征 ……………………（123）

// 目录

小 结 ……………………………………………………… (126)

第四章 初唐咏尘诗赋对平安时代《奉试咏尘》诗的影响 ……………………………………………………… (128)
第一节 平安时代的奉试诗 ………………………………… (130)
第二节 初唐咏尘诗赋对《奉试咏尘》诗创作的影响 …… (135)
第三节 《文选》《艺文类聚》与平安时代的省试诗创作 ……………………………………………………… (143)
小 结 ……………………………………………………… (150)

中篇 日本古代对策文研究

第五章 日本科举试策考论 ………………………………… (153)
第一节 科举制的产生及其影响 …………………………… (153)
第二节 日本贡举制度概述 ………………………………… (157)
第三节 日本贡举制度的实施 ……………………………… (164)

第六章 日本古代对策文文献考述 ………………………… (176)
第一节 奈良时代的对策文文献 …………………………… (176)
第二节 平安时代的对策文 ………………………………… (183)
第三节 《经国集》对策文诸本考说 ……………………… (193)

第七章 日本对策文文体研究 ……………………………… (203)
第一节 奈良时代对策文的对句和声律 …………………… (203)
第二节 平安时代对策文的对句和声律 …………………… (219)
第三节 对策文的形式体制 ………………………………… (226)
第四节 对策文与唐日骈文风尚 …………………………… (242)

2

第八章　唐初试策类书与日本对策文研究
　　　　——以《魏征时务策》为中心 ……………………（247）
　第一节　《魏征时务策》及其东传日本 …………………（247）
　第二节　《魏征时务策》对日本对策文的影响 …………（252）
　第三节　《魏征时务策》对奈良文风的影响 ……………（255）
　小　结 …………………………………………………………（261）

第九章　对策文与早期中国思想文化的容摄 ………………（262）
　第一节　忠与孝的阋斗：对策文与奈良时代的忠孝观 ………（262）
　第二节　崇玄与斥老：唐日科举文化中的老子思想 …………（273）
　小　结 …………………………………………………………（280）

下篇　日本古代试律试策整理研究方法论

第十章　《经国集》对策文精细化整理的学术意义
　　　　——兼论敦煌文献在日本汉文写本整理研究中的
　　　　　价值 …………………………………………………（285）
　第一节　《经国集》的版本及注本 …………………………（286）
　第二节　《经国集》对策文精细化整理的学术意义 …………（293）
　第三节　敦煌本《兔园策府》在《经国集》对策文
　　　　　整理中的学术意义 …………………………………（300）
　小　结 …………………………………………………………（304）

第十一章　金泽文库旧藏本《本朝续文粹》及其
　　　　　整理研究 ……………………………………………（306）
　第一节　《本朝续文粹》成书及构成 ………………………（307）
　第二节　《本朝续文粹》的主要版本 ………………………（309）
　第三节　金泽文库本《本朝续文粹》校勘整理相关问题 ……（318）

目录

第十二章 敦煌本《兔园策府》与日本古代对策文研究 …… (325)
 第一节 《兔园策府》与类书 ……………………………… (325)
 第二节 《兔园策府》的成书及东传 ……………………… (329)
 第三节 《兔园策府》与日本古代对策文研究…………… (331)
 小　结 …………………………………………………… (338)

第十三章 基于文本复杂形成过程的文献整理方法论问题
    ——以《释氏源流》的一则校勘为例……………… (339)
 第一节 问题的提出：从《释氏源流》的一则校勘
    谈起 ……………………………………………… (340)
 第二节 跨文化传播与文本形成的复杂性 ……………… (347)
 第三节 基于文本复杂形成过程的文献整理方法论回应…… (351)

参考文献 ………………………………………………………… (354)

绪 论

一 日本古代试律试策的研究价值

（一）科举制东传日本及其历史意义

儒家思想是中国古代社会的主流价值观念，建立在儒家思想基础之上的科举考试制度是儒家思想在中国封建社会得以长期贯彻的最主要手段之一。科举选士制度是中国的一个伟大创举，科举制不仅在中国，就是在整个世界文化史上都具有重大的里程碑式意义。作为中国古代最为健全的文官制度，科举制源于汉，始创于隋，确立于唐，完备于宋，兴盛于明清两代。从隋朝大业元年（605）设立进士科到清光绪三十一年（1905）被正式废止，科举制在中国整整走过了1300年的历史。科举制不仅在中国具有如此强大的生命力，还曾传入朝鲜半岛、日本和越南等国家和地区，对汉文化在东亚的传播起到了积极的推动作用。对于科举制对世界文化的贡献，胡适曾说，"中国文官制度影响之大，及其价值之被人看重"，"是中国对世界文化贡献的一件可以自夸的事"[①]。

科举制对于世界文化的贡献，除了表现在制度层面，即对世界文官考试制度的确立产生重要影响外，其对于中国古代的主流价值观念——儒家思想在中国乃至在整个东亚文化圈内的传播，也起到了至关重要的作用。有鉴于此，学者们对科举制的关注由来已久，对科举文化的研究成果亦不断问世。20世纪90年代，"科举学"被作为专

---

① 胡适：《胡适文集》（第12册），北京大学出版社1998年版，第508页。

// 绪 论

门学问正式提出,该学科近年来发展十分迅速,乃至于形成了专门的"科举制与科举学"国际学术会议①,其影响和规模越来越大,逐渐成了国内科举研究领域最为重要的学术会议之一。研讨会除了对1300年中国科举史的功过得失进行探讨之外,越来越多的学者开始关注中国以外的科举制与科举学,并且取得了卓越的研究成果。随着东亚科举制与科举学一体化学术研究的展开,东亚"科举文化圈"概念呼之欲出,开始受到越来越多学者的关注。

试律与试策研究在科举制与科举学的研究中具有举足轻重的地位。"试律",亦称试诗赋、省试诗等,所谓"省试",是指由尚书省主持的针对乡贡生和国子监、州县学等学校考生的科举考试。开元二十四年(736)以前,省试由尚书省吏部考功员外郎主持,以后则改归尚书省礼部,通常由礼部侍郎负责。省试诗即指在上述场合下产生的诗作。与"试律"相对的便是"试策"。"策"是朝廷用于选贤举能的政论文体。古代皇帝或有司选拔人才、考问士子,将所问内容写于"简策",应选人解答,这一问一答,通称为"策"。而提问之策称为"策问",对问之策称为"对策"。古代以策问考试,始于汉文帝,而后世得以沿袭下来。徐师曾《文体明辨》:"夫策士之制,始于汉文,晁错所对,蔚为举首。自是而后,天子往往临轩策士,而有司亦以策举人,其制至今用之。"

在唐代的试律与试策研究和认识上,人们总是有意无意地陷入一个误区:那就是人们总是习惯性地认为在唐代的科举考试中自始至终都是"以诗取士",很多的研究似乎也都是以此为出发点,但考察唐代的科举制度,实际情况却大相径庭,其考试内容不仅限于诗赋,甚至诗赋从来都没有成为科举考试的稳定试项。对此,陈飞有如下论述,"在唐代科举考试诸试项中,试策才是最重要的试项,……有很多科目,在很多

---

① "科举制与科举学"国际学术会议成立于科举制在中国被废止100周年的2005年,截至2022年已成功举办21届学术研讨会。

时候试策甚至是唯一的试项","与其说唐代科举是'以诗取士',倒不如说是'以策取士'更符合实际情况"①。陈飞的研究对于纠正学界长期以来在唐代科举试律与试策关系问题上的认识误区具有积极意义。

前面已经提到,科举制确立后,曾一度"出口"到日本、朝鲜、越南等国,为汉文化在这些国家的传播起到了积极作用。关于科举制传入朝鲜、越南的情况,学界目前的研究颇为细致,而对于东亚的另一个重要国家——日本科举制度及其文学的关注严重不足。不少学者曾长期认为日本没有实施过科举考试,甚至不少日本学者的看法亦与此相同,把科举和宦官、缠足同视为中国的"三大奇术"而认为日本没有引入这一制度。然而,随着近年来对东亚科举文化研究的不断深入以及对日本奈良平安时代相关科举试律、试策资料的发掘整理,学界终于在日本曾短暂实施过科举考试这一问题上达成了一致意见。

日本曾实施科举考试的史实再一次印证了中日文化交流的特殊性。关于中日文化交流,日本学者加藤周一曾有过如下论述:"在将近两千年的日中交流关系当中,中国的影响在古代是压倒性的,那以后就一直强劲地波及日本。近代以后,虽然从日本到中国的影响有一些回流。但是中国对日本压倒性的文化影响,从文字,从建筑,从法律,从城市规划,在一切方面,都进入到非常深的层次。而这又是不带军事占领的。这样的例子恐怕是再没有的。"②他还举出罗马帝国来与中国对照,指出古代罗马在征服整个欧洲的时候,就实行了军事占领,甚至连英国也是。由于罗马帝国统治了英国,当然文化上的强大影响也就进来了。就从语言上看,拉丁语进入了英语。然而,中国对于日本,并没有军事占领的企图。③ 在整个中日古典型文化交流阶段,

---

① 陈飞:《唐代试策考述》,中华书局2002年版,第3页。
② [日]加藤周一:《中日关系的现状与背景》,王晓平译,《中华读书报》,2007年4月18日第18版。
③ [日]加藤周一:《中日关系的现状与背景》,王晓平译,《中华读书报》,2007年4月18日第18版。

// 绪 论

中国文化对日本文化压倒性影响的直接后果就是造就了一种文化的繁荣发展在另一种文化中得到如此多的体现和保存，这在世界文化交通史上也是极其罕见的。而随着律令制度的实施而在日本得以确立的科举选士制度，也是这种文化交流的最重要体现之一，在中日文化交流中发挥了巨大的历史作用，这一点需要我们进一步深入探讨。

（二）日本古代试律试策的研究价值

日本在律令制国家建立的过程中，模仿唐制建立了科举取士制度。日本科举在考试科目、试项等方面虽大多取法唐制，但又与唐制不完全相同。日本科举与唐制一样，在各科考试试项中均有"试策"一项，甚至有的科目（如秀才）中试策还是唯一的试项。如前所述，试策包括"策问"和"对策"，关于日本古代的试策，《本朝文粹》"文体解说"有如下论述：

> 对册，指由大学寮举行的最高课程考试——文章得业生试时所使用的文体，包括"问题文"和"答案文"。"册"一般写作"策"，并且"问题文"一般称作"策问"，"答案文"一般称作"对策"，……《文心雕龙》"议对"有"对策为应诏陈政，射策为探事献说"的记载。为就有关政治议题发表意见并上奏的"议"的变体。……策问文一般较短，重点在于发表议论的对策文。……对策文对"文理"、表现性和逻辑性有较高要求。对策文在根据策问文主旨按照古典文理展开议论的同时，行文上多用典故并严格按照隔句对的四、六骈体文。《经国集》中所收策文多为奈良时期的作品。①

从上面的引文不难看出，首先，对策源自中国，开始有"对策、

---

① 引自大曾根章介、金原理校注《岩波新日本古典文学大系 本朝文粹·文体解说》（岩波书店1992年版，第422页），原文为日文，中文为笔者译出。本书所引日文文献除特殊说明外，均为笔者译出。

射策"等形式。其次,对策文是一种应用文体,包括"策问文"和"对策文",重点在陈述意见的对策文。最后,对策文在行文上多用典故,并严格按照隔句对的四、六骈体文形式。

与试策文献相比,现存日本古代的有关省试诗的资料相对匮乏,其中与日本古代试诗制度相关的文献,为《本朝文粹》所载的一篇《太政官符》,即《应补文章生并得业生复旧例事》,其中记载:

> 弘仁十一年十二月八日符称:"太政官去十一月十五日符称:'案唐式,昭文崇文两馆学生、取三品已(以)上子孙,不选凡流。今须文章生者,取良家子弟,寮试诗若赋补之,选生中稍进者,省更覆试,号为俊士,取俊士翘楚者,为秀才生者'……天长四年六月十三日。"①

根据这段"太政官符"所记,弘仁十一年(820),也就是嵯峨天皇在位(809—823)期间,日本科举中已经明确以"诗若赋"作为"寮试"考试事项之一了。日本的这一规定,比唐代科举加试诗赋的记载晚了一百多年。② 现存的省试诗文献主要保存在《经国集》卷十三、十四中,共计二十六首。另据诸如《朝野群载》《扶桑略记》《桂林遗芳抄》《本朝文粹》《菅家文草》《行成诗稿》等史料和总集、别集所记,可以辑录出平安时代中后期若干省试诗题和省试诗文献。

日本古代的试律、试策作为一种应用考试文体,其重要的学术研究价值主要包括以下方面。

第一,对研究日本的科举制度具有重要的文献价值。现存奈良时

---

① 大曽根章介、金原理等校注:《本朝文粹》,《新日本文学大系》第27册,岩波书店1992年版,第145页。
② 唐代于永隆二年(681)规定科举加试"杂文两首",学界一般认为此为唐代试诗赋的起源。

代的对策文文献主要收录在《经国集》卷二十"策下",计二十六篇。其中散位寮大属正八位上大日奉首名、百倭(百济君倭)麻吕的对策时间最早,为庆云四年(707)九月八日。由于《经国集》卷十九"策上"的散佚,我们已无法得知奈良时代策文的全貌,但"策下"的二十六篇对策多为进士科时务策,而收录在《本朝文粹》《本朝续文粹》中的平安时代的策文则几乎全为秀才科方略策。这些对策文文献向我们清楚地展示了日本科举在考试科目上的变迁情况。当然,这仅是对策文文献在日本科举制研究中的一个例子,日本史学者岸俊男氏曾感叹:"虽然对策文对研究贡举制度史如此重要,但是现在却苦于找不到可供参考的注释完整的对策文资料。"① 可见,对策文在日本科举史研究中的地位是多么重要,加强对策文的基础整理研究对历史学家来说也同样重要。可以说,对策文是研究日本科举制不可或缺的,有时甚至是独一无二的资料。

第二,对研究日本的社会政治、经济史具有重要的参考价值。无论是省试诗还是对策文,都有一些属于"时事"型作品,这些往往会直接触及当时的社会热点问题,记录当时一些真实的社会状况。比如收录于《经国集》卷二十卷首的对策文为骏河介正六位上纪朝臣真象的《治御新罗》,通过该对策文我们可以了解当时日本与朝鲜半岛的交通情况。无独有偶,现存敦煌写本知识类蒙书《兔园策府》残卷卷一中也收录了一篇《征东夷》对策文。我们除了可以从比较文学的角度对《治御新罗》和《征东夷》进行比较分析外,这两篇对策文同时也为分析当时中日朝三国交通史提供了珍贵的文献资料。另外,收录于《本朝文粹》中的《辨散乐》和《本朝续文粹》中的《祥和歌》两篇对策文有别于一般科举对策,被认为是"仿作"或者"拟作"作品,前者为了解平安时代的散乐(猿乐)情况提供了宝贵的资料,后者则以对策的方式阐述了"和歌"这一日本韵文文体的创作理论问

---

① 小岛宪之:《国风暗黑时代的文学》(补篇),塙书房2002年版,第315页。

题，对了解日本和歌艺术发展具有重要的参考价值。因此，对策文为我们了解当时日本的社会状况提供了大量的宝贵资料。

第三，对研究中国经学史具有参考价值。日本现存的试律、试策文献可以为我们的经学史研究提供很多有价值的资料。在日本古代省试诗命题中，有"每句以仲尼弟子名赋诗"的情况，我国儒家经学思想在日本古代学人中的地位和影响，由此可见一斑。日本奈良时代的策问多就经典记载中的相互矛盾之处发问，如《经国集》卷二十收录的主金兰对策文，其策问文为：孝以事亲，忠以奉国。既非贤圣，孰能兼此。必不获已，何后何先？另一篇下毛虫麻吕对策的策问文：明主立法，杀人者处死；先王制礼，父仇不同天。因礼复仇，既违国宪；守法忍怨，爰失子道。失子道者不孝，违国宪者不臣。惟法惟礼，何用何舍？臣子之道，两济得无？这两篇对策文把经典中的"孝以事亲"与"忠以奉国"的矛盾设为论题。其实，我国唐代的对策文中亦有把类似"全归以为孝"和"杀身以成仁"等命题作为试策题目的对策（如《文苑英华》卷四七五权德舆《策进士问五道》之第二道）。在我国唐代的试策以外的文章中"全归以为孝"和"杀身以成仁"的问题也常被论及（《白氏长庆集》卷四十九《田布赠右仆射制》：朕闻古之臣子有忍死效节为忠者，有不伤发肤全归为孝者）。后来，宋代理学家对这一类问题也持续关注，可见中国经典中的这种以相互悖论命题为论题的做法亦为日本科举试策所吸收，这也是后来宋代经学研究中的常见命题。

第四，日本古代的试律试策是了解日本古代文体学和文章学的宝贵资料。日本的试律试策主要考察中国文献中的故事、典故，省试诗诗题大多出自中国前代文献和诗歌成句，对策文文体以隔句对的四、六骈体文为主，现存试律试策，均具有辞藻华丽、多用典故的特点。除了通过对策取得叙位、走上仕途，日本科举区别于唐制的一个显著特征就是它在文学方面的作用，可以说，日本科举考试，一方面是为了寻找官吏，另一方面——也是最重要的方面，在于寻找文人，换句

// 绪 论

话说,日本科举的意义首先不在政治史而在文学史。日本古代的试律试策为人们提供了了解日本文体学和文章学的宝贵资料。

二 中外学者试律试策研究现状及倾向

(一) 国内研究现状

第一,关于中日科举制度的比较研究。以中国台湾学者高明士的著作《日本古代学制与唐制的比较研究》(台北:学海出版社1977年版)、《隋唐贡举制度》第七章"隋唐贡举制度对日本的影响"(台北:文津出版社1999年版)和论文《日本没有实施过科举吗?》[《玄奘人文学报》(台湾)2004年3期]等研究成果为代表。近年大陆学者如萧瑞峰《日本有没有实施过科举制度——读日本汉诗献疑》(《文史知识》1997年第7期)、刘乃亮《也谈日本的科举制度》(《石油大学学报》1999年第8期)、吴光辉《日本科举制的兴旺》(《厦门大学学报》2003年第5期)、《科举考试与日本》(《东南学术》2005年第4期)等论文对中日科举制进行了比较深入细致的探讨。

第二,关于科举与文学的研究。程千帆的《唐代进士行卷与文学》(上海古籍出版社1980年版)和傅璇琮的《唐代科举与文学》(陕西人民出版社1986年版)都从不同侧面探讨了科举与文学的关系问题。程千帆是第一位通过研究行卷而将科举与文学联系起来进行研究的学者。他肯定了唐代进士科举对于文学发展的有利影响。其结论为:"进士科举,则又是唐代科举制度中重要的组成部分。它主要是以文词优劣来决定举子的去取。这样,就不能不直接对文学发生作用。……无论是从整个唐代文学发展契机来说,或者是从诗歌、古文、传奇任何一种文学样式来说,都起过一定程度的促进作用。"① 傅璇琮进而将考察的范围进一步扩大到了整个唐代科举,在充分尊重程千帆结论的基础上,对唐代文学的繁荣和发展作出了更进一步的论

---

① 程千帆:《唐代进士行卷与文学》,上海古籍出版社1980年版,第88页。

断:"人们往往有一个误会,以为进士既称文学之科,那就是诗赋,于是就促进了唐代诗歌的繁荣。实际情况恐怕倒是相反。在唐初一个相当长的时期,进士考试与诗赋是无关的。"① 对于进士科试诗赋对文学发展所起的作用,傅璇琮指出:"以诗赋作为进士考试的固定的格局,是在唐代立国一百余年以后。而在这以前,唐诗已经经历了婉丽清新、婀娜多姿的初唐阶段,正以璀璨夺目的光彩,步入盛唐的康庄大道。……应当说,进士科在8世纪初开始采用考试诗赋的方式,到天宝时以诗赋取士成为固定的格局,正是诗歌的发展繁荣对当时社会生活产生广泛影响的结果。而且,如果我们再作进一步的考察,就会发现,唐代进士科的考试诗赋,还对文学的发展起过一定消极的作用。"②

第三,关于唐代试诗制度与省试诗的研究。国内学界关于唐代试诗的研究近年来取得了很大进展,发表了一批论文,其中不乏博士学位论文,如汤燕君的《唐代试诗制度研究》(博士学位论文,浙江大学,2009年)对唐代的科举试诗进行了系统梳理,纠正学界在唐代科举试诗认识上的一些误区。朱栋《唐代试律诗用典研究》(博士学位论文,武汉大学,2013年)从出典论角度,考察了唐代省试诗诗题、正文用典情况。一些期刊论文也都就省试诗的具体问题进行了分析考述。

第四,对于唐代科举试策问题考述最为精当的首推陈飞《唐代试策考述》(中华书局2002年版),该书对唐代科举考试各科科目和考试试项等进行了详尽的考证、梳理,纠正了传统"以诗赋取士"的固有观念。陈飞认为,在唐代科举制度中,试策是唯一的一直被采用的科目。陈飞介绍了当今唐代对策文研究的情况:"关于唐代科举制度的各种研究中,试策似乎已被'遗忘',在通行的中国'文学史'

---

① 傅璇琮:《唐代科举与文学》,陕西人民出版社1986年版,第165页。
② 傅璇琮:《唐代科举与文学》,陕西人民出版社1986年版,第409页。

// 绪 论

里,并没有唐策的位置;学术界对唐策的专题性研究,也近于空白!"① 陈飞通过对唐代科举史料的梳理,指出试策在唐代科举各时期、各科目中不仅不可或缺,而且还是所有试项里地位最为重要的试项,甚至是唯一的试项。汪小洋、孔庆茂的《科举文体研究》(天津古籍出版社2005年版),是第一本专门研究科举文体的著作。他们给唐代试策做了一个很好的总结:"唐代的试策大多紧扣社会现实,策语直接大胆,直抒胸臆,具有很强烈的现实性与批判精神。"不过,《科举文体研究》这本书就整体而言,对唐代试策文体的考察只占据一小部分。在此之前,褚斌杰的《中国古代文体概论》(中国社会科学出版社1990年版)对"策"也有介绍,吴承学也曾论述过对策文(《策问与对——对一种考试文体的文学与文化研究》,《新国学》1999年第1期),不过这些大都是跨时代的综合性研究。在唐代对策文研究领域,陈飞考察了对策文的形式以及表达体式,发表了如下两篇论文:《唐代试策的形式体制——以制举策文为例》(《文学遗产》2006年第6期),《唐代试策的表达体式——策问部分考察》(《文学遗产》2008年第1期)。

第五,王晓平论文《日本奈良时代对策文与唐代试策文学研究》(《中西文化研究》2009年第12期)首次把奈良时代的对策文与唐代试策文学纳入研究视野,从文学、文化交流的角度对二者进行了较为全面的综合考察,但论文没有把平安时代的对策文纳入考察范围之内。

(二) 日本学者研究现状

第一,试律、试策文献的初步辑录、整理。《日本古典全集》第一回和《日本文学大系》第二十四卷,收录了《经国集》卷十三、十四"省试诗",卷二十"对策文"。作为平安时代前期省试诗以及奈良时代对策文文献的仅有录本,具有极高的文献学价值。但两书存

---

① 陈飞:《唐代试策考述》,中华书局2002年版,第3页。

在不同程度的误植、错简，需要进一步进行详细的校注、整理。平安时代的对策文文献保存较好，但诸如收录在岩波书店"新日本古典文学大系"《本朝文粹》中的对策文，也未进行彻底的校注。

第二，小岛宪之的《上代日本文学与中国文学——以出典论为中心的比较文学研究考察》（下）（塙书房1965年版）、《国风暗黑时代的文学》（上）（塙书房1968年版）以及《国风暗黑时代的文学》（补篇）（塙书房2002年版）不啻为日本试律、试策整理与研究的嚆矢之作，这些著作均辟专节对奈良时代的部分省试诗和对策文进行了出典论意义上的考察，为进一步的系统研究打下了坚实的文献学基础。

第三，近来，日本发表了三篇平安时期对策文研究论文：《对策考——策判与菅原道真》（《早稻田大学大学院研究科纪要》增刊8—2，2001年）、《"遗脱"的对策文——〈本朝文粹·散乐策〉再探讨》（《古代中世文学论考》2003年7月号）和《平安时代的策问与对策文》[《"心"之形——东西文献资料中所见"心性"的表象》（庆应义塾大学出版部2005年7月号）]。这三篇论文从不同角度论述了平安时代对策文的文体和格式。另外，伊泽美绪的论文《中日策文比较研究——唐与日本奈良·平安时代》运用统计学的方法，通过对中日两国现存对策文文献的调查、统计，指出日本对策文在接受唐策影响的同时，也进行了某些方面的创新，是首次把中日对策文纳入考察视野的日本学者。省试诗研究方面，李宇玲论文《平安朝对唐代省试诗的受容》（《国语与国文学》2004年第8期）考察了平安时代汉诗对唐代省试诗诗题的接受情况。其他诸如对省试诗"诗群"（同题分作省试诗）的专题研究论文亦受到学界关注。

据此，中日两国研究现状的倾向大致如下：第一，日本学者表现出擅考据、重出典研究的学风，在试律、试策研究上取得了初步成果。鉴于日本古代的试律、试策基本属于尚待开拓的领域，这些基础研究显得弥足珍贵。第二，中国学者的研究主要集中在对试律、试策

// 绪 论

的宏观考述方面，对试律、试策文学本身的研究尤其是试律试策作品的"个案"研究有待进一步深入。而在东亚"汉字文化圈"视域内从中日文学、文化交流的角度对中日古代试律、试策制度和文学进行综合比较研究仍然是中日学术界的空白之处。

三 本书的研究角度与范围

前面已经提到，现存奈良平安时代的试律、试策主要保存在《经国集》《本朝文粹》《本朝续文粹》《朝野群载》《都氏文集》《菅家文草》《本朝小序集》以及《本朝文集》等总集或者私家集中。对于这些试律、试策文献，本书拟从以下角度进行整理与研究。

第一，日本古代试律、试策制度考述。试律、试策分别为日本科举的重要考试试项。近来的研究焦点集中在日本科举制本身，对于科举试律、试策的考述不多。其实，试律、试策制度的研究对考察日本的科举制的意义更为重要。例如，随着文章生试的确立，文章得业生方略试成了日本科举发展的主流。前面已经提到，文章生、文章得业生试的主要目的不在寻找官吏而在寻找文人。可以说，这是科举在日本的最大改变，也可以说日本科举制从此式微，至十一世纪后就不再举行，但科举试策的影响还在，对策文成了日本儒家教育的重要一环，成了训练思维方式的重要手段。我们对日本科举制度的研究一定不能矫枉过正，应该客观看待日本科举制实施年代问题。

第二，日本古代试律试策整理研究方法论探讨。现有日本省试诗、对策文文献缺乏有效的整理、考辨，有的甚至存在错简、误植等现象。以对策文的整理为例，其整理内容基本包含三个方面：文字的整理；误植、错简的校正；对策文创作年代的考证等。本书"下篇""日本古代试律试策整理研究方法论"重点对日本试律试策的进一步精细化整理问题进行了理论探讨。

一是文字整理。在利用对策文文献进行研究时，文字问题应该特别引起重视。由于现存对策文文献，如《经国集》的几个通行版本中所录对策文，都未经过详细的校考，文字讹误明显。试举一例，《经国集》卷二十"策下"卷首纪真象对策《治御新罗》的策问部分"倾藂尔新罗，渐阙藩礼"一句中的"藂"字，《群书类从》本录作"藜"，国民图书株式会社编辑发行《日本文学大系》第二十四卷《经国集》同样录为"藜"。"藜"乃"丛"的俗字，亦可写作"蔧"。但"倾藜尔新罗，渐阙藩礼"的说法语义不通，不可取。实际上，此处的"藜"乃"蕞"的错讹，此处"蕞尔"语义为"小"，为轻蔑说法。原句改为"倾蕞尔新罗，渐阙藩礼"，则语义通顺。像这样因写本中"藜""蕞"字形形近而讹的例子是很多的。再如，同为《经国集》卷二十大神虫麻吕的《礼法两济》对策文起始一句通行诸版本皆作"窃闻孝子不遗，已著六艺之典"，这里的"遗"字，当为"匮"之讹，"孝子不匮"语出《诗·大雅·既醉》："孝子不匮，永锡尔类。"朱熹集传："类善也，……孝子之孝诚而不竭，则宜永锡尔以善矣。"类似这样的文字问题在对策文整理中尤其应该特别注意。

二是误植、错简的校正。误植和错简问题也是日本古代对策文整理中应该注意的一个问题。在此仅举一例，《经国集》卷二十"策下"船沙弥麻吕对策二首二十一《赏罚之理》和二十二《郊祀时令》之间混入了白广成对策十九《礼乐之用》和二十《李孔精粗》的部分内容，共计二百四十字。无论是《群书类从》还是《日本古典全集》抑或是《日本文学大系》等通行本也都是对误植部分照录不误，不加校改。其他的诸如版本间的句读、错简等方面的问题还有很多。显然，像这样的误植、错简等现象会给对策文的理解造成障碍，迫切需要一个权威的版本出现。

三是对策文创作年代的考订。现存的对策文文献中，有的在对策文后注明了试策的时间，有的却未注明试策的时间。对那些未注明试策时间的对策文，我们根据《类聚符宣抄》《公卿补任》《桂林遗芳抄》《日本三代实录》等的记载对其考证，从而得出其大致的创作年代。对于作年不详的对策文,有必要对其进行详细的考证。因为对策文的创作年代对于考察日本的试策制度乃至于分析对策文的文体特征都是十分必要的。

第三,试律、试策的文体研究。文体研究是日本试律、试策研究中的重要一环。作为一种科举应用文体,无论是在语言表述,还是在文体结构等方面,省试诗和对策文都有自己的特色。试律试策主要考察汉诗、汉文知识,中国经集中的故事、典故均是出题范围。省试诗采用排律体,对策文采用四、六骈文体,并多用隔句对的修辞方式。省试诗的韵字和平仄以及对策文的行文结构等都有一定的格式并逐步定型化。可以说,文体的考察是日本试律、试策研究中不可或缺的部分。

第四,试律、试策与中日文化的内在关系研究。日本试律试策在形式上模仿唐制,在内容上也多以中国典籍内容为出题依据。因此,日本试律试策与唐代试律试策文学关系密切。《魏征时务策》《文选》"天监三年策秀才文"、敦煌知识类蒙书《兔园策府》等都对日本策文产生了深远影响。日本对策文中的《辨散乐》《详和歌》等"拟作"对策文不同于一般的贡举试策,它们以日本民族文化为论题,成为了解当时日本文化的重要史料。通过这些对策文的研究,可以了解中日试策文化方面的异同。

日本古代的试律试策制度源自中国,但又不完全等同于中国。在日本的试律试策研究中,如何对待中日的"同"与"异"的问题,是必须首先要面对的问题。正如王晓平所说:"在我们研究日本古代文学的时候,细部的'同'比较容易看出来,而发现整体的'异'则更需要眼力。如果只见其'同'而忽略其'异',那就容易误将'他者'视为'自我',或者以'自我'去测度'他者',错照了日本文学这面镜子。"① 日本引进科举制的过程,也是一个不断改进,使之

---

① 王晓平:《镜子里的自我和他者》,《中华读书报·国际文化》2003 年 9 月 24 日。

进一步适合日本土壤的过程。当然，相比中国1300年科举史，日本仅在8—11世纪短暂实施过科举，且在规模上要远远小于中国。我们应当在2000年中日文化交流的大背景中探讨日本科举，才能发现其在日本兴盛与式微的内在根源，才能做到在中日科举研究中既肯定其"同"又发现其"异"，从而避免以"自我"去测度"他者"，而错照了日本科举这面"镜子"。

上　篇　日本古代省试诗研究

第一章 日本古代的试诗制度与体式规范

本章对日本古代的省试制度进行考述，在此基础上，主要从文体学的角度，讨论平安时代省试诗的两个方面的问题，一是平安时代省试诗的体式，包括句数等；二是平安时代省试诗的限韵方式、赋韵特征等。在探讨这些问题时，均从与唐代省试诗的相关特征进行比较入手，然后分析日本省试诗的文体特点，并着重揭示唐日省试诗创作方面的异同之处及其产生的深层次文化原因。

第一节 日本古代的试诗制度

日本古代的取士制度取法于唐，而又与唐制存在差异。从制度史层面对日本科举取士进行宏观探讨，发端于桃裕行《上代学制的研究》[①]。久木幸男《大学寮与古代儒教》[②]在继承和发展桃氏观点基础上，把学制研究扩展至整个平安时代。我国学者高明士从中日古代学制比较的视角修正了久木幸男的某些观点。后久木幸男在吸收高明士观点基础上[③]，对日本古代的学制研究进行了全面总结[④]。

在制度史研究层面，虽然也具体涉及了一些有关试诗、试策的相

---

① 桃裕行：《上代学制的研究》，吉川弘文馆1947年版。
② 久木幸男：《大学寮与古代儒教》，サイマル出版会1968年版。
③ 高明士：《日本古代学校教育的兴衰与中国的关系》，学海出版社1977年版。
④ 久木幸男：《日本古代学校的研究》，玉川大学出版部1990年版。

关文献，但从根本上说，这些考察视角是宏观的，主要发掘的是其作为"史"的属性。从文学视角对试诗、试策进行研究，就不能不从更加微观的视角，关注到具体的作品，并对其文体特征、形式体制乃至思想内容等作一一考察。

日本古代的试诗由大学寮的管辖机构——式部省负责实施，及第学生称"文章生"，因此，"省试"又称"文章生试"。文章生试所课试之"诗"，学界一般称为"省试诗"①。据现有资料，省试一般在每年二月和八月实施，由"式部辅"负责出题。要求考生在规定的题目（限题）、时间（限时）内赋诗。同时，在句数、韵字、体式等方面也都有明确的要求。考试结束后，由文章博士以及相关"儒者"组成"评审会"，判定是否"及第"，称为"诗判"。"落第"者若对结果有异议，可以进行申诉，称为"愁"或者"愁诉"。针对学生的申诉，经认真"复议"，可以进行"改判"。但现存文献中，有关"愁诉""改判"的资料大多散佚，这给日本古代的试诗制度研究带来了一定困难。

下面基于现存文献资料，以与唐代试诗制度的比较考察为视角，对日本古代的试诗进行制度层面的分析。

一 唐代的试诗及其研究

对于唐代应试诗的研究，学界已经有了相当多的积累。概括起来，学界在唐代应试诗研究方面的论题主要集中在以下几个方面：一是试诗制度研究；二是试诗文体研究；三是唐代试诗与唐诗繁荣关系研究；四是唐代试律诗诗艺研究；五是唐日试诗比较研究。下面基于唐代试诗研究的相关成果，对唐代试律诗的起源、类型、诗题以及诗体方面的特点进行概述。

---

① 除了式部省组织的"省试"，日本古代的试诗类型尚包括大学寮试之诗、放岛试之诗、弓马殿试之诗、行幸试之诗等多种，详见下文。

(一) 唐代试诗的起源

关于唐代试诗的起源时间，学界已有诸多探讨，其中比较主流的观点认为起源于高宗永隆二年（681），该年八月颁布的《条流明经进士诏》曰：

> 进士不寻史传，唯诵旧策。共相模拟，本无实才。……自今以后，考功试人，明经每经帖试，录十帖得六已上者，进士试杂文两首，识文律者，然后并令试策。①

该诏颁布背景为调露二年（680）考功员外郎刘思立向朝廷的奏议，刘思立奏议指出，由于进士科只试策，举子只需背诵旧策就可以对付考试，无法检验举子是否具有真才实学。于时朝廷于第二年，即永隆二年下诏。据此诏文规定，此后进士试"杂文两首"，通过后"试策"。清人赵翼认为该诏书中"杂文"即指诗、赋，从而将进士试诗赋的起始时间定为永隆二年②。现代学者岑仲勉、王水照等亦持相同观点③。该观点核心问题在于把杂文等同于诗赋。在唐代，"杂文"除了诗、赋，尚包括箴、铭、诔、颂、赞、表之类应用文体。实际上，除诗、赋以外的其他文体也曾被作为进士试"杂文"的文体。现存最早的进士试杂文的例子是武则天垂拱元年，该年试题为《九河铭》和《高松赋》，无"试诗"的相关记载。《调流明经进士诏》颁布的永隆二年至垂拱元年的四年间，均无进士试杂文的记载。也就是说，把永隆二年作为进士试诗、赋的开始时间尚存值得商榷之处。

---

① （清）董诰：《全唐文》卷13《严考试明经进士诏》，中华书局1983年版，第161页。
② （清）赵翼：《陔馀丛考》，中华书局1963年版，第583页。
③ 参见岑仲勉《隋唐史》（中华书局1982年版，第189页）；王水照《再谈唐诗繁荣的原因——兼答梁超然、皇甫煃同志》（《王水照自选集》，上海教育出版社2000年版，第828页）。

除了"永隆二年说",尚有"开元天宝说""仪凤四年说"以及"垂拱二年说"等。"开元天宝说"源于清徐松在《登科记考》卷二"永隆二年辛巳"条对"进士试杂文两首"的按语:"杂文两首,谓箴铭论表之类,开元间,始以赋居其一,或以诗居其一,亦有全用诗赋者,非定制也。杂文之专用诗赋,当在天宝之季。"① 徐松认为进士科试杂文,起初以箴、铭、论、表为主,至开元年间方以诗或赋试之,但尚未形成定制,直至"天宝之季",进士试杂文才"专用诗赋"。陈尚君通过对《梁珰墓志》所记梁珰生平的解读,推断梁珰制举及第时间为仪凤四年(679),认为墓志所载梁珰试诗赋《朝野多欢娱诗》《君臣同德赋》为"存世唐人试诗赋的最早记载"②。陈铁民《梁珰墓志与唐进士科试杂文》一文基于对梁珰墓志的不同解读,提出了与陈尚君不同的观点,认为梁珰试诗赋的时间下限为垂拱二年(686)③,由此,形成了唐代试诗起源的"垂拱二年说"。

基于学界对唐代试诗起源的讨论,汤燕君认为在考察唐代试诗的起源时间问题上,不应"把目光集中在进士科的选拔标准上,而忽略了对吏部选拔用人标准的研究"④。汤燕君通过对吏部铨选中试诗、诗文行卷等资料的爬梳,推断"最迟至咸亨二年(671),唐代科举试诗的现象就已经存在了"。汤燕君的研究把唐代试诗起源时间进一步提前到了671年。

(二)唐代试诗的类型

根据试诗的实施主体不同,一般把唐代科举试诗的类型分为省试之诗、国子监试之诗、州府试之诗,吏部试之诗、翰林院试之诗、制

---

① (清)徐松撰,孟二冬补正:《登科记考补正》,北京燕山出版社2003年版,第84—85页。
② 陈尚君:《〈登科记考〉正补》,《陈尚君自选集》,广西师范大学出版社2000年版,第211—212页。
③ 陈铁民:《梁珰墓志与唐进士科试杂文》,《北京大学学报》(哲学社会科学版)2006年第6期。
④ 汤燕君:《唐代试诗制度研究》,中国社会科学出版社2004年版,第44—49页。

试之诗、赎帖之诗和奉试之诗八种。下面对各种试诗类型进行简要归纳。

省试之诗指士子参加"省试"所作之诗。省试原由尚书省吏部考功员外郎主持，唐玄宗开元二十四年（736）后改由礼部侍郎负责。今存唐代试律诗诗题中不少标以"省试"之名，如钱起《省试湘灵鼓瑟》、刘禹锡《省试风光草际浮》、陈希烈《省试白云起风中》、徐夤《东风解冻省试》等，诗题中均标以"省试"二字。《文苑英华》卷一八〇至一八九共十卷卷首均标以"省试"（州府试附），表明《文苑英华》所收四百六十首试律诗中大部分为省试诗。可以说，省试诗也是唐代试律诗中最为重要的一个类型。

国子监试之诗。唐武德初建国子学，贞观元年改称国子监，下辖国学、太学、四门学等官学，以儒家经典为主要讲授内容。国子监三学以培养参加进士、明经科学生为主。三学每年设旬考、岁考等，属内部学业考试，考试内容以帖经和口试经义为主。生徒业成通二经以上者，举荐至国子监，参加由国子监司业和祭酒组织的"监试"，考试内容、方法形同省试。国子监最后的选拔才进行试诗，现存二首国子监试诗，一为喻凫《监试夜雨滴空阶》，二为刘得仁《监试莲花峰》，两首均为五言六韵排律体，与省试诗诗体一致。

州府试之诗。州府试指唐代各州府自己组织的省试资格考试，士子参加州府试所赋之诗称"州府试之诗"。《文苑英华》卷一八〇至一八九中，"州府试"作为省试诗的附录编排。现存唐代试律诗，诗题明确以"州试"或"府试"标注者共十九首。前者如张籍《徐州试反舌无声》、黄滔《襄州试白云归帝乡》，后者如吕温《河南府试赎帖赋得乡饮酒诗》、无名氏（一作李益诗）《府试古镜》、李频《府试风雨闻鸡》等。

吏部试之诗。唐代科举进士及第后并不立即授官，要经吏部主持的"铨试"或者参加"博学宏词科"试，经检验合格才能授予官职。其中，铨选为一年一选的常选，博学宏词科则有破格选拔性质，是为了选出俊乂之士而设立的非常选科目。

  翰林院试之诗，是指已具备一定官职的员外郎、中书舍人、拾遗、补阙等入职翰林院所赋试律诗。元和二年（807）白居易受到宪宗征召参加翰林院试，写了诏书、批答四篇，试律诗一首《太社观献捷》。《文苑英华》卷一八九诗题下注云："入翰林试。以'功'字为韵。"①可见，翰林院试并非只试诗赋，还包括诏书、批答等官用文体。

  制试之诗，是指士子参加由皇帝亲自主持的考试时所赋试律诗。制举科目并不固定，由天子根据治理国家政治需要而定，具有很强的针对性和当下性，如文辞雅丽、抱儒之业、军谋宏大材任将帅、孝悌力田闻于乡间等有关文辞、经学、军事、品行等内容。据统计，唐代制举科目共有六十三个②。制举并不以诗赋为主，大多为"试策二道"。制举试诗赋始于天宝十三年（754）的文辞宏丽科："天宝十三载十月一日，御勤政楼，试四科举人。其辞藻宏丽，问策外更试诗赋各一道。制试试诗赋，从此始。"（《旧唐书》卷九《玄宗纪》）现存唐代试诗中并无制举试律诗留存，因此，对制举试诗的具体情况不得而知。

  除以上类型，唐代试律诗中尚存"赎帖诗"等类型。所谓"赎帖"，指唐代士子参加科举，若试帖一项失利，可以以赋诗代之，名为赎帖。现存唐代试律诗中，王贞白《宫池产瑞莲》、吕温《河南府试赎帖赋得乡饮酒诗》等均是以诗赎帖的赎帖诗。

  （三）唐代试诗的诗题

  《文苑英华》卷一八〇至卷一八九，共十卷收录唐代省试诗四百六十首，诗题二百八十一题。就诗题看，《文苑英华》所收唐代试律诗大致可分为写景、咏物、咏事和典故四类。写景类省试诗主要以时政节令为表述对象，有时也会以想象之景为表述中心，如张濯等的

---

① （北宋）李昉等编：《文苑英华》卷189，中华书局1966年版，第925页。
② 傅璇琮：《唐代科举与文学》，陕西人民出版社1986年版，第138页。

《迎春东郊》、白行简的《春从何处来》等以描写时政节令为主，而张乔的《化州试月中桂》、顾封人的《月中桂树》等则以想象之景为描述对象。咏物类省试诗所咏之物包括植物、动物、器物等。植物以梅、柳、松为主，如郑述成《华林园早梅》、陈羽《御沟新柳》、李正封《贡院楼北新栽小松》等；动物多以龙凤、龟鹤、鲤鱼等祥瑞之物为对象，如张仲素的《缑山鹤》、佚名的《河鲤登龙门》等；器物类则多以珠玉、金石等为描述对象，如邓陟的《珠还合浦》、独孤良器的《沉珠于渊》等皆属此类。咏事类省试诗大多以与帝王有关的礼仪活动，如贺寿、祭奠、朝拜等为题，如张濯等的《迎春东郊》、张叔良等的《长至日上公献寿》等，这类省试诗中，还有通过阐述历史事件或历史人物来借古讽今的，如薛存诚的《闻击壤》，也有以神仙道教故事为题者，如魏璀等的《湘灵鼓瑟》、厉玄等的《缑山月夜闻王子晋吹笙》等。最后，典故类省试诗，其诗题来源较为广泛，经史子集皆有涉及，而尤以出自《文选》者为最多，出自《文选》的诗题多以袭用前人成句为主，如薛存诚《膏泽多丰年》、郑衮的《好鸟鸣高枝》等。

（四）唐代试诗的诗体

前面考察了唐代省试、监试、州府试、吏部试、翰林院试和制举等中央一级考试中的试诗情况。那么，在这些试诗活动中都采用何种诗体呢？对于一般意义上的诗歌创作，创作者往往根据所要表达思想情感的特点和所要达到的艺术效果等因素来确定采用何种体式，但应试诗则不同，举子必须要在特定的体式下进行创作，应试诗的字数、用韵等都有固定的格式。无论是从人才选拔的公平性，还是评判标准的可操作性来看，这些都是必需的。从诗体看，现存唐代应试诗中的绝大多数为五言六韵排律体，但是，偶尔也会出现五言二韵、五言四韵、五言八韵之作。

二韵四句绝句体在唐代试律中罕见，仅存两首，一为祖咏《终南山望余雪》，二为阎济美《天津桥望洛城残雪》。两首均是及第之作，诗艺高超，历来受到极高评价。祖咏《终南山望余雪》云："终南阴岭秀，积雪浮云端。林表明霁色，城中增暮寒。"① 宋计有功《唐诗纪事》卷二二载："有司试《终南山望余雪》诗，（祖）咏赋……四句即纳于有司，有司诘之，祖咏曰：意尽。"② 可见，祖咏诗作乃为个人私意为之，并非有司要求格式。《文苑英华》"省试"中也没有收录这两首作品，可视为唐代试律中的特例。现存唐代试律中，五言八韵共十题十三首，所占比例亦极低。八韵大多为题目中限定，但举子亦有自行减韵的情况，如《文苑英华》卷一八一《迎春东郊》，今存张濯、王绰二人作品。张濯诗为五言八韵，王绰诗则为六韵，二首皆为及第作品。

作为一种应试文体，试律诗的体制规范是非常复杂的，不仅对字数，对用韵、格律、对仗等均有十分严格的限制。下节将对这些体制规范作进一步的探讨。

二 日本古代试诗制度考述

日本古代试诗取法于唐代，但在试诗类型、体制规范、思想内容等方面与唐代试律诗又有着明显的差异。下面对日本古代试诗制度、程式规范等进行分析梳理。

（一）日本试诗的起源

日本在律令制国家建设过程中，为培养选拔官吏人才，设立了国学机构——大学寮。后又于圣武天皇神龟五年（728）在大学寮增设文章科，招收文章生。《朝野群载》卷十三《纪传》引《登科记》云："神龟五年，始行进士试，少辅菅原清公。"③ "进士试"，即"文

---

① （清）彭定求等编：《全唐诗》卷134，中华书局1999年版，第1337页。
② （宋）计有功撰，王中镛校笺：《唐诗纪事校笺》卷20，中华书局2007年版，第631页。
③ 《历代皇纪 朝野群载》，近藤瓶城编《史籍集览》第18册，近藤活版所1891年版，第273页。

章生试"。由于神龟五年成立文章科的诏书已经散佚，故文章科成立初始的考试情况不得而知。《登科记》所云"少辅菅原清公"云云，当指菅原清公任主考官之事，并非指菅原清公于神龟五年参加文章省试。据《续日本纪》"承和九年十月十七日"条载，菅原清公于桓武天皇延历八年（789）及第，此时据文章科设立的神龟五年已经过去了六十年。菅原清公的例子为现存最早的文章生试的例子。但具体的考试情况，仍然无从查据。

由于关键资料的缺失，日本文章生试诗的具体起源时间一直难以确定。学界一般以《本朝文粹》所收的一条"太政官符"——"应补文章生并得业生复旧例事"作为推断日本古代省试起源的资料。官符中有关试诗的内容如下。

> 弘仁十一年十二月八日符称："太政官去十一月十五日符称：'案唐式，昭文崇文两馆学生、取三品已（以）上子孙，不选凡流。今须文章生者，取良家子弟，寮试诗若赋补之，选生中稍进者，省更覆试，号为俊士，取俊士翘楚者，为秀才生者'……天长四年六月十三日。"①

根据这段"太政官符"，首先可以明确的是在嵯峨天皇在位期间（809—823）的弘仁十一年（820），日本科举文献中已经明确以"诗若赋"作为"寮试"考试事项之一了。但考虑到《经国集》卷十四所收南渊弘贞《五言奉试咏梁得尘字》作于延历十五年（796）以及小野岑守《五言奉试咏天一首》作于延历年间（782—806）的事实。虽然由于资料的阙如，尚不能确定日本科举导入诗赋的确切年代，但应早于前引"太政官符"所记之弘仁十一年（820），至少不会晚于

---

① 大曾根章介、金原理等校注：《本朝文粹》，《新日本文学大系》第27册，岩波书店1992年版，第145页。

八世纪末。也就是说，在唐代科举实施加试诗赋大约一百年后，平安时代的文章生试中也开始以"诗赋"作为考试事项之一了。

"官符"所言"寮试诗若赋补之"，所谓"寮试"，这里指大学寮举行的考试，又称为"拟文章生试"。《延喜式》卷二十"大学式"载："凡拟文章生，每年春秋简试，以丁第已上者补文章生。"① 据此判断，"寮试"及第者称为"文章生"。关于拟文章生试的考试内容，《延喜式》"式部式"有"凡补文章生者，试诗赋取丁第已上"之规定②，这与"太政官符"中"寮试诗若赋补之"的规定一致，也就是说，诗赋是"寮试"的主要考试内容之一。又据《桂林遗芳抄》"寮省之试事"条载："省试者，式部辅之试也。"③ 也就是说"式部省"是"寮试"的具体主持者，其诗题的命制由式部省长官"式部辅"负责。与唐代省试由尚书省主持不同，平安时代省试主要由"式部省"负责，但不管是尚书省还是式部省，均属三省六部之"省"，因此平安时代的试律诗同样多以"省试诗"命名。

（二）平安时代试诗类型

文章生试诗。前文已经指出，有关"文章生试诗"的最早文献记载，见于弘仁十一年（820）"太政官符"中"文章生者，取良家子弟，寮试诗若赋补之"的记载。《延喜式》卷十八"式部"亦有关于试诗的记载："凡补文章生者，试诗赋取丁第已（以）上。若不第之辈，犹愿一割者，不限度数试之。"因"文章生试"由"式部省"负责实施，因此，与唐代进士科试诗一样，亦称"省试诗"。只是，平安时代省试诗的实施机构非"尚书省"，而是由"式部省"负责。

"文章生试"的名称随着大学寮预科"拟文章生"的设置也发生了变化，即学生要先经由大学寮组织的"寮试"，合格后称"拟文章

---

① 正宗敦夫编纂校订：《延喜式》，日本古典全集刊行会1929年版，第122页。
② 正宗敦夫编纂校订：《延喜式》，日本古典全集刊行会1929年版，第65页。
③ 菅原和长：《桂林遗芳抄》，载塙保己一编《群书类从》卷496（上），经济新闻社1893年版，第20页。

生"。拟文章生再参加由式部省组织的"拟文章生试",及第后才正式成为"文章生"。这时候"文章生试"就演变成了"拟文章生试"。"拟文章试"的规定,见于《延喜式》卷十八"式部上":"凡拟文章生,每年春秋简试,以下第以上者补文章生,纵落第之辈,犹愿一割,听任举之。"①《延喜式》的记载反映了文章生试的发展演变,现存《经国集》卷十三、卷十四所收省试诗大多为文章生试诗。

"放岛试"试诗。除了文章生试诗这一基本类型外,平安时代试诗类型中,还有"放岛试"这一"变形"化的省试诗类型。关于"放岛试",《桂林遗芳抄》"放岛试事"条载:"朱雀院试者,学生皆乘舟行中岛作诗也。文章生试者,式部省行之,云省试也。今日朱雀院被行之也。"②根据这一记载,所谓"放岛试"之称名,源自"学生乘舟行中岛作诗"这一独特的作诗方式。文章试本来是在式部省举行,改为由"朱雀院"行之,是把选拔官吏人才的考试与宫廷宴集结合起来的一种形式,这一点通过《日本纪略》"醍醐"条的记载可以进一步明确:"延喜十六年(916)九月廿八日庚辰,天皇幸朱雀院……召诸儒文章生,命宴席,题云'木落洞庭波'。有拟文章生试,题云'高风送秋'。十月二日甲申,召诸儒于藏人所,令定申拟文章生试诗等,及第者五人。"③延喜十六年的拟文章生试为有文献记载的最早的"放岛试"的例子,此后,放岛试便成为日本文章生试诗的一种固定形式。这一"变形化"的形式凸显了文章生试诗旨在培养"宫廷诗人"后备军的主旨。④

"学问料"试诗。"学问料",又称"灯烛料",是指公家向公私学馆学生授予的"学资"。授予学问料又称"给料"。经选拔考试合格后学问料由"谷仓院"授予。《二中历》卷十二《登省》之"菅清

---

① 正宗敦夫编纂校订:《延喜式》,日本古典全集刊行会1929年版,第65页。
② 塙保己一编:《群书类从》卷496(上),第21页。
③ 《古事类苑·文学部》(三),神宫司厅藏版,吉川弘文馆1983年版,第105页。
④ 久木幸男:《日本古代学校的研究》,玉川大学出版部1990年版。

公"条下注曰:"桓武天皇给衣粮,令勤学也。'给料'之起始于兹也。"该事又见于《续日本纪》,《续日本纪》卷三十八"桓武"条载:"延历四年十二月甲申,故远江介从五位下菅原宿弥古人男四人,给衣粮,令勤学业,以其父侍读之劳也。"① 据此可知,桓武天皇延历四年(785),菅原古人四子被授予"学问料",只不过,获取学问料资格的方式并非考试,而是因其父菅原古人的"侍读之劳"。

以考试形式获取学问料资格之记载,见于《延喜式》卷二十"大学"条:"凡学生,补食口者,令得业生、文章生等各随其业试之。五条之中,通三以上为及第,但明经、明法、算等生先奉游学试,纪传学生历寮试者,不更试之。"可见,学问料试起初也是试策的。明经、明法、算学生先经"游学试",合格者方可申请参加"学问料试",考试形式为试策。同时规定,通过"寮试"的纪传生,可不用参加专门的学问料试直接申请学问料。关于学问料试诗的记载见于《日本纪略》卷四"村上"条。

> 应和二年六月十七日癸卯。此日召学生藤原公方、菅原资忠、三统笃信。令候射马殿,给题赋诗,题云:覃为夏施,伐为韵,七言十韵。件学生申谷仓院学问料,仍试之。申此料者,文章生橘列相、菅原惟熙、淑信等,而或申障,或申他行之由不参。②

当日"学问料试"在弓马殿进行,申请者为藤原公方、菅原资忠、三统笃信三人,诗题为"覃为夏施",诗题出自《艺文类聚·服饰部·荐席》:"《杂记》曰:吴议郎张纯,诣镇南将军朱子处,处曰:'为赋一物,然后乃坐。'纯赋曰:'席为冬设,覃为夏施。'揖

---

① 菅原道真、藤原继绳等撰,青木和夫、稻冈耕二校注:《续日本纪》,岩波书店1998年版,第354页。
② 《古事类苑·文学部》(三),神宫司厅藏版,吉川弘文馆1983年版,第37页。

让而坐，君子攸宜。"据以上《日本纪略》所记，该题以"伐"为韵，字数为七言十韵一百四十字长篇。该事在《江家次第》卷十九亦有记载。

  村上 应和二年六月十七日癸卯
  覃为夏施（以纯为韵，官韵张纯）
  藤原公方作官韵，但以张子纯作张纯。先是于清水寺祈之，梦中给此题。公方返坐，先对清水寺礼云云。藤原资忠不作官韵，作玄纯，是覃名。作秀句犯鹤膝。仰曰："资忠文体可观，尤是奉公，可赐学问料。"小野宫大臣被申曰："奉试道官韵为先，先犹可赐公方，最前阙给之。三统笃信不作官韵，不作秀句，又犯鹤膝，次阙赐之，胜彼日不参者。"①

《江家次第》所记与前引《本朝纪略》的不同主要在于：首先，限韵不同，据诗题"以纯为韵，官韵张纯"的注释可知，该次试诗的限韵为押平声十一真韵，"官韵张纯"是平安时代试诗的一种特殊限韵方式，是指包含韵字在内的二字词（韵字上加一字），且要求该词与诗题内容直接相关。② 其次，关于学问料试诗的评判标准，一是"奉试道官韵为先"，特别重视"官韵"的运用。二是学问料试诗的评判标准之一是《文镜秘府论》诗文"文二十八种病"之"平头、上尾、蜂腰、鹤膝"中的"鹤膝"。可见，平安时代省试诗的判定标准，与六朝"新体诗"的评价标准基本一致。

（三）平安时代省试诗的诗题

考之《经国集》所收二十四首平安初期省试诗，诗题均以"奉试×××"命名，如卷十三纪长江的《奉试赋得秋》，丰前王、小野篁、

---

① 《古事类苑·文学部》（三），神宫司厅藏版，吉川弘文馆1983年版，第105页。
② 大曾根章介：《"放岛试"考——关于"官韵"》，载《日本汉文学论集》第1卷，汲古书院1999年版，第295页。

藤原令绪、多治比颖长的《奉试赋得龙头秋月明》，卷十四小野岑守的《奉试咏天》、伴成益的《奉试得东平树》，菅原善主、菅原清冈、中臣良舟、中臣良楫、藤原关雄的《奉试咏尘》等，均属于这一类型。

在唐代试律诗中，亦有不少冠以"奉试"之名，如董思恭的《奉试昭君》、崔曙的《奉试名堂火珠》、荆冬倩的《奉试咏青》等①。清人毛奇龄在《唐人试帖》中指出："按唐制，登进士后，又有试，名'奉试'。"② 毛奇龄所谓"登进士后，又有试"究竟属于何种类型的考试，毛氏未明确指出。藏岳根据毛氏的说法，进一步指出："登进士后，又覆试，名曰'奉试'。"③ 从而将毛氏所说"奉试"明确为"覆试"。根据这一观点，"奉试诗"当指士子在参加进士试后举行的"覆试"时所作之诗。王娟指出，唐人创作的"奉试诗"主要包括"赎帖诗""帖经日试诗"以及其他"奉命"之作④。笔者认为，无论赎帖诗还是奉试诗，试诗主持者仍为尚书省，只不过并非如省试一样的常式，有临时"奉命之作"之意，从类属看，仍应归为省试诗之中。

前引"太政官符"中"选生中稍进者，省更覆试"中"覆试"之规定，当属"寮试"后进行的"考试"，属于毛奇龄所言进士试后"又有试"的情况。这种"覆试"也是"正试"后的一种审核性的考试，目的在于检验考生的真才实学。其所采用的试诗类型，"官符"中虽未明确指出，但据毛奇龄说，应当是"奉试诗"无疑。

（四）平安时代的试诗文献

现存平安时代的奉试诗大多已经散佚，除前述《经国集》所收二十四首平安初期作品，另有日本学者滨田宽从《本朝文粹》《菅家文草·菅家后集》《田氏家集》《日本纪略》《公卿补任》等总集、别集

---

① 据统计，现存唐人"奉试诗"共10首。参见王娟《唐代"奉试诗"辨略》，《中州学刊》2017年第5期。
② （清）毛奇龄：《唐人试帖》，清康熙四十年（1701）刻本。
③ 藏岳：《应试唐诗类释·应试唐诗备考》，清乾隆二十七年（1762）刻本。
④ 王娟：《唐代"奉试诗"辨略》，《中州学刊》2017年第5期。

和相关史料中辑佚出大约四十一首平安时代中后期的试律诗，但大多也只存诗题，诗作本身则早已亡佚（诗仅三首）①。显然，现存的平安时代试律诗在数量上要远少于唐代。《菅家文草·菅家后集》收录菅原道真贞观四年（862）《省试当时瑞物赞六首》，这是现存平安时代试诗中唯一试"杂文"的例子。

本书"上篇"将以《经国集》卷十三、卷十四所收平安初期省试诗以及菅原道真"拟作"省试诗和从平安时代相关史料中辑佚出的试诗文献为考察对象，从体式规范、用典等角度对日本的试诗进行考察分析。

第二节　平安时代省试诗的诗形特征

一　唐代省试诗的诗形

在唐代科举中，"试诗"与"试策"一样成为进士科考试的重要事项。科举试诗所作"答案诗"一般称为"省试诗"，又称为"试帖诗"。我们可以通过两部前代著述了解唐代省试诗的相关情况，一是宋李昉编《文苑英华》，二是清代徐松撰《登科记考》。《文苑英华》是继《文选》后又一部文学总集，全书共一千卷，收录上起萧梁，下至唐五代诗文两万余篇，其中绝大多数属于唐代作品，占全书的十分之九左右。《文苑英华》卷一八〇至卷一八九共十卷载录唐代省试诗（含州府试）计四百六十首②。徐松《登科记考》虽然所收省试诗数量不如《文苑英华》多，但除了收录省试诗，其重点记录了大部分及第者以及主考官的姓名和诗题信息等，可谓了解唐代科举试诗的不可

---

① 浜田宽：《平安朝日本汉文学的基底》，武藏野书店2006年版，第317页。
② 《文苑英华》十卷所收四百六十首省试诗也并未囊括现存省试诗的全部，据罗积勇、张鹏飞（《唐代诗律试策校注·前言》，罗积勇、张鹏飞校注，武汉大学出版社2009年版）统计，现存于《全唐诗》《国秀集》《李义山诗集》等总集、别集中而《文苑英华》失收的唐代省试诗近20首。

多得的一部重要参考资料。

考之《文苑英华》所收四百六十首省试诗可以发现，科举试诗在进入唐代以后，在诗形上逐渐固定为五言六韵六十字的排律体形式，这也是唐代科举试诗的常式。《文苑英华》所收唐代省试诗基本上属于这一形式。例如卷一八〇《中和节诏赐公卿尺》，今存陆复礼、裴度、李宫三人省试诗。裴度诗云：

　　淑景风光媚，皇明宠赐重。
　　具寮颁玉尺，成器幸良工。
　　岂止寻常用，将传度量同。
　　人何不取则，物亦赖其功。
　　紫翰宣殊造，丹诚厉匪躬。
　　奉之无失坠，恩泽自天中。①

除了绝大多数省试诗属于五言六韵这一常式外，也有例外情况，清毛奇龄在《唐人试帖》卷一指出："试帖限六韵，偶有八韵者，一是主司所限，如《玄元皇帝应见》帖，举子皆八韵，则官限韵也。一是举子自增，如此诗八韵，王季友诗仍六韵。《迎春东郊》帖张濯八韵，王绰仍六韵，则举子自增者也，但韵虽自增而韵则同用题字。"②毛奇龄所言《玄元皇帝应见》，即《文苑英华》卷一八〇所收《玄远皇帝应见贺圣祚无疆》，今存殷寅、李岑、赵铎三人作品。殷寅诗如下：

　　应历生周日，修祠表汉年。
　　复兹秦岭上，更似霍山前。

---

① （北宋）李昉等编：《文苑英华》卷180，中华书局1966年影印版，第881页。
② （清）毛奇龄：《唐人试帖》，清康熙四十年（1701）刻本。

昔赞神功启，今符圣祚延。
已题金简字，仍访玉堂仙。
睿祖光元始，曾孙体又玄。
言因六梦接，庆叶九龄传。
北阙心超矣，南山寿固然。
无由同拜庆，窃抃贺陶甄。①

另李岑、赵铎诗同殷寅诗一样，均为五言八韵十六句排律，八韵显然是主司，即知贡举者所定。另，毛奇龄所言《迎春东郊》，《文苑英华》卷一八一存张灌、王绰二人作品。张灌诗为：

颛顼时初谢，勾芒令复陈。
飞灰将应节，宾日已知春。
考历明三统，迎祥受万人。
衣冠宵执玉，坛墠晓清尘。
肃穆来东道，回环拱北辰。
仗前花待发，旗处柳凝新。
云敛黄山际，冰开素浐滨。
圣朝多庆赏，希为荐沉沦。②

王绰诗为：

玉管潜移律，东郊始报春。
銮舆应宝运，天仗出佳辰。
睿泽光时辈，恩辉及物新。

---

① （北宋）李昉等编：《文苑英华》卷180，中华书局1966年版，第880页。
② （北宋）李昉等编：《文苑英华》卷181，中华书局1966年版，第889页。

> 虬螭动旌旆，烟景入城闉。
> 御柳初含色，龙池渐启津。
> 谁怜在阴者，得与蛰虫伸。①

张灌诗为五言八韵，而王绰诗五言六韵，二者字数不同。毛奇龄所言"举子自增者也"，即所谓应试者自己增加了字数。

除了增韵的情况，也出现过四韵甚至少于四韵的情况。《文苑英华》卷一八九收王季文、吕温《青出蓝》二首，该题为贞元十四年（798）省试诗题，吕温诗为：

> 物有无穷好，蓝青更出青。
> 朱研方比德，白受始成形。
> 袍袭宜从政，衿垂可问经。
> 当年不采撷，佳色几飘零。②

二人省试诗题下有"题中用韵，限四十字成"之规定，可见，虽然较为少见，但限韵为"四韵"的情况也是存在的。另外，少于四韵的例子，虽属极端，也不是没有，据宋代计有功《唐诗纪事》卷二二记载，开元十二年（724），祖咏参加科试，有司出题《终南山望余雪》，祖咏赋为"终南阴岭秀，积雪浮云端。林表明霁色，城中增暮寒"四句后即纳于有司，有司讵之，祖咏曰："意尽。"祖咏诗只有四句，可谓极端的例子。《文苑英华》卷一八〇至一八九并未将祖咏诗收录其中，也许正是因为编撰者没有视其为成熟的省试诗诗形的缘故。

以上所举最长者如殷寅八韵十六句、短者如吕温五言四韵、极

---

① （北宋）李昉等编：《文苑英华》卷181，中华书局1966年版，第889页。
② （北宋）李昉等编：《文苑英华》卷189，中华书局1966年版，第927页。

短者如祖咏仅四句的情况，均属于特殊情况下的特例，并不是唐代省试诗的"常式"。之所以出现这样的特例，原因除了毛奇龄所言"主司所限，举子自增"两点之外，恐怕还应该加上一点，也就是"举子自减"，也就是说，在唐代省试中，存在举子临时增韵减韵的情况。

二 平安时代省试诗诗形

除了少数特例，唐代省试诗基本定型为五言六韵十二句排律形式，这一点通过以上分析已经可以明确。那么，模仿唐代试诗制度建立起来的日本古代试诗，在形式上是否"蹈袭"了唐代的五言六韵形式呢？下面以《经国集》卷十三、十四所收省试诗以及辑佚出的省试年代确切可考的平安时代中后期省试诗为考察对象，重点分析平安时代省试诗的诗形特征。

（一）《经国集》所收省试诗诗形

《经国集》卷十三、十四共收省试诗二十三首（卷十三七首、卷十四十六首，卷十四所收路永名《七言不堪奉试》一首，不在本书考察范围之内）。下面把二十三首省试诗诗题、应试者、限韵情况等列表表示（见表1-1），并据此对其诗形进行详细分析。

表1-1　　　　　《经国集》省试诗诗形一览

序号	诗题	字数	应试者	所在卷数
1	奉试赋得秋一首	七言六韵	纪长江	卷十三
2	奉试赋秋兴一首	五言六韵	丹治比文雄	卷十三
3	奉试赋得陇头秋月明一首	五言六韵	丰前王	卷十三
4	奉试赋得陇头秋月明一首	五言六韵	小野篁	卷十三
5	奉试赋得陇头秋月明一首	五言六韵	藤原令绪	卷十三
6	奉试赋得陇头秋月明一首	五言六韵	多治比颖长	卷十三
7	奉试赋秋雨一首	五言六韵	山田古嗣	卷十三

续表

序号	诗题	字数	应试者	所在卷数
8	奉试咏天一首	五言四韵	小野岑守	卷十四
9	奉试咏梁得尘字一首	五言四韵	南渊弘贞	卷十四
10	奉试得治荆璞一首	五言六韵	纪虎继	卷十四
11	奉试得东平树一首	五言四韵	伴成益	卷十四
12	奉试咏三一首	五言四韵	文室真室	卷十四
13	奉试咏三一首	五言四韵	石川越智人	卷十四
14	奉试赋得王昭君一首	七言六韵	小野末嗣	卷十四
15	奉试得宝鸡祠一首	五言四韵	鸟高明	卷十四
16	奉试咏尘一首	五言六韵	藤原关雄	卷十四
17	奉试咏尘一首	五言六韵	菅原善王	卷十四
18	奉试咏尘一首	五言六韵	中野良舟	卷十四
19	奉试咏尘一首	五言六韵	中野良楫	卷十四
20	奉试咏尘一首	五言六韵	菅原清冈	卷十四
21	奉试赋得照胆镜一首	七言八韵	小野春卿	卷十四
22	奉试赋挑灯杖一首	七言十韵	猪名部善绳	卷十四
23	奉试得爨烧桐一首	五言六韵	大枝礒麻吕	卷十四

从表1-1可以看出，《经国集》所收二十三首省试诗中，十九首为五言诗，四首为七言诗。虽然五言诗占大多数（约83%），但二十三首中仍有四首为七言诗（约17%）。十九首五言中，五言六韵十三首，其余六首为五言四韵。七言诗中，七言六韵二首，八韵、十韵各一首。

与唐代省试诗相比，平安初期省试诗显然在诗形上更加多样化，除了五言六韵、五言四韵，还有七言四韵以及七言八韵、十韵这样的长诗。

（二）平安时代中后期省试诗诗形

与《经国集》卷十三、十四所收省试诗不同，收录平安时代中后期诗文的文学总集，均不设专门的省试诗门类，更无集中载录，这无疑给我们了解这一时期的省试情况造成了困难（一些别集，如《菅家文草·菅家后集》《行成诗稿》等收录有单篇省试诗，但数量不多）。但所幸的是，在《本朝文粹》《菅家文草》《田氏家集》《日本纪略》《公卿补任》等文献中尚存有一些有关省试情况的记载。现对其中诗题中有明确字数限定，或根据存世文献能判定其字数者进行列表统计（见表1-2）。

表1-2　　　　　　平安时代中后期省试诗诗形一览

序号	年号	西历	省试诗题	字数	出题者
1	齐衡元年	854	还珠合浦	五言六韵	
2	贞观四年四月十四日	862	瑞物赞六首	每首十六字	
3	贞观四年七月廿八日以前	862	连理树	五言十二韵	南渊年名
4	贞观二年七月廿六日	860	听古乐	五言十二韵	大江音人
5	元庆八年春	884	龙图授义	五言八韵	菅原道真
6	延喜十六年九月廿八日	916	高风送秋	七言六韵	
7	天庆七年十二月廿九日	944	功名重山岳	七言八韵	大江维时
8	天历二年六月十四日	948	昊天降丰泽	七言十韵	大江维时
9	天德二年五月十七日	958	鱼登龙门	五言十韵	
10	康保五年六月十三日	968	朱草生郊	五言十二韵	大江重光
11	天延三年十二月	975	教学为先	五言八韵	
12	永祚元年九月廿一日	989	贡院新栽小松	五言十二韵	高阶成忠
13	长德二年六月廿五日	996	泽如时雨	七言八韵	菅原辅正
14	长德三年七月	997	既饱以德	五言六韵	
15	长保五年六月十六日	1003	以水积成渊	七言六韵	
16	长保五年七月三日	1003	凉风撤蒸暑	五言十二韵	
17	宽弘元年十月廿九日	1004	野老击壤	七言八韵	菅原辅正
18	宽弘二年七月十日	1005	秋丛露作珮	七言八韵	
19	宽弘三年十一月廿六日	1006	共始生	七言六韵	
20	长和四年十二月三日	1015	象载瑜	五言十韵	藤原广业
21	宽仁二年十月廿一日	1018	翠松无改色	七言四韵	藤原道长

续表

序号	年号	西历	省试诗题	字数	出题者
22	治安二年五月十九日	1022	养民仕惠	五言八韵	大江通直
23	万寿三年三月	1026	积德有海内	七言六韵	菅原资业
24	长元元年十一月十五日	1028	野多客鸡	百字成篇	
25	长久二年三月四日	1041	歌舌不如莺	七言四韵	后朱雀帝

表1-2列出的二十五首有明确限韵的省试诗中，第二首贞观四年（862）菅原道真省试《瑞物赞六首》，严格意义上说，其已经超出了"诗"的范畴而属于"赞"的文体，因此在此暂不讨论。除此之外的二十四首省试诗，五言、七言平分秋色，各十二首。五言最长者为十二韵（二十四句一百二十字），七言最长者为七言八韵（十六句共一百一十二字）。五言诗中，全部为五言六韵以上。七言中，除了七言四韵二首，其余皆为七言六韵以上。

（三）菅原道真"省试诗"的诗形特征

菅原道真于贞观四年（862）四月十四日参加省试，五月十七日及第，时年十八岁。道真省试诗题为《省试瑞物赞六首》，诗题后有"每首十六字以上，自第一至第六，依次而赋之"之题注。道真及第作品载于《菅家文草》，为四字句，每首四句十六字，六首连作。第一首《浓州上言紫云》："色浓是紫，功好惟云。一时点着，仰德唯君。"从诗体看，"赞"属于"杂文"体。平安时代省试中，采用这种文体，从现存资料看，菅原道真是唯一的一次，对考察平安时代的文章生试具有重要的学术价值。

省试诗中经常出现以显示国泰民安、风调雨顺、万邦来朝等"时事"为题的诗题。考生以此类时事为题赋诗，自然少不了要歌功颂德。考生往往通过象征手法，比如通过各种时令物候和祥瑞变化来美化歌咏对象，如《文苑英华》卷一八一所收罗让《闰月定四时》、员南溟《玉烛》、张濯《迎春东郊》等皆属此种类型。

《菅家文草·菅家后集》载："清和天皇天安三年（859）正月二

十一日，道真年十五，美浓国上表言其国现紫云。"紫云出现，显然是一种祥瑞现象，《唐会要》卷二十八、二十九所记祥瑞之物中就包括"紫云"。在日本《类聚国史》卷一六五《祥瑞上》中"天空出现紫云"亦被视为一种重要的祥瑞现象。道真省试诗题显然是根据前述天安三年美浓国上表言其国"现紫云"这一"时事"事件而命制的，最后一句"仰德唯君"，抒发了道真对天皇的耿耿忠心。

除了这首应试之作，《菅家文草·菅家后集》中还收录了道真四篇"习作"省试诗，第一首《赋得赤虹篇一首》题注云"临应进士举，家君每日试之"，可见为了使道真科场及第，道真父亲菅原清公在课试前为道真出了不少"模拟"诗题让道真练习，这些"拟作"省试诗应该作于道真参加课试的贞观四年（862）四月十四日之前，现存四首录于《菅家文草·菅家后集》卷三。这些所谓"拟作"型省试诗，属于广义上的省试诗，特别是出自作为平安时代政治家、文学家的道真之手，更能很好地体现那一时代的省试特征，因此在日本省试诗研究中具有重要价值，故在此一并进行考察。

道真五首习作分别为：七言十韵《赋得赤虹篇一首》、五言十韵《赋得咏青一首》、五言六韵《赋得躬桑一首》、五言六韵《赋得折杨柳一首》。四首中属于五言六韵这一省试诗"常式"的有二首。其余二首中，七言十韵一百四十字长篇一首，五言十韵一百字长篇一首。

（四）平安时代省试诗诗体特征

通过对《经国集》所收弘仁天长期以及平安中后期省试诗诗形考察，可以发现平安时代省试诗在形式上的一些重要特点。

第一，平安时代省试诗五言、七言并存，以五言诗为主。《经国集》所收弘仁天长期省试诗中以五言诗居多，七言诗占有一定比例。到了中后期，七言所占比例虽有明显增加，但从道真"拟作"省试诗分析，五言诗应该仍为这一时期省试诗的主要诗形而受到重视。

第二，从字数看，在直至十一世纪初的大约二百年间，平安时代省试诗尚未形成固定形式。《经国集》省试诗中五言四韵（四十字）、六韵（六十字），七言六韵（八十四字）、八韵甚至最长者达到十韵（一百四十字）。到了平安中后期，情况并未改变，无论五言还是七言，均以六韵以上者居多，少则六十字（五言六韵），多则一百二十字（五言十二韵），最长者达到一百四十字（七言十韵）。道真拟作省试诗亦是如此。

第三，省试中"赞"文体的运用尤为引人注目。由于仅存菅原道真一人作品，平安时代省试用"赞"这一文体的更多情况不可考。但这一存在说明，平安时代的省试中，除了诗赋，还采用过诸如"赞"这一"杂文"文体。从这一意义上说，菅原道真《省试瑞物赞六首》对考察日本省试制度具有重要学术价值。

如果拿《文苑英华》所收唐代省试诗与之对比，平安时代省试诗在诗体上的特点就更为突出。如前所述，唐代虽然也出现了如祖咏《终南山望余雪》之绝句体和吕温《青出蓝》之五言四韵体这样的特例，但不可否认的是，唐代省试诗诗形仍然是以五言六韵排律为主。而平安时代则不然，五言与七言并存，很多时候甚至七言还占有半壁江山，字数上也以六韵以上居多。

对于平安时代省试诗的诗体，《桂林遗芳抄》"诗事"条载："其作必五言也，句之数大略六对十二句也，或八对十六句也。韵字之置处又不定也，旧草分一之句、二之句、四之句、六之句、十之句等也。"① 《桂林遗芳抄》成书于室町时代（1336—1573），但其所举例子多为平安时代的试诗，因此，对分析平安时代试诗具有一定参考价值。与《桂林遗芳抄》"其作必五言也"之诗体规定不同的是，在具体实践中，平安时代省试诗中七言诗占有相当重的比重，至中后期，七言诗甚至有增加的趋势。这已见诸前文分析。之所以会出现这一明

---

① 菅原和长：《桂林遗芳抄》，载塙保己一编《群书类从》卷496（上），经济新闻社1893年版，第32—33页。

显不同于唐代省试诗诗形的情况,主要原因在于:

首先,与日本当时流行的诗形相一致。据统计,"敕撰三集"(《凌云集》《文华秀丽集》《经国集》)共存诗四百四十四首,除去"杂言"体六十一首外,五言一百八十三首,而七言诗占到二百首,即便是"杂言"诗,也以七言为主①。与《怀风藻》所收诗几乎为五言诗相比(全部一百一十六首中,七言仅七首),到了敕撰三集时代,情况明显发生了很大变化,七言体已经成为创作的主流。之所以有如此转变,与不同时期受中国文化的影响的状况有关。《怀风藻》时代,主要吸收我国六朝文学,《文选》《玉台新咏》成为模仿对象,而到了敕撰三集时代,开始接受初、中唐文学影响,诗人开始模仿七言诗创作,尤其是到《白氏文集》开始在日本形成巨大影响,日本贵族文人们已经大致掌握了近体试律的写法,平仄、对仗等的运用已经相当熟练。在这一背景之下,省试诗创作也必然受当时主流诗体的影响,与当时诗坛的风尚保持一致。

其次,到了院政时期,随着律令制的逐步衰微,省试诗在形式上发生了新的变化。《日本纪略》"醍醐"条载:"延喜十六年九月廿八日庚辰,天皇幸朱雀院……召诸儒文章生,命宴席,题云'木落洞庭波'。有拟文章生试,题云'高风送秋'。十月二日甲申,召诸儒于藏人所,令定申拟文章生试诗等,及第者五人。"② 该材料表明,延喜十六年(916)九月廿八日,醍醐天皇行幸朱雀院,举行盛大的宴集,命诸儒文人以"木落洞庭波"为题赋诗。与此同时,举行"拟文章生试",即式部省试,御赐诗题"高风送秋"。与天皇行幸宴集一起实施的省试被称为"行幸试"。对这次试诗的诗形的限定,《桂林遗芳抄》"登科记"有明确记载:"式部卿是忠亲王二男进士及第。延喜十六年九月廿八日试。行幸朱雀院,御题'高风送秋'诗〔(双行

---

① 陈福康:《日本汉文学史》(上),上海外语教育出版社2011年版,第147页。
② 黑板胜美校订:《日本纪略·后篇》,《国史大系》第5卷,经济杂志社1897年版,第811页。

注）以'钟'为韵，七言六韵]。"① 由《桂林遗芳抄》所记诗题下双行注可知，这次省试的为七言六韵诗形。延喜十六年（916）九月廿八日"行幸试"为现存文献的最早记载。此后，村上天皇康保二年（965）、一条天皇长德三年（997）、后朱雀天皇长久二年（1041）等均实行了这种类型，诗形以七言诗居多（长德三年省试为五言）。综合以上分析，随着院政期以后试诗形式的不断变化，省试诗自然受当时诗坛的流行风尚的影响。如前所述，当时的宫廷侍宴诗、君臣唱和等主流诗作中，七言诗越来越多，这自然反映到省试诗创作中。

第三节 平安时代省试诗的限韵方式

限韵是古典诗歌，尤其是近体诗的重要特征之一。本节重点分析平安时代省试诗的限韵情况。关于平安时代省试诗的限韵方式，现存文献中并无详细记载。通过对《经国集》所收省试诗和从一些总集、私家集等辑录出的有明确时间、诗题记载的平安时代的省试诗限韵情况的考察、分析，可以发现其中有限韵的三十二题。根据限韵情况，可以把平安时代省试诗的用韵方式归纳为以下几个类型。

一 以题中某字为韵

平安时代省试诗有一种限韵方式是在诗题注中以"题中取韵"形式标注，如弘仁十三年（822）省试诗题《五言奉试赋得陇头秋月明一首》（《经国集》卷十三）、天历二年（948）诗题《昊天降丰泽》、宽和元年（985）诗题《昭华玉》、永祚元年（989）诗题《贡院新栽小松》、长保五年（1003）诗题《凉风撤蒸暑》以及治安二年（1022）诗题《养民仕惠》等诗题注中均有"题中取韵"之限定。该

---

① 菅原和长：《桂林遗芳抄》，载塙保己一编《群书类从》卷496（上），经济新闻社1893年版，第20页。

限韵方式应当有两种理解,一种理解是考生必须选用诗题中的某字所在的韵赋诗(韵脚字中包含该字)。如《经国集》卷十三《赋得陇头秋月明》诗题,现存丰前王、小野篁、藤原令绪、多治比颖长四人省试诗,四人皆选用诗题中"明"字所在的下平声八庚韵赋诗,丰前王省试诗韵脚字为:轻、倾、惊、明、营、行;小野篁省试诗韵脚字为:兵、鸣、清、生、营、明;藤原令绪省试诗韵脚字为:明、澄、清、生、城、行;多治比颖长韵脚字为:明、征、程、星(通用韵)、生、城(平安时代省试诗限韵情况见表1-3、表1-4)。

除此之外,"题中取韵"还有另一种理解,即任选题中一字为韵赋诗。考生可以选用题中不同字(包含该字)为韵脚字各自赋诗。遗憾的是,现存文献所见省试诗基本属于"一题一作"(《经国集》卷十四另收《咏尘》一题共五首省试诗,但该题无限韵)的情况,因此无法举出以选题中不同字为韵各自赋诗的具体实例。

表1-3 　　　　　《经国集》省试诗用韵情况一览

序号	诗题	字数	韵脚字	应试者	限韵方式
1	奉试赋得秋一首	七言六韵	悲时衰滋飞(五微通用)飔丝(支韵)	纪长江	
2	奉试赋秋兴一首	五言六韵	王香章凉黄郎(阳韵)	丹治比文雄	
3	奉试赋得陇头秋月明一首	五言六韵	轻倾惊明营行(庚韵)	丰前王	题中取韵
4	奉试赋得陇头秋月明一首	五言六韵	兵鸣清生营明(庚韵)	小野篁	题中取韵
5	奉试赋得陇头秋月明一首	五言六韵	明澄清生城行(庚韵)	藤原令绪	题中取韵
6	奉试赋得陇头秋月明一首	五言六韵	明征程星(通用韵)生城(庚韵)	多治比颖长	题中取韵

续表

序号	诗题	字数	韵脚字	应试者	限韵方式
7	奉试赋秋雨一首	五言六韵	堂翔香凉章康（阳韵）	山田古嗣	
8	奉试咏天一首	五言四韵	通东公雄（东韵）	小野岑守	
9	奉试咏梁得尘字一首	五言四韵	辰尘新宸（真韵）	南渊弘贞	
10	奉试得治荆璞一首	五言六韵	传妍边圆坚天（先韵）	纪虎继	以天为韵
11	奉试得东平树一首	五言四韵	空同风中（东韵）	伴成益	
12	奉试咏三一首	五言四韵	时辞迟帷（支韵）	文室真室	以帷为韵
13	奉试咏三一首	同上	迟师悲帷（支韵）	石川越智人	以帷为韵
14	奉试赋得王昭君一首	七言六韵	难殚残干寒看（寒韵）	小野末嗣	
15	奉试得宝鸡祠一首	五言六韵（四韵）	时疑飞（通用）祠（支韵）	鸟高明	
16	奉试咏尘一首	五言六韵	生声情轻冥（通用）惊（庚韵）	藤原关雄	
17	奉试咏尘一首	五言六韵	微霏衣归非机（微韵）	菅原善主	
18	奉试咏尘一首	五言六韵	光扬妆梁张亡（阳韵）	中野良舟	
19	奉试咏尘一首	五言六韵	飞归违几衣微（微韵）	中野良楫	
20	奉试咏尘一首	五言六韵	杨场常梁光庄（阳韵）	菅原清冈	
21	奉试赋得照胆镜一首	七言八韵	频轮申身人春真珍（真韵）	小野春卿	各以名字为韵
22	奉试赋挑灯杖一首	七言十韵	雕调焦挑·朋灯增·赏杖纺奖养	猪名部善绳	仍以挑灯杖为韵
23	奉试得爨烧桐一首	五言六韵	岑林吟音阴侵琴（侵韵）	大枝礒麻吕	

表 1-4　　　　　　　　平安时代中后期用韵情况一览

年号	西历	省试诗题	韵脚	字数	出题者
齐衡元年	854	还珠合浦	以神为韵	五言六韵	
贞观二年	860	听古乐	以卧为韵	五言十二韵	大江音人
贞观四年	862	瑞物赞六首	依次	每首十六字	
贞观四年	862	连理树	德化先被荒垂	五言十二韵	南渊年名
元庆八年	884	龙图授义	以德为韵	五言八韵	菅原道真
延喜十六年	916	高风送秋	以钟为韵	七言六韵	
天历二年	948	昊天降丰泽	题中取韵	七言十韵	大江维时
康保五年	968	朱草生郊	以农为韵	五言十二韵	大江重光
天禄元年	970	国安民治	以贤为韵		
宽和元年	985	昭华玉	题中取韵		
永祚元年	989	贡院新栽小松	题中取韵	五言十二韵	高阶成忠
长德二年	996	泽如时雨	以私为韵	七言八韵	菅原辅正
长德三年	997	既饱以德	君子万年介而景福	五言六韵	
长保五年	1003	以水积成渊	以龙为韵	七言六韵	
长保五年	1003	凉风撤蒸暑	题中取韵	五言十二韵	
宽弘元年	1004	野老击壤	以衢为韵	七言八韵	菅原辅正
宽弘二年	1005	秋丛露作珮	以含为韵	七言八韵	
宽弘三年	1006	共始生	以冬为韵	七言六韵	
长和元年	1012	德动天道	以星为韵		藤原广业
长和四年	1015	象载瑜	以方为韵	五言十韵	藤原广业
宽仁二年	1018	翠松无改色	以贞为韵	七言四韵	藤原道长
治安二年	1022	养民仕惠	题中取韵	五言八韵	大江通直
万寿三年	1026	积德有海内	以王为韵	七言六韵	菅原资业
长元元年	1028	野多客鸡	以让为韵	百字成篇	

二　限用题外某字为韵

现存平安时代省试诗中，明确标注限用题外某字为韵的共有十八首：纪虎继《治荆璞》（以"天"为韵）；《咏三》（二首）（以"帷"

为韵);《还珠合浦》(以"神"为韵);《听古乐》(以"卧"为韵);《龙图授义》(以"德"为韵);《高风送秋》(以"钟"为韵);《朱草生郊》(以"农"为韵);《国安民治》(以"贤"为韵);《泽如时雨》(以"私"为韵);《以水积成渊》(以"龙"为韵);《野老击壤》(以"衢"为韵);《秋丛露作珮》(以"含"为韵);《共始生》(以"冬"为韵);《德动天道》(以"星"为韵);《象载瑜》(以"方"为韵);《翠松无改色》(以"贞"为韵);《积德有海内》(以"王"为韵);《野多客鸡》(以"让"为韵),等等。

据笔者统计,平安时代有限韵规定的省试诗诗题共三十二首,上述以题外某字为韵的十八首占半数以上(56%),可见这是平安时代省试诗限韵中的一种主要方式。

三 只限制字数,对用韵不作具体限制

平安时代省试诗中,还有一种情况就是只限制字数,而对用韵不作具体限制,即应试者可以选用诗题用字所属韵部之外的任意韵部作诗。可以说,这是一种没有限韵的限韵方式。如《经国集》卷十四所收五言六韵省试诗《咏尘》,今存藤原关雄、菅原善主、中臣良楫、中臣良舟、菅原清冈五人省试诗。其中藤原关雄省试诗押下平声八庚韵;菅原善主和中臣良楫省试诗同押上平声五微韵;中臣良舟和菅原清冈押下平声七阳韵。五人省试诗中,虽然有二人同时选用相同韵部赋诗,但五首省试诗整体上均没用诗题"尘"字所属的真韵。再如七言六韵省试诗《奉试赋得王昭君一首》,小野末嗣选用了寒韵(韵脚字:难、殚、残、干、寒、看),而未选用诗题中各字所归属的韵部。

四 平安时代省试诗中特殊的限韵情况

平安时代省试诗用韵中还有一些特殊的情况,包括:限用题中某字所归属的韵部,而不必用题中之字,如《奉试得东平树一首》,伴

成益选用了诗题"东平树"中"东"字所属韵部东韵而没有选用题中任何一字,韵脚字为:空、同、风、中。还有一种限韵情况是省试中限用应试者名字中的一字用韵赋诗,如七言八韵《奉试赋得照胆镜一首》,在诗题注中以"各以名字为韵"对用韵作了规定,小野春卿选用了真韵(韵脚字:频、轮、申、身、人、春、真、珍),韵脚字中包含名字中的"春"字。

平安时代省试诗中还有一种特殊的限韵形式,即要求士子一首之中采用不同的韵字,如七言十韵《奉试赋挑灯杖一首》,诗题中有"仍以挑灯杖为韵"的要求,猪名部善绳选用了雕、调、焦、挑、朋、灯、增、赏、杖、纺、奖、养等十字为韵脚字。第一句至第八句以下平声二萧韵"雕""调""焦""挑"为韵脚字,押"挑灯杖"之"挑"字;第九句至第十二句以下平声十蒸韵"朋""灯""增"为韵脚字,押"挑灯杖"之"灯"字;第十三句至第二十句以上声二十二养韵"赏""杖""纺""奖""养"为韵脚字,押"挑灯杖"之"杖"字。

这实际上属于"换韵",众所周知,近体诗用韵,中途换韵是不允许的,哪怕是长律也要求一韵到底。平安时代省试诗中之所以出现换韵的情况,说明《经国集》所收的平安时代初期省试诗中,尚存在不符合近体诗押韵规则的情况。这也说明,平安初期省试诗并非全部符合近体诗的诗形、押韵规律。这也是其与唐代省试诗的最大不同之处。

五 官韵:平安时代试诗的特殊用韵方式

前面考察天皇"行幸试"的资料中,征引了《桂林遗芳抄》"登科记"的一段记载:"式部卿是忠亲王二男进士及第。延喜十六年(916)八月廿八日试。行幸朱雀院,御题'高风送秋'诗([双行注]以'钟'为韵,七言六韵)。"[①] 对其中四人及第作品的诗判资料

---

① 菅原和长:《桂林遗芳抄》,载塙保己一编《群书类从》卷496(上),经济新闻社1893年版,第20页。

中，《桂林遗芳抄》"登科记"接下来记载为："及第四人（［双行注］九月廿一日判）：藤原高树、大江维时、春渊良规、藤原春房。以上四人，不作开韵及第云云。"① 其中，"开韵"原文为繁写体"開韻"。对该次省试的诗判，《紫明抄》的记载与《桂林遗芳抄》大体相同，只是在结论的表述上略有出入，《紫明抄》表述为"以上四人不作关韵及第"（"关韵"原文为繁体）。那么，诗判中的"开韵""关韵"到底所指何意，又是如何押韵呢？《桂林遗芳抄》《紫明抄》对此均无进一步的明确记载。

康保二年（965）十月二十三日，天皇行幸朱雀院，再次召集"拟文章生试"。对该次省试，《日本纪略》记载为："天皇御朱雀院柏梁殿，皇太子侍焉，驰左右御马。召文人四十人献诗，题云'霜叶满林红'。召拟文章生于池头奉试，题云'飞叶共舟轻'。亲王大臣以下给禄有差。"② 对于这次省试，《江谈抄》卷四记载了这样一则轶事。这段引文有很多不和汉语语法的所谓"和习"式表达，但语义基本明确。现原文照录如下：

> 瑶池偷感仙游趣，还赏林宗伴李膺（橘倚平）。此诗，省试诗也。题"飞叶共舟轻"，勒澄陵冰膺。倚平为祈登省事，每日夜夜参诣清水寺之间，于宝前有梦想。示云："今度登省，李膺可烦云云。"其事更以不得心之间，勒韵之中有膺字，其时得梦想之心，作叶官韵作李膺。不作李膺之辈不登省。仍倚平及第云云。是则观音之灵验也。③

---

① 菅原和长：《桂林遗芳抄》，载塙保己一编《群书类从》卷496（上），经济新闻社1893年版，第20页。
② 黑板胜美校订：《日本纪略·后篇》，《国史大系》第5卷，经济杂志社1897年版，第919页。
③ 荻野由之、笹川临风等编：《古事谈 续古事谈 江谈抄》，《国史丛书》，友文社1914年版，第395页。

这段引文从观音灵验的角度讲述橘倚平省试故事：为登省及第，倚平考前去清水寺祈祷，观音以"李膺"二字示倚平。待到省试时，倚平得到的诗题为"飞叶共舟轻"，同时限韵方式为"澄、陵、冰、膺"四字为韵脚字依次赋诗。因限韵有"膺"字，倚平依照观音的暗示，以"李膺"为"官韵"赋诗，最终被判为及第，其他不以"李膺"作"官韵"者皆不第。《江谈抄》保存的"瑶池偷感仙游趣，还赏林宗伴李膺"当为橘倚平七言四韵的尾联（其他三联不存于世），二句大意为："西王母所居住的昆仑山瑶池纵然时刻感受着众仙游赏之趣，郭太与李膺同舟的光景仍然令人难忘。"郭太与李膺的故事见于《后汉书·郭太传》。

> 郭太，字林宗，大原介休人也。家世贫贱。早孤，母欲使给事县廷。林宗曰："大丈夫焉能处斗筲之役乎？"遂辞。就成皋屈伯彦学，三年业毕，博通坟籍。善谈论，美音制。乃游于洛阳。始见河南尹李膺，膺大奇之，遂相友善，于是名震京师。后归乡里，衣冠诸儒送至河上，车数千两。林宗唯与李膺同舟共济，众宾望之，以为神仙焉。①

康保二年（965）放岛试于十月二十三日举行，正值初冬时节，拟文章生们于池头舟中奉试。舟中散落的片片落叶一定是应试儒生们的吟咏对象，不仅如此，把与诗题相关的历史典故咏入诗中也是命题者的要求。而橘倚平诗尾联巧妙地把郭太、李膺同舟相伴，神同仙游的逸话咏入诗中，恰好符合命题者本意。故倚平"叶官韵作李膺"而及第，其他人则不第。据大曾根章介考证，《桂林遗芳抄》《紫明抄》对延喜十六年（916）八月廿八日省试所记中"开韵""关韵"的记载，与《江谈抄》中对康保二年（965）十月二十三日省试中的"官韵"同义。

---

① （宋）范晔撰，（唐）李贤等注：《后汉书》，中华书局2005年版，第1503页。

"开""关"乃"官"之讹。而"官韵"指包含韵字在内的二字词,且该词是与诗题相关的故事成语或者历史典故①。"官韵"不仅是放岛试试诗的限韵方式,在"学问料"试诗中,亦经常有"官韵"限制,如前述应和二年(962)六月十六日举行的"学问料"试中,据《江家次第》所记,诗题为"覃为夏施"(以纯为韵,官韵张纯),当年省试的"官韵"为"张纯"。进入院政期,"官韵"屡次被作为省试诗的限韵方式,仅据《中右记》记载的"官韵"例子就有六次之多。

自延喜十六年(916)首次出现"官韵"以来,省试诗中频繁出现"官韵"这一特殊限韵方式,就是随着诸如"放岛试"——把拟文章生试和宫廷宴集一起举行——这种"变形化"的省试的出现而出现的。"官韵"本身是把限韵和成语典故结合起来的产物,体现了平安时代汉诗创作中对押韵以及出典的重视。不可否认的是,以"官韵"赋诗带有极强的技巧性,对平安时代士子来说,是具有一定难度的。《宇槐记抄》载:"末代学士,难作得,故无官韵入物。"到了院政末期,这种带有游戏文学性质的限韵方式必然走向衰落。

第四节　平安时代省试诗的用韵

以上介绍了平安时代省试诗的几种限韵方式,这些限韵方式大体上和唐代科举试诗的限韵方式一致。但是平安时代的试诗中也产生了诸如放岛试"官韵"这样特殊的限韵方式。下面结合具体的省试诗,对平安时代试诗中的具体用韵情况进行分析说明。

一　《切韵》与唐代科举诗赋用韵
(一)《切韵》系韵书

隋文帝仁寿元年(601),陆法言参考六朝韵书,以当时读书音为

---

① 大曾根章介:《放岛试考》,载《日本汉文学论集》第 1 卷,汲古书院 1999 年版,第 293 页。

基础，兼顾古音、方言等撰成《切韵》一书。《切韵》按四声分卷：平声分上平声、下平声各一卷，上声、去声、入声各一卷，凡五卷。上平声二十六韵，下平声二十八韵，上声五十一韵，去声五十六韵，入声三十二韵，共分韵一百九十三韵。《切韵》因其体例完整、系统，被誉为我国韵书史上的里程碑著作。

由于《切韵》重在分辨声韵，因此在所收字数、义训等方面存在明显不足，因此后世多有刊谬补缺之作。《四库全书总目》卷四二经部小学类著录《重修广韵》五卷，内附有关《切韵》成书以及后世增订情况的详细记载："初，隋陆法言以吕静等六家韵书各有乖互，因与刘臻、颜之推、魏（彦）渊、卢思道、李若、萧该、辛德源、薛道衡八人撰为《切韵》五卷。书成于仁寿元年。唐仪凤二年（677），长孙纳言为之注。后郭知玄、关亮、薛峋、王仁昫、祝尚丘递有增加。天宝十载（751），陈州司法孙愐重为刊定，改名《唐韵》。后严宝文、裴务齐、陈道固各有添字。宋景德四年（1007），以旧本偏旁差讹，传写漏落，又注解未备，乃命重修。大中祥符四年（1011）书成，赐名《大宋重修广韵》，即是书也。"①

根据这一记载，《切韵》成书后，仅在唐代就有多种笺注本和增字本问世。虽然《切韵》原本已经散佚，但后世所出增订本大多存辑佚本，其中比较重要的辑佚本如王仁昫《刊谬补缺切韵》，今存敦煌残卷数种，故宫博物院 1947 年影印本收集各种残本，为比较完整的王仁昫《刊谬补缺切韵》全本（以下简称《王韵》）。《王韵》在《切韵》一百九十三韵基础上增加上声"广"韵和去声"岩"韵至一百九十五韵。另一重要的改定本由孙愐于天宝十载完成，改名《唐韵》。《唐韵》今存蒋斧藏唐写本残卷，存去声五十九韵（比《广韵》多一"酽"韵），入声三十四韵。除此之外，大中祥符四年（1011）成书的《大宋重修广韵》（简称《广韵》）为《切韵》系韵书的一个

---

① （宋）陈彭年等撰：《钜宋广韵》，北京图书出版社 2005 年版。

重要版本。《广韵》收二百零六韵（把《切韵》"真轸震质寒旱翰末歌哿个"等十一韵各分为两韵）。

如前所述，除了一些后世增订本有辑佚本存世，《切韵》原本早已亡佚，但随着《切韵》研究的不断深入，不少学者致力于对《切韵》进行复原。根据今人《切韵》复原本①，我们基本能了解《切韵》一百九十三韵之原貌。

（二）《切韵》与唐代科举诗赋用韵

《切韵》成书后，最直接的作用便是服务于科举考试②。《旧唐书·李揆传》云："乾元初（758—760），兼礼部侍郎。揆尝以主司取士多不考实，徒峻其隄防，索其书策。殊未知艺不至者，文史之囿亦不能摛词，深昧求贤之意也。其试进士文章，请于庭中设《五经》、诸史及《切韵》本于床，而引贡士谓之曰：'大国选士，但务得才，经籍在此，请恣寻检。'"③据此可以推断，首先，在有唐一代，《切韵》被作为官方指定韵书，而成为科举考试中诗赋用韵的评判标准。其次，这则材料也说明，随着科举诗赋限韵（官韵）越来越严格，举子备考必须熟记《切韵》所收一万多字，每个字属于什么韵部等，这对举子来说极其苛刻。因"犯韵"而落第在唐宋科举中不乏其例，如唐李肇《国史补》记载："宋济老于场屋，犹误失官韵。"因此，至乾元以后，官方不再像以前那样规定不准携带任何书籍，而是把经书、韵书准备在考场上供举子随便翻阅。即便如此，由于《切韵》音系本身的复杂性④，随着时代发展，口语音必然与《切韵》音系距离越来越大。

---

① 王迪军：《唐五代写本韵书中的〈切韵〉原貌研究》，武汉大学出版社2019年版，第196—277页。
② 王兆鹏：《〈广韵〉"独用"、"同用"使用年代考——以唐代科举考试诗赋用韵为例》，《中国语文》1998年第2期。
③ （后晋）刘昫等撰：《旧唐书》，中华书局2005年版，第2422页。
④ 邵荣芬认为《切韵》音系是一个活方言音系，它的基础音系是洛阳音，同时吸收的方音特点主要是金陵话的特点［邵荣芬：《切韵研究》（校订本），中华书局2008年版，第1页］。

为了克服《切韵》音系与口语音的矛盾，方便科举考试用韵，《广韵》卷首总目和每卷韵目标注了"独用""同用"规则。所谓"独用"，就是在科举诗赋考试或者日常赋诗时，此韵字不能与邻韵字一起押韵，如"东"下注"独用"，表示东韵所属韵字不能与后边相邻的"钟"一起押韵。而"同用"则表示某些相邻的韵可以在一起押韵，如"冬"韵下注"钟同用"，表明"冬钟"二韵可以在一起押韵。"独用""同用"之注不见于《广韵》之前各韵书。"独用""同用"究竟是《广韵》独创还是前有所本。唐封演《封氏闻见记》载："隋朝陆法言与颜、魏诸公定南北音，撰为《切韵》，凡一万二千一百五十八字，以为文楷式；而先仙、删山之类分为别韵，属文之士共苦其苛细。国初，许敬宗等详议，以其韵窄，凑合而用之。"①又戴震《声韵考》卷一云："独用同用之注，则唐初许敬宗所详议：'以其韵窄，凑合而用之'者也。"②根据《封氏闻见记》的这一记载判断，"独用""同用"规则始自初唐许敬宗的奏议，是为了克服《切韵》分韵过细之不足。现在，学界基本认可这一观点。后来，"独用""同用"规则为《广韵》所继承。《广韵》卷首总目和各卷韵目均标注"独用""同用"原则，可见，这一原则在后世科举诗赋用韵和平时赋诗时已经被广泛使用。

王兆鹏通过对唐代开元年间进士科考试诗赋用韵特征的逐一考察，推断《广韵》"独用""同用"规则乃沿袭唐人旧制，自开元五年（717）起，已经在科举诗赋中被广泛使用③。"独用""同用"规则的创制，首先是为了服务科场诗赋用韵需要。清顾炎武在《音论》中谈道："所谓一东二冬三钟者，乃隋唐以前相传之谱，本于沈氏之

---

① （唐）封演撰、赵贞信校注：《封氏闻见记校注》，中华书局2005年版，第13页。
② （清）戴震撰：《声韵考》，载《戴东原先生全集》，安徽丛书编印处1936年版，第2页。
③ 王兆鹏：《〈广韵〉"独用"、"同用"使用年代考——以唐代科举考试诗赋用韵为例》，《中国语文》1998年第2期。

作。而小字注云'独用''同用',则唐人功令也。"又云:"唐人同用、独用之例,不过行之于场屋,而著作之文,自不拘泥也。"① 也正因为如此,考察唐代《切韵》系韵书的"独用""同用"使用情况,所依据的材料首先应该是科场诗赋,换句话说,通过对科举诗赋用韵中"独用""同用"情况的考察,可以进一步明确《切韵》系韵书在科举诗赋用韵中的具体使用情况。

二 《切韵》东传与菅原是善《东宫切韵》

《切韵》系韵书成书后,在日本奈良平安时代广为流传。室生寺本《日本国见在书目录》"小学家"著录《切韵》系韵书十六种:"《切韵》五卷,陆法言撰;《切韵》五卷,王仁昫撰;《切韵》十卷,释弘演撰;《切韵》五卷,麻杲撰;《切韵》五卷,孙愐撰;《切韵》五卷,孙佃撰;《切韵》五卷,长孙纳言撰;《切韵》五卷,祝尚丘撰;《切韵》五卷,王(在蓺)〔存乂〕撰;《切韵》五卷,裴务齐撰;《切韵》五卷,陈道固撰;《切韵》五卷,沙门清澈撰;《切韵》五卷,卢自始撰;《切韵》五卷,蒋鲂撰;《切韵》五卷,郭之玄撰;《切韵》五卷,韩知十撰。"② 可见,至《日本国见在书目录》成书的九世纪后期,《切韵》原本及其诸多增订本均已在日本流传。惟宗直本《令集解》所引《古记》《令释》等注释书中多引《切韵》《玉篇》③ 原文。东野治之指出,《切韵》于奈良时代(710—794)前期与《玉篇》同期传入日本,至八世纪末,在日本流传渐广④。

《切韵》系韵书在日本传播的另一个有力证据是菅原是善《东宫切韵》的编撰成书。

---

① 顾炎武:《音韵五书》,载王云五主编《万有文库》第二辑,商务印书馆1934年版,第7页。
② 孙猛:《日本国见在书目录详考》,上海古籍出版社2015年版,第8页。
③ 参见小岛宪之《国风暗黑时代的文学》(中上),塙书房1986年版;林纪昭《〈令集解〉所引"反切"考》,载《古代国家的形成与展开》,吉川弘文馆1976年版。
④ 东野治之:《遣唐使与正仓院》,岩波书店1992年版,第223页。

《日本三代实录》卷三八"元庆四年（880）八月三十日"条："卅日辛亥，泰（参）议从三位行刑部卿菅原朝臣是善薨云云，是善撰《文德天皇实录》十卷，文章博士都朝臣良香预之，又自撰《东宫切韵》二十卷……"①据此"薨传"可知，《东宫切韵》为菅原是善的一部重要撰述，内容共二十卷。《江谈抄》卷五"《东宫切韵》者事"载："又《东宫切韵》者，菅家主刑部尚书是善集十三家《切韵》为一家之作者。著述之日，圣庙执笔，令滞缀给云云。"②"刑部尚书"为"刑部卿"的唐名。据《江谈抄》的这一记载可知，《东宫切韵》乃菅原是善集十三家《切韵》系韵书编撰而成。对于《东宫切韵》所收集十三家《切韵》，京都仁和寺僧禅觉（1174—1220）所撰《三僧记》有详细记载："入《东宫切韵》十三家：陆法言，隋仁寿元年（601）；郭知玄；释氏；长孙（纳）［讷］言，唐仪凤二年（677）；韩知十；武玄之；薛峋；麻杲，唐神龙元年（705）；王仁昫；祝尚丘，天宝五年（746）；孙愐，唐开元廿一年（733）；孙仙，唐开元；沙门清澈，唐天宝元年（742）。不入：王存乂，唐贞元十七年（801）；蒋鲂，唐元和十三年（818）八月十三日；卢自始，未见可寻。已上，以人或本书写之。"③《三僧记》所载《东宫切韵》所引十三家韵书，除薛峋外，其余十一家均见于《日本国见在书目录》，其中，最晚者为祝尚丘《切韵》五卷，成书于天宝五年（746）。

由于原本早已散佚，除了以上材料所记关于《东宫切韵》的编者、卷数、所参照中国韵书情况等信息，有关《东宫切韵》的更详细情况，包括成书时间，尤其是《东宫切韵》在平安时代诗人用韵方面的作用情况等，尚待进一步研究。

---

① 藤原时平、菅原道真等撰：《日本三代实录》，黑板胜美编《国史大系》第4卷，经济杂志社1901年版，第432页。
② 国史研究会编：《古事谈 续古事谈 江谈抄》，友文社1914年版，第411页。
③ 转引自孙猛《日本国见在书目录详考》，上海古籍出版社2015年版，第470页。

关于《东宫切韵》的成书时间，有学者根据书名中所包含的"东宫"一词，推断当为菅原是善于承和十二年（845）任文章博士兼东宫学士期间奉命所撰①，川濑一马根据《三僧记》所引"东宫切韵立名由"条"序云东者韵之始，宫者音之宗"之说，认为"东宫"一名由上平声第一韵"东"与"五音"之"宫"组合而来，而与菅原是善任东宫学士无直接关系②。川口久雄认为是善之子菅原道真参与了《东宫切韵》的编纂，并进一步推断《东宫切韵》成书于贞观十三年（871）前后。③

菅原是善集十三家《切韵》编撰而成《东宫切韵》。据前引《江谈抄》记载可知，《东宫切韵》共二十卷，在卷数上比十三家韵书多出四倍以上。兹录《释日本纪》卷一所载有关"倭"字之训的一条佚文：

> 《东宫切韵》曰：陆法言云：乌和反，东海中女王国。长孙纳言云：荒外国名。萨（薛）峋云，又于危反，顺貌。孙恒云：从貌，东海中日本国也。《玉篇》曰：于为反。《说文》云：顺貌。《诗》云：又为和反，国名。④

这段对"倭"的训释引用了陆法言、长孙纳言、薛峋以及孙恒等四人韵书。据此推断，《东宫切韵》应为吸收十三家韵书各自所长为一体的集成之作。

三 平安前中期省试诗的用韵特征

（一）道真"习作"型省试诗用韵

对于菅原是善编撰《东宫切韵》的目的，可以通过对是善身世的

---

① 冈井慎吾：《日本汉字学史》，明治书院1935年版，第101—102页。
② 川濑一马：《增订古字书研究》，雄松堂1986年版，第55—59页。
③ 川口久雄：《平安朝日本汉文学史研究》上册，明治书院1975年版，第118页。
④ 川口久雄：《平安朝日本汉文学史研究》上册，明治书院1975年版，第117页。

考察得到线索。是善父亲菅原清公（770—842）曾作为遣唐使于延历廿三年（804）七月渡海到唐，次年归朝。后在大学寮两侧各建文章院东、西曹，东曹由"江家"负责，"菅家"掌西曹，培养了诸多汉学人才。由此形成了平安前期"菅江"两家的学问世袭盛况。菅原是善为平安前期著名学者，历经仁明、文德、清和、阳成四朝。历任国子监祭酒、刑部卿、式部大辅等职，官至从三品参议。

作为"菅家"第二代，文章院"西曹"继承者，并且其本人又曾担任式部大辅一职，负责策试考生。因此，可以推断，是善编纂《东宫切韵》的直接目的应该是为参加文章生试诗的士子们的赋诗用韵提供参考。这一点可以通过对其子菅原道真的"习作"省试诗的用韵考察得以确认。

菅原是善之子菅原道真于贞观四年（862）文章生试及第，诗题《当时瑞物赞六首》，前文已经指出，该题为平安时代仅存的试"杂文"的例子，在此不做讨论。在道真省试前一年，即贞观三年（861），为了准备文章生试，其父菅原是善每日出模拟题策试道真。《菅家文草·菅家后集》收录了四首道真"习作"型省试诗，第一首《赋得赤虹篇一首》，诗题注云"临应进士举，家君每日试之。虽有数十首，采其颇可观者留之"[①]。这四首为从数十首中选出的"颇可观"者，应该代表了当时省试诗的特点。下面以《广韵》"同用""独用"原则对四首诗的用韵情况进行逐一考察，以验证《切韵》系韵书在平安时代前中期省试诗的使用情况。

第一首《赋得赤虹篇》："阴阳燮理自多功，气象裁成望赤虹。举眼悠悠宜雨后，回头眇眇在天东。炎凉有序知盈缩，表里无私弁始终。十月取时仙雪降，三春见处夭桃红。雪衢暴锦星辰织，鸟路成桥造化工。千丈彩幢穿水底，一条朱旆挂空中。初疑碧落留飞电，渐谈炎洲扬暴风。远影婵娟犹火剑，轻形曲桡便彤弓。如今尚是枢星散，

[①] 川口久雄校注：《菅家文草 菅家后集》，岩波书店1978年版，第107页。

宿昔何令贯日匆。问著先为黄玉宝，刻文当使孔丘通。"① 韵脚：功、虹、东、终、红、工、中、风、弓、匆、通，东韵（独用）。

第二首《赋得咏青一首》，诗题注："十韵，泥字。拟作。"全诗为："正色重冥定，生民万里睇。寄书仙鸟止，干吕瑞云低。马倦经丘岳，车疲过坂泥。雨晴山顶远，春暮草头齐。井记凫张翅，田看鹤作蹊。水衣苔自识，天鉴雾无迷。仿佛佳人家，潺湲道士溪。铺蒲今未奏，纹竹古应稽。故意霞犹耸，新名石欲题。明经如拾芥，回眼好提撕。"韵脚：睇、低、泥、齐、蹊、迷、溪、稽、题、撕，齐韵（独用）。

第三首《赋得躬桑》，据诗题注"六十字，题中韵"可知该诗为五言六韵体，道真诗取诗题"躬桑"中"桑"字为韵。全诗为："宫闱修内礼，春事记躬桑。候节时无误，斋心采不遑。钩留枝挂月，粉落叶凝霜。举手频鸣珮，低头更满筐。和风桃李贺，暖气绮罗妆。愿助饥蚕养，成功供庙堂。"韵脚：桑、遑、堂，唐韵；霜、筐、妆，阳韵。唐阳（同用）。

第四首《赋得折杨柳》，该诗与第三首同为五言六韵体，限韵亦相同，道真取"折杨柳"中"折"字为韵。全诗为："佳人芳意苦，杨柳先攀折。应手麹尘轻，候颜青眼洁。泪迷枝上露，妆误絮中雪。纤指柔英断，低眉浓黛刷。叶遮寰更乱，丝剪肠俱绝。若有入羌音，谁勘行子别。"韵脚：折、雪、刷、绝、别，薛韵；洁，屑韵。入声韵，薛屑（同用）。

菅原道真四首拟作省试诗，第一首押上平声一东韵，独用。第二首押上平声第十二齐韵，独用。第三首押下平声第十阳韵、第十一唐韵，阳唐同用。以上三首均押平声韵，且与《广韵》"同用""独用"原则完全一致。

---

① 道真省试诗原文据川口久雄校注《菅家文草 菅家后集》（岩波书店1978年版），下同。

第四首押入声第十六屑韵、第十七薛韵，屑薛同用。根据"题中韵"之限定，可以从折、杨、柳三字中选择韵字。"折"属入声第十七薛韵，"杨"为下平声第十阳韵。"柳"为上声第四十四有韵。选择"杨"字所属的下平声阳韵部的字作韵脚，显然更符合近体诗的押韵规则，可能这也是菅原是善该题限韵的用意所在。但是道真最终选择了"折"字所在的入声第十七薛韵作韵脚，并与入声第十六屑同用。需要指出的是，虽然试律诗一般仄声不入韵，但在唐代试律诗中，也有押去声、入声韵的情况，如开元十九年（731）辛未诗题《洛出书诗》，以入声字"洛""出"限韵。萧昕《洛书书诗》韵脚为：漎、出、恤，术韵，秩、溢、毕，质韵，质术同用。像这种仄声入韵的情况在唐代试律诗中的比例是极低的。道真选择入声字"折"押韵，说明在平安前期的省试诗用韵中，受唐代试律诗用韵的影响，押仄声韵也是被允许的。因此，作为备考的练习之作，道真避平声"阳韵"不用，而故意选择入声"薛韵"，也是事出有因的。

（二）道真以后省试诗用韵情况

下面以岛田忠臣、大江匡衡和收于《行成诗稿》的一首无名氏作品为例，考察道真以及以后省试诗的用韵情况。

岛田忠臣于齐衡元年（854）参加省试，诗题《赋得珠还合浦》，诗题注："用神为韵，限六十字。"全诗为："太守施廉洁，还珠自效珍。光非怀汉女，色似泣鲛人。旧浦还星质，空涯返月轮。行藏犹若契，隐见更如神。感化来无胫，嫌贪去不亲。希哉良吏迹，谁踏伯周尘。"[①] 韵脚：珍、人、神、亲、尘，真韵；轮，谆韵。真谆（同用）。

天延三年（975）十二月大江匡衡参加省试，诗题为《五言奉试赋得教学为先》，诗题注："八十字成篇，每句用仲尼弟子名。"《江吏部集》卷中收录该诗："建国君民者，须令教学行。诲来予不倦，习处若宁轻。稽古长鳝仰，于今自化成。有时欢受赐，何日忘研精。

---

① 中村璋八、岛田伸一郎：《田氏家集全释》，汲古书院1993年版，第105页。

照卷月清洁，拾萤火灭明。文求无坠地，贤愧不齐名。岂敢非来学，谁应得退耕。幸逢施德世，开帙乐心情。"① 如诗题所限，该诗每句包含仲尼弟子名。全诗韵脚：行、明：庚韵；轻、成、精、名、情，清韵；耕，耕韵。庚耕清（同用）。

长保五年（1003）七月省试诗题《凉风撤蒸暑》，诗题注："题中取韵，百字成篇。"现存阙名省试诗一首载《行成诗稿》："何因蒸暑撤，便是为风凉。君子徘徊处，庶人往返场。飘飘消苦热，飒飒退炎光。施拟仁恩遍，吹如圣德昌。露丛□送馥，烟叶渐飞黄。汉帝辞催感，宋生赋断肠。扇轻宜忘却，箪冷已收藏。向竹音除郑，入松韵调商。阑灯频动色，桂月欲攀芳。识不鸣条意，尧年乐未央。"② 韵脚：凉、场、昌、肠、商、芳、央，阳韵；光、黄、藏，唐韵。唐阳（同用）。

以上三首省试诗，岛田忠臣省试诗押上平声第十七真韵、第十八谆韵，真谆同用。大江匡衡省试诗押下平声第十二庚韵、第十三耕韵、第十四清韵，庚耕清同用。无名氏省试诗押下平声第十阳韵、第十一唐韵，阳唐同用。三首诗"同用"原则与《广韵》完全一致。

综合道真习作诗和与道真同时期或者稍晚的七首省试诗的用韵情况，除了道真习作第四首押入声韵，其余六首均押平声韵。从同用、独用原则看，七首中，同用五次，独用两次。平声同用四次：真谆同用一次，庚耕清同用一次，唐阳同用两次，入声同用一次：屑薛同用。独用两次：东韵独用一次、齐韵一次。七首诗的同用、独用原则与《广韵》同用、独用规则完全一致。

需要进一步指出的是，"真谆"同用、"庚耕清"同用和"阳唐"同用在唐代科举试律诗同用原则中同样具有很高的使用频率。入声韵

---

① 大江匡衡：《江吏部集》，《川口文库善本影印丛书》第 3 册，勉诚出版 2010 年版，第 29 页。
② 桃裕行：《关于"行成诗原"》，载《桃裕行著作集》，思文阁出版 1989 年版，第 321 页。

"屑薛"同用虽然在唐代试律诗中并无用例，但在唐代试赋中，入声第十六屑韵、十七薛韵却是常用的"同用"现象之一。

四 《经国集》与平安初期省试诗的用韵情况

以上分别以道真"习作"型省试诗以及其后其他省试诗为代表分析了平安前中期省试诗的用韵特征。《经国集》卷十三、卷十四集中收录了平安初期的省试诗二十四首，下面按照省试时间先后对这些省试诗的用韵情况进行分析①，考察方法同样以《广韵》总目及各卷韵部下所标注之"同用""独用"原则为准。

（一）延历年间（782—806）省试诗用韵情况

延历十五年（796），南渊弘贞《五言奉试咏梁得尘字》："凤阁将成岁，龙楼结构辰。杏翻华日影，梅起妙歌尘。带紫朝光断，含丹晚色新。愿为廊庙干，长奉圣君宸。"②韵脚：辰、尘、新、宸，真韵（独用）。

延历二十二年（803），小野岑守《五言奉试咏天》："列位三光转，因时万物通。穷阴终谢北，阳煦早惊东。就日望唐帝，披云睹乐公。惭乏掞天术，来班与夺雄。"韵脚：通、东、公、雄，东韵（独用）。

（二）弘仁年间（810—824）省试诗用韵情况

弘仁五年（814），鸟高明《五言奉试得宝鸡祠（六韵为限）》："秦政初基代，文公致霸时。分形雉全似，流彩星相疑。绿野朝声散，青郊夕影飞。陈仓北坂下，千岁几崇祠。"韵脚（鸟高明诗四韵）：时、疑、祠，之韵；飞，微韵。之微（通押）。

---

① 省试年代顺序参考小岛宪之、李宇玲对《经国集》所收省试诗年代的考订。参见小岛宪之《国风暗黑时代的文学》（下二、下三）（塙书房1995年、1998年版）、李宇玲《平安朝文章生试与唐进士科考》（《日语学习与研究》2009年第2期）。

② 本章所引省试诗原文据与谢野宽、正宗敦夫等编《怀风藻 凌云集 文华秀丽集 经国集 本朝丽藻》[《日本古典全集》（第1回），日本古典全集刊行会1926年版]，下同。

弘仁初期，文室真室、石川越智人《五言奉试咏三（以帷为韵）》，文室真室诗："青鸟居山日，丹乌表瑞时。殷汤数让位，管仲终固辞。韵曲流泉急，入湖江水迟。宁知损益友，长下董生帷。"韵脚：时、辞，之韵；迟、帷，脂韵。之脂（同用）。

石川越智人诗："曼倩文才长，相如作赋迟。寻朋云有益，交意此成师。乌影日中挂，猿声峡里悲。冲天方患尚，久下仲舒帷。"韵脚：迟、师、悲、帷，脂韵（独用）。

弘仁十二年（821）前后，山田古嗣《奉试赋秋雨一首（宫殿名限六韵）》："秋雨正滂沛，旬朝洒玉堂。花浓丛发越，燕度石飞翔。已濯兰林佩，更沾蕙草香。迎风散斜影，清暑送浮凉。似露飘长乐，如尘拂建章。长年无破块，崇德咏时康。"韵脚：堂、康，唐韵；翔、香、凉、章，阳韵。阳唐（同用）。

弘仁十三年（822）以前，伴成益《五言奉试得东平树》："东平灵感木，倾影志非空。地隔连枝异，神幽合意同。叶衰宁待雪，条靡自因风。迥望相思处，悲哉古墓中。"韵脚：空、同、风、中，东韵（独用）。

弘仁十三年九月，丰前王、小野篁、藤原令绪、多治比颖长《五言奉试赋得陇头秋月明（题中取韵，限六十字）》，丰前王诗："桂气三秋晚，蓂荫一点轻。傍弓形始望，圆镜晕今倾。漏尽姮娥落，更深顾兔惊。薄光波里碎，寒色陇头明。皎洁低胡域，玲珑照汉营。誓将天子钏，怒发独横行。"韵脚：轻、倾、营，清韵；惊、明、行，庚韵。庚清（同用）。

小野篁诗："反复单于性，边城未解兵。戍夫朝蓐食，戎马晓寒鸣。带水城门冷，添风角韵清。陇头一孤月，万物影云生。色满都护道，光流伙飞营。边机候侵寇，应惊此夜明。"韵脚：兵、鸣、明、生：庚韵；清、营，清韵。庚清（同用）。

藤原令绪诗："萧关天气冷，陇上月轮明。皎皎含冰白，辉辉入镜澄。凌霜弓影静，裛露扇阴清。彩比齐纨恰，光同赵璧生。珠华浮雁塞，练色照龙城。忝预昭君曲，长随晋帝行。"韵脚：明、澄、生、行，庚韵；城、清，清韵。庚清（同用）。

多治比颖长诗："霜气冷关树，秋月色更明。定识怀恩客，挥戈从远征。影寒交河道，辉度万里程。水底沉钩璧，叶中寻落星。胡骑气逾勇，汉营阵杂生。但忻重光晕，独照陇头城。"韵脚：明、生，庚韵；征、程、城，清韵；星，青韵。庚清青（通押）。

弘仁十四年（823）十一月二十日，纪长江《七言奉试赋得秋（每句用十二律名字）》："凉秋萧索太勘悲，况复寒鸿南度时。宦渡柳营计应碎，扶风松盖想无衰。捣衣夹室月光冷，织锦中闺思绪滋。白露凝栏洗佩净，玄霜杀草惊钟飞。晴空云簇收遥岭，古木蝉蕤咽晚飔。黄叶飘零秋欲暮，则知潘鬓飒如丝。"韵脚：悲，脂韵；衰，支韵；时、滋、飔、丝，之韵；飞，微韵。脂支之微（通押）。

（三）天长年间（824—834）省试诗

天长元年（824），猪名部善绳《七言奉试赋挑灯杖》："斯杖任朴犹堪用，岂假良工加斫雕。白日黄昏灯始继，匪资兹具未能调。若非藜杖老全紧，或是莠茎炎亦焦。谬污乌印盘外落，眼分精锐帐中挑。后有招携宴友朋，华堂四照列羊灯。时因永夜焰垂灭，每效微功明更增。廉吏嫌燃再不赏，神翁有备躬吹杖。宣神正使苏公历，致用亦令蜀妇纺。一客环堵晓夕勤，十年玩文自为奖。唯嘉陋质助光力，弗敢效贪膏泽养。"韵脚：雕、调、挑，萧韵；焦，宵韵。萧宵（同用）。朋、灯、增，登韵。登（独用）。赏、杖、纺、奖、养，养韵（独用）（上声第三十六养韵）。

天长二年（825）春，藤原关雄、菅原善主、中野良舟、中野良楫、菅原清冈《五言奉试咏尘（六韵为限）》。藤原关雄诗："紫陌暮风发，红尘霭霭生。床中随电影，梁上洗歌声。老氏和光训，范生守俭情。拂林疑雾薄，飘沼似雨轻。战路从柴曳，妆楼含镜冥。未期裨峻岳，飞飏徒自惊。"韵脚：声、情、轻，清韵；冥，青韵；生、惊，庚韵。庚清青（通押）。

菅原善主诗："大噫笼群物，惟尘在细微。遇霖时聚敛，承吹乍雰霏。洛浦生神袜，都城染客衣。朝随行盖起，暮逐去轩归。动息常无定，徘徊何处非。冀持老聃旨，长守时闲机。"韵脚：微、霏、衣、归、非、机，微韵（独用）。

中野良舟诗："桂宫飞细质，柳陌泛轻光。影逐龙媒乱，形随凤辖扬。镜沉疑雾月，衣染似粉妆。带曲生珠履，临歌绕画梁。雨来收不发，风至聚还张。峻岳如无让，微功庶莫亡。"韵脚：光，唐韵；扬、妆、梁、张、亡，阳韵。阳唐（同用）。

中野良楫诗："康庄飚气起，搏击细尘飞。晨影带轩出，暮光将盖归。随时独不竞，与物是无违。动息如推理，逍遥似知机。形生范丹甑，色化士衡衣。欲助高山极，还羞真质微。"韵脚：飞、归、违、机、衣、微，微韵（独用）。

菅原清冈诗："微尘浮大道，霭霭隐垂杨。色暗龙媒埒，形飞凤辇场。徘徊宁有定，动息固无常。逐舞生罗袜，惊歌起画梁。因风流细影，似雪散轻光。无由逢汉主，空此转康庄。"韵脚：杨、场、常、梁、庄，阳韵；光，唐韵。阳唐（同用）。

（四）年代不明省试诗用韵情况（《经国集》成书以前）

丹治比文雄《五言奉试赋秋兴（以建除等十二字居句头）》："建酉星初转，除湿金正王。满江鸿翼匹，平陆菊丛香。定识幽闺女，执梭织锦章。破帘虫网薄，危牖月光凉。成雨叶声乱，收芳草色黄。开书周览后，闭户叹潘郎。"韵脚：王、香、章、凉，阳韵；黄、郎，唐韵。阳唐（同用）。

纪虎继《五言奉试得治荆璞（以天为韵限六十字）》："荆山称奥府，经史不空传。中有连城璧，世无觉彼妍。潜光深谷内，韬彩峻岩边。价逐千金重，形将满月圆。冰霜还谢洁，金石岂齐坚。未遇卞和献，无由奉皇天。"韵脚：传、圆，仙韵；妍、边、坚、天，先韵。仙先（同用）。

小野末嗣《七言奉试赋得王昭君（六韵为限）》："一朝辞宠长安

陌，万里愁闻行路难。汉地悠悠随去尽，燕山迢遰犹未殚。青虫鬓影风吹破，黄月颜妆雪点残。出塞笛声肠暗绝，销红罗袖泪无干。高岩猿叫重烟苦，遥岭鸿飞陇水寒。料识腰围损昔日，何劳每向镜中看。"韵脚：难、殚、残、干、寒、看，寒韵（独用）。

小野春卿《七言奉试赋得照胆镜（各以名字为韵八韵为限）》："良冶炼铜初铸日，火云烈烈风焰频。背文巧置盘龙体，面彩能衔满月轮。玉匣池深朝气彻，金台冰冷夜阴申。空虚万象见明处，野魅山精不隐身。西入秦城献霸主，君王殿上烛佳人。衣裳整下绮罗色，容貌妆前桃李春。欲言情素即因此，发昧谁胜奇宝真。如今可用妍媸鉴，长愿犹为照胆珍。"韵脚：频、申、身、人、真、珍，真韵；轮、春，谆韵。真谆（同用）。

大枝礒麻吕《五言奉试得爨烧桐（限六韵）》："擢干峰阳岑，森森秀众林。春花含日笑，秋叶带霜吟。凤影飘枝上，风声散丽音。忽遇凉飘激，几番动珪阴。匠石方无顾，何思为爨侵。幸逢邕子识，长作五弦琴。"韵脚：岑、林、吟、音、阴、侵、琴，侵韵（独用）。

《经国集》所收十五题共二十三首省试诗，时间跨度从省试年份最早的延历十五年（796）至《经国集》成书的天长四年（827），大约三十年，基本上代表了平安初期省试诗的出题情况。根据以上对二十三首诗"同用""独用"的情况统计，可以得出平安初期省试诗的用韵特征。

首先，《经国集》所收平安初期省试诗与《广韵》同用、独用基本一致。二十三首中，符合《广韵》同用、独用原则的有十八首，占78%。其中，同用十次：阳唐同用四次；庚清同用三次；之脂同用一次；仙先同用一次；真谆同用一次。独用八次：东韵独用二次；微韵独用二次；真韵独用一次；脂韵独用一次；寒韵独用一次；侵韵独用一次。在以上同用用例中，弘仁（810—824）初期文室真室《五言奉试咏三（以帷为韵）》省试诗"之脂"同用，也就是把"支"韵与"脂之"分开来用，这与《广韵》"支脂之"同用原则不同。平田昌司根据徐松《登科记考》所考证的唐代科举进士科及博学宏词科及第试卷的韵例进行调查发现,唐代科举诗赋用韵中同样把"支"韵与"脂之"分开来用①,这说明平安时代初期的试诗用韵与唐代科举诗赋用韵具有某些相同的特征。

其次,与前面考察的平安前中期省试诗同用、独用原则与《广韵》完全一致不同,平安初期省试诗中,出现了四次"出韵"现象,分别为:"之微"通押一次;"支脂之微"通押一次;"庚清青"通押二次。但这些通押,均为同"摄"之内的邻韵通押("支脂之微"属"止摄";"庚清青"属"梗摄")。

最后,平安初期省试诗中的换韵和跨韵部通押。天长元年(824),猪名部善绳《七言奉试赋挑灯杖》,从诗题注"仍以'挑灯杖'为韵"可知,该诗限韵要求分别以"挑""灯""杖"为韵。"挑"为下平声第三"萧"韵;"灯"为下平声第十七"登"韵;"杖"为上声第三十六"养"韵。现存平安时代省试诗中,像这种换韵和跨韵部通押的限韵方式独此一例,被作为及第之作收入《经国集》,说明平安初期省试诗的限韵方式尚且比较宽松。

五　平安时代省试诗的用韵与韵学发展

通过以上用《广韵》同用、独用原则对平安时代省试诗用韵情况的考察可知,唐初许敬宗所议《切韵》的同用、独用规则在平安时代诗赋用韵,尤其是在省试诗用韵中已经得到了广泛运用。虽然《经国集》所收平安初期省试诗用韵中尚存与《广韵》同用、独用原则不相符的现象,但基本可以断定的是,平安时代试诗中已经以《切韵》系韵书以及与之相关的同用、独用规则来指导省试诗创作了。

前文所举弘仁(810—824)初期文室真室《五言奉试咏三(以帷为韵)》省试诗的"之脂"同用,虽然与《广韵》"支脂之"同用

---

① 平田昌司:《文化制度和汉语史》,北京大学出版社2016年版,第16—17页。

原则不同，但与唐代科举诗赋中的同用、独用原则相一致，即与唐人科举诗赋把《广韵》"支脂之"同用中的"支"韵与"脂之"分开使用的原则一致，这说明唐代科举诗赋用韵已经影响到平安初唐的省试诗用韵。

把《广韵》"支脂之"同用中的"支"与"脂之"分开使用，这一现象不仅是平安初期省试诗，也为平安后期及其以后的诗赋用韵所继承，这从《童蒙颂韵》和《二中历》中有关同用、独用的规定中可以得到验证。由三善为康（1049—1139）编纂，成书于天仁二年（1109）的《童蒙颂韵》，为平安后期诗赋用韵的重要参考书。现存真福寺灵云院藏本中的上平声韵目编排为"东一；冬钟二；江三；支四；脂之五；微六；鱼七；虞模八；齐九；佳皆十；灰咍十一；真臻十二；文殷十三；元魂痕十四；寒十五；删山十六"①。灵云院藏本卷首总目中虽然没有明确标注同用、独用规则，但从韵目抄写疏密情况来看，已经明显反映《广韵》的同用、独用原则。在《童蒙颂韵》的上平声韵目编排中，与《广韵》"支脂之"同用原则不同，也是把"支"和"脂之"分开使用。这一有别于《广韵》同用原则，更多反映科举诗赋用韵的同用现象，在日本建久年间（1190—1198）成书的《二中历》之《切韵历》中的韵目编排中亦有体现，据尊经阁文库藏镰仓时代（1192—1333）的《二中历》抄本（前田育德会，1933年），其上平声韵目编排为：东；冬钟；江；支；脂之；微；鱼；虞模；齐；佳皆；灰咍；真臻；文殷；元魂痕寒；删山（以上上卷）。与《童蒙颂韵》一样，其上平声韵目编排中，同样把"支"和"脂之"分开使用。

平田昌司考证指出，《二中历》所录韵目有一些明显的错漏，比如，上声缺"讲"，去声缺"霁祭"，入声缺"镨"。但平声"同用、

---

① 三善为康：《童蒙颂韵》，载塙保己一编《群书类从》卷137，经济新闻社1893年版，第34—46页。

独用"和《童蒙颂韵》完全一致,很可能遵循了许敬宗等人所定的唐代贡举功令。① 上田正认为《二中历》的韵目即(日本)《小切韵》的韵目,而《小切韵》是省略《东宫切韵》而来。② 也就是说,日本平安时代以后的韵书基本继承了菅原是善《东宫切韵》的韵目编排,前文已经指出,《东宫切韵》乃集十三家隋唐《切韵》而成。概言之,《切韵》系韵书东传日本后,对平安以后的韵学发展产生了重要影响。随着科举制的逐步"形骸化",省试诗创作也必然走向式微。但科举试诗促进了韵学的发展,而韵学的发展必然会从以选拔官吏为主的文章生试诗影响到一般的诗歌创作。从这一意义上说,科举试诗对日本后世汉文学的发展起到了极大的促进作用。

小　结

本章在对日本试诗制度进行考述基础上,重点从文体学的角度,考察了平安时代省试诗的诗形特征以及赋韵情况。通过对《经国集》卷十三、十四所收省试诗以及现存有确切年代可考的平安时代的省试诗的分析可知,平安时代的省试诗中,五言、七言诗平分秋色,句数方面,六韵十二句、八韵十六句、十韵二十句等均有收录。可以说,在古代试诗实施的最初大约二百年间,日本省试诗并没有最终定型为五言六韵的排律体形式。

以《广韵》同用、独用规则对平安时代省试诗进行验证可以发现,省试诗用韵与唐代功令中的"同用、独用"原则一致。隋唐《切韵》系韵书的东传对平安时代省试的赋韵和平安以后韵学的发展都产生了重要影响。

---

① 平田昌司:《文化制度和汉语史》,北京大学出版社2016年版,第15页。
② 平田昌司:《文化制度和汉语史》,北京大学出版社2016年版。

第二章　平安时代省试诗用典研究

我们认为，备受冷落的日本古代科举中的省试诗，无论其诗题用典还是其正文用典都值得我们认真研究。这些用典在承载着命题者与应试者思想及文学涵养的同时，无不反映着平安时代学人在思想、政治和文化等方面努力吸收中国文化的特点。考察这些省试诗中的用典情况，也是对我国当前国学文化的一个有益补充。

第一节　平安时代省试诗用典概述

一　典故略说

"典故"一词最早见于《后汉书·东平宪王苍传》："陛下至德广施，慈爱骨肉，既赐奉朝请，咫尺天仪，而亲屈至尊，降礼下臣，每赐宴见，辄兴席改容，中宫亲拜，事过典故。"① 可见，典故一词本来指典制和掌故。到了清代，"典故"一词作为修辞学意义上的专用语开始被使用，始自清昭梿《啸亭续录·大戏节戏》曰："其时典故，如屈子竞渡、子安题阁诸事，无不入谱，谓之月令承应。"② 而现代修辞学意义上的"用典"，南北朝时期多用"用事"或者"事类"表示。南朝梁钟嵘《诗品·序》："夫属词比事，乃为通谈。若乃经国

---

① （南朝宋）范晔撰，李贤等注：《后汉书》，中华书局2000年版，第972页。
② （清）昭梿：《啸亭杂录》，载《清代史料笔记丛刊》，中华书局1980年版，第377页。

文符，应资博古；撰德驳奏，宜穷往烈。至乎吟咏性情，亦何贵于用事？'思君如流水'既是即目；'高台多悲风'亦惟所见；'清晨登陇首'，羌无故实；'明月照积雪'讵出经史。观古今胜语，多非补假，皆由直寻。"①南朝梁刘勰《文心雕龙·事类》："事类者，盖文章之外，据事以类义，援古以证今者也。"②这里钟嵘所言"用事"，刘勰所说"事类"即为"用典"。

大型辞书对"典故"一词均有解释，如《辞源》的解释为："常例、典制和掌故；诗文中引用的古代故事和有来历出处的词语。"③《辞海》的解释为："典制和掌故；诗词文中引用的古代故事和有来历出处的词语。"④《汉语大词典》的解释为："典制和成例；诗文中引用的古代故事和有来历出处的词语。"⑤

结合以上所列"典故"一词的出处以及辞书的解释，本章所研究的"典故"，主要指辞书的第二种释义："诗文中引用的古代故事和有来历出处的词语。"

根据以上典故的概念，基本上可以把典故分为"事典"和"语典"。所谓"事典"，就是诗文中被引用的古代典籍中所记录的历史事件、寓言故事、神话传说和名人逸事等。所谓"语典"，是指诗文所引用的从典籍文献中截取或者是化用的词、短语或者句子等语言单位。判断诗文中的语言单位究竟是不是典故，可以从三个方面考虑：一是看是否有明确的来历和出处。无论是事典还是语典，都有明确的典源文献，这是典故的最基本特征。二是看是否因表情达意和修辞需要而被后来的诗文作品引用过。三是看引用者所要表达的意义和要达到的修辞效果与典故的典源语境中的意义和修辞效果是否存在一定联

---

① （南朝梁）钟嵘著，周振甫译注：《诗品》，中华书局1998年版，第24页。
② （南朝梁）刘勰：《文心雕龙》，万卷出版公司2008年版，第354页。
③ 《辞源》，商务印书馆1979年版，第318页。
④ 《辞海》，上海辞书出版社1979年版，第666页。
⑤ 《汉语大词典》（缩印本）第2卷，汉语大词典出版社1988年版，第114页。

系，所谓的联系可以是典故在典源语境意义基础上的引申义、比喻义和指代义等。

考察诗文的用典，离不开对典故的典面、典源以及典源文献等的分析考察，所谓典面，就是用典者为了表情达意或者某种修辞需要而将典故用于诗文或者话语中的语言表现形式。典源指典故的最早出处，是典故最早脱胎的故事、传说或语句。一个典故一般有一个典源，偶尔也有一典多源的情况。典源文献就是最早记录典源的文献。如藤原关雄《五言奉试咏尘一首》"老氏和光训，范生守俭情"两句，初句语出《老子》："和其光，同其尘。"对句语出《后汉书》："范冉字史云，陈留外黄人也。……桓帝时，以冉为莱芜长，遭母忧，不到官。……所止单陋，有时粮粒尽，穷居自若，言貌无改，闾里歌之曰：'甑中生尘范史云。'"① 藤原关雄诗分别以词语"老氏和光"和"范生守俭"引用之，"老氏和光""范生守俭"为典面，"和其光，同其尘""范冉，字史云，所止单陋，有时绝粮，闾里歌之曰：'甑中生尘，范史云也。'"则为典源。典源文献分别为《老子》和《后汉书》。

下面，从典面、典源、典源文献方面，分析考察平安时代省试诗的用典情况。

二 平安时代省试诗用典特征

用典虽然不是诗文创作的必要条件，但是在写景抑或是抒情中，作者若能借助与之相关的典故，就可以凝练的语言来达到抒情达意的效果，因此，用典往往是诗人创作的一种常用手段。省试诗作为一种应试文体，应试者除了对统治者进行歌功颂德，从诗艺方面，考察应试者的用典炼字技巧也是应试诗赋的重要作用之一。

平安时代省试诗虽然在体式上不同于唐代省试诗，但二者在创作

---

① （南朝宋）范晔撰，李贤等注：《后汉书》，中华书局2000年版，第1814—1815页。

技巧方面有许多共通之处，用典也不例外。

平安时代省试诗频繁用典，有的是句句用典。恰如杜甫诗"无一字无来处"，这反映了日人学做汉诗的热情，作诗自然必须学会用典。如文室真室《五言奉试咏三》，每句中均含有一个包含"三"字的典故。

> 青鸟居山日，丹乌表瑞时。
> 殷汤数让位，管仲终固辞。
> 韵曲流泉急，入湖江水迟。
> 宁知损益友，长下董生帷。①

另外，还有《五言奉试赋秋雨》，诗题中明确限制"宫殿名"，山田古嗣所作该题应试诗，每句中均含宫殿名字典故。

> 秋雨正滂沛，旬朝洒玉堂。
> 花浓丛发越，燕度石飞翔。
> 已濯兰林佩，更沾蕙草香。
> 迎风散斜影，清暑送浮凉。
> 似露飘长乐，如尘拂建章。
> 长年无破块，崇德咏时康。②

三　平安时代省试诗用典典面的构成方式

典面是典故的语用形式，也就是用典者为了表情达意或满足特定修辞目的的需要而将典故用于文章或者话语中的词语表现形式。根据平安时代省试诗用典的具体情况，以诗题用典和正文用典两种情况对

---

① 与谢野宽、正宗敦夫编：《怀风藻 凌云集 文华秀丽集 经国集 本朝丽藻》，《日本古典全集》第 1 回, 日本古典全集刊行会 1926 年版, 第 166 页。
② 与谢野宽、正宗敦夫编：《怀风藻 凌云集 文华秀丽集 经国集 本朝丽藻》，《日本古典全集》第 1 回, 日本古典全集刊行会 1926 年版, 第 161 页。

其典面构成方式进行探讨。诗题用典的典面构成方式大致可以分为三种：从典源文献中直接提取原句、对典源语句进行化用、对典源文献进行概括提炼等。正文用典的典面构成方式比较复杂，但大致仍可分为三大类型：一是从典源语词中直接截取语词且不改变原来的语序用作典面，简称"直接截取式"；二是对从典源语句中截取出的语词等进行重新组合，但并不选用典源语词以外的字词，这种方式可简称为"选字组合式"；三是通过加字、替换等方式对取自典源的语词等语用单位进行加工，可以选用典源语词以外的字词，这种方式可称为"变换组合式"，下面进行分别分析。

（一）诗题用典典面构成方式

根据平安时代省试诗诗题用典特征，其典面构成方式一般可以分为三种情况：一是直接提取自中国典籍原句，尤其是取自《文选》收录单篇诗、赋作品原句。二是诗题用典典面化用典源语句。三是对典源文献进行概括提炼等。下面分别作详细分析。

首先，诗题用典直接提取自中国典籍原句。以取自《文选》所收单篇诗、赋作品原句者占大多数，例如：诗题《高风送秋》，直接提取自张协《七命》"飞霜迎节，高风送秋"一句；诗题《蟋蟀待秋吟》，直接提取于汉王褒《圣主得贤臣颂》"蟋蟀候秋吟，蜉蝣出以阴"一句，而将原句中"候"字改为"待"字；诗题《凉风撤蒸暑》，直接提取自王粲《公宴诗》"凉风撤蒸暑，清云却炎晖"二句之前一句；长德二年（996）诗题《泽如时雨》，取自曹植《责躬》"施畅春风，泽如时雨"一句，等等。以上诗题均属于直接来源于《文选》的情况。还有出自《文选》以外的其他诗人诗句原句的情况，如：长久二年（1041）省试诗题《歌舌不如莺》，直接取自白居易《洛桥寒食日作十韵》之"舞腰那及柳，歌舌不如莺"一句。也有直接取自其他经史典籍原句的情况，例如：天庆七年（944）省试诗题《功名重山岳》，源自《后汉书·郦炎传》所收《见志诗》"德音流千载，功名重山岳"一句；天延三年（975）大江匡衡省试诗题

《教学为先》，取自《礼记·学记》"古之王者，建国君民，教学为先"一句；长德三年（997）诗题《既饱以德》，直接提取于《诗经·大雅·既醉》"既醉以酒，既饱以德"一句；天元元年（978）诗题《野无遗贤》，直接取自《尚书·大禹谟》"野无遗贤，万邦咸宁"一句；天禄二年（971）诗题《践露知暑》，直接取自《后汉书·蔡邕传》"履霜知冰，践露知暑"一句，等等。像这种源自中国古代经史子集中原句的情况相当普遍。

其次，诗题用典典面化用典源文献中的语句。如宽仁二年（1018）省试诗题《翠松无改色》化用了隋李德林《咏松树诗》"岁寒无改色，年长有倒枝"一句；治安二年（1022）省试诗题《养民仕惠》化用了《论语》"其养民也惠，其使民也义"一句；万寿三年（1026）省试诗题《积德有海内》化用了《说苑·贵德》之"故桀、纣以不仁失天下，汤、武以积德有海土"一句；宽弘元年（1004）省试诗题《野老击壤》化用了《艺文类聚》所载"天下大和，百姓无事，有五十老人击壤于道"的故事。这种化用中国典籍原句作为省试诗诗题的情况亦十分普遍。

最后，诗题用典者对典源的高度概括和提炼。此类典故多为事典，典源多为历史事件、传奇故事等，例如：齐衡元年（854）岛田忠臣省试诗题《珠还合浦》所用典故的典面"珠还合浦"，就是对历史事件的概括。该典源于《后汉书·循吏传·孟尝》。

> 孟尝字伯周，会稽上虞人也。……（尝）迁合浦太守，郡不产谷实，而海出珠宝，与交阯比境，常通商贩，贸籴粮食。先时宰守并多贪秽，诡人采求，不知纪极，珠遂渐徙于交阯郡界。于时行旅不至，人物无资，贫者饿死于道。尝到官，革易前敝，求民病利。曾未逾岁，去珠复还，百姓皆反其业。商货流通，称为神明。①

---

① （南朝宋）范晔撰，李贤等注：《后汉书》，中华书局 2000 年版，第 1671—1672 页。

小野春卿省试诗题《照胆镜》所用典故典面"照胆镜","照胆"一词概括了咸阳宫"秦镜"能够窥人心胆的传奇功能,该典出自西汉刘歆《西京杂记》卷三。

> 汉高祖初入咸阳宫……有方镜,广四尺,高五尺九寸,表里有明,人直来照之,影则倒见,以手扪心而来,即见肠胃五脏,历然无碍。人有疾病在内,掩心而照之,则知病之所在。又女子有邪心,则胆张心动。秦始皇常以照宫人,胆张心动者则杀之。①

以上两例诗题用典,一例出自《后汉书》,另一例出自《西京杂记》,从典面特征看,均是对典源文献所记故事的高度概括和提炼。

(二)正文用典典面构成方式

前节对平安时代省试诗诗题用典的典面构成方式进行了分析,接下来重点考察正文用典的典面特征。与诗题用典相比,正文用典数量更多,典面构成方式更为复杂,典源文献涵盖典籍类型更为全面。从总体上看,正文用典的典面构成类型可大致分为三大类:一是从典源语词中直接截取语词且不改变原来的语序用作典面,简称"直接截取式";二是对从典源语句中截取出的语词进行重新组合,但并不选用典源语词以外的字词,这种方式可简称为"选字组合式";三是通过加字、替换等方式对取自典源的语词等语用单位进行加工,且经常选用典源语词以外的字词,这种方式可称为"变换组合式",下面进行详细分析说明。

1. 直接截取式

直接截取式是正文用典典面构成方式中比较常用的一种,诗文创作者只需根据需要,把典源文献中的有关语词直接截取出来即可。根据所截取典源文献中语词的性质,又可以分为对熟语的截取以及对人

---

① (西汉)刘歆《西京杂记》,中华书局1985年版,第19页。

名、地名等专有名词的截取以及对普通词语的截取等不同形式。

（1）对熟语的截取

省试诗在用典时，有时候根据需要会从典源文献所引故事成语中直接截取一部分作为诗句用典的典面，如《经国集》卷十四藤原关雄《咏尘》"老氏和光训"一句用典的典面"和光"一词截取自熟语"和光同尘"。典故"和光同尘"源于《老子·第四章》"和其光，同其尘"一句。再如菅原清冈省试诗《咏尘》"逐舞生罗袜，惊歌起画梁"两句中前句选用典故的典面为"罗袜"，直接截取自熟语"罗袜生尘"一词，该典源于《文选·曹子建〈洛神赋〉》："凌波微步，罗袜生尘。"再如《经国集》卷十三丹治比文雄《秋兴》"定识幽闺女，执梭织锦章"一句中选用典故的典面"织锦"一词截取自成语"织锦回文"。"织锦回文"典故源于《晋书·列女传·窦滔妻苏氏》。

> 窦滔妻苏氏，始平人也，名蕙，字若兰，善属文。滔，苻坚时为秦州刺史，被徙流沙，苏氏思之，织锦为回文旋图诗以赠滔。宛转循环以读之，词甚凄惋。凡八百四十字，文多不录。①

丹治比文雄省试诗《赋秋兴》"闭户叹潘郎"一句选用典故的典面"闭户"一词，截取自成语"孙敬闭户"。典故"孙敬闭户"源自晋张方《楚国先贤传》，《文选》卷三六任彦升《天监三年策秀才文》"闭户自精，开卷独得"一句李善注引《楚国先贤传》曰："孙敬入学，闭户牗，精力过人，太学谓曰'闭户生'，入市，市人相语'闭户生来'，不忍欺也。"②

以上所举数例，用典者是选用中国典籍中的故事成语等熟语作为典故。根据押韵等实际需要，用典者并没有原文引用，而是截取了故

---

① （唐）房玄龄等撰：《晋书》，中华书局 2000 年版，第 1683 页。
② （梁）萧统编，（唐）李善注：《文选》（第 4 册），上海古籍出版社 1986 年版，第 1661 页。

事成语中的部分语词作为典面使用,这样的例子在平安时代省试诗用典中是比较常见的现象。

（2）对典源文献中人名、地名等专有名词的截取

省试诗在用典时,有时候会从典源文献中的人名、地名等专有名词中截取部分语词用作典面。这些用作典面的专有名词,其意义有时会发生变化,有的词义范围缩小,用于特指；有的词义范围扩大,用于泛指；还有的专有名词会通过修辞上的借代、比喻等而产生新的意义,如齐衡元年（854）岛田忠臣省试诗《珠还合浦》"光非怀汉女,色似泣鲛人"一句中用典的典面分别为"汉女"和"鲛人",其中"汉女"截取自专有名词"河汉女",指织女星。"河汉女"源于《古诗十九首·迢迢牵牛星》："迢迢牵牛星,皎皎河汉女。""鲛人"指神话传说中的人鱼。源于晋张华《博物志》卷九："南海外有鲛人,水居如鱼,不废织绩……从水出,寓人家,积日卖绢。将去,从主人索一器,泣而成珠满盘,以与主人。"① 岛田忠臣省试诗中的这两个典故,用的均是其比喻义,用来比喻珍珠的光泽。

《经国集》卷十四所收小野末嗣省试诗《王昭君》"高岩猿叫重烟苦,遥岭鸿飞陇水寒"一句中用典的典面"陇水",截取自表示地名的专有名词"陇头水"。典故源自《乐府诗集·汉横吹曲一·陇头》,郭茂倩题解引《三秦记》："其坂（指陇山）九回,上者七日乃越,上有清水四注下,所谓陇头水也。"② 用典者取"陇水"用作典面,这里用以泛指北方边境地带,是原有词义范围的扩大。

（3）截取典源语句中的普通词语

除了以上对典源文献中熟语、专有名词的截取,省试诗用典中更多的是对典源文献中普通词语的截取,例如：丰前王（805—865）省试诗《陇头秋月明》"怒发独横行"一句用典的典面"怒发",典故

---

① （晋）张华撰：《博物志》,《丛书集成初编》,中华书局1985年版,第57页。
② （宋）郭茂倩编：《乐府诗集》,中华书局2019年版,第323页。

源于《史记·廉颇蔺相如列传》："相如因持璧却立，倚柱，怒发上冲冠。"典面"怒发"属于直接从"怒发上冲冠"一句中截取"怒发"二字作为典面。该典故不同于前面从熟语、专有名词中的截取，属于普通名词。再如：藤原令绪《陇头秋月明》"彩比齐纨恰，光同赵璧生"两句前句用典典面"齐纨"，出自《列子·周穆王》："衣阿锡，曳齐纨。"藤原令绪直接从典源文献中取"齐纨"二字作为用典的典面。

除了以上两例从典源文献中截取名词用作典面，还有截取动词作为典面的情况，如石越智人《咏三》"冲天方患尚，久下仲舒帷"两句中前句用典的典面"冲天"，典故源于《史记·滑稽列传》：

> 淳于髡者，齐之赘婿也。长不满七尺，滑稽多辩，数使诸侯，未尝屈辱。齐威王之时喜隐，好为淫乐长夜之饮，沈湎不治，委政卿大夫。百官荒乱，诸侯并侵，国且危亡，在于旦暮，左右莫敢谏。淳于髡说之以隐曰："国中有大鸟，止王之庭，三年不蜚又不鸣，不知此鸟何也？"王曰："此鸟不飞则已，一飞冲天；不鸣则已，一鸣惊人。"于是乃朝诸县令长七十二人，赏一人，诛一人，奋兵而出。诸侯振惊，皆还齐侵地。威行三十六年。①

2. 选字组合式

省试诗用典者在选取典源语词组构典面时，有时选取并非相邻的字词，而是分散于典源文献不同语句中，彼此也没有直接关联，用典者根据需要对其进行重新组合，从而组构成新的典面用于诗句中，但其所选语词均出自典源文献，例如：中臣良舟省试诗《咏尘》"影逐

---

① （汉）司马迁撰，（宋）裴骃集解，（唐）司马贞索隐，（唐）张守节正义：《史记》，中华书局2000年版，第2423页。

龙媒乱，形随凤辖扬"一句中所选用典故的典面为"龙媒"。典故"龙媒"源于《汉书·礼乐志》："天马徕，龙之媒。"颜师古注引应劭曰："言天马者乃神龙之类，今天马已来，此龙必至之效也。"典面"龙媒"选用典源文献"龙之媒"一句中的两个实词"龙"和"媒"构成。作者选用此典是借以比喻"尘"的漫天飞舞的形态，是比喻义。再如中臣良楫同题省试诗《咏尘》"形生范丹甑，色化士衡衣"一句中所选典故的典面为"范丹甑"。典故"范丹甑"源于《后汉书·独行传·范冉》：

>范冉字史云，陈留外黄人也。……又游三辅，就马融通经，历年乃还。桓帝时，以冉为莱芜长，遭母忧，不到官。后辟太尉府，以狷急不能从俗，常佩韦于朝。……遭党人禁锢，遂推鹿车，载妻子，捃拾自资，或寓息客庐或依宿树荫。如此十余年，乃结草室而居焉。所止单陋，有时粮粒尽，穷居自若，言貌无改，闾里歌之曰："甑中生尘范史云，釜中生鱼范莱芜。"①

在典源文献中，作为人名的"范丹"和名词"甑"并不相连，作者把二者组合成一个词"范丹甑"，用来比喻勤俭节约。再如，前述藤原关雄省试诗《咏尘》之"战路从柴曳"一句用典的典面"柴曳"。典故"曳柴"源自《左传·僖公二十八年》："狐毛设二旆而退之。栾枝使舆曳柴而伪遁，楚师驰之。"用典者将典源文献中"曳柴"二字颠倒顺序而重新组合为新的典面"柴曳"用于自己的诗句中。

小野篁《陇头秋月明》"带水城门冷，添风角韵清"二句中用典的典面"带水""添风"两个典面。"带水"指流经陇头城的陇水。源于初唐杨师道《陇头水》："陇头秋月明，陇水带关城。"作者小野

---

① （宋）范晔撰，（唐）李贤等注：《后汉书》，中华书局2000年版，第1815页。

篁从杨师道诗中取出"带""水"二字,重新组构成"带水"这一典故的典面。"添风"则为杨师道《陇头水》"笳添离别曲,风送断肠声"两句中每句各取一字"添""风"从而重新组成"添风"作为典面。

像以上所举"选字组合"方式构成典面的例子在平安时代省试诗用典中还有很多,再举例如下:南渊弘贞《咏梁得尘字》"杏翻华日影,梅起妙歌尘"中用典典面为"歌尘",源于刘向《别录》。《艺文类聚》卷四三引汉刘向《别录》:"汉兴以来,喜《雅歌》者鲁人虞公,发声清哀,盖动梁尘。"用典者从典源文献中选出既不相邻又无直接关联的"歌"和"尘"二字,组构成"歌尘"作为典面使用。

石越智人《咏三》"冲天方患尚,久下仲舒帷"一句用典的典面"仲舒帷",源于《汉书·董仲舒传》:"(董仲舒)下帷讲诵,弟子传以久次相授业,或莫见其面,盖三年不窥园,其精如此。"①

3. 变换组合式

省试诗用典的另一种典面构成方式是"变换组合式",其与"选字组合"既有区别又有联系。相似点是同为从典源文献中选取相关语词进行重新组合,不同点是该种方式经常选用典源文献以外的字词与从典源文献中选出的语用单位进行重新组合,从而组构成新的典面的一种用典方式。由于选用典源文献以外的字词,会对读者判别典故造成一定的困难。现举例进行说明。

《经国集》卷十四所收小野末嗣《奉试赋得王昭君》"出塞笛声肠暗绝,销红罗袖泪无干"二句,前句用典典面"肠暗绝",该典面构成方式独特。首先,在中国诗歌中一般以"断肠""肠断"形式出现,如《文选·江文通〈别赋〉》"是以行子肠断,百感凄恻"一句以及谢灵运《道路忆山中》诗"楚人心昔绝,越客肠今断",是比较常用的方式。小岛宪之引嵯峨天皇《赋得陇头秋月明》诗"水咽人

---

① (汉)班固撰,(唐)颜师古注:《汉书》,中华书局2000年版,第1899页。

肠绝（《文华秀丽集》）"一句指出，"肠暗绝"的出典应为嵯峨天皇该诗。① 小岛宪之的判断尚有补充之必要，实际上，"肠绝"一词在中国典籍中早有用例，《鬼谷子·权篇》"恐者，肠绝而无主也"为中国典籍中较早的用例，唐代诗词中亦不乏用例，如：唐佚名《除夜》诗："更深肠绝谁人念，夜永心伤空自怜。"唐刘湾《李陵别苏武》诗："发声天地哀，执手肺肠绝。"唐骆宾王《久戍边城有怀京邑》："陇坂肝肠绝，阳关亭候迂。"可见，"肠绝"一词在初唐已成为诗歌意象，被大量使用了。

回到小野末嗣用作典面的"肠暗绝"一词，显然，用典者是在中日诗歌中惯用的"肠绝"一词中加入了"暗"字，从而组构成了"肠暗绝"典面用于诗句中。自然，这种加字法构成的典面，给阅读者判断典源造成了一定困难，有时候甚至会误导我们对典源的判断。

除了前述加字重新组合典面，还有替换原文中的文字重新组合成典面的情况。例如：小野春卿《七言奉试赋得照胆镜一首》"衣裳整下绮罗色，容貌妆前桃李春"中前一句典面"整下"一词，等同于"整衣"，也就是说，用典者根据需要（前有"衣裳"，再用"衣"字犯了"重字"），把"整衣"中的"衣"字替换为"下"，从而组构成新的典面"整下"用于诗句中。"整衣"在中国典籍中常用，例如：《周书·苏绰传》："绰于是指陈帝王之道，兼述申韩之要。太祖乃起，整衣危坐，不觉膝之前席。"同样，这种替换方式也给认读典故造成一定困难。

第二节　平安时代省试诗用典的典源与典据

一　平安时代省试诗用典的典源特征

典源就是典故的最初出处，是典故最早脱胎的故事、传说或语

---

① 小岛宪之：《国风暗黑时代的文学》（下三），塙书房1998年版，第3828—3829页。

句。一般来说，这些故事、传说或语句大多出现在典源文献的正文，偶尔也会出现在正文注释或汇编文献，主要是各种类书的引文当中。

诗题《野无遗贤》直接来自典故"野无遗贤"，该典故指任人唯贤，人尽其才。选贤任能是封建统治者的基本命题之一，也是古代科举应试中经常涉及的题目。出题者选用此典自然也有为朝廷的选贤任能歌功颂德之意。此典直接出自《尚书·大禹谟》："嘉言罔攸伏，野无遗贤，万邦咸宁。"①

诗题《野老击壤》中的典故"击壤"，多用于歌颂天平盛世，出题者选用此典出题显然含有歌颂朝廷文治昌明之意。此典源于东汉王充《论衡·感虚》："尧时，五十之民击壤于涂。观者曰：'大哉，尧之德也！'击壤者曰：'吾日出而作，日入而息，凿井而饮，耕田而食，尧何等力？'尧时已有井矣。"②

以上两题，一个出自《尚书》，一个出自王充《论衡》，典源文献均为我国传统儒家经典文献。通过对平安时代省试诗诗题以及正文用典典源的统计（见表 2–1、2–2、2–3），可以确认的是，平安时代省试诗用典的一个显著特征就是其典源大多出自我国儒家经史子集文献。现结合表，对这几种典源文献的使用频率等情况进行具体说明。

第一，我国经史类文献。经书类典源文献主要有《诗经》《礼记》《周易》《尚书》《左传》《论语》《孟子》。以上七部主要经书类文献中，用典较多的有《礼记》和《尚书》，源于《尚书》中的典故共选用了六次，源于《礼记》的典故共选用了五次。属于史籍类典源文献的主要有司马迁《史记》、班固《汉书》、陈寿《三国志》、范晔《后汉书》、房玄龄《晋书》、令狐德棻《周书》等。其中出典较多的有《史记》《汉书》和《后汉书》所谓"三史"文献。源于《史记》的典

---

① 李民、王健撰：《十三经译注 尚书译注》，上海古籍出版社 2004 年版，第 26 页。
② （东汉）王充：《论衡》，新华书局 1928 年版，第 93 页。

故出现了十四次,《汉书》四次,《后汉书》七次。平安时代省试诗用典中,源自《史记》《汉书》和《后汉书》的典故使用次数达到二十五次,这些典故大多与这些史书所记载的历史人物和事件有关。

第二,诸子类典源文献。主要有《老子》《庄子》《淮南子》《管子》《鬼谷子》等。与经书、史籍类文献相比,平安时代省试诗选用诸子类文献的典故相对较少,其中出自《老子》的典故主要是《经国集》卷十四所收五首《奉试咏尘》诗,五首中藤原关雄、菅原善主、中臣良舟三人诗中均选用了源自《老子》的典故"和光同尘"。

第三,诗赋类文献、专著评论类文献。诗赋类文献如西汉刘向《楚辞》《乐府诗词》《白氏文集》《谢偃集》等;专著评论类文献有西汉刘向《说苑》《别录》、唐皇甫谧《高士传》等。

第四,志怪异闻小说类文献。根据不同时代的具体特征和社会文化风尚,一些诗题出处或者正文用典,明显存在追求新奇、崇尚怪异的特点。这些典故的典源文献也并非出自儒家经史,而大多选自志怪异闻小说类文献,如出自《山海经》《汉武帝内传》《西京杂记》《郭子》《拾遗记》《搜神记》等的典故,反映了省试诗在诗题命制和创作中的突破和创新。关于这一点,将在下章详细论述。

省试诗作为与现实政治密切相关、体现统治阶级政治教化的一种"为政"的命题诗歌,其题目自然要求雅正庄肃,要么具有"政教上的意义",要么具有"优雅的美感"。[①] 因此,命题者一般会在"正经正史"文献中选用典故。

二 平安时代省试诗用典的典据

如前所述,平安时代省试诗用典的典源文献十分广泛,中国经史子集皆有涉及。除了出自儒家"正经正史"文献,平安时代省试诗用典中出自志怪异闻小说等非常见之书的典故已不在少数。虽然至平安

---

① 王丽群:《论唐省试诗命题的特点》,《江海学刊》2007年第4期。

前期,"中国一半的汉籍已经东传到了日本"①,但是,考虑到当时汉籍接受的实际状况,平安时代学人在作文赋诗用典时,并非所有典故都直接参考典源文献,其典据资料出自典源文献以外文献,比如科举教科书《文选》及其注文以及《艺文类聚》等唐代类书的情况亦不在少数。下面结合实例对平安时代省试诗用典的典据情况进行分析考察。

《经国集》卷十三收丹治比文雄省试诗《赋秋兴》,其中"闭户叹潘郎"一句用典"孙敬闭户"。"孙敬闭户"源自晋张方《楚国先贤传》。《隋书·经籍志》史部"杂传"下著录"《楚国先贤传赞》十二卷,晋张方撰";《旧唐书·经籍志》乙部"杂传"下著录"《楚国先贤传赞》十二卷,晋张方撰";《新唐书·艺文志》乙部"杂传记"下著录"张方《楚国先贤传》十二卷"。《宋史》以后的官私目录则不见著录。唐李善为《文选》作的注以及《艺文类聚》《初学记》《北堂书钞》等唐宋类书中引用了不少出自《楚国先贤传》的故事。至元代,《楚国先贤传》辑佚本开始问世。说明该书在唐宋时尚存,元代以后不存于世。

《文选》卷三六任彦升《天监三年策秀才文》:"闭户自精,开卷独得。"李善注引《楚国先贤传》曰:"孙敬入学,闭户牖,精力过人,太学谓曰'闭户生'。入市,市人相语'闭户生来',不忍欺也。"② 又,《文选》卷三八任彦升《为萧扬州荐士表》:"集萤映雪,编蒲缉柳。"李善注引《楚国先贤传》曰:"孙敬到洛,在太学左右一小屋安止母,然后入学,编杨柳简以为经。"③ 以上,仅《文选》所收任彦升文章的李善注文中就引用了两处《楚国先贤传》中"孙

---

① 孙猛:《日本国见在书目录详考》,上海古籍出版社2015年版,第2140页。
② (梁)萧统编,(唐)李善注:《文选》(第4册),上海古籍出版社1986年版,第1661页。
③ (梁)萧统编,(唐)李善注:《文选》(第4册),上海古籍出版社1986年版,第1745页。

敬闭户"的典故。

《楚国先贤传》中孙敬故事亦为唐代类书《艺文类聚》所收。《艺文类聚·杂文部·读书》引《后汉书》曰："孙敬，字文质。好学。闭户读书，不堪其睡。乃以绳悬之屋梁。人曰'闭户先生'。"①《艺文类聚》所引孙敬故事出自《后汉书》，但考之范晔撰《后汉书》，并无《艺文类聚》所引原文。舒焚考证认为，《艺文类聚》的这段引文可能出自谢承、华峤、谢沈、袁山松等分别所撰《后汉书》②，但现存以上诸《后汉书》佚文中均无此文。

《日本国见在书目录》所收中国典籍中，并无《楚国先贤传》一书，说明在奈良平安时代该书很可能没有传入日本，同时，《见在书目录》"正史家"所收《后汉书》均为范晔所撰，谢承、华峤、谢沈、袁山松等所撰本《后汉书》不见著录。综上，《经国集》卷十三丹治比文雄《赋秋兴》中"闭户叹潘郎"一句所用"孙敬闭户"之典，其典据资料很可能直接来自《文选》所收任彦升《天监三年策秀才文》的李善注文。福田俊昭指出，《文选》卷三六所收王元长、任彦升"策秀才文"是奈良考官对策文出题的重要范文③。这也为前述"孙敬闭户"典故直接依据《文选》李善注文提供了进一步的证据。

进一步考察平安时代省试诗的用典特征可以发现，像"孙敬闭户"一样，出典依据《文选》正文或李善注文的情况很多。《经国集》卷十四载纪虎继《五言奉试得治荆璞一首》，诗题"治荆璞"依据《文选·曹子建〈与杨德祖书〉》的李善注文。《文选·曹子建〈与杨德祖书〉》："当此之时，人人自谓握灵蛇之珠，家家自谓抱荆

---

① （唐）欧阳询撰，汪绍楹校：《艺文类聚》，上海古籍出版社2007年版，第991页。
② （晋）张辅著，舒焚校注：《楚国先贤传校注》，湖北人民出版社1999年版，第64页。
③ 福田俊昭：《敦煌类书研究》，大东文化大学东洋研究所刊2003年版，第148—158页。

山之玉。"李善注引《韩子》曰:"楚人和氏得玉璞于荆山之中,奉而献之。文王使玉人治其璞而得宝。"①

《经国集》卷十四另收伴成益省试诗《五言奉试得东平树一首》,诗题"东平树"出自《文选·梁刘孝标〈重答刘秣陵沼书〉》:"或有自其家得而示余者,余悲其音徽未沬,而其人已亡……若使墨翟之言无爽,宣室之谈有征,冀东平之树,望咸阳而西靡。"李善注引《圣贤塚墓记》曰:"东平思王塚在东平。《无盐人传》云:'思王归国京师,后葬,其冢上松柏西靡。'"②

以上两题"治荆璞"和"东平树",从典源看,分别出自《韩子》《圣贤塚墓记》,因二者为"非常见"之书。出题依据为《文选》正文或者李善注。除以上所举纪虎继、伴成益两首外,《经国集》卷十四所载菅原善主省试诗《咏尘》诗第五句"洛浦生神袜",用典"罗袜生尘"。《文选·曹子建〈洛神赋〉》:"凌波微步,罗袜生尘。"③ 同诗第六句"都城染客衣",用典"京洛尘"。《文选·陆士衡〈为顾彦先赠妇〉》:"辞家远行游,悠悠三千里。京洛多风尘,素衣化为缁。"④ "罗袜生尘""京洛尘"分别源自《文选》正文。

表2-1列出的《经国集》卷十三、十四所收十四例省试诗诗题中,出自《文选》者四题。表2-2列出的四十一例平安时代省试诗题中,亦有四例直接出自《文选》。而《经国集》省试诗正文用典中,出自《文选》或者李善注文者八例。由此可见,《文选》为省试诗用典的重要典据资料之一。

关于《文选》在日本古代科举中的地位,从对考试科目和具体试

---

① (梁)萧统编,(唐)李善注:《文选》(第5册),上海古籍出版社1986年版,第1901页。
② 《文选》(第5册),第1951页。
③ 《文选》(第2册),第899页。
④ 《文选》(第3册),第1149页。

第二章　平安时代省试诗用典研究

项的规定中即可知其一斑。《养老令·选叙令》"秀才进士条"载"进士，取明闲事务，并读《文选》《尔雅》者。"①对具体考试试项，《养老令》之《考课令》还对《文选》的具体考试办法进行了规定，"凡进士，试时务策二条。帖所读《文选》上帙七帖、尔雅三帖"②。可见，《文选》在律令时代被作为大学寮教材使用并被规定为科举考试的重要内容之一。鉴于此，律令官们在科考出题或者赋诗中引用《文选》中的典故也就不足为奇了。

除了引用《文选》正文或者正文注文，平安时代省试诗用典直接依据《艺文类聚》等唐代类书中的例子也有很多。仍以《经国集》卷十四藤原关雄《咏尘》诗为例，第三句"床中随电影"，用典"栖弱草"，典出三国魏李康《游山九吟序》。《艺文类聚·地部·尘》引三国魏李康《游山九吟序》曰："盖人生天地之间也，若流电之过户牖，轻尘之栖弱草。"③同诗第十二句"飞飓徒自惊"，用典"尘污人"，典出郭澄之《郭子》。《艺文类聚·地部·尘》引《郭子》曰："庾公名位渐重，足倾王公。时庾亮在石头，王公在城。忽风起扬尘，王公以扇拂之曰：元规尘污人（元规，庾亮字。王公，王导也）。"④

对于《郭子》一书，《隋书·经籍志》载"《郭子》三卷，东晋中郎郭澄之撰"，可见该书在唐代犹存，贾全曾为之作注，可惜后来佚失了。日本官修汉籍总目《日本国见在书目录》无著录，因此，该书极有可能并未传入日本。李康《游山九吟序》与《郭子》的情况类似，因此，对日人来说，《郭子》《游山九吟序》等并非常见之书，因此，他们引用出自该书故事时，很可能参考的是早已传入日本并为

---

① 惟宗直本：《令集解》，《新订增补国史大系》第23卷，吉川弘文馆1966年版，第505页。
② 惟宗直本：《令集解》，《新订增补国史大系》第24卷，吉川弘文馆1966年版，第684页。
③ （宋）欧阳询撰，汪绍楹校：《艺文类聚》，上海古籍出版社2007年版，第110页。
④ （宋）欧阳询撰，汪绍楹校：《艺文类聚》，上海古籍出版社2007年版，第110页。

科举士子所熟悉的《艺文类聚》等唐代类书。

《日本国见在书目录》"杂家"类著录"《艺文类聚》百",可见该书早已传入日本。小岛宪之通过对《日本书纪》与《艺文类聚》相关文章比勘,指出《日本书纪》所引中国典籍部分内容中有相当部分直接引自《艺文类聚》①。水口干记通过对《延喜治部省式》和《艺文类聚》的比较考察,指出《延喜治部省式》(成书于784年前后)之"祥瑞条"中的双行说明文有相当一部分直接出自《艺文类聚》卷九十八、九十九所收"祥瑞部"之内容②。这也说明,在七世纪后期,《艺文类聚》已经在日本广为传播,成为律令官汉诗文创作的重要参考类书之一。

表2-1　　　《经国集》所收省试诗诗题出典一览

序号	诗题	典源文献	应试者	备注
1	奉试赋得秋（每句用十二律名字）	《汉书·律历志》	纪长江	
2	奉试赋秋兴（以建除等十二字居句头）	《文选潘岳〈秋兴赋〉》	丹治比文雄	
3	奉试赋得陇头秋月明	唐杨师道《陇头水》	丰前王	
4	奉试赋秋雨（宫殿名）	《艺文类聚》梁元帝《宫殿名诗》	山田古嗣	
5	奉试咏梁得尘字	刘向《别录》	南渊弘贞	
6	奉试得治荆璞	《文选·曹子建〈与杨德祖书〉》	纪虎继	
7	奉试得东平树	《文选·梁刘孝标〈重答刘秣陵沼书〉》	伴成益	

---

① 小岛宪之:《上代日本文学与中国文学——以出典论为中心的比较文学考察》(上),塙书房1962年版。
② 水口干记:《日本古代汉籍受容史研究》,汲古书院2005年版。

第二章　平安时代省试诗用典研究

续表

序号	诗题	典源文献	应试者	备注
8	奉试咏三	岛田忠臣《赋得咏三》	文室真室	
9	奉试赋得王昭君	《文选石崇〈王明君辞并序〉》	小野末嗣	
10	奉试得宝鸡祠	《史记·封禅书》	鸟高明	
11	奉试咏尘	初唐谢偃《尘赋》	藤原关雄	
12	奉试赋得照胆镜	西汉刘歆《西京杂记》	小野春卿	
13	奉试赋挑灯杖	唐骆宾王《挑灯杖》	猪名部善绳	
14	奉试得爨烧桐	《后汉书·蔡邕传》	大枝礒麻吕	

表2-2　　　　　　平安时代省试诗诗题出典辑录

年号	西历	省试诗题	典源文献	诗题所录文献
齐衡元年	854	还珠合浦	《后汉书·循吏传·孟尝》	《田氏家集》
贞观四年七月廿八日以前	862	连理树	北魏郦道元《水经注》	《本朝文粹》《三代实录》
贞观二年七月廿六日	860	听古乐	《礼记》	《本朝文粹》
元庆八年春	884	龙图授义	《白虎通义·封禅》	《本朝文粹》
宽平五年	893	春天凌风		《古今和歌集目录》
宽平八年二月廿三日	896	花间理管弦	《抱朴子·外篇·崇教》理管弦	《古今和歌集目录》
延喜十六年九月廿八日	916	高风送秋	《文选·张协〈七命〉》《晋书·张协传》	《桂林遗芳抄》
延长二年十二月	924	明望山雪	《汉书·张骞李广利传》山雪	《公卿补任》
天庆七年十二月廿九日	944	功名重山岳	《后汉书·文苑传下》功名重山岳	《本朝世纪》
天历二年六月十四日	948	昊天降丰泽	《文选·王粲〈公宴诗〉》	《日本纪略》
天历四年十二月廿五日	950	衣无异采	《后汉书·文苑传》	《公卿补任》

续表

年号	西历	省试诗题	典源文献	诗题所录文献
天德元年十月三日	957	水清玉洁	《高士传》	《日本纪略》
天德二年五月十七日	958	鱼登龙门	元稹《赋得鱼登龙门》	《日本纪略》
应和元年三月五日	961	流莺远和琴		《日本纪略》
康保二年十月廿三日	965	飞叶共舟轻		《日本纪略》
康保五年六月十三日	968	朱草生郊	《尚书·中候》	《日本纪略》
天禄元年七月十一日	970	国安民治	《管子·版法解》	《日本纪略》
天禄二年三月廿八日	971	践露知暑	《后汉书·蔡邕传》	《日本纪略》
天延元年七月廿七日	973	丰年至	《礼记·王制》	《日本纪略》
天延三年十二月	975	教学为先	《礼记·学记》	《江吏部集》
天元元年三月七日	978	野无遗贤	《尚书·大禹谟》	《日本纪略》
永观元年七月五日	983	蟋蟀待秋吟	《文选·王褒〈圣主得贤臣颂〉》	《日本纪略》
宽和元年闰八月廿三日	985	昭华玉	《尚书·大传》	《日本纪略》
宽和二年十月廿六日	986	受天禄	《汉书·刑法志》	《日本纪略》
永祚元年九月廿一日	989	贡院新栽小松	白行简《贡院楼北新栽小松》	《小右记》
永祚元年十月十四日	989	池岸菊犹鲜		《日本纪略》
长德二年六月廿五日	996	泽如时雨	《三国志·魏书·陈思王植传》	《日本纪略》
长德三年七月	997	既饱以德	《诗经·大雅·既醉》	《本朝文粹》
长保五年六月十六日	1003	以水积成渊	《水经注·滱水》	《权记》
长保五年七月三日	1003	凉风撒蒸暑	《文选·王粲〈公宴诗〉》	《权记》《行成诗稿》
宽弘元年十月廿九日	1004	野老击壤	东汉王充《论衡·感虚篇》	《权记》《公卿补任》
宽弘二年七月十日	1005	秋丛露作珮		《小右记》

第二章 平安时代省试诗用典研究

续表

年号	西历	省试诗题	典源文献	诗题所录文献
宽弘三年十一月廿六日	1006	共始生	《礼记·月令》	《权记》
长和元年十二月廿七日	1012	德动天道	《周易》	《御堂关白记》
长和四年十二月廿三日	1015	象载瑜	《汉书·礼乐志》	《小右记》
宽仁二年十月廿一日	1018	翠松无改色	隋李德林《咏松树诗》	《御堂关白记》
治安二年五月十九日	1022	养民仕惠	《论语》	《小右记》
万寿三年三月	1026	积德有海内	《说苑·贵德》	《左经记》
长元元年十一月十五日	1028	野多客鸡		《左经记》
长久二年三月四日	1041	歌舌不如莺	唐白居易《洛桥寒食日作十韵》	《扶桑略记》
天喜六年三月廿三日	1058	偶烛施明	汉王符《潜夫论》	《扶桑略记》

表2-3　　　《经国集》所收省试诗正文用典一览

序号	诗题	用典诗句	典源文献	作者
1	奉试赋得秋（每句用十二律名字）	宦渡柳营计应碎，扶风松盖想无衰	《史记·绛侯周勃世家》《淮南子·览冥训》	纪长江
		捣衣夹室月光冷，织锦中闺思绪滋	《晋书·列女传·窦滔妻苏氏》	
		白露凝栏洗佩净，玄霜杀草惊钟飞	《山海经》	
		黄叶飘零秋欲暮，则知潘鬓飒如丝	唐元稹《酬翰林白学士代书一百韵》	
2	奉试赋秋兴（以建除等十二字居句头）	开书周览后，闭户叹潘郎	《文选·任昉〈天监三年策秀才文〉》《文选潘岳〈秋兴赋〉》	丹治比文雄

93

续表

序号	诗题	用典诗句	典源文献	作者
3	奉试赋得陇头秋月明	漏尽姮娥落，更深顾兔惊	《淮南子·览冥训》《楚辞·天问》	丰前王
		誓将天子钺，怒发独横行	《史记》	
		戍夫朝蓐食，戎马晓寒鸣	中国诗歌中多用"成卒"。宋以后始用"戍夫"	小野篁
		彩比齐纨恰，光同赵璧生	《史记·廉颇蔺相如列传》	藤原令绪
		悉预昭君曲，长随晋帝行	《文选·石崇〈王明君辞并序〉》	
		胡骑气逾勇，汉营阵杂生	《史记·绛侯周勃世家》	多比治颖长
	五言奉试咏天	就日望唐帝，披云睹乐公	《史记·五帝本纪》《晋书》	小野岑守
4	奉试赋秋雨（宫殿名）		《艺文类聚》梁元帝《宫殿名诗》	山田古嗣
5	奉试咏梁得尘字	杏翻华日影，梅起妙歌尘	刘向《别录》（《艺文类聚》）	南渊弘贞
6	奉试得治荆璞	中有连城璧，世无觉彼妍	《史记·廉颇蔺相如列传》	纪虎继
		未遇卞和献，无由奉皇天	《史记·廉颇蔺相如列传》	
7	奉试得东平树	地隔连枝异，神幽合意同	《文选·苏子卿〈诗四首〉》	伴成益
		叶衰宁待雪，条靡自因风	《论语·子罕篇》	
8	奉试咏三	青鸟居日月，丹乌表瑞时	《山海经》《尚书大传》	文室真室
		殷汤数让位，管仲终固辞	《周书》《论语·八佾》	
		韵曲流泉急，入湖江水迟	《尚书·禹贡》	
		宁知损益友，长下董生帷	《论语·季氏篇》《汉书·董仲舒传》	

续表

序号	诗题	用典诗句	典源文献	作者
8	奉试咏三	曼倩文才长,相如作赋迟	《汉武故事》《史记》《汉书》	石川越智人
		寻朋云有益,交意此成师	《论语·季氏篇》《论语·述而篇》	
		鸟影日中挂,猿声峡里悲	《尚书大传》《世说新语笺疏》	
		冲天方患尚,久下仲舒帷	《史记·滑稽列传》《汉书·董仲舒传》	
9	奉试赋得王昭君	出塞笛声肠暗绝,销红罗袖泪无干	《鬼谷子》	小野末嗣
		高岩猿叫重烟苦,遥岭鸿飞陇水寒	《艺文类聚》《乐府诗集》	
10	奉试得宝鸡祠	秦政初基代,文公致霸时	《史记·秦本纪》《汉书·郊祀志》	鸟高明
		陈仓北坂下,千岁几崇祠	《史记·秦本纪》	
11	奉试咏尘	初唐谢偃《尘赋》		藤原关雄
		床中随电影,梁上洗歌声	李康《游山九吟序》刘向《别录》	
		老氏和光训,范生守俭情	《老子》《后汉书·独行传·范冉传》	
		拂林疑雾薄,飘沼似雨轻	《尘赋》	
		战路从柴曳,粧楼含镜冥	《左传僖公二十八年》《诗经小雅》	
		未期褝峻岳,飞飏徒自惊	张华《励志》诗(《文选》)郭澄之《郭子》(艺文类聚)	

续表

序号	诗题	用典诗句	典源文献	作者
11	奉试咏尘	大噫笼群物，惟尘在细微	《尘赋》	菅原善主
		遇霖时聚敛，承吹乍雾霏	《尘赋》	
		洛浦生神袜，都城染客衣	曹植《洛神赋》（《文选》）	
		朝随行盖起，暮逐去轩归	《尘赋》	
		动息常无定，徘徊何处非	《尘赋》	
		冀持老聃旨，长守时闲机	《老子》	
		桂宫飞细质，柳陌泛轻光	《尘赋》	中臣良舟
		影逐龙媒乱，形随凤辖扬	《尘赋》《咏尘》	
		镜沉疑雾月，衣染似粉妆	陆机《为顾彦先赠妇》（《文选》）	
		带曲生珠履，临歌绕画梁	曹植《洛神赋》（《文选》）	
		雨来收不发，风至聚还张	《尘赋》	
		峻岳如无让，微功庶莫亡	张华《励志》诗（《文选》）	
12	奉试赋得照胆镜	如今可用妍媸鉴，长愿犹为照胆珍	《文选·陆机〈文赋〉》《西京杂记》	小野春卿
13	奉试赋挑灯杖	廉吏嫌燃再不赏，神翁有备躬吹杖	《后汉书》《史记》《拾遗记》	猪名部善绳
		宣神正使苏公历，致用亦令蜀妇纺	《史记》《益州志》	

第三章　唐日省试诗与祥瑞尚奇文化

近年来，唐代省试诗受到学界关注，关于省试诗的诗题、诗体、修辞、创作方法等的研究成果不断问世，以省试诗为题撰写硕士、博士论文者亦不在少数。在有关唐代省试诗用典的研究中，朱栋通过对现存唐代省试诗中涉及祥瑞、尚奇文化的三十二个诗题用典的分析考察，指出，"祥瑞尚奇文化是我国封建社会文化体系的重要组成部分"①，特别是有唐一代，"这一文化倾向尤为明显"。朱栋论文首次探讨了省试诗诗题用典与唐代的祥瑞尚奇文化之间的关系。王士祥、王立认为现存唐代省试诗中以神仙故事为题、充满浪漫主义色彩的省试诗亦不在少数，指出该类用典与异闻、符瑞类诗题用典一起构成了唐代省试诗命题的"传奇化倾向"②。这些研究突破了唐代省试诗命题研究中认为唐代省试诗诗题多出自传统经史文献、体现政治教化意义，"新异骇怪的题目在省试诗里基本看不到"等传统观点的窠臼③，为唐代省试诗研究提供了新的思路。

现存《经国集》卷十三、十四收录平安初期省试诗二十四首（卷十三七首，卷十四十七首）。另有日本学者滨田宽从《本朝文粹》《菅家文草》《田氏家集》《日本纪略》《公卿补任》等文献中辑佚出四十一首平安中后期的省试诗，但这些省试诗也大多只存诗题，诗作

---

① 朱栋：《唐代试律诗用典研究》，博士学位论文，武汉大学，2013年，第56页。
② 王士祥、王立：《论唐代省试诗的传奇化》，《中州学刊》2006年第12期。
③ 王丽群：《论唐代省试诗命题的特点》，《江海学刊》2007年第4期。

本身则早已亡佚。①

国内学界在唐代省试诗方面的研究成果相对较多,而对平安时代省试诗的关注较少。通过考察可知,平安时代的省试诗的诗题,乃至正文用典中亦不乏与祥瑞尚奇文化相关的故事成语,且唐代省试诗的这一创作手法亦为日本平安时代省试诗所引入。

本章拟在吸收先学在省试诗命题研究中的方法论基础上,尝试对平安时代省试诗诗题和正文中与祥瑞、尚奇文化相关的故事成语进行分析考察,以揭示日本平安时代省试诗这一独特诗形在创作手法以及审美取向等方面对唐代省试诗的模仿和接受轨迹。

第一节 唐代省试诗与祥瑞文化

省试诗作为一种科举应试文体,必然体现当时的政治、思想、文化等社会性因素,具有鲜明的时代特色。祥瑞作为封建社会重要的思想内容之一,体现了统治者借助祥瑞之象维护自身统治的心理需要。因此,出题者自然会把祥瑞思想作为命题的重要依据,士子也会竭力借助有关祥瑞的故事典故对统治者进行歌功颂德,以获取统治者的青睐。因此,无论是唐代还是平安时代的省试诗中,都存在相当数量的有关祥瑞主题的作品。

一 祥瑞文化及其渊源

祥瑞观念源于远古时代人们的自然崇拜,受限于当时的认识水平和生产力条件,对于无法抗拒的自然力量,人们无法做出合理的解释,因而人们对自然界充满了敬畏之情,认为变幻莫测的自然现象和自然物背后皆有神灵的支配,万物皆有灵性。伴随着自觉意识的产生,人类将这些自然现象和事物人格化,把它们变成超自然的神灵进

---

① 浜田宽:《平安朝日本汉文学的基底》,武藏野书店 2006 年版,第 317 页。

行顶礼膜拜,由此形成了自然崇拜。人类崇拜的自然现象和事物种类繁多,从星云天象到动、植物都是崇拜的对象。古人又把这种自然崇拜与原始图腾崇拜相结合,形成了最初的祥瑞观念。根据李浩的研究,凤凰、朱雀、鸾、乌等鸟类祥瑞就是从远古时代东夷人的鸟图腾崇拜发展而来。①

到了上古时期,随着帝王政治的建立,统治者便将祥瑞观念与帝王政治附会在一起,对祥瑞进行政治文化诠释,认为祥瑞乃是君主仁德、政治清明的象征。由此,星云天象、草木虫鱼等一些原本属于自然现象的客观事物便被赋予了特殊的文化含义,变成了具有政治寓意的祥瑞之物。用代表天意的祥瑞神化帝王的应时而生,从而达到美化政治的目的,这是祥瑞观念的主要政治寓意之一。《尚书纬·帝命验》曰:"虞舜圣在侧陋,光耀显都,握石椎,怀神珠;舜受终,赤凤来仪;舜受命,萱荚挚;禹,白帝精,以星感修纪山行见流星,意感栗然,生姒戎文禹。"② 这些记载说明,在上古时代,人们认为帝王的应时而生皆是天意决定的,并借助一些祥瑞之物以表达这种天意,"景星""赤凤""萱荚"等,在后来的史书中均被列为祥瑞之物。

西汉时期,董仲舒进一步神化了天人关系,创立了"天人感应"说。天人感应说的根本观点是认为天是万物之祖,是自然界和人类社会的最高主宰。自然界的风雨雷电、四时变化,人类社会的尊卑贵贱、治乱安危等都是天神意志的具体体现。董仲舒认为上天不仅安排了人类社会的正常秩序,还监督着这一制度的运行。如果君王治理天下有方,天就会出现祥瑞,加以赞赏。如果君王行为有了过失,则天降灾异,以示谴告。如果君主仍不省悟,天就改朝换代,变易君主。这就是所谓"天人感应"。《春秋繁露·王道》曰:"道,王道也。王者,人之始也。王正则元气和顺,风雨时,景星见,黄龙下。王不正

---

① 李浩:《中国古代祥瑞崇拜的文化诠释》,《民俗研究》2008年第2期。
② [日]安居香山、中村璋八辑,吕宗力、栾保群等校勘:《纬书集成》,河北人民出版社1994年版,第369页。

则上变天，贼气并见。……故天为之下甘露，朱草生，醴泉出，风雨时，嘉禾兴，凤凰麒麟游于郊。"① 董仲舒具体指出"王正"则"景星见，黄龙下"，并且"天为之下甘露，朱草生，醴泉出，风雨时，嘉禾兴，凤凰麒麟游于郊"。这样便把祥瑞之物的政治寓意进一步明确化。因此，董仲舒天人感应说的创立为祥瑞之说提供了理论支撑。

经两汉到魏晋至南北朝时期，祥瑞之说得到了空前发展。这一时期，祥瑞物种类不断增多。据李发林研究，西汉时祥瑞物种类有二十一种，东汉时期为三十一种，而到了南北朝时期则达到了一百七十多种，至此祥瑞物种类达到了空前的高峰②。另外，南朝梁沈约修撰《宋书》，第一次将"符瑞志"编入正史。沈约认为"符瑞之义大矣"③。在《宋书·符瑞志上》中沈约通过记载历代君王的各种祥瑞之象以确定其神圣性，如记载黄帝定天下为："有景云之瑞，有赤方气与青方气相连；赤方中有两星，青方中有一星，凡三星，皆黄色，以天清明时见于摄提，名曰景星。"④ 记载帝尧："在帝位七十年，景星出翼，凤凰在庭，朱草生，嘉禾秀，甘露润，醴泉出，日月如合璧，五星如连珠。"⑤ 记载帝舜："及即帝位，萱荚生于阶，凤凰巢于庭，击石拊石，百兽率舞，景星出房，地出乘黄之马，西王母献白环、玉玦。"⑥ 记载禹即天子之位："洛出龟书六十五字……，南巡狩，济江，中流有二黄龙负舟，舟人皆惧。禹笑曰：'吾受命于天，屈力以养人。'"⑦ 历代君王均通过"有受命之符，天人之应"之记载，来证明自己是奉天承运的真龙天子。

到了有唐一代，统治阶级利用祥瑞之象维护自身统治的心理需要

---

① （清）苏舆撰，钟哲点校：《春秋繁露义证》，中华书局1992年版，第101—102页。
② 李发林：《汉画考释和研究》，中国文联出版社2000年版，第240—242页。
③ （梁）沈约撰：《宋书》，中华书局2000年版，第509页。
④ （梁）沈约撰：《宋书》，中华书局2000年版，第509—510页。
⑤ （梁）沈约撰：《宋书》，中华书局2000年版，第510页。
⑥ （梁）沈约撰：《宋书》，中华书局2000年版，第511页。
⑦ （梁）沈约撰：《宋书》，中华书局2000年版，第512页。

进一步强化。这一点主要体现在唐代在立法层面对祥瑞之象的各种规定上。随着律、令、格、式等法律体系的建立和完善，祥瑞物的种类、数量、地位与奏报原则等均得到了法定化的契机。下面通过唐"式"对祥瑞的各种规定进行具体分析。"式"是唐代律令格式体系的重要组成部分。"礼部式"是三十三篇唐"式"之一，有关祥瑞的各项规定均被设置在礼部式之下。《唐六典·礼部式》把祥瑞分为大瑞、上瑞、中瑞、下瑞四项，其中大瑞六十三类，上瑞四十类，中瑞三十二类，下瑞十四类，合计一百四十九类。对于奏报原则，《唐六典》记载为："凡祥瑞应见，皆辨其物名，若大瑞、上瑞、中瑞、下瑞，皆有等差。若大瑞，随即表奏，文武百僚诣阙奉贺。其他并年终员外郎具表以闻，有司告庙，百僚诣阙奉贺。其鸟兽之类有生获者，各随其性而放之原野。其有不可获者，若木连理之类，所在案验非虚，具图画上。"① 可见，搜寻、表奏祥瑞成为各级官吏的重要使命。《白氏六帖事类集》中还规定了当奏不奏的惩罚措施："《式》云：'麟、凤、鸾、龙、驺虞、白泽、神马为大瑞，随即奏之。应奏不奏，杖八十。'"②

以上，主要分析了封建君主利用祥瑞之象歌功颂德、粉饰太平，以利于维护自身统治之需的政治需求。除了与国家政治生活的密切关联外，祥瑞文化与民众生活亦密不可分，如利用虎进行驱鬼辟邪的风俗；利用龟甲进行占卜、预知吉凶的风俗等，都充满着民间文化色彩。由于本章主要探讨省试诗与祥瑞的关系，故不对民间文化中的祥瑞做过多分析，只把重点放在祥瑞的政治文化寓意方面。

二 唐代试律诗与祥瑞文化

祥瑞之象对国家政治生活的各个层面，如科举选士、祭祀礼仪、

---

① （唐）李林甫撰，陈仲夫点校：《唐六典》，中华书局1992年版，第114—115页。
② （唐）白居易撰：《白氏六帖事类集》，文物出版社1987年影印本，第38—39页。

封禅大典等都产生了广泛影响。这些影响的一个具体表现就是通过文学形式来歌颂祥瑞之象。李俊认为，在重视祥瑞的大背景下，初唐文坛产生了大量"歌颂祥瑞、润色宏业的表奏雅颂"文学，而在"初唐诗歌中占据绝对主流的应制题材，也深受祥瑞观念的影响"①。李俊考察了初唐陈子昂、李峤等人为庆祝祥瑞而作表颂以及初唐与祥瑞相关的应制诗歌中的"关照自然"的创作理念。李俊的研究没有涉及科举取士中应试诗创作中的祥瑞主题，下面对此具体分析。

班固《白虎通》载："天下太平，符瑞所以来至者，以为王者承天统理，调和阴阳，阴阳和，万物序，休气允塞，故符瑞并臻，皆应德而至。"②讴歌仁君、仁政自然是省试诗的重要传统，而命题者和应试士子在省试诗命题和赋诗中往往通过对祥瑞之物和祥瑞现象的描述，来抒发对帝王的讴歌。

借祥瑞之象歌颂君王乃至君王之仁政的省试诗诗题不少，如《文苑英华》卷一八二所收《青云干吕》，现存林藻、令狐楚、王履贞和彭伉等四人作品。《青云干吕》出自西汉东方朔《海内十洲记·聚窟洲》："臣国去此三十万里，国有常占，东风入律，百旬不休，青云干吕，连月不散者，当知中国时有好道之君。"③ 唐《礼部式》"祥瑞"条没有收录"青云干吕"。但"庆云"在中国文化中很早就被视为祥瑞。《列子·汤问》："庆云浮，甘露降。"《汉书·天文志》："若烟非烟，若云非云，郁郁纷纷，萧萧轮囷，是谓庆云。庆云见，喜气也。"《史记·天官书》："若烟非烟，若云非云，郁郁纷纷，萧索轮囷，是谓庆云。"《宋书·符瑞志》："云有五色，太平之应也，曰庆云。若云非云，若烟非烟，五色纷缊，谓之庆云。"从《列子》《汉书》《史记》中的象征吉祥之象，到《宋书》的"太平之应"，可以说"庆

---

① 李俊：《初唐时期的祥瑞与雅颂文学》，《中国青年政治学院学报》2005年第5期。
② （清）陈立撰，吴则虞点校：《白虎通疏证》，中华书局1994年版，第283页。
③ （西汉）东方朔：《海内十洲记》，影印文渊阁《四库全书》第1042册，台湾商务印书馆1986年版，第277页。

云"的政治文化寓意得以正式确立,直至"唐式"中被作为最高级别的祥瑞——大瑞。正如《宋书·符瑞志》所言,"云有五色",在中国祥瑞文化中,"五色云""青云""黄紫云""紫气""黄气"等都属于祥瑞之象。"青云"亦为重要的祥瑞。北魏郦道元《水经注·阴沟水》:"文帝以汉中平四年生于此,上有青云如车盖,终日乃解。"可见,"青云"在两汉时期已经被作为重要的政治祥瑞了。《海内十洲记》更是把"青云干吕"和"中国有好道之君"联系起来,以之比喻君主圣德。如此,"青云干吕"逐步被赋予强烈的政治文化色彩,被用来作为省试诗诗题也就不足为奇了。

《青云干吕》诗中,林藻"作瑞来藩国,呈形表圣君"、令狐楚"远覆无人境,遥彰有德君"、王履贞"表圣兴中国,来王见六君"等诗句都是借青云干吕来赞美圣君与君主之仁德。

《文苑英华》卷一八三另有佚名《海水不扬波》诗:"明朝崇大道,寰海免波扬。既合千年圣,能安百谷王。天心随泽广,水德共灵长。不挠鱼弥乐,无澜苇可航。化流沾率土,恩浸及殊方。岂只朝宗国,惟闻有越裳。"① 该诗《全唐诗》卷七八〇题作李沛。"海水不扬波"出自晋王嘉《拾遗记》:"卢扶国来朝、渡河万里方至、云其国中山川无恶禽兽、水不扬波、风不折木。"② 在唐式中,"海水不扬波"被作为最高的祥瑞收录在"大瑞"色目中。《文苑英华》所收《海水不扬波》诗,首二句点题,以"海水不扬波"这一自然现象比喻圣君、仁政,接下来二句赞美当代盛世。"恩浸及殊方"一句言圣君仁德广泽远方。

《文苑英华》卷一八七收孟简《嘉禾合颖》诗:"玉烛将成岁,封人亦自歌。八方沾圣泽,异亩发嘉禾。共秀芳何远,连茎瑞且多。颖低甘露滴,影乱惠风过。表稔由神化,为祥识气和。因知兴嗣岁,

---

① (北宋)李昉等编:《文苑英华》卷180,中华书局1966年影印版,第899页。
② 石磊注译:《新译拾遗记》,台北:三民书局2012年版,第119页。

王道旧无颇。"① 该诗三、四句点题，把"嘉禾"和君王"圣泽"联系起来，表达对君王德政的赞美之意。诗题出自《尚书·微子之命》："唐叔得禾，异亩同颖，献诸天子。王命唐叔，归周公于东，作《归禾》。周公既得命禾，旅天子之命，作《嘉禾》。"② 古人以"嘉禾"寓天下昌盛，视其为重要的植物祥瑞。南朝梁孙柔之《瑞应图》载："嘉禾，五谷之长，盛德之精也。文者则二本而同秀，质者则同本而异秀，此夏殷时嘉禾也。又曰：'周时嘉禾，三本同穗，贯桑而生，其穗盈箱，生于唐叔之国，比献周公，曰：此嘉禾也。太和气之生焉，此文王之德，乃献文王之庙。'《晋书·五行志》云：'异亩同颖谓之嘉禾。'"③ 在唐式"祥瑞"条中，"嘉禾"为"下瑞"色目祥瑞物之一。

除以上所举数例外，唐代与祥瑞相关的省试诗还有很多，如开元十九年诗题《洛出书》、会昌三年诗题《风不鸣条》以及《老人星》《府试观老人星》《河出荣光》《律中应钟》等，皆与祥瑞之象相关。省试诗中频繁出现祥瑞主题，说明唐代统治者对祥瑞文化的重视和欣赏态度以及借助祥瑞文化维护自身统治的现实需要。

第二节　平安时代的省试诗与祥瑞文化

作为儒家文化重要内容的祥瑞，在飞鸟奈良时代已经东传日本，这已成为学界的共识。《日本书纪》中虽然没有设立独立的篇章记录祥瑞，但在各天皇的年代记当中记录有大量的祥瑞内容。有关祥瑞思想的中日比较研究，先学已经做出了大量深入细致的研究。④ 这些研

---

① （北宋）李昉等编：《文苑英华》卷180，中华书局1966年影印版，第918页。
② 李民、王健译注：《尚书译注》，《十三经译注丛书》，上海古籍出版社2004年版，第255—256页。
③ （梁）孙柔之撰，（清）叶德辉辑：《瑞应图记》，载王德毅主编《丛书集成续编》（第84册），台北：新文丰出版公司1989年版，第400页。
④ 日本的研究参见东野治之《飞鸟奈良朝的祥瑞灾异思想》（《日本历史》第259号，1969年）；富原荣太郎《祥瑞考》（《ヒストリア》第65号，1974年）；柄浩司《关于六国史的祥瑞记事》（《中央史学》第10号，1987年）。

究从宏观视角对中国祥瑞思想传入日本的时间、路径，日本祥瑞记录的类型特征以及内容的真实性与虚构性的辩证关系等进行了广泛探讨。下面在先学基础上，对与祥瑞思想密切关联的省试诗中的祥瑞主题进行分析考察。

一 平安时代的祥瑞文化

在儒学于五世纪前后经朝鲜半岛传入日本后。天文、历法等方面的专门人才和书籍亦传入日本。有关天文、历法东传的最早文字记载，见于《日本书纪》卷一九"钦明天皇十四年（553）"条："六月，遣内臣使于百济。……敕云：所请军者，随王所须。别敕：医博士、易博士、历博士等，宜依番上下。今上件色人，正当相代年月，宜付还使相代。又卜书、历本、种种药物可付送。"① 又《日本书纪》卷二二"推古天皇十年（602）"条："冬十月，百济僧观勒来之，仍供历本及天文地理书，并遁甲、方术之书也。是时，选书生三四人，以俾学习于观勒矣。"② 通过以上记载可知，在儒学传入日本一个世纪后，医博士、易博士、历博士等专门人才以及天文、遁甲方术等方面书籍经百济传入日本。并且日本开始培养本土儒学人才，不再单纯依赖百济学者。正是由于推古朝以来朝廷对天文、历法等方面的人才引进和培养，对祥瑞思想在日本传播起到了推波助澜的作用，《日本书纪》自卷十九以后对祥瑞的记载也逐渐多了起来。

《日本书纪》中大量的祥瑞记载，已经和王权有了密切联系，被赋予了鲜明的政治隐喻。这种隐喻，首先表现为改元。《日本书纪》卷二五"白雉元年（650）年二月戊寅"条："穴户国司草壁连丑经献白雉曰：'国造首之同族贄，正月九日，于麻山获焉。'……问诸百

---

① 坂本太郎、家永三郎等校注：《日本书纪》（下），《日本古典文学大系》第68册，岩波书店1978年版，第105页。
② 坂本太郎、家永三郎等校注：《日本书纪》（下），《日本古典文学大系》第68册，岩波书店1978年版，第179页。

济君,百济君曰:'后汉明帝永平十一年,白雉在所见焉'云云。僧旻法师曰:'此谓休祥,足为希物。'……诏曰:'圣王出世,治天下时,天则应之,示其祥瑞。'……所以大赦天下,改元白雉。"① 以白雉象征圣王,这也是最早的因祥瑞而改元的例子,也是《日本书纪》中最早的祥瑞记载。天以祥瑞之象奖励圣君,这一思想本身来自西汉董仲舒的天人感应说。

除了改元,祥瑞的另一个政治作用就是皇位继承,与中国经常发生易姓革命导致的改朝换代不同,日本施行天皇一统,朝代在天皇血统内更迭,但在宣扬皇位正统性方面,祥瑞往往起到至关重要的作用。在《日本书纪》的各天皇年代记中,祥瑞的分布是十分不均的,从总体上看,基本上到了卷十九以后才逐渐显现出对祥瑞之象进行记载的主观意识。到了天武朝,对祥瑞的记载明显多了起来。据王玉玲统计,出现在《天武记》中的祥瑞物明显增多,白鹰、白雉、白鸥、白蛾、白巫鸟、白茅鸱、赤乌、赤龟、朱雀、嘉禾、芝草、瑞稻、瑞鸡、四足鸡、三足雀、十二角犊、雌鸡化雄等都被视为重要的祥瑞现象。② 天武朝如此重视祥瑞,其背景就是,通过壬申之乱继承皇位的天武天皇有借助祥瑞来树立皇位正统性的意图。

除了《日本书纪》中记载的大量祥瑞之象,飞鸟奈良时期,记载祥瑞之象的《瑞应图》《符瑞图》等也已经传入日本,并在国家政治生活中发挥了重要作用。据学者考证,早在一世纪,我国就流传有类似《瑞应图》的碑刻等,始建于桓帝建和元年(147)的山东省嘉祥县东汉武氏墓群石祠,其所存画像石之一,刻有玉马、玉英、赤熊、木连理、璧琉璃等。《隋书·经籍志》以来的官私书目对《瑞应图》等亦多有著录,如《旧唐书·经籍志》"子部杂家"类载:"《瑞应图

---

① 坂本太郎、家永三郎等校注:《日本书纪》(下),《日本古典文学大系》第 68 册,岩波书店 1978 年版,第 313—317 页。
② 王玉玲:《灾异思想在日本律令时代的发展及影响》,《日本问题研究》2014 年第 1 期。

记》二卷，孙柔之撰；《瑞应图赞》三卷，熊理撰；《符瑞图》十卷，顾野王撰。"《新唐书·艺文志》著录与《旧唐书》大体相同，只是卷数略异（《瑞应图记》《新唐书》记为三卷）。这些流传于中土的"瑞应图"亦东传到了日本。《日本国见在书目录》"五行家"著录"《瑞应图》十卷；《符瑞图》十卷（顾野王撰）"等。

据考证，《瑞应图》《符瑞图》等早在七世纪就已经传入日本，至奈良初期，已经在贵族间流传，并为宫廷所用①。对孙、熊《瑞应图》的引用见于《续日本纪》《类聚国史》等，如《续日本纪》卷九"养老七年（723）十月乙卯"条："诏曰：'今年九月七日，得左京人纪家所献白龟。仍下所司勘检图牒。奏称：……《熊氏瑞应图》曰：王者不偏不党，尊用耆老，不失故旧，德泽流洽，则灵龟出。'"②卷三十八"延历四年（785）五月十九日癸丑"条："先是，黄后宫赤雀见。是日，诏曰：'仍下所司，令检图牒。《孙氏瑞应图》曰：赤雀者，瑞鸟也。'"③菅原道真宽平四年（892）撰《类聚国史》卷一六五引《日本后纪》"天长三年（826）十二月乙未"条："《孙氏瑞应图》曰：'庆云，太平之应也。'"对顾野王《符瑞图》的引用，如《续日本纪》卷七"养老元年（717）十一月癸丑"条："天皇临轩，诏曰：……《符瑞图》曰：'醴泉者，美泉，可以养老，盖水之精也。'"④又"天平三年（731）十二月乙未"条："谨检《符瑞图》曰：'神马者，河之精也。'"⑤又"天平十一年（739）十二月癸丑"条："谨检《符瑞图》曰：'青马白髦尾者，神马也。圣人为政，资服有制，则神马出。'又曰：'王者事百姓，德至丘陵，则泽

---

① 参见东野治之《丰旗与云祥瑞》（载《遣唐使与正仓院》，岩波书店1992年版）、水口干记《日本古代汉籍受容史研究》（汲古书院2005年版）、孙猛《日本国见在书目录详考》（上海古籍出版社2015年版）等。
② 菅原道真、藤原继绳等撰，青木和夫、稻冈耕二校注：《续日本纪》第2册，岩波书店1998年版，第134页。
③ 《续日本纪》第5册，第326页。
④ 《续日本纪》第2册，第34页。
⑤ 《续日本纪》第2册，第252页。

出神马。'"① 又"神护景云二年九月辛巳"条："令勘图牒，奏称：'顾野王《符瑞图》曰：白鸟者，太阳之精也。……《符瑞图》曰：青马白髦尾者，神马也。'"② 以上引用《续日本纪》对奈良时代的祥瑞记录表明，在奈良时代，统治者对祥瑞之象极为重视。这些记录要么利用祥瑞进行改元，要么借助祥瑞渲染天皇仁德，无论哪一点，都赋予祥瑞以鲜明的政治寓意。

到了平安时代，宫廷贵族对祥瑞思想的接受发展到了一个新的阶段。这一点体现在朝廷在修史事业中对祥瑞的不断重视。《六国史》中，由藤原基经、都良香、菅原是善等于元庆三年（879）编纂完成的《文德实录》，由藤原时平、菅原道真等于延喜元年（901）编撰完成的《三代实录》中对祥瑞均有大量的记载。前引菅原道真于宽平四年（892）编纂完成的《类聚国史》将《艺文类聚》《初学记》等类书的体系与编辑方式应用于史书编纂，征引《六国史》，尊重原式。现存六十二卷所收部类中有祥瑞、灾异等共十八类。在历史文献中设专门部类对祥瑞和灾异进行记载，这在日本修撰史上还是首次，表明祥瑞思想传入日本后，对日本文化产生了深刻影响。

除了历史文献对祥瑞的记载，随着唐代律、令、格、式法律体系的东传，日本模仿唐制建立了自己的法令律令格式体系。嵯峨天皇弘仁十一年（820），藤原冬嗣等撰成《弘仁格》《弘仁式》进献天皇，这是日本古代立法史上第一次出现格、式这一法律形式。贞观年间又颁布了《贞观式》。在弘仁、贞观二式基础上，同时参照唐式规范，藤原时平等人受醍醐天皇敕命于延喜五年（905）撰成《延喜式》上奏，后经修订，于康保四年（967）正式颁布实施。《延喜式·治部式》中把祥瑞分为大瑞、上瑞、中瑞、下瑞四类，与唐礼部式分类相同。以"上瑞"为例，《延喜式·治部式》"上瑞"色目共收入三十

---

① 《续日本纪》第 2 册，第 382 页。
② 《续日本纪》第 4 册，第 214 页。

九项，比唐礼部式"祥瑞条""上瑞"色目所收四十项少一项（璧玉）。吴海航通过对《延喜式·治部式》"上瑞"色目所收项目后所附注释性文字的出典考察，推断这些注释资料为唐礼部式所原有。①

二 平安时代省试诗中的祥瑞文化

作为一种选才命官的考试文体，省试诗的命题者在出题时不能不考虑当时的政治、文化等因素，参加科考的士子在赋诗时也会挖空心思揣摩君王的心理，投其所好。平安时代的省试诗中不乏以祥瑞为主题的省试诗，这正是出题者和应试士子把握当时天皇崇尚祥瑞心理的直接体现。

贞观四年（862）四月十四日，十八岁的菅原道真参加文章生试，省试题目为《省试当时瑞物赞六首》。首先，以"赞"作为省试题目，在现存平安时代省试文献中，独此一例，属于平安时代文章生试在"试策"之外，加试"杂文"的例子，对于考察平安时代文章生试具有重要的学术价值。其次，诗题以"当时瑞物"为程限，一是对赋诗时效性做了限制，考察应试者对"当代政事"的把握，二是明确赋诗对象为"祥瑞之物"。

兹录菅原道真《省试当时瑞物赞六首》如下②。

第一首《浓州上言紫云》：

色浓是紫，功好惟云。一时点着，仰德唯君。

第二首《礼部王献白鸠》：

---

① 吴海航：《唐日两式祥瑞条之"上瑞"四目关系考》，《北京师范大学学报》（哲学社会科学版）2004 年第 4 期。
② 川口久雄校注：《菅家文草 菅家后集》，《日本古典文学大系》第 72 册，岩波书店 1966 年版，第 533 页。

鸠成瑞色，质已如霜，羽毛皎皎，日德分光。

第三首《美州献白燕》：

美州白燕，羽翼惟奇。初知政理，廉洁相移。

第四首《备州献白雀》：

新呈白雀，已异衔环。鹰鹯莫畏，近见龙颜。

第五首《数州献嘉禾》：

嘉禾得地，圣德抽苗。欲知长养，雨露频饶。

第六首《郡国多献木连理图》：

丹青手泽，连理存图。献从远郡，枝叶宁枯。

六首分别借"紫云""白鸠""白燕""白雀""嘉禾""木连理"，分别寓意君主圣德。六种祥瑞物中，"白鸠""白雀"在唐日"两式"（《唐礼部式》《延喜治部式》）中属"中瑞"色目；而"嘉禾""木连理"在两式中属于"下瑞"色目。从被唐日两式收录这一结果来看，"白鸠""白雀""嘉禾""木连理"四种祥瑞物已经在唐日两国得到了法律层面的确认。

第一首"紫云"、第三首"白燕"则未被列入《唐礼部式》和《延喜治部式》。"紫云"在中国文化中自古被认为是祥瑞之兆。汉焦赣《易林·履之渐》："黄帝紫云，圣且神明，光见福祥，告我无殃。""庆云"在唐日两式中均被列入"大瑞"色目，可见"庆云"

在中日古代祥瑞文化中被视为最高级别的祥瑞之象。《汉书·天文志》《史记·天官书》《宋书·符瑞志》等中国史书中均有"庆云"被作为祥瑞之象的详细记载（详见前文对唐代《青云干吕》诗的考证）。《宋书·符瑞志》："云有五色，太平之应也，曰庆云。"故"庆云"又称"五色云"，为重要的祥瑞。在《宋书·符瑞志》"庆云"条下所列与"紫云"相关联的"瑞云"包括"黄紫云""紫气""青云""黄气"等，可见在中国祥瑞文化中"紫云"被作为"庆云"之一种而被视作祥瑞之象。在"唐式"中只列出"庆云"作为"大瑞"，而作为其下位分类之一的"紫云"则未被列入。由于《延喜式》承袭"唐式"，故"紫云"亦不被收入。据《三代实录》卷二"贞观元年（859）正月戊午"条："廿一日戊寅美浓国言紫云见。"① 可见，平安时代，"紫云"被视为一种重要的祥瑞之象，且贞观元年的这次记载，距道真参加省试，时间非常近，被称为"当时瑞物"，似无不可。

"白燕"同样未被列入唐日"两式"。其实，《日本书纪》中就有关于白燕被作为贡品进献的记载。《日本书纪》卷二七"天智天皇六年六月"条："六月，葛野郡献白燕。""古典大系本"《日本书纪》对"白燕"的注释中指出，赤燕、赤雀在《延喜治部式》中属"上瑞"，白雀属"中瑞"，由此推断认为"白燕"应属于"中瑞"。② 其实，在《宋书·符瑞下》中就有关于白燕为瑞鸟的记载："白燕者，师旷时，衔丹书来至。"③《艺文类聚》卷九二引《宣城记》曰："侍中纪昌睦初生，有白燕一双出屋。既表素质，宦途亦通。"④ 可见，白燕在中国文化中被视为一种瑞鸟，寓意高洁品质和官运亨通。《日本三代实录》亦有关于白燕为瑞鸟的记载，卷十三"贞观八年（866）

---

① 藤原时平、菅原道真等撰：《日本三代实录》，载黑板胜美编《国史大系》第4卷，经济杂志社1901年版，第15页。
② 坂本太郎、家永三郎等校注：《日本书纪》（下），载《日本古典文学大系》第68册，岩波书店1978年版，第366页。
③ （梁）沈约撰：《宋书》，中华书局2000年版，第561页。
④ （唐）欧阳询撰：《艺文类聚》，上海古籍出版社1999年版，第1597页。

六月"条："丹波国献白燕。"① 到了平安时代，白燕仍被作为一种稀有的贡品进献朝廷。需要指出的是，菅原道真本人即为《三代实录》的编纂者之一，因此，在其省试诗中，把白燕作为吟咏对象是有据可依的。

前文已经指出，道真省试瑞物赞中的其他四种祥瑞物——白鸠、白雀、嘉禾、木连理等，在唐日"两式"中分别属于"中瑞"和"下瑞"色目。表明其作为祥瑞物的属性已经从法律层面上得以确认。

除了上述《省试当时瑞物赞六首》，《菅家文草》卷一尚收录菅原道真《赋得赤虹篇一首》，诗题后双行小字注曰："临应进士举，家君每日试之。虽有数十首，采其颇可观者留之。"② 该诗为道真为参加省试所作的"习作"省试诗。《菅家文草》卷一收《赋得赤虹篇》等共四首。该诗诗题出自"赤虹化为黄玉"之典故，见东晋干宝《搜神记·赤虹化为黄玉》。

> 孔子修《春秋》，制《孝经》既成，斋戒，向北辰而拜，告备于天。乃洪郁起白雾摩地，赤虹自上而下，化为黄玉，长三尺，上有刻文。孔子跪受而读之，曰："宝文出，刘季握。卯金刀，在轸北。字禾子，天下服。"③

"赤虹化为黄玉"在我国古代史书中被视为一种祥瑞之象。《宋书·符瑞上》所载孔子大著既成，斋戒沐浴，上告于天。天降祥瑞之象，以彰其功。需要指出的是，《宋书》之记载与上引干宝《搜神记》语句基本相同，可见《搜神记》可能为其素材来源。由此，"赤

---

① 藤原时平、菅原道真等撰：《日本三代实录》，载黑板胜美编《国史大系》第 4 卷，经济杂志社 1901 年版，第 173 页。
② 川口久雄校注：《菅家文草 菅家后集》，载《日本古典文学大系》第 72 册，岩波书店 1966 年版，第 107—108 页。
③ （晋）干宝著，黄钧注译：《新译搜神记》，台北：三民书局 2014 年版，第 241—242 页。

虹化为黄玉"从被作为神灵怪异传说和名士逸话为主的志怪小说的素材，正式演变成为我国祥瑞文化中的一种重要祥瑞之象。

道真拟作省试诗把"赤虹化为黄玉"这一重要的祥瑞现象作为诗题，某种程度上反映了平安时代省试诗的出题倾向，即对祥瑞思想的青睐。菅原道真这首《赋得赤虹篇一首》为平安时代省试诗中少有的七言十韵排律体，全诗如下。

> 阴阳燮理自多功，气象裁成望赤虹。
> 举眼悠悠宜雨后，回头眇眇在天东。
> 炎凉有序知盈缩，表里无私弁始终。
> 十月取时仙雪降，三春见处夭桃红。
> 雪衢暴锦星辰织，乌路成桥造化工。
> 千丈彩幢穿水底，一条朱旆挂空中。
> 初疑碧落留飞电，渐谈炎洲扬暴风。
> 远影婵娟犹火剑，轻形曲桡便彤弓。
> 如今尚是枢星散，宿昔何令贯日匆。
> 问著先为黄玉宝，刻文当使孔丘通。①

第一、二句点明题旨，接下来分别以"仙雪""桃红""星辰""彩幢""飞电""暴风"等比拟赤虹之色、之形、之势等。最后引用"赤虹化为黄玉"的典故，进一步突出作为祥瑞之物的赤虹的典型特征。

《经国集》卷十四收《五言奉试咏三》，今存文室真室、石川越智人二人作品。文室真室诗曰："青鸟居山日，丹乌表瑞时。殷汤数让位，管仲终固辞。韵曲流泉急，入湖江水迟。宁知损益友，长下董

---

① 川口久雄校注：《菅家文草 菅家后集》，载《日本古典文学大系》第72册，岩波书店1966年版，第107—108页。

生帷。"首句用典"青鸟"。青鸟又称三青鸟,传说为西王母使者。《山海经·西山经》载:"又西二百二十里,曰三危之山,三青鸟居之。"① 郭璞注曰:"三青鸟主为西王母取食者,别自栖于此也。"东汉班固《汉武帝内传》:"七月七日,上(汉武帝)于承华殿斋,正中忽有一青鸟从西方来,集殿前。上问东方朔,朔曰:'此西王母欲来也。'有顷,王母至,有两青鸟如乌,挟侍王母旁。"② 综合以上文献,可知"青鸟"又称三青鸟、青乌等。

再看第二句典故"丹鸟"。"丹鸟"又称赤乌。《吕氏春秋·有始》:"赤乌衔丹书集于周社。"《尚书大传》卷二:"武王伐纣,观兵于孟津,有火流于王屋,化为赤乌,三足。"《艺文类聚·天部·日》引《五经通义》曰:"日中有三足乌",《淮南子》曰:"日中有踆乌(踆,趾也。谓三足乌也)。"因此,丹鸟,又称赤乌、三足乌等,均为古代传说中的瑞鸟。《延喜治部式》"祥瑞"条"上瑞"色目有"青鸟(南海输之)、赤乌、三足乌(日之精也)"之记载,与《唐礼部式》所载一致。可见,青鸟、丹鸟为平安时代重要的祥瑞之物。文室真室诗首二句"青鸟居山日,丹鸟表瑞时"以青鸟、丹鸟二祥瑞之象点题,接下来使用成汤王三度让位、管子"三归、三走"典故表达对君主圣德之赞颂。

据《本朝文粹》记载,九世纪后半期藤原长颖、文室尚相、藤原忠村、吉野茂树、藤原阴基、直轩王六人参加省试,其省试诗题为"海水不扬波(五言八韵)"。该题出自晋王嘉《拾遗记》,其卷四载:"卢扶国来朝,渡玉河万里方至。云其国中山川无恶禽兽、水不扬波、风不折枝。"③ 在唐式中,"海水不扬波"被作为最高的祥瑞收录在"大瑞"色目中。"海水不扬波"也是唐代省试诗的重要诗题之一,如前文已经论及,收录于《文苑英华》卷一八三无名氏《海水不扬

---

① 袁珂校注:《山海经校注》,上海古籍出版社1980年版,第54页。
② (汉)班固:《汉武帝内传》,中华书局1965年版,第3页。
③ 石磊注译:《新译拾遗记》,台北:三民书局2012年版,第119页。

波》等。日本《延喜治部式》承袭唐式的分类方法，同样将"海水不扬波"归为"大瑞"中。《本朝文粹》所收九世纪后半期的同题省试诗表明，"海水不扬波"这一祥瑞现象亦为平安时代的儒者所青睐，成为他们省试诗命题的重要素材来源之一。

据《日本纪略》记载，天历二年（948）六月十四日省试诗题"昊天降丰泽（七言十韵）"；天德二年（958）省试诗题为"鱼登龙门（五言十韵）"。以上二题，其中"昊天降丰泽"出自《文选·王粲〈公䜩诗〉》："昊天降丰泽，百卉挺葳蕤。""天降丰泽"作为一种重要的祥瑞现象，常常用来比拟天子的"君德"而被作为唐日省试诗的重要诗题。"鱼登龙门"同样为唐日省试诗命题的重要素材，唐代如元稹《赋得鱼登龙门》等。《文苑英华》卷一八五所收无名氏《河鲤登龙门》省试诗同属该题。"鱼登龙门"出自东汉辛氏撰《三秦记》："河津一名龙门，水险不通，鱼鳖之属莫能上，江海大鱼薄集龙门下数千，不得上，上则为龙也。"① 作为"登科及第"的重要祥瑞现象之一，"鱼登龙门"自然受到唐日两国省试诗命题者的青睐，从而进入两国省试诗创作当中。

第三节　唐日省试诗与尚奇文化

一　唐代省试诗与尚奇文化

王丽群指出，作为封建官吏选拔考试的重要文体之一，唐代省试诗的诗题以及正文用典大多出自属于"正经正史"的儒家经典②。但是，随着科举考试的发展并逐步走向成熟，参加应试的士子们，对这些属于必考科目的经史典籍可谓早已烂熟于胸了。因此，对他们来说，出自儒家经典的这些题目也许在难度上就有了不同程度的降低，

---

① （东汉）辛氏撰，刘庆柱辑注：《三秦记辑注 关中记辑注》，三秦出版社2006年版，第94页。
② 王丽群：《论唐代省试诗命题的特点》，《江海学刊》2007年第4期。

这显然与科举考试的目的背道而驰。刘知几《史通》指出：

> 然则刍荛之言，明王必择；蓊菲之体，诗人不弃。故学者有博闻旧事，多识其物，若不窥别录，不讨异书，专治周、孔之章句，直守迁、固之纪传，亦何能自致于此乎？①

这段话从一个侧面说明，传统的科考诗题大多源自儒家经史，士子们为了备考，自然对这些"周、孔章句"和"迁、固之纪传"非常重视。而导致的结果是，若试诗诗题只从这些所谓正经正史中命题，势必会降低难度。因此，随着科举的发展，在儒家经典之外，当时的士子们必然还要在"博闻旧事，多识其物"方面下功夫。正由于这种对"别录""异书"等的推崇，使得士子们的诗文创作素材在儒家经史之外，有了更多选择。而这种风尚也必然会影响到科举考试，对省试诗的命题者和参加应试的士子们的诗文创作产生直接影响。考之《文苑英华》所收唐代省试诗可以发现，其诗题用典中，取材于"别录""异书"的例子很多，体现了唐代省试诗中的尚奇文化风尚。

在唐代文化中，尚奇之风盛行，这一点可以通过唐人创作的传奇志怪小说和唐人笔记得以体现。隋王度传奇小说《古镜记》，作者自述从汾阴侯生处得到一面古镜，该镜能辟邪镇妖。主人公王度携镜外出，照出老狐与大蛇所化之精怪，并消除了疫病，出现了一系列奇迹。后其弟王绩借用古镜出外游历，一路上又消除了众多妖怪。最后古镜在匣中发出悲鸣之后，突然失踪。这篇小说侈陈灵异，辞旨诙诡，尚存六朝志怪余风。《古镜记》后来为唐陈翰《异闻集》所收，在唐代文人中广为流布。唐人创作的小说还有很多，如《任氏传》《枕中记》《离魂记》《游仙窟》等。这些传奇小说的创作，体现了唐代浓郁的尚奇文化。作为考试文体，唐代试诗自然也对这种尚奇风尚

---

① （唐）刘知几：《史通》，中华书局2014年版，第471页。

第三章 唐日省试诗与祥瑞尚奇文化

多有体现。

《文苑英华》卷一八九收佚名《府试古镜》和仲子陵、张佐《秦镜》。《府试古镜》诗曰:"旧是秦时镜,今来古匣中。龙盘初挂月,凤舞欲生风。石黛曾留殿,朱光适在宫。应祥知道泰,监物觉神通。肝胆诚难隐,妍媸信易穷。幸居君子室,长愿免尘蒙。"① 七、八句说该镜具有神异功能,接下来九、十句具体说明其神异之处在于能照人心胆。

张佐《秦镜》诗:"万古秦时镜,从来抱至精。依台月自吐,在匣水常清。烂烂金光发,澄澄物象生。云天皆洞鉴,表里尽虚明。但见人窥胆,全胜响应声。妍媸定可识,何处更逃情。"② 该诗同样以秦镜能窥人心胆这一神异功能入诗。以上两题典出西汉刘歆《西京杂记》卷三。

> 汉高祖初入咸阳宫,周行库府……有方镜,广四尺,高五尺九寸,表里有明,人直来照之,影则倒见。以手扪心而来,则见肠胃五脏,历然无碍。人有疾病在内,掩心而照之,则知病之所在。又女子有邪心,则胆张心动。秦始皇常以照宫人,胆张心动者则杀之。③

这面镜子,不仅能照见人的肠胃五脏,还能检验人心善恶,可谓神异至极。这一神异功能恰是诗人表现的重点。仲子陵诗"妍媸信易穷",张佐"妍媸定可识",二句均强调了古镜可以分辨人心美丑的神异性。出题者以"秦镜"作为科举试诗诗题,明显受到唐代尚奇文化之影响。

《文苑英华》卷一八四所收郑驷、卢景亮《寒夜闻霜钟》,裴元

---

① (北宋)李昉等编:《文苑英华》卷180,中华书局1966年影印版,第928页。
② (北宋)李昉等编:《文苑英华》卷180,中华书局1966年影印版,第928页。
③ (西汉)刘歆:《西京杂记》,中华书局1985年版,第19页。

《律中应钟》，佚名《听霜钟》等诗题。该题源于"霜降钟鸣"的典故。《山海经·中山经》："（丰山）有九钟焉，是知霜鸣。"郭璞注："霜降则钟鸣，故言知也。"① 佚名《听霜钟》诗前四句为："寥亮来丰岭，分明辨古钟。应霜如自击，中节每相从。"② 一、二句点明钟来自"丰岭"，即"丰山"。三、四句，该钟不仅具有"应霜自鸣"的奇异功能，其声音还能"中节"而鸣，越发神奇。

唐代省试诗中还有一些与神仙道术相关的诗题，也是唐代尚奇文化在省试诗中的体现。《文苑英华》《缑山月夜闻王子晋吹笙》："缑山明月夜，岑寂隔尘氛。紫府参差曲，清宵次第闻。韵流多入洞，声度半和云。拂竹鸾惊侣，经松鹤对群。蟾光听处合，仙路望中分。坐惜千岩曙，遗香过汝坟。"③ 一、二句破题缑山月夜，接下来四句实写吹笙，"入洞""和云""鸾惊侣""鹤对群"写韵律之奇妙。全诗充满浪漫主义色彩。该题出自《列仙传》：

> 王子乔者，周灵王太子晋也。好吹笙，作凤凰鸣，游伊洛间，道士浮丘公接以上嵩高山上。三十余年后，求之于山上，见桓良，曰：'告我家，七月七日，待我于缑氏山巅'。至时，果乘白鹤驻山头。望之不得见，举手谢时人，数日而去。

对神仙道术的推崇也是唐代尚奇文化的重要组成部分。唐代统治者视老子为祖先，道教备受唐朝历代统治者推崇。唐玄宗自注《道德经》，并在科举中设"明四子"科，以《老子》《文子》《列子》《庄子》等策试考生，其出发点就在于其所信奉的道教"可以理国，可以保身"。当代省试诗中，不乏与神仙道术相关的省试诗诗题。《文苑英华》所收《春台晴望》《沉珠于渊》等省试诗，前者据《老子》："众

---

① 袁珂校注：《山海经校注》，上海古籍出版社1980年版，第165页。
② （北宋）李昉等编：《文苑英华》卷180，中华书局1966年影印版，第902页。
③ （北宋）李昉等编：《文苑英华》卷180，中华书局1966年影印版，第901页。

人熙熙，如享太牢，如登春台。"后者据《庄子》："捐金于山，藏珠于渊，不利货财，不尚富贵也。"可见，道教经典成了唐代省试诗命题的重要来源。除了传统的道教经典外，出自像《汉武帝内传》这样的神仙志怪小说的省试诗亦不在少数，如范传正《范成君击洞阴磬》，该题据《汉武帝内传》"西王母命侍女范成君击洞阴磬"。全诗神仙色彩浓厚，具有鲜明的传奇性特征。

由以上分析可知，这些源自"别录""异书"等非常见之书的有关异闻、神仙等诗题，正是在唐朝尚奇风格影响下孕育出的省试诗创作风格。

二 平安时代省试诗与尚奇文化

下面以收录于《经国集》残卷卷十三、十四中的省试诗为考察对象，具体分析平安时代省试诗中的尚奇文化因素。

《经国集》卷十四所收《七言奉试赋得照胆镜一首》，作者小野春卿，为七言八韵排律体。后半部分八句为：

> 西入秦城献霸主，君王殿上烛佳人。
> 衣裳整下绮罗色，容貌妆前桃李春。
> 欲言情素即因此，发昧谁胜奇宝真。
> 如今可用妍媸鉴。长愿犹为照胆珍。①

平安时代省试诗大多以"诗题注"形式对诗体、用韵等情况加以限定，并以"赋得……"的形式对诗题加以限定。关于"赋得"的含义，斯波六郎（1955）在《关于赋得的意思》一文中有详细论述②，在此不再赘述。前文已经指出，"照胆镜"这一典故出自西汉

---

① 与谢野宽、正宗敦夫等编辑：《怀风藻 凌云集 文华秀丽集 经国集 本朝丽藻》，《日本古典全集》第1回，日本古典全集刊行会1926年版，第168页。
② 斯波六郎：《"赋得"的意义》，《中国文学报》1955年3月号。

刘歆《西京杂记》卷三。

> 汉高祖初入咸阳宫，周行库府……有方镜，广四尺，高五尺九寸，表里有明，人直来照之，影则倒见。以手扪心而来，则见肠胃五脏，历然无碍。人有疾病在内，掩心而照之，则知病之所在。又女子有邪心，则胆张心动。秦始皇常以照宫人，胆张心动者则杀之。①

咸阳秦宫的这顶宝镜，不仅能照人五脏六腑，而且能窥人心思，这些神奇之处自然成为诗歌表现的重点。中国诗歌中常以"秦楼镜""秦台镜""秦镜""照胆""窥胆"等入题、入典。入题者如张佐《秦镜》，佚名《府试古镜》等；入典者如李白《白头吟》："妾有秦楼镜，照心胜照井。"杜甫《赠裴南部闻袁判官自来欲有按问》："梁狱书因上，秦台镜欲临。"元稹《谕宝》："秦镜无人拭，一片埋雾月。"而小野春卿《七言奉试赋得照胆镜一首》诗题就突出了秦镜能"照胆"这一神奇功能，其中"欲言情素即因此，发昧谁胜奇宝真。如今可用妍媸鉴，长愿犹为照胆珍"几句，充分表达了对秦镜能洞察人肝胆的神奇功能的赞赏。

《经国集》卷十四复有《五言奉试得东平树一首》，作者伴成益，该题出自《圣贤冢墓记》。《文选·梁刘孝标〈重答刘秣陵沼书〉》之李善注引《圣贤冢墓记》曰："东平思王冢在东平。《无盐人传》云：'思王归国京师，后葬，其冢上松柏西靡。'"② 《艺文类聚·木部·松》所载与此大体相同。伴成益诗云：

> 东平灵感木，倾影志非空。

---

① （西汉）刘歆：《西京杂记》，中华书局1985年版，第19页。
② （梁）萧统编，（唐）李善注：《文选》（第5册），上海古籍出版社1986年版，第1951页。

地隔连枝异,神幽合意同。

叶衰宁待雪,条靡自因风。

回望相思处,悲哉古墓中。①

该诗首联两句总领全诗,第一句破题以"灵感"一词点出了东平思王墓前松柏的神奇之处。思王归京师,思念故乡不得归,死后其遗志一定会寄托于其灵魂之上,而思王的这一遗志正是通过其墓前这株具有"神异灵应"的松柏以"西靡"(倾影)的方式得以表现的。接下来两联通过"连枝异""合意同"和"叶衰""条靡"等的对比,进一步阐述了松柏的神异感应;最后以"回望""悲哉"进一步缅怀思王,深化主题。全诗紧扣主题,想象丰富,足见作者汉诗功底和汉学修养之深厚。

《经国集》卷十三收纪长江《七言奉试赋得秋一首》。单从诗题看,该省试诗似乎跟"尚奇"不沾边。但"诗题注"之"每句用十二律名字"限定了诗的内容,所谓"十二律",分别指"六律"之"黄钟、太(大)簇、姑洗、蕤宾、夷则、亡(无)射","六吕"之"林钟、南吕、应钟、大吕、夹钟、中(仲)吕"。"十二律"分别见于《北堂书钞·岁时部·律篇》以及《初学记·岁时部》等唐代类书,对日本律令时代的官吏来说应该不会陌生。纪长江该诗题注要求把十二律名字咏入每句诗中,这在中国诗歌中亦不乏其例,如《文苑英华》卷一八四所收郑驷、卢景亮之《寒夜闻霜钟》,裴元《律中应钟》以及佚名《听霜钟》等诗题均是以十二律入题、入典的省试诗。"霜降钟鸣"典故源自《山海经·中山经》:"(丰山)有九钟焉,是知霜鸣。"郭璞注:"霜降则钟鸣,故言知也。"② 而纪长江省试诗同出自《山海经·中山经》,其中"白露凝栏洗佩净,玄霜杀草惊钟

---

① 与谢野宽、正宗敦夫等编辑:《怀风藻 凌云集 文华秀丽集 经国集 本朝丽藻》,《日本古典全集》第1回,日本古典全集刊行会1926年版,第165—166页。

② 袁珂校注:《山海经校注》,上海古籍出版社1980年版,第165页。

飞"两句中"杀草""惊钟飞"突破了中国诗语的固定范式，一个"飞"字，不仅点出了古钟"应霜而鸣"的神奇之处，枯草随着钟鸣漫天飞舞的景象更是烘托出了秋的悲凉气息。

《经国集》卷十三收石川越智人《五言奉试咏三一首》诗："曼倩文才长，相如作赋迟。寻朋云有益，交意此成师。乌影日中挂，猿声峡里悲。冲天方患尚，久下仲舒帷。"同出汉班固《汉武帝内传》之"曼倩三度窃蟠桃"故事。

> 东郡送一短人，长七寸，衣冠具足。上疑其山精，常令在案上行，召东方朔问。朔至，呼短人曰："巨灵，汝何忽叛来，阿母还未？"短人不对，因指朔谓上曰："王母种桃，三千年一作子，此儿不良，已三过偷之矣，遂失王母意，故被谪来此。"上大惊，始知朔非世中人。短人谓上曰："王母使臣来，陛下求道之法，唯有清净，不宜躁扰。复五年，与帝会。"言终不见。①

小岛宪之认为石川越智人省试诗为弘仁（810—824）初期作品②，其诗中引用了《汉武帝内传》中的神仙故事。如前所述，唐代省试诗中出自《汉武帝内传》的情况亦不乏其例，如前面提到的范传正《范成君击洞阴磬》就引用了《汉武帝内传》之"西王母命侍女范成君击洞阴磬"故事。唐日两国省试诗中如此频繁地取材于像《汉武帝内传》这样的神仙志怪小说，毫无疑问，这在客观上赋予省试诗以传奇色彩。前文指出，神仙道术体现了唐代尚奇文化的一个重要侧面。日本奈良时代对待道教的态度时有反复，但到了平安时代，宫廷贵族中盛行神仙思想，科举考试文体中不乏与神仙道术有关的主题。关于这一点，下文将详细论述。

---

① （汉）班固：《汉武帝内传》，中华书局1965年版，第3页。
② 小岛宪之：《国风暗黑时代的文学》（下三），塙书房1998年版，第381页。

第四节　平安时代省试诗尚奇文化特征

如前所述，平安时代省试诗用典同样表现出鲜明的传奇性特征，但与唐代省试诗相比，又具有不同的特征。下面对平安时代省试诗用典的具体特征和尚奇风尚的社会因素作进一步深入探讨。

一　平安时代省试诗的用典特征

结合前面对平安时代省试诗传奇性用典的分析，可以发现平安时代省试诗在诗题和正文用典方面的特征。

第一，平安时代省试诗在诗题与正文出典方面与唐代省试诗具有一致性。李宇玲指出，平安时代的"侍宴诗"诗题中，与唐代省试诗诗题相一致的共有十五例①。实际上，不仅是"侍宴诗"，平安时代的省试诗诗题与唐代省试诗诗题相一致的也不少。如前面指出的在异闻类诗题中，今存佚名《府试古镜》，仲子陵、张佐《秦镜》二题共三首省试诗。在平安时代省试诗中，今存小野春卿《照胆镜》一题与之相应。在祥瑞类省试诗中，《文苑英华》所收《海水不扬波》，平安时代有藤原长颖、文室尚相、藤原忠村、吉野茂树、藤原阴基、直轩王五人省试诗诗题同为《海水不扬波》。

除了诗题与唐代省试诗高度一致，平安时代省试诗的正文用典中，同样大量使用有关异闻、神仙和祥瑞等方面的典故，如在异闻类省试诗中，《经国集》卷十三所收纪长江《七言奉试赋得秋一首》"玄霜杀草惊钟飞"一句中所引"霜降钟鸣"这一典故；神仙类省试诗中，文室真室、石川越智人的《五言奉试咏三》省试诗中对"三青鸟""曼倩三度窃蟠桃"等典故的运用，与唐代省试诗一样，均体现出鲜明的传奇色彩。

第二，省试诗用典的典面构成方式体现出平安时代士子的炼字技

---

① 李宇玲：《平安朝的唐代省试诗受容》，《国语与国文学》2004 年 8 月号。

巧。以上所举平安时代省试诗中的传奇性用典，从修辞学上看，其典面构成方式与唐代省试诗存在不小差异，表现出平安时代儒者在赋诗作文中的炼字技巧，如前引小野春卿的《赋得照胆镜》，以"照胆"作为典面，突出了秦镜的传奇功能，与中国诗词中多以"秦楼镜""秦台镜""秦镜"等作为典面不同，体现了平安学人接受、消化中国文化时的用心良苦。

第三，科举教科书《文选》以及初唐类书《艺文类聚》等在省试诗用典中具有重要作用。从出典的角度分析，典故的出处（修辞学上称典源文献）应该只有一个，那就是最早记载该典故的文献资料，但平安时代的士子在省试诗用典中，有些并非从最早记载该典故的文献中直接引用，而更可能的情况是，他们通过科举教科书的《文选》和唐代类书《艺文类聚》等来学习使用典故，如《日本纪略》所记天德二年（958）省试诗题"鱼登龙门"（五言十韵），该题最早出自东汉辛氏撰《三秦记》，但《三秦记》至隋唐时已经散佚，隋书经籍志、新旧唐书艺文志均不载此书，《日本国见在书目录》亦无著录，说明该书很可能并未传至日本。也就是说，平安时代的学人看到的并不一定是最早记载该典的《三秦记》，而很可能通过保存有该书部分佚文的《艺文类聚》《初学记》等唐代类书，或者通过《后汉书注》《史记正义》《文选注》等文献学习并引用该典。关于《艺文类聚》等唐代类书在日本的传播和利用情况，小岛宪之、水口干记等已有详细考证①。此外，《文选》为平安时代省试诗用典的重要典源文献之一。《养老令·选叙令》规定："进士，取明闲事务，并读《文选》《尔雅》者。"② 这说明，律令时期，《文选》成为日本进士科的必考科目之一，可见当时士子对《文选》应当是相当熟悉的。因此，省试诗命题

---

① 参见小岛宪之《上代日本文学与中国文学——以出典论为中心的比较文学考察》（上），塙书房1962年版；水口干记《日本古代汉籍受容史研究》，汲古书院2005年版。
② 《令集解·选叙令》，《改订增补国史大系》（第23卷），吉川弘文馆1966年版，第505页。

或创作中引用源自《文选》中的典故也就再自然不过了。

二 平安时代省试诗尚奇风尚的社会性因素

平安时代的省试诗与唐代省试诗一样,从用典角度看,毫无疑问,出自儒家经典的所谓"雅正庄肃"的典故占绝大多数。但是,如前所述,无论诗题还是正文用典,省试诗与尚奇风尚都有着紧密联系。当然,平安时代省试诗用典的这一特征,与当时的社会风尚有着直接的联系,概括起来,主要体现为以下两个方面。

首先,是律令时代贵族知识分子尚奇风尚的直接体现。这一点通过张文成《游仙窟》在日本的传播和影响即可窥知一斑。关于张文成的文章在新罗、日本受到重视的情况,从中唐刘肃《大唐新语》到晚唐《桂林风土记》,直到两《唐书》均有记载,如《旧唐书·张荐传》载:"(张文成)下笔敏速,著述尤多,言颇诙谐。……新罗、日本东夷诸蕃尤重其文,每遣使入朝,必重出金贝,以购其文。"[①]《新唐书》记载大体与此相同。对于《游仙窟》传入日本的时间,有学者认为是由遣唐使山上忆良(660—733)带回日本的[②],此说虽然没有确凿的证据,但是山上忆良的著述受到了《游仙窟》的影响这一点是确切无疑的,《万叶集》卷五所收忆良创作于圣武天皇天平五年(733)三月的汉文《沈痾自哀文》中就有:"《游仙窟》曰:'九泉下人,一钱不值。'"[③] 不仅山上忆良,还有学者指出,《万叶集》中至少有十几首和歌是直接从《游仙窟》中的诗句演化而来[④]。到了平安时代,随着文字表达能力和文学创作水平的提高,《游仙窟》在日本得到了更为广泛的传播,据严绍璗统计,《源氏物语》中直接引用《游仙窟》语句有三处,仅次于白居易作品、《史记》和《昭

---

① (后晋)刘昫等撰:《旧唐书·张荐传》,中华书局2005年版,第2734页。
② 山田孝雄:《醍醐寺本游仙窟解题》,日本古典保存会影印醍醐寺钞本卷首,1926年版。
③ [日]佚名编:《万叶集》,赵乐生译,译林出版社2002年版,第215页。
④ (唐)张文成撰,李时人校注:《游仙窟校注》,中华书局2010年版,第41页。

明文选》①。《游仙窟》对《万叶集》《源氏物语》的影响这一例子说明，日本贵族知识分子对唐代传奇故事极其青睐，并把其作为创作的素材。

其次，神仙道术在平安时代知识分子间有着广泛的市场。在奈良时代（710—794），日本对待道家思想基本是"排斥"的，关于这一点，本书中篇第九章第二节将进行详细探讨。到了平安时代，情况有了根本改变，其表现之一便是神仙道术思想一度被作为科举试策的"策题"用来策试考生，如《都氏文集》卷五收录都良香（834—879）《神仙》策一篇。试策是科举考试中的一个重要文体，关于日本古代的试策制度和试策文学，本书"中篇"将进行集中探讨。这里需要强调的是，以神仙作为科举试策的题目，这在唐代科举试策中是没有过的。日本古代试策模仿唐代，但在具体实施过程中，也根据自身情况做了诸多改进。神仙、道术思想之所以能作为科举试题，这本身就说明了平安时代的士子对待神仙道术思想的态度发生了根本改变，这一改变也在科举考试之中得到反映。

由此可见，平安时代省试诗用典中的尚奇风尚与平安时代贵族知识分子对待神仙道术思想的态度转变密不可分，这是平安时代省试诗用典中尚奇风尚形成的社会因素之一。

小　结

平安时代的试诗制度模仿唐代试诗，因此，要讨论平安时代的省试诗，就不能离开唐代的试诗。传统省试诗诗题大多出自"正经正史"所谓的"雅正庄肃"题目，考生的用典也多取自传统儒家经典文献。但是，这并不意味着省试诗中没有新奇骇怪的题目和用典，一

---

① 严绍璗、中西进主编：《中日文化交流史大系·文学卷》，浙江人民出版社1996年版，第151页。

些与祥瑞观念、尚奇风尚相关的故事成语被大量用于省试诗命题和创作中，这一特征不仅限于唐代省试诗，平安时代的省试诗也继承了这一特点。省试诗中之所以出现祥瑞、尚奇等文化因素，与当时传奇小说以及道家思想对社会的影响是分不开的，其在客观上对省试诗命题的范围以及创作窠臼的突破起到了积极的推动作用。

第四章　初唐咏尘诗赋对平安时代《奉试咏尘》诗的影响

律令时代的日本士人模仿中国古代诗歌形式用汉字创作了大量诗歌作品，我们称为"日本汉诗"。"奉试诗"是日本汉诗中的一种应试诗体，是日本模仿唐代试诗制度构建自身试诗体系过程中所采用的一种试诗类型（后述）。同唐代试律诗一样，奉试诗表现出鲜明的"公的性质"，这也是平安时代日本汉诗的重要特征之一。① 现存奉试诗主要收录于《经国集》卷十三、十四中，计二十三首。其中卷十四所收《奉试咏尘》诗题，题下注曰："六韵为限"，今存菅原善主、菅原清冈、中臣良舟、中臣良楫、藤原关雄五人试律诗各一首。对于这组奉试诗的创作时间，《经国集》并无详细记载。据作者之一的藤原关雄（805—853）卒传"天长二年春，奉文章生试及第"之记载②，可以推断藤原关雄诗应为其参加淳和天皇天长二年（825）春举行的文章生试时的作品。江村北海认为五人作品"必一时作"③，小岛宪之亦指出五首《奉试咏尘》为参加同一次省试时的作品。④ 据此推断，其他四人应与藤原关雄一起参加了于淳

---

① 吴雨平：《试论日本早期汉诗与其创作主体的关系》，《江南大学学报》（人文社会科学版）2020 年第 4 期。
② 小岛宪之：《国风暗黑时代的文学》（下三），墒书房 1998 年版，第 3840 页。
③ 《日本诗史 五山堂诗话》，《新日本古典文学大系》第 65 卷，岩波书店 1991 年版，第 470 页。
④ 小岛宪之：《国风暗黑时代的文学》（下三），墒书房 1998 年版，第 3877 页。

第四章　初唐咏尘诗赋对平安时代《奉试咏尘》诗的影响

和天皇天长二年（825）春举行的文章生试，并以《奉试咏尘》为题各自赋诗。

从诗题及题注可知，这组《奉试咏尘》为五言六韵排律体，虽偶有不合韵律的情况，但从整体看五首诗"精工整密"①，堪称平安初期试律诗中的佳作。在这五首《奉试咏尘》问世之前，日本汉诗文中鲜有以"尘"为题的诗赋作品。考之唐代的科举试诗，并无以"尘"为题者。淳和天皇天长二年春举行的文章生试首次把"尘"作为应试诗题，是对传统试律诗命题范式的开拓和突破，表现出平安时代士子对试律诗在模仿和创新上的积极尝试。可以说，无论在日本古代的科举试诗史上还是在日本古代汉诗发展史上，该组《奉试咏尘》都占有十分重要的地位。但据笔者管见，目前中日两国学界尚无针对这组"奉试诗"的专门讨论，究其原因，大概与日本汉诗的整体地位不无关系，马歌东指出："日本汉诗的命运是近于寂寞的，他的绚丽的光华和人文价值还在很大程度上被埋没着。"② 近年来，随着国内有关唐代试诗研究的不断展开③，对日本古代试律诗的考察也已经被提上议事日程，一些基础性研究成果开始问世，如李宇玲对平安时代的省试诗题与唐代诗题的比较研究就为唐日试律诗的比较研究进行了有益尝试。④

本章拟从诗句用典和化用的角度，分析谢偃《尘赋》、张说《咏尘》等初唐咏尘诗赋对平安时代《奉试咏尘》的影响。为了分析平安时代的"奉试诗"，首先对唐日两国的试诗制度略作考述，以便从概念上准确把握"奉试诗"这一应试诗体的具体特征。

---

① 《日本诗史 五山堂诗话》，《新日本古典文学大系》第 65 卷，岩波书店 1991 年版，第 470 页。
② 马歌东：《日本汉诗溯源比较研究》，中国社会科学出版社 2004 年版，第 11 页。
③ 最近研究如王士祥等《唐代道家主题应试诗精神考论》，《河南师范大学学报》（哲学社会科学版）2020 年第 5 期。
④ 李宇玲：《平安朝文章生试与唐进士科考——试论平安朝前期的省试诗》，《日本学习与研究》2009 年第 2 期。

第一节　平安时代的奉试诗

日本试诗制度模仿唐代试诗，但唐日试诗在试诗主体、试诗类型等方面又不尽相同。下面结合唐日两国具体的试诗制度，分析"奉试诗"这一试诗类型在唐日两国的区别和联系。

一　唐代的试诗

有关唐代试诗的起源时间，学界已多有探讨。由于所据资料不同，所得结论也不尽相同，其中比较有代表性的观点认为唐代试诗起源于高宗永隆二年（681），所据为该年八月颁布的《调流明经进士诏》，其中有进士科试"杂文两篇"之规定。① 明代胡震亨认为这里的"杂文"即"诗赋"②，现代学者，如岑仲勉、王水照等亦把高宗永隆二年作为唐代试诗赋的起始时间。③ 除此之外，尚有"天宝开元说"④"仪凤四年说"⑤ 等。汤燕君认为学界在考察唐代试诗的起源时间问题上容易陷入一个误区，即"把目光集中在进士科的选拔标准上，而忽略了对吏部选拔用人标准的研究"⑥。汤燕君通过对吏部铨选中试诗、诗文行卷等资料的爬梳，断定"最迟至咸亨二年，唐代科举试诗的现象就已经存在了"。汤燕君的研究把唐代试诗的起始时间进一步提前到了咸亨二年（671），这比通行的永隆二年说又提前了10

---

① （唐）杜佑撰：《通典》，中华书局1988年版，第354页。
② 胡震亨：《唐音癸签》，上海古籍出版社1981年版，第196页。
③ 参见岑仲勉《隋唐史》，中华书局1982年版，第189页；王水照：《再谈唐诗繁荣的原因——兼答梁超然、皇甫煃同志》，《王水照自选集》，上海教育出版社2000年版，第828页。
④ 参见（清）徐松撰，孟二冬补正《登科记考补正》，北京燕山出版社2003年版，第84—85页；程千帆：《唐代进士行卷与文学》，上海古籍出版社1980年版，第11页。
⑤ 陈尚君：《〈登科记考〉正补》，载《陈尚君自选集》，广西师范大学出版社2000年版，第211—212页。
⑥ 汤燕君：《唐代试诗制度研究》，中国社会科学出版社2004年版，第44—49页。

第四章　初唐咏尘诗赋对平安时代《奉试咏尘》诗的影响

年。概言之，在有关唐代试诗的起源问题上，学界虽尚未达成一致意见，但至迟至七世纪中后期，唐代科举在"试策"之外开始加试"杂文（诗赋）"，这已经成为学界的共识。

另外，关于唐代试律诗的类型，学界一般将其分为省试之诗、国子监试之诗、吏部试之诗、州府试之诗、翰林院试之诗、制试之诗六类。其中，省试是唐代科举考试中最为重要的一种，该考试原由吏部考功员外郎主持，玄宗开元二十四年（736）后改由礼部侍郎负责，但无论吏部还是礼部均属于尚书省，因此一般称为省试。士子参加省试所做试律诗统称为"省试诗"。《全唐诗》所收冠以"省试"之名者不下十首，如刘禹锡的《省试风光草际浮》、徐牧的《省试临渊羡鱼》、罗隐的《省试秋风生桂枝》等。《文苑英华》（卷一八〇至一八九）所收四百六十首唐代试律诗中，大约三分之二属于省试诗。

在唐代试诗中，现存一种诗题冠以"奉试××"的试律诗，如董思恭的《奉试昭君》、崔曙的《奉试名堂火珠》、荆冬倩的《奉试咏青》等[①]。清人毛奇龄在《唐人试帖》中，在崔曙《奉试名堂火珠》诗下注云："此四韵，律又是一例。按：唐登进士后，又有试，名'奉试'。"[②] 又在黄滔《省试奉诏涨曲江池》题下注云："一本无'省试'字，且云：'诏'字当是'试'字之误。按：唐制，登进士后，又有试，名'奉试'。"[③] 毛奇龄所谓"登进士后，又有试"究竟属于何种类型的考试，毛氏未明确指出。藏岳根据毛氏的说法，进一步指出："登进士后，又覆试，名曰'奉试'。"[④] 从而将毛氏所说"奉试"明确为"覆试"。根据这一观点，"奉试诗"当指士子在参加进士试后举行的"覆试"时所作之诗。对于这类"奉试诗"，目前学

[①] 据统计，现存唐人"奉试诗"共10首，参见王娟《唐代"奉试诗"辨略》，《中州学刊》2017年第5期。
[②]（清）毛奇龄：《唐人试帖》，清康熙四十年（1701）刻本。
[③]（清）毛奇龄：《唐人试帖》，清康熙四十年（1701）刻本。
[④] 藏岳：《应试唐诗类释·应试唐诗备考》，清乾隆二十七年（1762）刻本。

界一般将其视为唐代的一种试诗形式和作品类型与省试诗、制试诗、吏部试诗等并列称之。① 笔者认为，诗题冠以"奉试"之名的试律诗，其试诗主体仍然是尚书省，只不过并非"正试"，而是进士及第后参加"覆试"时所作试律诗，有"奉命之作"之意②，因此，仍应归于省试诗这一范畴。这一点通过对平安时代试诗制度的考察可以进一步得到确认。

二　唐代试诗的东传及平安时代的奉试诗

唐代有关科举试诗起源的文献记载较为完备，而日本平安时代科举试诗赋的文献资料相对匮乏。《本朝文粹》所收"太政官符"——"应补文章生并得业生复旧例事"为仅存的记录平安时代试诗情况的文献资料。现引官符中有关试诗的内容如下。

> 弘仁十一年十二月八日符称："太政官去十一月十五日符称：'案唐式，昭文崇文两馆学生、取三品已（以）上子孙，不选凡流。今须文章生者，取良家子弟，寮试诗若赋补之，选生中稍进者，省更覆试，号为俊士，取俊士翘楚者，为秀才生者'……天长四年六月十三日。"③

根据这段"太政官符"，首先可以明确的是在嵯峨天皇在位期间（809—823）的弘仁十一年（820），日本科举文献中已经明确以"诗若赋"作为"寮试"考试事项之一了。但考虑到《经国集》卷十四

---

① 徐文弼：《汇纂诗法度针·试贴杂论》，清乾隆二十三（1758）年刻本；朱栋：《唐代试律诗用典研究》，博士学位论文，武汉大学，2013年，第5页。
② 王娟基于对历来有关"奉试诗"文献的爬梳，指出唐人创作的"奉试诗"主要包括"赎帖诗""帖经日试诗"以及其他"奉命"之作（《唐代"奉试诗"辨略》，《中州学刊》2017年第5期）。
③ 大曾根章介、金原理等校注：《本朝文粹》，《新日本文学大系》第27册，岩波书店1992年版，第145页。

第四章　初唐咏尘诗赋对平安时代《奉试咏尘》诗的影响

所收南渊弘贞《五言奉试咏梁得尘字》作于延历十五年（796）以及小野岑守《五言奉试咏天一首》作于延历年间（782—806）的事实。虽然由于资料的阙如，尚不能确定日本科举导入诗赋的确切年代，但应早于前引"太政官符"所记之弘仁十一年（820），至少不会晚于八世纪末。也就是说，在唐代科举实施加试诗赋大约一百年后，平安时代的文章生试中也开始以"诗赋"作为考试事项之一了。

"官符"所言"寮试诗若赋补之"，所谓"寮试"，这里指大学寮举行的考试，又称为"拟文章生试"。"大学式"载："凡拟文章生，每年春秋简试，以丁第已上者补文章生。"① 据此判断，"寮试"及第者称为"文章生"。关于拟文章生试的考试内容，"式部式"有"凡补文章生者，试诗赋取丁第已上"② 之规定，这与"太政官符"中"寮试诗若赋补之"的规定一致，也就是说，诗赋是"寮试"的主要考试内容之一。又据《桂林遗芳抄》"寮省之试事"条载："省试者，式部辅之试也。"③ 也就是说"式部省"是"寮试"的具体主持者，其诗题的命制由式部省长官"式部辅"负责。与唐代省试由尚书省主持不同，平安时代省试主要由"式部省"负责，但不管是尚书省还是式部省，均属三省六部之"省"，因此平安时代的试律诗同样多以"省试诗"命名。

考之《经国集》所收二十四首平安初期省试诗，诗题均以"奉试×××"命名，如卷十三纪长江的《奉试赋得秋》，丰前王、小野篁、藤原令绪、多治比颖长的《奉试赋得陇头秋月明》，卷十四小野岑守的《奉试咏天》，伴成益的《奉试得东平树》，菅原善主、菅原清冈、中臣良舟、中臣良楫、藤原关雄的《奉试咏尘》等，均属于这

---

① 大曾根章介：《"放岛试"考——关于"官韵"》，载《日本汉文学论集》第1卷，汲古书院1999年版，第284页。
② 大曾根章介：《"放岛试"考——关于"官韵"》，载《日本汉文学论集》第1卷，汲古书院1999年版，第284页。
③ 菅原和长：《桂林遗芳抄》，载塙保己一编《群书类从》卷496，经济新闻社1893年版，第20页。

一类型。前引"太政官符"中"选生中稍进者,省更覆试"中"覆试"之规定,当属"寮试"后进行的"考试",属于毛奇龄所言进士试后"又有试"的情况。这种"覆试"也是"正试"后的一种审核性的考试,目的在于检验考生的真才实学。其所采用的试诗类型,"官符"中虽未明确指出,但据毛奇龄说,应当是"奉试诗"无疑。

"奉试诗"诗题中均有对韵字、句数等的限制,即所谓"限韵",如本章重点考察的菅原善主五人试律诗《奉试咏尘》,诗题下注"六韵为限",对赋诗句数进行了限制。还有对韵字进行限制的,如纪虎继的《五言奉试赋得治荆璞》,诗题下注:"以天为韵。限六十字。"《桂林遗芳抄》"诗事"条载:"其作必五言也,句之数大略六对十二句也,或八对十六句也。韵字之置处又不定也,旧草分一之句、二之句、四之句、六之句、十之句等也。"① 虽然《桂林遗芳抄》成书于室町时代(1336—1573),但其所举例子基本以平安时代的试律诗为主。据此分析,平安时代的试律诗存在五言六韵、八韵等多种形式,尚未定型为五言六韵的排律体。考之《经国集》卷十三所收七首省试诗,其中七言一首,其余六首均为五言。卷十四所收十六首中,七言三首,其余十三首为五言。《经国集》两卷共二十三首省试诗中,七言诗四首虽在数量上不多,但从句数看,除了六韵十二句二首,尚存八韵十六句、十韵二十句的情况,这与前述《桂林遗芳抄》对平安时代诗体的记录一致。

现存平安时代的奉试诗大多已经散佚,除前述《经国集》所收二十四首平安初期作品外,另有日本学者滨田宽从《本朝文粹》《菅家文草·菅家后集》《田氏家集》《日本纪略》《公卿补任》等总集、别集和相关史料中辑佚出大约四十一首平安时代中后期的试律诗,但大多也只存诗题,诗作本身则早已亡佚(诗仅三首)②。显然,现存的

---

① 菅原和长:《桂林遗芳抄》,载塙保己一编《群书类从》卷496,经济新闻社1893年版,第32—33页。
② 滨田宽:《日本汉文学的基底》,武藏野书店2006年版,第317页。

第四章　初唐咏尘诗赋对平安时代《奉试咏尘》诗的影响 //

平安时代试律诗在数量上要远少于唐代。另外，虽然前引太政官符有"寮试诗若赋"之记载，但据笔者管见，日本现存文献中并无试赋作品存世。《菅家文草·菅家后集》收录菅原道真贞观四年（862）《省试当时瑞物赞六首》，这是现存平安时代试诗中唯一试"杂文"的例子。

第二节　初唐咏尘诗赋对《奉试咏尘》诗创作的影响

如前所述，《经国集》收录《奉试咏尘》诗题，今存菅原善主、菅原清冈、中臣良舟、中臣良楫、藤原关雄五人作品各一首。这组奉试诗均为五言六韵排律体，与《文苑英华》所收唐代省试诗诗形相同。下面在分析初唐咏尘诗赋的创作特色基础上，重点讨论这组《奉试咏尘》在诗句用典与化用等方面对初唐咏尘诗赋的接受情况。

一　初唐咏尘诗赋

对于谢偃（599—643）及其代表作《尘赋》，《旧唐书·列传·文苑上》载："偃尝为尘、影二赋甚工……时李百药工为五言诗，而偃善作赋，时人称为李诗、谢赋焉……《文集》十卷。"[①]《新唐书·列传·文苑上》有《谢偃传》，内容与《旧唐书》所记大体一致。从新旧两《唐书》之记载可知，谢偃以工赋闻名，有《尘赋》《影赋》等流传于世，另有《文集》十卷，不存于世。《全唐文》卷一五六收谢偃《文赋》十二篇（包括《尘赋》《影赋》《述圣赋》），卷三十八收谢偃诗四首。日本平安时代官修书目《日本国见在书目录》集部别

---

① 刘昫等撰：《旧唐书》，中华书局1975年版，第4989页。

集家载"《谢偃集》七卷"。① 《和汉朗咏集》卷下收谢偃《杂言诗》秀句:"嘉辰令月欢无极,万岁千秋乐未央。"② 小岛宪之认为,谢偃诗赋作品在不晚于淳和天皇天长年间(824—834)已经传入日本并为当时士子所喜爱、模拟。③

《尘赋·序》云:"余执性介直,动多违忤,兹读老子,至和光同尘,窃有慕焉,因而赋之。"④ 这篇序文开宗明义,指出创作《尘赋》的动机——有感于老子"和光同尘"。正文开篇"伊大噫之煽物"化用《庄子·齐物论》"夫大块噫气,其名为风"一句,引出随风起舞的尘的形象,以此统领全篇。接着以"若夫阴风发,阵云屯,鼍鼓震,红旗翻,千乘动,万骑奔""中原以之黯色,白日为之昼昏""逐奔蹄而起乱,随惊轮而飞斜""近则昏阡蔽陌,远则晦景韬霞"等整齐的对偶描述战场上的尘昏滚滚景象。接下来描写了晨出夜归之尘(将晨轩而并出,与暮盖而同归);神女珠履之尘(拂珠履,生罗袜);思妇深闺之尘(散琼台而类粉,布玉阶而似雪)以及象征清贫雅士之尘(屡空范丹之甑,时卧李恂之被)等。《尘赋》通篇对尘之"动"与"静"的形态描写,例如"惟兹尘之宜昧,何动息之顺常""倏尔而往,忽焉而至""似达人之推理,任逍遥以自肆""随时无竞,应物不违""任动静而无累,似识变而知机"等,既体现着老子"和光同尘"思想,又与老庄"无为自然"的处世哲学高度契合。《尘赋》最后以"惟纷吾之孤介,骤萍流而蓬从。既守愚以周直,每受讪而招毁"呼应序文,进一步阐述作者"愚而周直,讪而招毁"的刚直个性。结尾以"未齐物于庄生,庶同尘于老氏"作结,抒发了对《老子》"和光同尘"思想的仰慕之情。

---

① 孙猛:《日本国见在书目录详考》(上),上海古籍出版社2015年版,第21页。
② 大曽根章介、堀内秀晃校注:《和汉朗咏集》,《新潮日本古典集成》第65回,新潮社1983年版,第289页。
③ 小岛宪之:《国风暗黑时代的文学》(下三),塙书房1998年版,第3839页。
④ 《尘赋》原文据董诰等撰《全唐文》,中华书局1983年版,第1590页,下同。

第四章 初唐咏尘诗赋对平安时代《奉试咏尘》诗的影响

谢偃《尘赋》以巧妙的对偶和丰富的历史典故，借助《老子》"和光同尘"思想，把"尘"与老庄哲学"无为自然"巧妙地结合在一起，全篇构思之新颖、思想之深邃、语言之华美可谓独树一帜，历来被视为咏物赋中的佳作。"李诗谢赋"之说名不虚传。谢偃《尘赋》在追求语言新奇华美的同时，大量使用成语典故，并赋予这些典故以新的内涵。要言之，《尘赋》不仅开创了新的诗赋创作题材，而且为这类诗赋创作提供了大量素材。

张说（667—730）五言诗《咏尘》是继谢偃《尘赋》之后，咏尘类诗赋中的佳作。张说《咏尘》诗不仅在用典上与谢偃《尘赋》存在诸多相似之处，还直接化用了《尘赋》的相关语句和意境。张说《咏尘》全诗如下。

> 仙浦生罗袜，神京染素衣。
> 裨山期益峻，照日幸增辉。
> 夕伴龙媒合，朝游凤辇归。
> 独怜范甑下，思绕画梁飞。①

首先，从用典的角度对张说《咏尘》和谢偃《尘赋》进行比勘可以发现，张说《咏尘》诗首句"仙浦生罗袜"与《尘赋》之"拂珠履，生罗袜"同用典故"罗袜生"；第二句"神京染素衣"与《尘赋》之"化衣京洛"同用典故"京洛尘"；第七句"独怜范甑下"与《尘赋》之"屡空范丹之甑"同用典故"甑生尘"；第八句"思绕画梁飞"与《尘赋》之"下雕梁而歌发"同用典"动梁尘"。张说《咏尘》诗所用五个典故中有四个同出谢偃《尘赋》（第三句"裨山期益峻"用典"山不让尘"，不见于《尘赋》）。同时，这些典故又见于《艺文类聚》《白氏六帖》等唐代类书中，说明这些典故已成为咏

---

① （清）彭定求等：《全唐诗》，中华书局1960年版，第958页。

尘诗赋创作的固有用典而成为后世咏尘诗赋用事用典的重要来源。

其次，张说《咏尘》诗化用谢偃《尘赋》语句和意境的特征也很明显，例如张说诗第五、六句"夕伴龙媒合，朝游凤辇归"就直接化用了谢偃《尘赋》"将晨轩而并出，与暮盖而同归""蒙凤辇于铜衢，翳龙媒于金埒"等语句。可以说，谢偃《尘赋》为后世的咏尘诗赋树立了创作典范，包括张说《咏尘》诗在内的后世咏尘诗赋，均在创作手法和思想上受到《尘赋》的影响。

二 《奉试咏尘》对初唐咏尘诗赋的借鉴

如前所述，这组《奉试咏尘》是日本最早以尘为题的五言试律诗。小岛宪之指出，平安初期的这组《奉试咏尘》，无论是诗题的拟定还是应试者的创作，都借鉴了谢偃《尘赋》，深受《尘赋》的影响。① 但是小岛宪之并未就《奉试咏尘》与谢偃《尘赋》等初唐咏尘诗赋的影响关系做具体分析。下面从诗句化用和用典等角度，对这组《奉试咏尘》对初唐咏尘诗赋的借鉴情况进行具体分析。先看菅原善主诗。

> 大噫笼群物，惟尘在细微。
> 遇霖时聚敛，承吹乍雰霏。
> 洛浦生神袜，都城染客衣。
> 朝随行盖起，暮逐去轩归。
> 动息常无定，徘徊何处非。
> 冀持老聃旨，长守时闲机。②

菅原善主诗首二句笼起全题，分别化用谢偃《尘赋》"伊大噫之煽物""惟兹尘之宜昧"等语句。三、四句描写尘在风雨中之状态。

---

① 小岛宪之：《国风暗黑时代的文学》（下三），塙书房1998年版，第3839页。
② 《怀风藻 凌云集 文华秀丽 经国集 本朝丽藻》，《日本古典全集》第1回，日本古典全集刊行会1926年版，第167页。

第四章 初唐咏尘诗赋对平安时代《奉试咏尘》诗的影响

五、六句引"罗袜生尘""京洛尘"等典故。七、八句化用谢偃《尘赋》"将晨轩而并出,与暮盖而同归"一句,此二句以"朝""暮"作比,对偶整密。九、十句描写尘之飘忽不定的状态,同样化用《尘赋》"何动息之顺常,乍徘徊以上腾"一句。末二句以老子"和光同尘"作结,同时化用《尘赋》"似识变而知机"一句,抒发对老子"和光同尘"思想的仰慕,与谢偃《尘赋》"庶同尘与老氏"旨趣相同。菅原善主该诗共七句直接化用了谢偃《尘赋》中的语句。

从用典方面看,菅原善主诗第五、六句分别用典"罗袜生尘"和"京洛尘"。"罗袜生尘"典出曹子建《洛神赋》,《文选·曹子建〈洛神赋〉》:"凌波微步,罗袜生尘。"①"京洛尘",典出陆士衡《为顾彦先赠妇》诗,《文选·陆士衡〈为顾彦先赠妇〉》:"辞家远行游,悠悠三千里。京洛多风尘,素衣化为缁。"②张说《咏尘》诗之首二句"仙浦生罗袜,神京染素衣"同样引用"罗袜生尘""京洛尘"二典,同时,这两个典故又见于《艺文类聚》《白氏六帖》等唐代类书中,说明这两个典故已经成为咏尘诗赋的固有用典,也说明《文选》在平安时代士人中已经相当普及并且在日本科举试诗中发挥了重要作用(后述)。

接下来分析菅原清冈诗的用典与语句化用谢偃《尘赋》、张说《咏尘》诗的情况。菅原清冈全诗如下。

> 微尘浮大道,霭霭隐垂杨。
> 色暗龙媒圹,形飞凤辇场。
> 徘徊宁有定,动息固无常。
> 逐舞生罗袜,惊歌起画梁。

---

① (梁)萧统编,(唐)李善注:《文选》(第3册),上海古籍出版社2019年版,第899页。
② (梁)萧统编,(唐)李善注:《文选》(第3册),上海古籍出版社2019年版,第1149页。

因风流细影，似雪散轻光。
无由逢汉主，空此转康庄。①

菅原清冈诗首两句描写尘的存在状态。三、四句以"色"与"形"作比，其中第三句出自谢偃《尘赋》"翳龙媒于金埒"一句，并与张说《咏尘》第五句"夕伴龙媒合"异曲同工。五、六句化用谢偃《尘赋》"乍徘徊以上腾""何动息之顺常"二句，描写动态之尘。七、八句用典"罗袜生尘""动梁尘"，继写尘之动作。九、十句继续化用《尘赋》"流细影于回裾""布玉阶而似雪"二句，描摹尘的动作和形态。末两句引用光武帝故事，寄托干进之意。

以上对"二菅"诗化用谢偃《尘赋》情况进行了分析。五首之中化用谢偃《尘赋》语句最多者为中臣良楣，共八句，其次为菅原善主，共七句，接下来为中臣良舟和菅原清冈，二人均有五句，化用最少者为藤原关雄，只有一句（见表4-1）。

表4-1　　《奉试咏尘》诗句化用初唐咏尘诗赋语句情况

作者	句别	原诗	张说《咏尘》中的类句	化用《尘赋》情况
藤原关雄	第八句	飘沼似雨轻		飘摇而下坠
菅原善主	第一句	大噫笼群物		伊大噫之煽物
	第二句	惟尘在细微		惟兹尘之宜昧
	第七句	朝随行盖起		将晨轩而并出
	第八句	暮逐去轩归		与暮盖而同归
	第九句	动息常无定		何动息之顺常
	第十句	徘徊何处非		乍徘徊以上腾
	第十二句	长守时闲机		似识变而知机

① 《怀风藻 凌云集 文华秀丽 经国集 本朝丽藻》，《日本古典全集》第1回，日本古典全集刊行会1926年版，第167页。

第四章　初唐咏尘诗赋对平安时代《奉试咏尘》诗的影响

续表

作者	句别	原诗	张说《咏尘》中的类句	化用《尘赋》情况
中臣良舟	第二句	柳陌泛轻光		近则昏阡蔽陌
	第三句	影逐龙媒乱	夕伴龙媒合	翳龙媒于金埒
	第四句	形随凤辖扬	朝游凤辇归	蒙凤辇于铜衢
	第五句	镜沉疑雾月		积菱镜而鸾沈
	第九句	雨来收不发		值细雨而暂息
中臣良楫	第一句	康庄飚气起		气无击而不扬
	第二句	搏击细尘飞		逢轻风而复飞
	第三句	晨影带轩出	夕伴龙媒合	将晨轩而并出
	第四句	暮光将盖归	朝游凤辇归	与暮盖而同归
	第五句	随时独不竞		随时无竞
	第六句	与物是无违		应物不违
	第七句	动息如推理		何动息之顺常
	第八句	逍遥似知机		任逍遥以自肆
菅原清冈	第三句	色暗龙媒埒	夕伴龙媒合	翳龙媒于金埒
	第五句	徘徊宁有定		乍徘徊以上腾
	第六句	动息固无常		何动息之顺常
	第九句	因风流细影		流细影于回裾
	第十句	似雪散轻光		布玉阶而似雪

综合以上对"二菅"诗的分析，《奉试咏尘》诗主要在以下方面继承了谢偃《尘赋》、张说《咏尘》等初唐咏尘诗赋的创作特色。首先，《奉试咏尘》诗在化用谢偃《尘赋》语句的同时，继承了唐代咏尘诗赋的重要特征之一——闺怨诗的创作手法。例如谢偃《尘赋》中对尘的描写："若夫拂珠履，生罗袜。积菱镜而鸾沈，下雕梁而歌发。散琼台而类粉，布玉阶而似雪。蒙凤辇于铜衢，翳龙媒于金埒。有动必随，无空不遍。出入青琐，游扬紫殿。流细影于回裾，乱浮香于举

扇，隐洞房而难睹，因隙光而可见。"其中"珠履""鸾沈""类粉""玉阶""浮香"等对尘之形态的具体描摹，与班婕妤《怨歌行》、司马长卿《长门赋》等闺怨题材作品的惯用手法极其相似。而《奉试咏尘》通过语句和意境的化用继承了这一手法，例如中臣良舟诗之"镜沉疑雾月，衣染似粉妆。带曲生珠履，临歌绕画梁"四句中"镜沉""似粉妆""珠履""歌画梁"等对尘之形态的描写；再如菅原清冈诗中"因风流细影，似雪散轻光。无由逢汉主，空此转康庄"等对尘之形态的描写，可以说这些诗句通过对初唐咏尘诗赋相关语句的化用直接继承了初唐咏尘诗赋的闺怨诗创作手法。

其次，平安初期的《奉试咏尘》与初唐咏尘诗赋中所表现的老庄"无为自然"的哲学思想一脉相承。前文在对谢偃《尘赋·序》的分析中已经指出，谢偃以对老氏"和光同尘"思想"窃有慕焉"表明其创作动机。接下来，正文开篇化用《庄子·齐物论》"夫大块噫气，其名为风"一句，最后以"未齐物于庄生，庶同尘于老氏"结束全篇，结合正文中诸如"似达人之推理，任逍遥以自肆""随时无竞，应物不违""任动静而无累，似识变而知机"等对"尘"之形态的描写，无不透露出该赋与老庄"无为自然"思想的紧密契合。平安时代的《奉试咏尘》诗中，如菅原善主诗"大噫笼群物，惟尘在细微""动息常无定，徘徊何处非""冀持老聃旨，长守时闲机"；再比如中臣良楫诗"晨影带轩出，暮光将盖归。随时独不竞，与物是无违"等，尤其是其中"不竞""无违""动息""推理""逍遥""知机"等诗语，无不折射出老庄"无为自然"的哲学思想，与初唐咏尘诗赋的创作思想一脉相承。

最后，结合对诗句出典的分析可知，张说《咏尘》诗对《奉试咏尘》的创作产生了重要影响。菅原清冈诗第八句"惊歌起画梁"用典"动梁尘"，五首《奉试咏尘》诗中，藤原关雄诗第四句"梁上洗歌声"，中臣良舟诗第八句"临歌绕画梁"同用该典故。特别是中臣良舟诗"临歌绕画梁"一句与张说《咏尘》诗第八句"思绕画梁飞"

一句不仅用典相同,创作手法亦异曲同工。从出典角度进一步分析,张说《咏尘》"裨山期益峻"一句用典"山不让尘",源自张华《励志》诗,《白氏六帖》收录该典,《艺文类聚》失收,该典亦不见于谢偃《尘赋》。五首《奉试咏尘》中的三首均使用了该典故,分别为藤原关雄诗之"未期裨峻岳",忠臣良舟诗之"峻岳如无让"和忠臣良楫诗之"欲助高山极"。从用典特征分析,直接来自张说《咏尘》"裨山期益峻"的可能性更大。

要言之,以谢偃《尘赋》、张说《咏尘》为代表的初唐咏尘诗赋作品,不仅为我国后世的咏尘类诗赋树立了典范,其影响亦波及日本,成为日本咏尘诗赋模仿的对象,尤其是《经国集》卷十四所收的这组《奉试咏尘》诗,从诗题、诗语到意境,都深受初唐咏尘诗赋的影响,可以说,初唐咏尘诗赋在平安时代《奉试咏尘》创作中起到了"类书"的作用。

第三节　《文选》《艺文类聚》与平安时代的省试诗创作

前文借助对"二菅"(菅原善主、菅原清冈)《奉试咏尘》与张说《咏尘》诗在用典方面的考察,分析了张说《咏尘》与《奉试咏尘》的影响关系。下面对五首《奉试咏尘》的用典情况进行详细考述,在揭示平安时代试律诗用典特色的同时,分析《文选》以及唐代类书《艺文类聚》等在平安时代试律诗创作中的作用。首先看藤原关雄省试诗。

> 紫陌暮风发,红尘霭霭生。
> 床中随电影,梁上洗歌声。
> 老氏和光训,范生守俭情。
> 拂林疑雾薄,飘沼似雨轻。
> 战路从柴曳,粧楼含镜冥。

未期裨峻岳,飞飓徒自惊。①

　　藤原关雄诗共八句使用了典故,分别是第三句"床中随电影",用典"栖弱草",典出三国魏李康《游山九吟序》。《艺文类聚·地部·尘》引三国魏李康《游山九吟序》曰:"盖人生天地之间也,若流电之过户牖,轻尘之栖弱草。"②第四句"梁上洗歌声",用典"动梁尘",典出刘向《别录》。《文选·成公子安〈啸赋〉》:"虞公辍声而止歌。"李善注引刘向《别录》曰:"有人歌赋楚,汉兴以来,善雅歌者,鲁人虞公,发声清哀,远动梁尘。其世学者莫能及。"③第五句"老氏和光训",用典"和光同尘",典出《老子·第四章》:"和其光,同其尘。"④第六句"范生守俭情",用典"甑生尘",典出《后汉书·独行传·范冉》:"范冉,亦称范丹,字史云,东汉陈留人。曾师事马融,通五经。桓帝时为莱芜长,遭母忧,不就。性狷急,常佩韦以自缓。罹党锢之祸,遁迹梁沛间,卖卜为生,清贫自守,时或粮绝,穷居自若。闾里歌之曰:'甑中生尘范史云,釜中生鱼范莱芜。'"⑤第九句"战路从柴曳",用典"曳柴生尘",典出《左传·僖公二十八年》:"狐毛设二旆而退之。栾枝使舆曳柴而伪遁,楚师驰之。"杜预注:"曳柴起尘,诈为众走。"⑥第十句"妆楼含镜冥",用典"惟尘冥冥",典出《诗经·小雅·北山之什·无将大车》:"无将大车,维尘冥冥。"⑦第十一句"未期裨峻岳",用典"山不让尘",典出张华《励志》诗。《文选·张华〈励志〉》诗:"山

---

①《怀风藻 凌云集 文华秀丽 经国集 本朝丽藻》,《日本古典全集》第1回,日本古典全集刊行会1926年版,第167页。
②(宋)欧阳询撰,汪绍楹校:《艺文类聚》,上海古籍出版社2007年版,第110页。
③(梁)萧统编,(唐)李善注:《文选》(第2册),上海古籍出版社2019年版,第870页。
④唐子恒点校:《老子道德经河上公章句》,凤凰出版社2017年版,第19页。
⑤(汉)范晔撰,李贤等注:《后汉书》,中华书局1965年版,第2689页。
⑥李梦生:《左传译注》(上),《十三经译注》,上海古籍出版社1998年版,第304页。
⑦程俊英、蒋见元:《诗经注析》,中华书局1991年版,第646页。

第四章 初唐咏尘诗赋对平安时代《奉试咏尘》诗的影响

不让尘，川不辞盈。"李善注引《管子》曰："海不辞水，故能成其大；山不辞土石，故能成其高。"① 第十二句"飞飚徒自惊"，用典"尘污人"，典出郭澄之《郭子》。《艺文类聚·地部·尘》："《郭子》曰：'庾公名位渐重，足倾王公。时庾亮在石头，王公在城。忽风起扬尘，王公以扇拂之曰：元规尘污人（元规，庾亮字。王公，王导也）。'"②

藤原关雄诗为五首之中用典最多者，读来难免有堆砌典故之嫌。江村北海评价五人作品认为："较其优劣，二菅（菅原善主、菅原青冈）最超绝矣"③，而对排在五人之首的藤原关雄诗却未予评价。不过作为"敕撰三集"之一的《经国集》，其编撰者把藤原关雄省试诗列为五人之首，也恰恰说明了律令社会早期日本汉文化发展状况和当时律令官人的汉诗创作嗜好。有学者指出，日本早期汉诗"诗艺稚拙"④，藤原关雄省试诗堆砌典故正是日本早期汉诗诗艺的重要特征之一。藤原关雄省试诗所用八个典故均见于《艺文类聚·地部·尘》《白孔六帖·尘部》等唐代类书之中（见表4-2），这说明在"中土"已经定型的与"尘"相关的典故，同为平安时代的士子所接受。

再看中臣良舟《奉试咏尘》诗，全诗为：

> 桂宫飞细质，柳陌泛轻光。
> 影逐龙媒乱，形随凤辖扬。
> 镜沉疑雾月，衣染似粉妆。
> 带曲生珠履，临歌绕画梁。
> 雨来收不发，风至聚还张。

---

① （梁）萧统编，（唐）李善注：《文选》（第2册），上海古籍出版社2019年版，第923页。
② （宋）欧阳询撰，汪绍楹校：《艺文类聚》，上海古籍出版社2007年版，第110页。
③ 《日本诗史 五山堂诗话》，《新日本古典文学大系》第65卷，岩波书店1991年版，第470页。
④ 吴雨平：《试论日本早期汉诗与其创作主体的关系》，《江南大学学报》（人文社会科学版）2020年第4期。

峻岳如无让，微功庶莫亡。①

中臣良舟省试诗共有五句使用了典故。分别为第六句"衣染似粉粧"，用典"京洛尘"，典出陆士衡《为顾彦先赠夫》诗；第七句"带曲生珠履"，用典"罗袜生尘"，典出曹子建《洛神赋》；第八句"临歌绕画梁"，用典"动梁尘"，典出刘向《别录》；第十一句"峻岳如无让"，用典"山不让尘"，典出张华《励志》诗；第十二句"微功庶莫亡"，用典"和光同尘"，典出《老子·第四章》。中臣良舟省试诗共使用了五个典故，仅次于藤原关雄省试诗，五首之中居第二位，所用典故亦见于藤原关雄、菅原善主省试诗。

中臣良楫省试诗的出典情况如下：

康庄飙气起，搏击细尘飞。
晨影带轩出，暮光将盖归。
随时独不竞，与物是无违。
动息如推理，逍遥似知机。
形生范丹甑，色化士衡衣。
欲助高山极，还羞真质微。②

中臣良楫省试诗共三句使用典故，分别为第九句"形生范丹甑"，用典"甑生尘"；第十句"色化士衡衣"，用典"京洛尘"；第十一句"欲助高山极"，用典"山不让尘"。

笔者对五首《奉试咏尘》诗用典情况，包括出处、类书收录情况、《奉试咏尘》诗中的用典诗句以及在初唐咏尘诗赋中的使用情况

---

① 《怀风藻 凌云集 文华秀丽 经国集 本朝丽藻》，《日本古典全集》第1回，日本古典全集刊行会1926年版，第167页。
② 《怀风藻 凌云集 文华秀丽 经国集 本朝丽藻》，《日本古典全集》第1回，日本古典全集刊行会1926年版，第167页。

第四章 初唐咏尘诗赋对平安时代《奉试咏尘》诗的影响

等进行了统计（表4-2）。

表4-2 平安时代《咏尘》省试诗与初唐咏尘诗赋用典情况一览

典故	出处	类书收录情况	《咏尘》省试诗用典诗句	谢偃、张说诗赋用典诗句
栖弱草	李康《游山九吟序》	《艺文类聚》《白氏六帖》	关雄：床中随电影	
动梁尘	刘向《别录》	《白氏六帖》《艺文类聚》	关雄：梁上洗歌声 良舟：临歌绕画梁 青冈：惊歌起画梁	谢偃：下雕梁而歌发 张说：思绕画梁飞
和光同尘	《老子·第四章》	《艺文类聚》《白氏六帖》	关雄：老氏和光训 善主：冀持老聃旨 良舟：微功庶莫亡	谢偃：和光同尘
甑生尘	《后汉书·独行传·范冉传》	《艺文类聚》《白氏六帖》	关雄：范生守俭情 良楫：形生范丹甑	谢偃：屡空范丹之甑 张说：独怜范甑下
曳柴起尘	《左传·僖公二十八年》	《艺文类聚》《白氏六帖》	关雄：战路从柴曳	
维尘冥冥	《诗经·小雅·北山之什》	《艺文类聚》《白氏六帖》	关雄：妆楼含镜冥	
山不让尘	张华《励志》诗	《白氏六帖》	关雄：未期神峻岳 良舟：峻岳如无让 良楫：欲助高山极	张说：神山期益峻
尘污人	郭澄之《郭子》	《艺文类聚》《白氏六帖》	关雄：飞飏徒自惊	
罗袜生尘	曹植《洛神赋》	《白氏六帖》	善主：洛浦生神袜 良舟：带曲生珠履 青冈：逐舞生罗袜	谢偃：拂珠履，生罗袜 张说：仙浦生罗袜
京洛尘	陆机《为顾彦先赠夫》诗	《白氏六帖》	善主：都城染客衣 良舟：衣染似粉粧 良楫：色化士衡衣	谢偃：化衣京洛 张说：神京染素衣

注：表中关雄、善主、良舟、良楫、青冈分别指藤原关雄、菅原善主、中臣良舟、中臣良楫、菅原青冈所作省试诗。谢偃代指谢偃《尘赋》，张说代表张说《咏尘》诗。

结合前文对《奉试咏尘》诗中各用典情况的详细分析，可以发现科举教科书《文选》和初唐类书《艺文类聚》等在平安时代士子的试律诗创作中具有举足轻重的作用，成为他们赋诗用事用典的宝库。

首先，《文选》成为平安时代重要的科举教科书。《奉试咏尘》诗中使用频率较高的"山不让尘""罗袜生尘"和"京洛尘"三个典故，分别出自张华、曹子建和陆士衡诗，虽然这三个典故亦为《白氏六帖·尘部》所收，但如前所述，《白氏六帖》并未在平安时代流传。据此判断，平安时代的士子主要通过当时已经成为科举教科书的《文选》及其李善注来学习并使用这些典故。进一步考察可知，《文选》为平安时代试律诗用典的重要典源文献之一。除了本章重点分析的五首《奉试咏尘》诗外，据笔者考证，《经国集》所收二十三首试律诗题，其中四题源自《文选》，在滨田宽辑录出的试诗年代确切可考的四十一例平安时代奉试诗诗题中亦有四例直接出自《文选》。除了诗题用典外，试律诗正文用典中也不乏出自《文选》的例子，例如《经国集》所收二十三首奉试诗，正文用典源自《文选》者就有八例，可见《文选》在平安时代试律诗创作中的重要地位。

众所周知，唐人最重视《文选》，一方面是为了学习创作诗文之需要，另一方面是为了适应科举考试之需要。景献力指出，早在玄宗开元时期，《文选》已经成为科举教科书①，可见《文选》在唐代科举中发挥了重要作用。《文选》在很早的时候便传入日本，并成为日本科举士子的参考教材。那波里贞氏指出，那些在唐代极其普及的学习教材等，在唐的日本留学生对它们也极为熟悉，他们会在归国之际带回，作为私学的教科书而被传抄诵读。② 颁行于元正天皇养老二年（718）的《养老令·选叙令》载："进士，取明闲事务，并读《文

---

① 景献力：《关于〈文选〉一书成为科举教科书的时间问题》，《长春师范学院学报》2003 年第 3 期。

② 那波里贞：《唐代社会文化史研究》，创文社 1974 年版，第 217 页。

第四章 初唐咏尘诗赋对平安时代《奉试咏尘》诗的影响

选》《尔雅》者。"① 这一规定说明，律令时期，《文选》成为日本进士科的必考科目之一，可见当时士子对《文选》应当是相当熟悉的。

其次，《艺文类聚》成为平安时代试律诗用典的主要典源文献之一。五首《奉试咏尘》诗所用十个典故中，"尘污人"出自郭澄之《郭子》，《隋书·经籍志》著录"《郭子》三卷，东晋中郎郭澄之撰"，可见该书在唐代犹存，贾全曾为之作注，可惜后来佚失了。日本官修汉籍总目《日本国见在书目录》未见著录，表明该书当时并未在日本流传。《艺文类聚·地部·尘》收录该典，并引《郭子》故事作注。又典故"动梁尘"出自刘向《别录》，《别录》作为我国历史上最早的群书提要目录，在古代文献学史及学术史上占有重要地位，可惜该书在唐代就已经失传，我们今天所见不过为后世学者从古代文献中辑佚出的一鳞片爪而已。《日本国见在书目录》著录刘向撰述作品七部，独不见《别录》，说明该书当时亦未传入日本，而"尘污人""动梁尘"二典又见于《艺文类聚》《白氏六帖》等唐代类书之中。由于现存文献并不能证明《白氏六帖》在平安时代已经传入日本，所以基本可以断定，律令时代的士子主要通过《艺文类聚》这一唐代类书来学习和引用这些典故。

《日本国见在书目录》之"子部杂家类"著录"《艺文类聚》百卷"，可见该书在平安时代已广为流传。小岛宪之通过对《日本书纪》与《艺文类聚》相关内容的比勘，发现《日本书纪》所引中国典籍部分内容，有相当部分直接出自《艺文类聚》。② 水口干记通过对《延喜治部省式》和《艺文类聚》的比勘，指出《延喜治部省式》（成书于784年左右）之"祥瑞条"中的双行说明文中有相当一部分

---

① 惟宗直本：《令集解·选叙令》，《改订增补国史大系》第23卷，吉川弘文馆1966年版，第505页。
② 小岛宪之：《上代日本文学与中国文学——以出典论为中心的比较文学考察》（上），塙书房1962年版，第152页。

内容直接源自《艺文类聚》卷九十八、九十九所收"祥瑞部"。① 这说明至少在七世纪中后期《艺文类聚》已经在日本广为传播，成为律令士子汉诗文创作的重要参考书之一。

小　结

综上所述，《经国集》所收五首五言试律诗《奉试咏尘》，从命题角度看，是对传统试律诗命题范式的拓展和突破，表现出平安时代士子对试律诗在模仿和创新上的新尝试。这组《奉试咏尘》诗，在创作中大量化用谢偃《尘赋》、张说《咏尘》等初唐咏尘诗赋语句，在用典上亦表现出与初唐咏尘诗赋的相似特征。科举教科书《文选》以及初唐类书《艺文类聚》传入日本，在日本古代的试律诗创作中发挥了重要作用，成为平安时代士人试律诗用典用事的宝库。

---

① 水口干记：《日本古代汉籍受容史研究》，汲古书院2005年版，第356页。

中篇 日本古代对策文研究

第五章　日本科举试策考论

本章重点对日本的科举试策制度进行详细考述。作为科举考试的一个试项，试策当然和科举制度的实施密不可分。因此，对日本科举制度的考察是研究日本试策文学一个绕不开的话题。日本科举制度定于《大宝令》《养老令》，《养老令》模仿唐之《永徽令》和《开元前令》，这已为学界共识。《养老令》的《选叙令》《考课令》《学令》等对日本的科举制做了具体规定。本章拟根据这些律令的条文及其注解对日本的科举试策制度进行考察，重点分析试策在日本科举中的地位和作用，为接下来各章的对策文研究提供理论上的支撑。

第一节　科举制的产生及其影响

如果从隋大业元年（605）设立进士科算起，直到清光绪三十一年（1905）被废止，科举在中国整整走过了一千三百年的历史。若从广义上把汉武帝时期确立的察举制和魏晋南北朝时期的九品中正制也算在内的话（实际上无论是察举制还是九品中正制也都一定程度地实行了考试选才办法，详见后述），通过考试选才的制度在中国的历史就更长了。下面，对科举制的产生及其意义做一简单梳理。

一　科举产生

应该说，科举制脱胎于汉武帝时期的察举制。察举制是指地方州郡的长官按照朝廷要求而推举人才的制度，虽然有时候被推举人也要经考试合格才能任官，但是察举制下的考试，其"应诏陈政""求言于吏民"的意味更浓。作为一种人才推举（亦称为选举）制，察举的先天不足就是缺乏客观的人才评价标准，这在一定程度上导致后来东汉后期社会腐败严重。直至魏文帝开创九品中正制，察举制逐渐式微。

九品中正制实际上也是一种人才推荐制度，只不过与察举相比，推荐者由地方州郡长官变成了地方士族官僚。司马懿当政后，任世家豪门为各地中正，评定士人品级只论其门第而不论才能，九品中正制遂成为世族地主控制政权的工具，出现了"上品无寒门、下品无世族"的现象。最终，隋文帝时被废止。对于察举制和九品中正制在人才选拔方面的局限性，《科举学导论》指出："中国古代独特的社会结构是家族宗法制，家长统治、任人唯亲、帮派活动、裙带关系皆为家族宗法制的派生物，在重人情与关系的社会文化背景下，若没有可以操作的客观标准，任何立意美妙的选举制度都会被异化为植党营私、任人唯亲的工具，汉代的察举推荐和魏晋南北朝的九品官人制走向求才的死胡同便是明证。"① 终于，察举和九品中正制被隋朝完成全国统一后实行的科举制取代。

二 科举制的发展及其影响

根据《旧唐书》《通典》《唐摭言》等文献记载，可以推断进士科正式设立于隋大业元年（605），这也是一般认为的科举成立于隋的原因。但实际上隋文帝、炀帝时期的科举，大多仍然是察举科目。根据《隋书》记载：

> 开皇十八年（598）："秋七月丙子，诏京官五品以上，总管、

---

① 刘海峰：《科举学导论》，华中师范大学出版社2005年版，第113页。

刺史，以志行修谨、清平干济二科举人。"①

大业三年（607）："夏四月甲午，诏曰：……夫孝悌有闻，人伦之本；德行敦厚，立身之基。或节义可称，或操履清洁。所以激贪厉俗，有益风化；强毅正直，执宪不挠。学业优敏，文才秀美，并为廊庙之用，实乃瑚琏之资。才堪将略，则拔之以御侮；膂力骁壮，则任之以爪牙。爰及一艺可取，亦宜采录，众善毕举，与时无弃。以此求治，庶几非远。文武有职事者，五品以上，宜依令十科举人。"②

《隋书》的这两段记载，第一段以"志行修谨""清平干济"两科举人。第二段以"孝悌有闻""德行敦厚""节义可称"等十科举人。且规定京官五品以上官员，均应依科"举人"。很显然，这样的规定仍然没有脱胎于察举时代的以科目举人的办法。众所周知，察举科目有孝廉、贤良文学、秀才等，这些科目也一直影响到后来，如直到唐代，在"制科"中仍多设"贤良方正"等科。据阎步克考证，隋代的进士科目，虽也有策试，但应试者没有一位自由报名、"投牒自进"的，因此，尚不能推断隋代废除了推荐制。③ 据此，我们似乎还不能认为科举成立于隋代，而只能说隋代是科举的一个过渡。因为，只有到了唐代，才在考试科目、应试资格等方面有了详细规定，科举制才正式确立。

《新唐书·选举制》对科举常科科目做了详细规定。

其科之目，有秀才，有明经，有俊士，有进士，有明法，有明字，有明算，有一史，有三史，有开元礼，有道举，有童子。

---

① （唐）魏征等：《隋书》，中华书局1973年版，第43页。
② （唐）魏征等：《隋书》，中华书局1973年版，第67—68页。
③ 阎步克：《科举的前夜》，载《察举制度变迁史稿》，辽宁大学出版社1997年版，第312—313页。

> 而明经之别，有五经，有三经，有二经，有学究一经，有三礼，有三传，有史科。此岁举之常选也。①

据此，唐代科举在常科科目上已经十分完备。实际上，在这些科目中，以专业技能为主的明法、明字、明算三科在唐代并未受到重视。秀才科初期虽有实行，但因为参加者少很快也停办了。另外，俊士、童子等科虽被归于常科科目，但并非每年都举办。在唐代的常科科目中，只有明经和进士两科长期举办，其中又以进士科尤其受到重视。

除常科科目，皇帝还会根据当时实际需要临时开设考试科目，通常被称为"制科"。由于制举根据实际需要设定科目，故科目名类繁多。《唐会要·制科举》中记载为六十三科②，而据陈飞考证③，唐代经确定的制科科目已经达到二百九十四科之多，其中"贤良方正能言极谏"科最多，其次是"博通坟典达于教化"科等。

下面再看唐代科举的应试资格问题。《新唐书·选举制》："由学馆者曰生徒，由州县者曰乡贡，皆升于有司进退之。""每岁仲冬，州、县、馆、监举其成者送之尚书省。而举选不繇馆、学者，谓之乡贡，皆怀牒自列于州、县。试已，长吏以乡饮酒礼。"④ 据此，唐代科举的应试资格包括：一是官学的"生徒"，即国子监六学的中央学校或地方学校的学生，经过一定年限的学习完成学业者。二是地方考试（乡试或解试）合格者。对于参加乡试的资格，徐友根研究认为，"怀牒自列于州、县""身家清白""良人"等，包括百姓亦可以参加考试。⑤ 可见，唐代科举常科的应试资格规定，明显地放宽了参加者

---

① （宋）宋祁、欧阳修等撰：《新唐书》，中华书局1975年版，第1159页。
② （宋）苏冕、杨绍等撰：《唐会要》，中华书局1985年版，第1386—1394页。
③ 陈飞：《唐代试策考述》，中华书局2002年版，第261页。
④ （宋）宋祁、欧阳修等撰：《新唐书》，中华书局1975年版，第1159—1161页。
⑤ 徐友根：《唐代状元研究》，吉林人民出版社2004年版，第3—17页。

的身份限制，理论上一切人员均可参加。

那么制科的应试资格又是如何呢？唐武德五年（622）《京官及总官刺史举人诏》曰："择善任能，救民之要术；推贤进士，奉上之良规。……苟有才艺，所贵适时，洁已登朝，无嫌自进。宜令京官五品以上及诸州总管、刺史各举一人。其有志行可录，才用未申，亦听自举，具陈艺能，当加显擢，授以不次。"可见，参加制举者，除了通过"京官五品以上及诸州总管、刺史各举一人"，应试者还可以按照自己的意志"无嫌自进"，即自由参加制科考试，包括已经拥有官职或者常科及第者。

上面从唐代文献记载考察了唐代科举在考试科目、应试资格等方面的规定。不难看出，与之前的察举制和九品中正制比较起来，唐代科举考试制度至少在保证"程序的公正"方面具有空前的优越性。当然，人才选拔的理想状态是最终实现"结果的公正"，但在"结果的公正"没有实现之前，最大限度地实现"程序的公正"就显得如此重要。科举制在考试科目、评定标准方面尽量做到了客观，在应试资格方面也至少做到了理论上的公正。"古往今来科举考试一再起死回生的历史说明：自古以来，中国就是一个人情社会，人情与关系在社会生活中起着重要的作用，为了防止人情的泛滥，使社会不至于陷入无序的状态，中国人发明了考试，以考试作为维护社会公平和社会秩序的调节阀。悠久的科举历史与普遍的考试现实一再雄辩地证明，考试选才具有恒久的价值。"[①] 因此，科举制之于中国乃至世界的影响是无法估量的。

第二节 日本贡举制度概述

本节重点探讨有关日本科举的基本问题。首先对科举的名称进行

---

① 刘海峰：《科举学导论》，华中师范大学出版社2005年版，第136页。

再探讨，明确在科举制成立之初的称名问题。其次探讨日本科举的考试科目、应试资格等基本问题。

一 "贡举"名称溯源

"科举"一词作为一个特定称谓，特指从隋唐到清代的封建王朝分科考选文武官吏后备人员的制度。应该明确的是，在隋唐这一制度建立之初，"科举"这一正式称谓尚不存在。① 根据一些文献资料推断，"科举"一词最早也应为宋代以后的称谓。在隋唐时代，对这一制度的称谓当为"贡举"。《唐律·职制律》"贡举非其人"条《疏》议曰："依令（按，指选举令），'诸州岁别贡人'。若别敕令举及国子诸馆年常送省者，为举人。"可见，在唐代，贡举有两层含义：一为"贡"，二为"举"。凡是由地方诸州、县每年贡送到中央尚书省参加考试的，称"贡人"；中央国子监诸馆学生每年通过监试而参加尚书省考试者以及参加由皇帝临时下诏而举行的所谓"制举"考试者，均称为"举人"。也正因为如此，在隋唐时期，"科举"被正式命名之前，这一制度通常被称为"贡举"。

模仿唐《永徽令》和《开元前令》，日本于701年颁布《大宝律令》，不久又在《大宝令》基础上增补成律、令各十卷的《养老律令》（颁布于718年，757年正式实施）。这两部法典奠定了日本律令制国家的基础。通过两部法典的注释书《令义解》和《令集解》的诸如《职员令》《选叙令》《考课令》等相关令文和注引，我们大概可以了解日本科举的基本情况。②

首先探讨日本"贡举"的定义。《令集解》卷二十二《考课令》"凡试贡举人"条注引《朱云》问曰："贡举，一欤？二欤？"引《先

---

① ［日］曾我部静雄：《中国的选举、贡举与科举》，载《隋唐贡举制度》，高明士译，文津出版社1999年版，第402—442页。
② 《大宝令》《养老令》的原文已经散佚，其注释书《令义解》和《令集解》保留了原令的大部分原貌。

云》曰:"一事者,未知。"又曰:"见下条,贡与举各别,又律(按,指前引《唐律·职制律》)二事说。"① 这里所谓下条,即"凡试贡举人"条之次款,曰:"凡贡人,皆本部长官贡送太政官。……其大学举人,具状申太政官,与诸国贡人同试。"② 另外,《令集解》卷六《职员令》规定"左京职大夫"职掌之一"贡举"项下注引《朱云》曰:"贡举者,贡与举二事也。何者?(养老)《职制律》:'贡举非其人者'云云。"③ 另外,于《职员令》"孝义田宅"项下又注云:"(养老·职制)律(疏)云:'贡,谓依(选叙)令,诸国贡人;举,谓别敕令举,及大学送官并为举人者。'"④ 又《职员令》"摄津职大夫"职掌之一"贡举"项下注引《朱云》曰:"贡与举,二事也。何者?(养老)《职制律》:凡贡举'非其人'条《疏》云:'贡者,依(选叙)令,诸国贡人;举者,若别敕令举,及大学送官为举人'云云。"⑤

以上,反复列举了《大宝令》《养老令》诸令文及其注引中关于"贡"与"举"的解释,概括起来,地方诸国所贡送参加科考者叫"贡人",依据天皇别敕而来应试者以及由大学寮经过寮试后而推荐至太政官者,都叫"举人"。日本的地方诸国,可以理解为唐的地方诸州县。由此可知,日本《养老律》对于贡举的定义,完全脱胎于唐制,同《唐律·职制律》的释义并无二致。

---

① 惟宗直本:《令集解·考课令》,《新订增补国史大系》卷24,吉川弘文馆1966年版,第648页。
② 惟宗直本:《令集解·考课令》,《新订增补国史大系》卷24,吉川弘文馆1966年版,第649页。
③ 惟宗直本:《令集解·考课令》,《新订增补国史大系》卷24,吉川弘文馆1966年版,第152页。
④ 惟宗直本:《令集解·考课令》,《新订增补国史大系》卷24,吉川弘文馆1966年版,第152页。
⑤ 惟宗直本:《令集解·考课令》,《新订增补国史大系》卷24,吉川弘文馆1966年版,第156页。

二 律令时代早期贡举概况

日本律令时代的贡举考试制度具体有哪些详细规定呢，下面结合《大宝令》《养老令》的令文对这一时期的贡举制在应试资格、考试科目和及第后的叙位等情况进行考察。前面已经指出，《大宝令》《养老令》模仿唐《永徽令》和《开元前令》制成，因此，日本律令制与唐制相同之处颇多，贡举亦不例外。下面对日本贡举的考察中主要在与唐制相关制度的对比基础上进行。先看《养老令》之《考课令》对贡举制的规定。

> 凡贡举人，皆本部长官，贡送太政官。若无长官，次官贡。其人随朝集使赴集。至日皆引见辨官，即付式部。已经贡送，而有事故不及试者，后年听试。其大学举人，具状申太政官。与诸国贡人同试。试讫得第者，奏闻留式部。不第者，各还本色。①

上面为《考课令》对"贡举人"之规定，下面据此令以及它的注引分析日本贡举的参加资格问题。在"凡贡举人，皆本部长官，贡送太政官。若无长官，次官贡。"条下，《令集解》注引《穴云》："次官如初条，其判官以下不合贡举。……户令解说，此条贡人，谓国举生也。"值得注意的是"此条贡人，谓国举生"的说法，也就是说日本贡举中的地方贡人乃为地方诸国国学的"国举生"。这一点与唐制的地方"贡人"有着显著区别。而对于"举人"的规定，见诸"其大学举人，具状申太政官。与诸国贡人同试"条。《令集解》注引《迹云》："'同试'谓同时试心耳。"又注引《朱云》："'与诸国贡人同试'谓诸国贡人随朝集使十月、十一月至京也。如此，大学举

---

① 惟宗直本：《令集解·考课令》，《新订增补国史大系》卷24，吉川弘文馆1966年版，第648—650页。

人，十月十一月可举耳。"又注引《穴云》："'与诸国贡人同试'谓同时试也。假朝集使十一月一日申送也，（大学）寮亦十一月一日申送也，不合申十月也。"从上面的注引来看，日本贡举中的"举人"当指中央大学寮的学生。

从前引《考课令》的规定中可以看出，日本贡举制规定的应试资格应当包含两类人：一为地方贡人，即地方诸国"国学生"。二为大学举人，也就是中央大学寮举人。这两类应试者大概相当于唐制的"生徒"，也就是国子监六学学生以及地方州县官学学生。

《考课令》中没有规定制科的应试资格问题，我们从当前的文献中也找不到有关日本贡举制科的相关资料。[①] 但是，在日本的贡举中，制科的存在是确认无疑的。虽然现存《养老令》的相关令文中没有有关制科的记载。但是，《本朝文粹》卷三所收《辨散乐》策以及《本朝续文粹》卷三所收《详和歌》等两篇对策文应该引起特别注意。虽然目前学界大都把它们视作"拟作"抑或"仿作"对策文，但笔者认为，如果仅仅把这两篇不同于常规的对策文看作所谓"逸脱"，显然是不够的。诚然，无论是《辨散乐》还是《详和歌》，都有别于其他以讲"中国故事"为主的对策文。这两篇以日本元素为考题的对策文，恰好反映了天皇以特殊手段（制科）选拔特殊人才的意图，从根本上应该归为制科。对于制科的应考资格当然也应当有特殊规定，因为缺乏佐证资料，详细情况我们不得而知。但是，可以肯定的是，制科的应考资格也应当为诸国学生和中央大学寮学生中的优秀者，这一点是可以确认无疑的。

通过以上分析，基本可以断定，日本贡举的应试资格基本被限定为地方诸国学生和中央大学寮的学生，这一点显著区别于唐制。众所周知，唐制贡举的举送资格，除了中央及地方各级官学的"生徒"

[①] 高明士在《日本没有实施过科举吗》一文中指出日本制举应试资格"自亦有特别规定"，但对具体规定语焉不详，亦缺少征引资料。

外，还包括乡试合格者，而乡试的应试资格是相当广泛的，只要"怀牒自列于州、县"，包括"身家清白""良人"，甚至普通百姓等理论上都是可以自由参加的。

可见，日本的贡举制与学制密切相关。在律令国家建立过程中，国家的首要任务是培养汉学、儒学人才。因为在当时的日本，一般人，甚至包括一般贵族都是不具备汉学、儒学教养的。比如，当时担任律令条文制定以及国家体制整备工作者多是遣唐回国的留学生。在朝廷中从事文书等工作者也大多由归化人系氏族担任。这说明，日本律令制国家虽然依照唐制引入了贡举制度，但是要真正去实施它，首要的任务就是先培养人才。通过地方国学或者大学寮的九年教育，在基本掌握了中国经史等知识的基础上，才有可能实施科举选才这一对他们来说极具挑战而又富有吸引力的制度。

下面探讨日本贡举科目问题。《养老令·选叙令》载：

> 凡秀才，取博学高才者。明经，取学通二经以上者。进士，取明闲事务，并读《文选》《尔雅》者。明法，取通达律令者。皆需方正清循，名行相副。①

据此记载，我们可以断定日本《养老令》的《选叙令》《考课令》等规定的基本的贡举科目包括：秀才、明经、进士、明法四科。唐制科举中被设为常科的明书、明算科并不在日本贡举科目之内。在《大宝令》《养老令》时期的大学寮学生中，包括明经生和算学生，而书学生隶属于明经科。但是，书学生、算学生只要通过大学寮"寮试"即可出仕任官。因此，不应算作国家考试科目之内。

另外，《养老令·医疾令》规定了医、针生的科举办法。

---

① 惟宗直本：《令集解·考课令》，《新订增补国史大系》卷24，吉川弘文馆1966年版，第505页。

> <u>医针生，业成送官者，式部覆试。</u>各十二条。医生试《甲乙》四条，《本草》、《脉经》各三条。针生试素问四条，《黄帝内经》、《明堂》、《脉决》各二条。其兼习之业，医针各两条。问答法式，并准大学生例。医生全通，从八位下叙。通八以上，大初位上叙。其针生，降医生一等。不第者，退还本学。经虽不第，而明于诸方，量堪疗病者，仍听补医师。①

引文中的画线部分，《令义解》注云："谓宫内申官，官下式部。此宫内先已挍练，故云覆试也。"可见，医、针生举送程序与大学寮相似，先经宫内省考试，最后由式部省考试，因此，应被视为国家考试的贡举科目之一。对于医、针科，高明士在与《唐六典》"太医令"规定比较后指出，"将医、针列入贡举科目，若非为《六典》的脱漏，当是日本的新意"②。对于医、针生的考试合格叙位，据引文可知，医生全通、通八以上叙从八位下和大初位上；针生降医生一等叙位。

下面再依据《养老令》之《选叙令》的规定分析日本贡举的叙位问题，先看《选叙令》的令文。

> 凡秀才出身，上上第，正八位上；上中，正八位下。明经上上第，正八位下；上中，从八位上。进士甲第，从八位下；乙第及明法甲第，大初位上；乙第，大初位下。其秀才明经得上中以上，有荫及孝悌被表显者，加本荫本第一阶叙。其明经，通二经以外，每一经通，加一等。③

---

① 惟宗直本：《令义解》，《新订增补国史大系》卷22，吉川弘文馆1939年版，第282—283页。
② 高明士：《日本没有实施过科举吗》，《玄奘人文学报》2004年第3期。
③ 惟宗直本：《令集解》，《新订增补国史大系》卷23，吉川弘文馆1966年版，第505—509页。

通过《选叙令》的这一规定可以看出，秀才、明经得上上、上中者叙位；进士、明法甲、乙第叙位。从叙位等级来看，秀才最高，为正八位上、正八位下。明经比秀才降一位，为正八位下、从八位上。进士、明法又各降低一位。此外，《考课令》"试讫得第者，奏闻留式部。"下注曰："谓，秀才、明经，得上上、上中者各有叙法。其上下、中上，不在叙位之例。唯留式部，待选乃叙也。"① 据此注文，秀才、明经得上下、中上者被留在式部，等待机会被授予官职。下面根据上引材料，日本律令时代的贡举叙位情况见表 5-1。

表 5-1　　　　日本律令时代的贡举叙位情况

秀才科	明经科	进士科	明法科	医科	针科	位
上上第						正八位上
上中第	上上第					正八位下
	上中第					从八位上
		甲第		全通		从八位下
		乙第	甲第	通八以上	全通	大初位上
			乙第		通八以上	大初位下
						少初位上
						少初位下

需要指出的是，表 5-1 只反映了至八世纪前半叶日本贡举的叙位情况，八世纪后半叶以后，日本在对包括叙位在内的诸多贡举有关制度进行了一系列改革，关于这一点将在下节中具体分析。

第三节　日本贡举制度的实施

上节在与唐代贡举比较基础上对八世纪中期以前的日本贡举制情

---

① 惟宗直本：《令集解》，《新订增补国史大系》卷 23，吉川弘文馆 1966 年版，第 650 页。

况进行了考察。由于日本贡举模仿唐制，因此在从科名到叙位受阶等诸多方面都与唐制有许多相似之处。但是，无论是经济基础还是社会结构、儒学教养等方面当时的日本都无法与唐朝相比。因此，其模仿唐制实行贡举取士的主观"热情"和客观社会条件经常难以契合。可以说，贡举制在日本的实施过程也是一个对唐制科举不断改进以使之不断适应本国"国情"的过程。本节重点探讨日本贡举在具体实施过程中出现的问题和采取的一系列改进措施。

一 令制时期贡举的实施情况

在《大宝律令》于701年公布实施以后，贡举制在日本的实施情况如何呢？从延历二十一年（802）太政官的一篇奏疏中可见一斑："建法（大宝令）以降，殆向百岁。二色（秀才、明经）出身，未及数十。"① 类似情况在承平五年（935）大江维时、大江朝纲两文章博士为橘直干方略策而上奏的一篇"方略宣旨"中亦有提及："我朝献策者始自庆云（704—708）之年，至于承平（931—938）之日，都庐六十五人。元庆（877—885）以前数十人。"（《类聚符宣抄》卷九）可见，在贡举实施的前100多年间，贡举及第者不过"数十人"而已，也就是说，通过贡举及第出仕任官的例子只占很少的比例。

这种状况的出现，一个最直接的原因在于当时的出仕途径中所存在的不经贡举，以荫位入仕的制度。《大宝令·军防令》规定，三位以上子与孙；四、五位之子为"荫子孙"，可以直接获得荫位而入仕任官。荫位出仕的位阶也明显高于贡举及第者。《养老令》之《选叙令》云：

> 凡五位以上子出身者，一位嫡子，从五位下；庶子，正六位

---

① 惟宗直本：《令集解》，《新订增补国史大系》卷23，吉川弘文馆1966年版，第506页。

上。二位嫡子，正六位下；庶子及三位嫡子，从六位上；庶子，从六位下。正四位嫡子，正七位下；庶子及从四位嫡子，从七位上；庶子，从七位下。正五位嫡子，正八位下；庶子及从五位嫡子，从八位上；庶子从八位下。三位以上，荫及孙，降子一等。其五位以上，带勋位高者，即依当勋阶，同官位荫。四位降一等。五位降二等。①

《选叙令》的规定告诉我们，荫位出身者的叙位要显著高于贡举及第的受阶。据上引资料，荫位从七位庶子的受阶为从七位下。而从前节对日本贡举的授阶分析可知，贡举出身授阶最高的秀才上上第者也不过只授予正八位上，比从四位庶子的荫位授阶还要低一位。加之《选叙令》规定对于具有荫位和贡举两种入仕资格的出身采取"从高叙"办法，也就是若荫位出身者同时参加贡举并及第，授阶按照"就高不就低"的办法执行，如此，对于四位以上荫位出身者来说，参加贡举就没有意义了。虽然对于五位的子弟来说，若得秀才、明经上上第，所授位阶高于荫位，但是得上上第的可能性几乎为零。鉴于如此情况，贡举在施行百年之后，仍然应试者寥寥，"二色出身，只数十人"而已。

为了鼓励贵族特权子弟积极修学，参与贡举，朝廷采取了一些鼓励措施。《日本书纪》庆云三年（706）二月庚寅：

> 准令，籍荫入选。虽有出身之条，未明预选之准令，自今以后，取荫出身，非因贡举及别敕才处分，并不在常选之限。②

也就是说，虽然有荫位，不经贡举亦不在常选之列。可见这一规

---

① 惟宗直本：《令集解》，《新订增补国史大系》卷23，吉川弘文馆1966年版，第516—518页。
② 《日本书纪》，《新订增补国史大系》卷2，吉川弘文馆1966年版，第25页。

定对鼓励贵族子弟入学大学寮参与贡举选拔的意图十分明显。同时，对于参加贡举及第的贵族子弟的叙位，《选叙令》还规定："其秀才明经得上中以上，有荫及孝悌被表显者，加本荫本第一阶叙。其明经，通二经以外，每一经通，加一等。"① 虽然对于荫位出身同时参加贡举的贵族子弟的授阶采取"就高不就低"办法，但上面的叙位规定明显对参加贡举者采取优待措施，这一规定对于鼓励贵族子弟参加大学寮学习并积极投身贡举考试具有积极意义。

上面这些措施对于鼓励贵族子弟入学大学寮学习效果明显。实际上，令制时代的大学寮入学者，基本上被限定在五位以上贵族子弟以及经申请获得批准的八位以上子弟和地方国学生，庶民入学在令制初期是不被认可的。但是，这一限制在天平二年（730）被打破，在三月二十七日官奏中有"文章生二十人"之规定，其下注曰："简取杂任及白丁聪慧，不须年限多少也。"可见，730 年的改革中大学寮文章科的入学资格中增加了"杂任及白丁"的规定，同时，为了保证他们的学习也采取了相应措施。《日本书纪》卷十"圣武天皇"条记载："天平二年三月辛亥，太政官奏称：'大学生徒既经岁月，习业庸浅，犹难博达，实是家道困穷，无物资给，虽有好学，不堪遂志。……仍赐夏冬服并给料……' 诏并许之。"

以上措施的实施，在于努力激发贵族子弟的入学热情，同时又要保证一般庶人，即"杂任及白丁"的入学机会。有时候，朝廷在这两者之间又摇摆不定，实际上，大学寮自 730 年设定文章科以后，其贵族化发展和反复就没有停止。

二 大学寮改革对贡举各科的影响

藤原明衡（？—1066）编《本朝文粹》卷二"官符"条记载天

---

① 惟宗直本：《令集解》，《新订增补国史大系》卷 23，吉川弘文馆 1966 年版，第 505—509 页。

长四年（827）六月十三日太政官符"应补文章生并得业生复旧例事"。该文为探讨大学寮改革及其对贡举各科的影响提供了至关重要的资料。兹全文照录如下。

右得式部省解称，大学寮解称，文章博士正五位下都宿祢腹赤牒称。天平二年（730）三月廿七日格称："文章生廿人，简取杂任及白丁聪慧，不须限年多少者。"而省去弘仁十一年（820）十二月八日符称。太政官去（819）十一月十五日符称："案唐式，昭文、崇文两馆学生取三品已上子孙，不选凡流。今须文章生者，取良家子弟，寮试诗若赋补之。选生中稍进者，省更覆试，号为俊士，取俊士翘楚者，为秀才生者。"今谓良家，偏据符文，似谓三位已上。纵果如符文，有妨学道。何者？大学尚才之处，养贤之地也。天下之俊咸来，海内之英并萃。游、夏之徒，元非卿之子；杨、马之辈，出自寒素之门。高才未必贵种，贵种未必高才。且夫王者用人，唯才是贵。朝为厮养，夕登公卿。而况区区生徒，何拘门资！窃恐悠悠后进，因此解体。又就中文章生中，置俊士五人、秀才二人。至于后年（822），更有敕旨，虽非良家，听补之俊士者。良家之子，还居下列。立号虽异，课试斯同。徒增节目，无益政途。又依令，有秀才、进士二科，课试之法，难易不同。所以元置文章得业生二人，随才学之浅深，拟二科之贡举。今专曰秀才生，恐应科者稀矣。望请俊士永从停废，秀才生复旧号，选文章生，依天平格。谨请处分。寮依解状申送者。省依解状状请官裁者。正三位行中纳言兼右近卫大将春宫大夫良峰朝臣安世宣。奉敕，依请。①

---

① 大曽根章介、金原理等校注：《本朝文粹》，《新日本古典文学大系》第27册，岩波书店1992年版，第145—146页。

首先应该引起注意的是据弘仁十年（819）十一月十五日太政官符（引文中直线部分），式部省于弘仁十一年（820）十二月八日下达给大学寮的有关在文章科内再置俊士、秀才生的所谓"新制"的设置。这一新制规定通过考试选文章生中优秀者五人为"俊士"，更选俊士"翘楚"者二人为"秀才生"，根据官符，无论是俊士还是秀才生，均为"良家"（三品以上）子弟。如此规定，无非是保证三品以上贵族子弟（良家）独占秀才科，该"新制"实施的直接后果是造成了大学寮文章科的日趋"贵族化"。

但是这一导致文章科贵族化的"新制"并没有实施太久，天长四年（827）太政官良峰安世依据文章博士都腹赤之牒宣敕下达的这篇官符，其基本意旨就是停止在大学寮文章科内再置俊士、秀才生的所谓"新制"。而其废止新制的理由，一是新制不利于唯才是举，所谓"高才未必贵种，贵种未必高才"，二是认为，在文章生中设俊士、秀才的做法"立号虽异，科试斯同"，从而造成了"徒增节目，无益政途"（引文中波线部分）。

既然新制不宜实施，都腹赤此牒主张对贡举做何改进呢？据官符（见引文虚线部分），都腹赤重申了文章得业生制度，"元置文章得业生二人，随才学之浅深，拟二科之贡举"，"二科之贡举"也即是令制（指《大宝令》《养老令》）规定的秀才、进士科贡举办法。都腹赤主张恢复到实施"以天平格"选文章生的制度。大学寮设立文章生、文章得业生的规定，见于天平二年（730）三月二十七日太政官奏文。该奏文见于《令集解》卷三《职员令》"大学寮"条引《释云》：

> 天平二年三月二十七日奏。直讲四人（一人文章博士）。律学博士二人。已上同助教。明法生十人，文章生二十人（简取杂任及白丁聪慧，不须年限多少也）。得业生十人（明经生四人，文章生二人，明法生二人，算生二人，并取生内人性识聪慧艺业

优长者）。……①

据此奏文，大学寮成立文章科，并"简取杂任及白丁聪慧，不须年限多少"者二十人为文章生，同时取文章生内"性识聪慧艺业优长者"二人为文章得业生。

对于天长四年（827）都腹赤在太政官符中所主张的恢复文章得业生制度，久木幸男氏所指，其目的是抵制大学寮日益"贵族化倾向"。桃裕行氏亦指出，恢复文章得业生的旧号，实际上也即是以令制时代的"秀才科"代替弘仁十年（819）十一月十五日太政官符所设置的"新制"中"秀才生"，这样发展的结果，虽然表面上文章得业生二人可以随"才学之浅深"参加"二科之贡举"，但是，由于进士科时务策难度较大且与日本律令社会实施贡举制目的相悖，文章得业生试便逐步被限定为"秀才试"了，这也是日本贡举制发展过程中秀才科一枝独秀，而进士科逐步式微的重要原因。

三 日本秀才进士科试策与试策文学

《养老令·考课令》对秀才、进士科的具体考试试项作了如下规定。

> 凡秀才，试方略策二条。文理俱高者，为上上。文高理平、理高文平，为上中，文理俱平，为上下。文理粗通，为中上。文劣理滞，皆为不第。
>
> 凡进士，试时务策二条。帖所读《文选》上帙七帖、尔雅三帖。其策文词顺序，义理惬当，并帖过者为通。文义有滞，词句不论，及帖不过者为不。帖策全通，为甲。策通二，帖过六以

---

① 惟宗直本：《令集解》，《新订增补国史大系》卷23，吉川弘文馆1966年版，第80页。

上，为乙。以外皆为不第。①

上引《考课令》规定了秀才科和进士科的具体试项内容，那就是秀才科试"方略策二条"，进士科试"时务策二条"。前面已经指出，就贡举制度而言，秀才、进士两科在唐日的发展并不平衡。具体表现为进士科在唐朝一枝独秀，而秀才科不盛。日本的情况恰恰相反，以秀才科为盛，进士科逐步式微。之所以表现出这种差异，原因在于唐朝秀才科取人甚为严格，及第者不多（《唐六典》卷二"吏部考功员外郎"条），因此应考秀才科者寥寥。秀才科在日本，考试分量远较唐朝少（唐试"方略策"五条，日本试"方略策"二条），因此，在日本应考秀才科者众多。久木幸男指出，圣武天皇以来，天皇频频行幸与飨宴，急需培养宫廷诗人和具有汉文学修养的贵族官吏，这直接造成了日本秀才科独盛的局面。②

秀才科试方略策，故又称"方略试"。"方略"，《令义解》卷四《考课令》"秀才"条注引《古记》云："方，大也；略，要也。大事之要略也。"又《令集解》卷二十二《考课令》"秀才"条注引《古记》云："秀才，谓文章（博）士也。方略，谓无端大事也。多闻博览之士，知无端，故试以无端大事也。假令试问云'何故周代圣多，殷时贤少？'如此事类，二条试问耳。"③ 据前引都腹赤之牒："所以元置文章得业生二人，随才学之浅深，拟二科之贡举"的规定可知，文章得业生秀才科试当始于天平二年（730），现知以文章得业生应秀才方略试及第的例子最早为菅原清公［延历十七年（798）及第］，另如：春澄善绳（天长七年）、菅原是善（承和六年）、都言道（贞观十

---

① 惟宗直本：《令集解》，《新订增补国史大系》卷23，吉川弘文馆1966年版，第645—648页。
② 久木幸男：《日本古代学校的研究》，玉川大学出版部1990年版，第84—86页。
③ 惟宗直本：《令集解》，《新订增补国史大系》卷23，吉川弘文馆1966年版，第648页。

一年)、菅原道真(贞观十二年),藤原佐世(贞观十六年)等。

另外,亦有以文章生举秀才者,最早例子为纪真象(天平宝字元年,757),对策文见于《经国集》卷二十,此外,还有栗原年足(延历二十年)、菅原惟肖(贞观末年)等例子。

《经国集》卷二十所载策文,除了纪真象、栗原年足等极少数例子外,大多为进士科时务策的例子。《本朝文粹》(收录平安前中期作品)、《本朝续文粹》(收录平安后期作品)卷三所收诸条对策文,当为秀才科"方略试"策文。其中《文粹》著录十一人共十三条策文,《续文粹》著录十人共十二条对策,关于这些秀才科对策的详细情况,请参考本书第六章。

在此举《本朝文粹》著录"方略策"之一例,因原文较长,仅择其要。正四位下行式部大辅兼文章博士尾张权守菅原朝臣文时问《寿考》:

> 问:春林秋到,桃李岂淹任风之艳乎;朝篱暮来,葵蕾不改向阳之心矣。虽道物之盛衰,节候能和;然而义之根源,缣绁或闇。况乎寿命考老者,耄及之身所惑也。踰常珍而讳老,每称六十九者,是仕谁朝?下兼清而上寿,频言一二三者,亦遇何主?五音四声之相配,犹迷久视于宫商之间;万岁一日之无疆,莫私殊俗于唇吻之内。见真形于曲仁里,则日月照几地之表里;朗妙音于歌父山,亦云雾蔽其龄之短长。余口以期期问矣,子心须一一对之。①

对文作者为文章得业生正六位上行越前大掾大江朝臣匡衡:

---

① 大曽根章介、金原理等校注:《本朝文粹》,《新日本古典文学大系》第27册,岩波书店1992年版,第168页。

> 对：濛鸿滋萌，其灵肇彰一十三头之降迹；溟涬始别，其治是有万八千年之遗名。虽为自然之然，被陶造化之化。于是或耆或耋，寿考之号已传；我父为兄，期颐之称自到。春去秋来之候，星霜几回；月盈日昃之光，昼夜多换。频谢青阳，桃颜之粧渐改；远期玄运，艾发之貌缓成。三老之象三辰也，正直刚柔之意是叶；五更之则五维也，貌言视听之基相苞。……①

这篇对策要求就"寿考"问题进行辨析，对策文主要引中国经史典故，行文上则表现为华丽的骈体文风。方略策所出题目基本上属于比较宏观的命题，实际上对策者很难在极短的时间内做出比较具体的回答。

下面再看进士科，虽然在唐人看来进士科相对容易，但对日人来说，时务策则较难（唐试五条，日制为二条）。之所以有这样的差异，应该与两国的社会背景和文化教育水平不同有关。

所谓"时务"，《令义解》卷四《考课令》"进士"条注云："时务者，治国之要务也。假如：'既庶又富，其术如何？'之类也。"又《令集解》卷二十二《考课令》"进士条"注引《释云》："时务，谓治国之要道耳。《吕氏春秋》，一时之务是。假如：'使无盗贼，其术如何？'之类"同条引《古记》云：

> 时务，谓当时可行时务是非也，谓试板之名也。案，《魏征时务策》：问："乡邑何因无孝子、顺孙、义夫、节妇？"答："九族之说，著在虞书；六顺之言，显于鲁册。故义夫彰于郄缺，节妇美于恭姜，孝子则曾参之徒，顺孙则伯禽之辈。自兹已降，往往间出。石奋父子慈孝著名，姜肱兄弟恩义显誉。当今天地合

---

① 大曾根章介、金原理等校注：《本朝文粹》，《新日本古典文学大系》卷27，岩波书店1992年版，第168页。

德，日月齐明，万国会同，八表清谧。然上之化下，下之必从，若影逐标，如水随器。但能导之以德，齐之以礼，教之以义，怀之以仁。则孝子、顺孙同间如市，义夫、节妇联袂成帷。荡荡之化可期，巍巍之风斯在。"①

《古记》所引《魏征时务策》全文已经亡佚，《令集解》保存的《魏征时务策》逸文对于了解《魏征时务策》内容甚为珍贵。有关《魏征时务策》与对策文的影响关系，本书将在第八章做专门讨论。据上面引文可知，所谓"时务"，就是治国之要务、要道。"时务策"，指治国之要务、要道的对策。与方略策相比，时务策有现实针对性、实用性，而不仅是一味地空论。下面再举时务策之一条，以供参考。《经国集》卷二十收录主金兰对策。

问：孝以事亲，忠以奉国。既非贤圣，孰能兼此。必不获已，何后何先？

臣金兰言：（前略）夫人之生也，必须忠孝。故摩顶问道，负笈从师。然后出则致命，表忠所天之朝；入则竭力，修孝所育之圈。是以参损偏弘孝子之风，政轲犹蕴忠臣之操。盖是事亲之道，莫尚于孝；奉国之义，孰贵于忠？资孝以事君，前史之所载；求忠于孝门，旧典之所编。故虽公私不等，忠孝向悬；扬名立身，其揆一也。别有或背亲以殉国，或舍私以济公。故孔丞割妻子之私，申侯推爱敬之重，即是能孝于亲，移忠于君。引古方今，实足为鉴。在父便孝为本，于君仍忠为先。探今日之旨，宜先忠后孝。谨对。②

---

① 惟宗直本：《令集解》，《新订增补国史大系》卷23，吉川弘文馆1966年版，第646—647页。
② 《怀风藻 凌云集 文华秀丽 经国集 本朝丽藻》，《日本古典全集》第1回，日本古典全集刊行会1926年版，第188页。

问文要求主金兰就"忠孝先后"问题进行辨析，对文中大量引用了中国的孝子传说故事以说明对策观点。对文基于《孝经》"忠孝一如"思想进行立论，说明上代律令官人对中国思想文化的态度。

《经国集》卷二十（此卷为"策下"，卷十九"策上"已佚）所录策文大部分为奈良时代的时务策作品，对策时期大致为八世纪，这一时期正是令制的实施时期，所以对策者大多为无位者。

关于日本贡举制度史的研究本不是本书的目的。在了解了日本的贡举，乃至于试策制度的大致情况后，本书接下来将对奈良至平安时代的对策文进行综合考察。

第六章　日本古代对策文文献考述

文献整理是研究工作的第一步，文献整理的好坏直接关系到研究工作的成败。从文献整理的意义上说，对原文的整理、批评以及注释是文献学研究的基本阶段。具体地说，包括对文献的诸多存在版本（包括写本）进行搜集、编目，对文献的作者、撰者，成立年代等外部形态进行书志学意义上的考察，同时，在本文批评基础上制定文献的校本和定本，再对文献施之以详尽的注释等，为进一步对文献进行文学、文化研究打下了坚实的基础。本章从文献学研究角度，对现存的奈良平安时代的对策文文献进行基本整理分析。

第一节　奈良时代的对策文文献

当前，日本对策文研究方面的成果，主要集中在平安时代方略策研究方面。对于平安时代方略策的制作年代等，进行列表整理的工作已经见诸先行研究成果。[①] 需要指出的是，这些工作均是出于对日本古代学制研究的需要出发而进行的一些片段的、局部的整理和研究，尚缺乏基于版本基础上的本文批评以及注释等系统整理。因为种种原因，《经国集》卷二十所收的奈良时代的对策文文献仍然没有被进行系统的梳理，从而为进一步对对策文进行文学、文化研究造成了一定困难。

---

① 桃裕行：《上代学制的研究》，载《桃裕行著作集》（一），思文阁出版1994年版。

一 《经国集》与奈良时代对策文

奈良时代始于元明天皇迁都平城京的和铜三年（710），止于桓武天皇迁都长冈京的延历三年（784）。这一时期在日本文学、国语史上一般称为上代。奈良时代是日本古代律令制国家最为繁盛的时期。为了吸收中国文化，奈良朝统治者数次派出遣唐使节出使大唐，积极吸收唐风文化。① 在此背景下，律令制国家迎来了汉风文化极为发达的天平时代（文化史上，奈良时代又被称为天平时代）。

文化的繁荣离不开统治者的文化策略和文化激励措施。随着《大宝律令》（701）和《养老律令》（718 年颁布，757 年开始实施）的颁布实施，日本开始模仿唐制实行贡举选士制度。以儒家思想和理念作为核心价值观的贡举选士制度的实施，毫无疑问，客观上必然会促进儒家思想和观念在日本的传播。日本贡举与学制密不可分，通过大学寮及地方国学教育，律令制国家培养了大批精通汉学、儒学的专门人才。同时，如前章所述，设立大学寮文章科是日本贡举制度的独特发展形式之一。大学寮文章科的设置，客观上促进了这一时期的汉学，尤其是汉诗文的持续繁荣。

贡举制的实施，直至对策文体的确立，是近江奈良时代的汉诗文从发展到成熟的显著标志之一。贡举制对日本古代汉文学发展所起的积极作用是不言而喻的。如前所述，贡举制主要以儒家思想为主导，传播儒家理念，因此，作为与贡举考试直接相关的文体——对策文所体现的也主要是儒家的实用主义文学理念。收录奈良时代策文文献的唯一敕撰总集《经国集》，其书名便直接来源于魏文帝《典论·论文》"文章经国之大业，不朽之盛事"的说法。这一所谓"文章经国"思想也是儒家实用主义文学观的主要体现之一。作为三大敕撰汉

---

① 一般认为在 630 年至 894 年的 260 多年间日本共向中国派遣 16 次遣唐使，但亦有 18 次、15 次之说。详见木宫泰彦《日华文化交流史》，富山房 1955 年版；森克礼《遣唐使》，至文堂 1955 年版；东野治之《遣唐使船》，朝日新闻社 1999 年版。

诗文集之一的《凌云集》，其"序"亦以"魏文帝有曰：'文章者经国之大业，不朽之盛事。年寿有时而尽，荣乐止乎其身'"始。可见，《经国集》等收录上代汉诗文为主的敕撰集的编撰思想与贡举试策的指导理念已经达到了高度契合。

《经国集》，共二十卷，为良岑安世、南渊弘贞、菅原清公、安野文继、安部吉人等奉淳和天皇之命于天长四年（827）编撰而成。据《经国集·序》"自庆云四年，迄于天长四载"之记载，可知该集收录了自庆云四年（707）至淳和天皇天长四年（827）共一百二十一年间的汉诗文。据序文记载，所收作者、作品包括"作者百二十七人。赋十七首，诗九百十七首，序五十一首，对策三十八首"。《经国集》原文大部散佚，现仅存卷第一、第十、第十一、第十三、第十四、第二十六卷。现存六卷包含九十六人的作品，其中赋十七、诗二百十、对策二十六。从《经国集》所存诗文来看，诗主要以五言、七言为主（五言九十二首，七言七十五首，杂言四十三首）。除了诗赋以外，比较引人瞩目的是卷二十"策下"（据此判断，散佚的卷十九当为"策上"，收录对策文十二首）所收的二十六首对策文，为目前所存的唯一的奈良时代的对策文文献。对于研究奈良时代的贡举试策制度等具有极为重要的文献参考价值。

二　奈良时代对策文概况

奈良时代的对策文[①]主要收录在《经国集》卷十九、二十两卷中，其卷十九当为"策上"，收录对策文十二篇（《经国集》目录称"首"，本章在行文时统称为"篇"），卷二十为"策下"，收入对策文二十六篇。前面已经指出，由于《经国集》卷十九已经散佚，我们现在所能见到的对策文文献仅剩下卷二十所收录的二十六篇对策文。

---

① 《经国集》所收对策文最早作于庆云四年（707），早于平城京迁都的710年3月，严格意义上说，称"近江奈良时代对策文"更为准确。——作者注

《经国集》卷二十"目录"① 列出了这二十六篇对策文的作者等信息，现抄录如下。

> 经国集卷二十目录
> 策下
> 骏河介正六位上纪朝臣真象对策文二首
> 正六位上伊势大掾②栗原连年足对策文二首
> 正六位上行石见掾道守宫继对策文二首
> 散位寮大属正八位上勋十二等大日奉舍人连首名对策文二首
> 百济君倭麻吕对策文二首
> 刀利宣令对策文二首
> 主金兰对策文二首
> 下毛③虫麻吕对策文二首
> 葛井诸会对策文二首
> 白猪广成对策文二首
> 船连沙弥麻吕对策文二首
> 藏伎美麻吕对策文二首
> 大神直虫麻吕对策文二首

在《经国集》卷二十所收对策文中，明确标注对策年月日的有纪真象对策文二首，对策于天平宝字元年（757）十一月十日；栗原年足对策文二首，对策于延历二十年（801）二月二十五日；道守宫继对策文二首，对策于延历二十年（801）二月二十六日；百

---

① 本目录底本据《日本古典全集》第1回所收《经国集》，日本古典全集刊行会1926年版，下同。
② 底本写作"椽"，当为"掾"之误。掾：《文选·颜延年〈祭屈原文〉》："乃遣户曹掾某，敬祭故才楚三闾大夫屈原之灵。"
③ 底本目录写作"野"，内文改为"毛"，据内文改之。

济君倭麻吕对策文二首，对策于庆云四年（707）九月八日；葛井诸会对策文二首，对策于和铜四年（710）三月五日；船连沙弥麻吕对策文二首，对策于天平三年（731）五月八日；藏伎美麻吕对策文二首，对策于天平三年五月八日；大神直虫麻吕对策文二首，对策于天平五年（733）七月二十九日，共计十六篇。其中，栗原年足和道守宫继的对策时间在平安京迁都十余年之后，当属于平安初期。因此，本章在统计时，把这四篇对策文归为平安初期的作品。

除此之外，尚有十篇对策（分别为大日奉首名对策文二首，刀利宣令对策文二首，主金兰对策文二首，下毛虫麻吕对策文二首以及白猪广成对策文二首）的对策时间不明。据小岛宪之氏考证，除了大日奉首名的对策外，另外四首的对策时间当在养老年间。①

至此，《经国集》所收对策文中，不能确定对策年代的仅剩下"大日奉首名对策文二首"。小岛宪之氏指出其与栗原年足和道守宫继对策时间相同，为延历二十年（801）②，但小岛氏之说不知所据。在另一篇文章中，小岛氏又指出：与《本朝文粹》卷三所收对策文一样，平安时代的对策文文献，当保留有策问者姓名、官职以及策试题目等信息。而《经国集》成书于827年，收于集中的奈良时代对策文的策问者姓名、题目等因年代久远已经散佚［平安官人の対策文には、本朝文粋（巻三）所収の例と同じく、策問者の官職姓名と題名とが見える。経国集編纂の際には、奈良朝官人の策問者名・策題は既に失われていたものであろう］。③

实际上，《经国集》卷二十著录对策文的编排顺序，最先纪真象

---

① 小岛宪之：《上代日本文学与中国文学——以出典论为中心的比较文学考察》（下），塙书房1965年版，第1423页。
② 小岛宪之：《上代日本文学与中国文学——以出典论为中心的比较文学考察》（下），塙书房1965年版，第1423页。
③ 小岛宪之：《国风暗黑时代的文学》（上），塙书房1968年版，第230页。

的两首为奈良时期（757），接下来为栗原年足和道守宫继，对策于平安初期（801），接下来为大日奉首名和百济倭麻吕的对策，百济君倭麻吕对策于707年。据此，卷二十的作品收录年代形成了奈良→平安→奈良……这样一个不按年代顺序的编排模式，略显凌乱。《经国集·序》云："人以爵分，文以类聚。然年代远近，人文存亡，搜而未尽，阙而俟后。"可见，编撰之初，《经国集》的编撰者们似乎已经忽略了所收作品的年代顺序问题。这样的编排顺序与其他各卷所收诗文多不按年代排序一样，并非为卷二十的特例。从这一意义上说，所谓由于策问者信息散佚而造成不按年代顺序编排的观点似乎也并不完全准确。

但是，我们仍然可以根据所存的有关对策者的叙位等信息推断出大日奉首名对策的大概时间。首先，根据小岛氏的推断，从无策问者信息和题目来看，当属奈良时期的作品无疑。其次，从目录"散位寮大属正八位上勋十二等大日奉舍人连首名"这一对策者的位阶看，与757年对策的纪真象类似，而区别于集中所收其他奈良时代的对策文作品。因此，大日奉首名的对策时间当与纪真象对策时间相当，至迟不会晚于纪真象对策时间。据此，可以推断大日奉首名的对策时间大概在757年至奈良末期。

根据以上对各对策时间的推定，对保存在《经国集》残卷卷二十"策下"中的对策文文献以对策先后顺序进行列表整理（见表6-1）。《经国集》收录对策文除了栗原连足和道守宫继的四首平安时代的对策文外，均无策题。为了统一，本章采用了王晓平为它们拟定的题目。①

关于日本贡举的试策科目，《考课令》规定，秀才试"方略策二条"，进士试"时务策二条"。《经国集》所收对策文，究竟属于时务

---

① 王晓平：《日本奈良时代对策文与唐代试策文学研究》，《中西文化研究》2009年第12期，第84页。

策还是方略策，历来说法不一，① 故列表时省去此项，本书将在其他章节再作讨论。另外，表6-1中所列第一条，第二条的顺序，以《经国集》著录的先后顺序为准。

表6-1　　　　《经国集》所收奈良时代的对策文

对策（年月日）		策文作者		对策题目		典据资料
阳历	年号	对策者	问头	第一条	第二条	
707	庆云四年九月八日	百济君倭麻吕	不详	鉴识才俊	精勤清俭	《经国集》卷二十
711	和铜四年三月五日	葛井诸会	不详	学习之理	刑辟之旨	《经国集》卷二十
717—723	养老年间	刀利宣令	不详	设官分职	宽猛之要	《经国集》卷二十 小岛宪之《上代日本文学与中国文学》（下）
		主金兰	不详	孝忠先后	文质之义	
		下毛虫麻吕	不详	惩治不义	周孔儒释异同	
		白猪广成	不详	礼乐之用	李孔精粗	
731	天平三年五月八日	船连沙弥麻吕	不详	赏罚之理	郊祀时令	《经国集》卷二十
	天平三年五月八日	藏伎美麻吕	不详	郊祀时令	赏罚之理	
733	天平五年七月二十九日	大神直虫麻吕	不详	礼法两济	劳逸之术	《经国集》卷二十
757	天平宝字元年十一月十日	纪真象	不详	制御新罗	书契文字	《经国集》卷二十
	奈良时代后期	大日奉首名	不详	文道武略	信义立身	据笔者考证

---

① 柿村重松认为，除了纪真象对策二首，其他均为时务策。小岛宪之氏反认为柿村说不确，据小岛说，纪真象对策二首当属时务策，而白猪广成对策则应属于方略策。详见柿村重松《上代日本汉文学史——以出典论为中心的比较考察》（下）；小岛宪之《上代日本文学与中国文学》（塙书房1966年版，第1422—1423页）等。

第二节 平安时代的对策文

一 平安时代对策文文献特征

与奈良时代相比,平安时代的对策文文献保存相对完整,主要表现在:第一,平安时代的对策文完整地保存了对策者和问头博士等相关信息。不同于收录在《经国集》中的奈良时代的对策文,无论是收录在《本朝文粹》中的平安前、中期对策文还是收录在《本朝续文粹》中的平安后期对策文,都很好地保存了问头博士和对策者的信息,包括位阶信息,这为今天的对策文研究提供了诸多可资参考的资料。第二,平安时代对策文的对策年月都可以通过现存的文献资料进行查询。尽管通行的《本朝文粹》《本朝续文粹》等各版本在收录对策文时大多不标注对策的具体年月日。但是,我们仍然可以通过记录当时贡举试策情况的文献资料,如《类聚符宣抄》《三代实录》《桂林遗芳抄》《公卿补任》等文献中有关贡举的记载中了解对策文的详细对策年月等信息。第三,收录平安时代对策文的总集、私家集等诸多文献,无论是在版本还是在文献的校录整理上,都显著优于《经国集》,例如,《本朝文粹》所收对策文,先后有柿村重松[1]、大曾根章介[2]等的注释、校录本。尤其是柿村重松氏的《本朝文粹注释》,对所收平安前中期十三篇对策文进行了较为详细的注释,对研究平安前中期的对策文具有较高的参考价值。大曾根章介等的校录本吸收诸家之长,到目前为止,该本为《本朝文粹》较为详尽的校录本。

平安时代的对策文除了收录于《本朝文粹》《本朝续文粹》《都氏文集》《菅家文草》等总集或私家集,还有一些对策文,虽然文献未保存下来,但是我们可以通过一些记录当时试策情况的文献中得知

---

[1] 柿村重松注:《本朝文粹注释》,内外出版株式会社1922年版。
[2] 大曾根章介、金原理等校注:《本朝文粹》,《新日本古典文学大系》卷27,岩波书店1996年版。

包括对策年月和策题等在内的相关信息，这也是平安时代对策文在文献方面不同于奈良时代对策文的一个重要方面。虽然这些对策文没有被保存下来，但是，我们根据记录当时试策情况的文献以及保留下来的策题等相关信息，并结合现存的对策文文献，对平安时代的试策情况进行更加详细系统的研究，因此，对这一类对策文的整理也是十分必要的（如表6-2所示）。

平安时代对策文文献的另一个特点是一些"策判""改判"等申文文献的存在。《都氏文集》《朝野群载》中保留了都良香等人的"策判""改判"等有关试策的文献，这些文献对于研究平安时代贡举制度的实施及变革情况以及对于考察平安时代对策文的文体特征等提供了宝贵的参考资料，因此有必要对这一部分文献进行整理和研究。

二 平安时代对策文文献状况

前面已经提到，平安时代的对策文文献保存相对较为完整。除了《经国集》所收栗原年足、道守宫继四篇外，还包括《都氏文集》卷五（策问八条，对策二条），《菅家文草》（策问八条，对策二条），《本朝文粹》卷三（策问、对策各十三条），《本朝续文粹》卷三（策问、对策各十二条），《朝野群载》卷十三（策问、对策各三条，其中一条与《本朝续文粹》重复）。另外，由于对策及第与否的判定标准是以两条试策综合考量的，因此，两条对策文被完全保全下来的文献尤其重要。考察平安时代的对策，两条对策文被完全保全的分别为：菅原清公问、栗原年足对《天地始终》《宗庙禘祫》；菅原清公问、道守宫继对《调和五行》《治平民富》；春澄善绳问、都言道对《神仙》《漏刻》；都良香问、菅原道真对《明氏族》《辨地震》；菅原辅正问、大江举周对《辨耆儒》《详循吏》；藤原实范问、菅原清公对《辨牛马》《详琴酒》；藤原明衡问、藤原有信对《明城市》《辨舆辇》；藤原敦光问、菅原宣忠对《通书信》《得宝珠》共计八例十

第六章　日本古代对策文文献考述

六条策文。下面对平安时代的对策文文献进行列表整理（参见表6-2），确定对策年月所据资料以"典据资料"列出。

表6-2　平安时代对策文

对策（年月日）		策文作者		对策题目		典据资料（备注）
阳历	年号	对策者	问头	第一条	第二条	
801	延历二十年	栗原年足	菅原清公	天地始终	宗庙禘祫	《经国集》卷二十
801	延历二十年	道守宫继	菅原清公	调和五行	治平民富	《经国集》卷二十
869	贞观十一年	都言道	春澄善绳	神仙	漏刻	《桂林遗芳抄》等
870	贞观十二年	菅原道真	都良香	明氏族	辨地震	《菅家文草》卷八
873	贞观十五年		都良香	僧尼戒律	文武材用	《类聚符宣抄》
874	贞观十六年		都良香	决群忌	辨异物	《类聚符宣抄》
	贞观年间		都良香	分别死生	辩论文章	《都氏文集》卷五
881	元庆五年		菅原道真	音韵清浊	方伎短长	《公卿补任》
883	元庆七年		菅原道真	叙浇淳	证魂魄	《外记补任》
883	元庆七年		菅原道真	通风俗	分感应	《三代实录》
886	仁和二年	藤原春梅	三善清行	立神祠		《类聚符宣抄》
892	宽平四年		菅原道真	明仁孝	辨和同	《菅家文草》卷八
908	延喜八年	菅原淳茂	三统理平		鸟兽言语	《类聚符宣抄》
922	延喜二十二年	大江朝纲	藤原博文		论运命	《公卿补任》
949	天历三年	大江澄明	橘直干		辨山水	《类聚符宣抄》
963	应和三年	秦氏安	村上天皇		辨散乐	《本朝文粹》
979	天元二年	大江匡衡	菅原文时	寿考		《江吏部集》
987—988	永延年间	纪齐名	纪淑言	陈德行		《朝野群载》
		大江以言	藤原惟贞	详春秋		《朝野群载》
998	长德四年	藤原广业	弓削以言	松竹		《公卿补任》
1001	长保三年	大江举周	菅原辅正	辨耆儒	详循吏	《本朝文粹》
1032	长元五年	藤原明衡	藤原国成	辨贤佐		《桂林遗芳抄》
1035	长元八年	藤原正家	藤原明衡	辨关塞		《本朝续文粹》

续表

对策（年月日）		策文作者		对策题目		典据资料（备注）
阳历	年号	对策者	问头	第一条	第二条	
1035	长元八年	菅原清公	藤原实范	辨牛马	详琴酒	《本朝续文粹》
1057	天喜五年	菅原是纲	藤原明衡	江湖胜趣		《本朝续文粹》
1063	康平六年	藤原有信	藤原明衡	明城市	辨舆辇	《朝野群载》
1079	承历三年	藤原广纲	藤原敦基		辨论渔猎	《本朝续文粹》
1090	宽治四年	藤原友实	菅原在良		野泽佳趣	《中右记》
1094	嘉保元年	大江匡时	菅原在良		述行旅	《本朝续文粹》
	天永二年前	花园赤恒	纪贯成	详和歌		据本人考证
1114	永久二年	藤原资光	藤原敦光	乡国土俗		《朝野群载》
1130	大治五年	菅原宣忠	藤原敦光	通书信	得宝珠	《中右记》

由表6-2可知，现存的平安时代的对策文共四十六条，除去其中仅存有策问文的十三条，策问文和对策文同时存在的为三十三条，可以说在数量上并不算多。

有文献可考的平安时代的试策始于延历十七年（798），止于嘉应二年（1170）。《续日本后纪》承和九年十月十七日条和《公卿补任》正治二年条分别提到了这两次试策情况，由于策问文和对策文均不存，有关这两次试策对策文的详细情况我们不得而知。可以推断的是，在798年至1170年的372年间，所进行的试策要远远多于今天我们能够看到的对策文数量。除了上表列出的以外，大量的对策文文献已经散佚。

虽然对策文已经失传，但是我们仍然能够根据一些文献记载，了解一些当时的试策情况。表6-3根据文献整理出了平安时代试策中存目的一些对策文情况，以便对了解当时的试策情况提供参考。

表 6-3　　　　　　　　　　平安时代存目的对策文

对策（年月日）		策文作者		对策题目		典据资料（备注）
阳历	年号	对策者	问头	第一条	第二条	
845	承和十二年	大江音人		三玄同异	五禽导引	《公卿补任》
860	贞观二年	御船助道	大江音人	辨星辰	通变化	《二中历》"方略"
948	天历二年	失田部陈义	橘直干	辨廉清	详群□	《贞信公记抄》、《桂林遗芳抄》等
949	天历三年	大江澄明	橘直干	明史官		《日本纪略》
1005	宽弘二年	藤原资业		君臣好文	野乐业	《公卿补任》
1075	承保二年	大江通国	藤原正家	叙风云	论笔砚	《朝野群载》卷十三
1107	嘉承二年	藤原伊通	藤原敦宗	才子论说	妓女美貌	《朝野群载》卷五
1111	天永二年	藤原有业	藤原敦光	施惠	养性	《中右记》
1114	永久二年	菅原清能	藤原永实	详庖厨	叙仓库	《中右记》
1118	元永元年	藤原国能	藤原敦光	论华实	辨试听	《中右记》
1118	元永元年	大江匡周	菅原时登	评文字	叙射法	《朝野群载》卷十三
1130	大治五年	藤原范兼	藤原宗光	褒扬明时	以序贤才	《长秋记》
1139	保延五年	藤原俊经	藤原茂明	备贡策	酬恩德	《公卿补任》
1144	康治三年	藤原俊宪	藤原茂明	晓夜景色	邻里土俗	《公卿补任》

从表 6-3 可以看出，在已经散佚的平安时代的对策文文献中，可以通过《公卿补任》《二中历》《贞信公记抄》《中右记》等确定"策题"的对策文共有十四条。其中天历三年（949）橘直干问、大江澄明对《明史官》对策文与《本朝文粹》卷三所收《辨山水》策共同构成大江澄明试策的两条对策文。另外，值得注意的是，在存目的十四条对策当中，策题内容可谓广泛，从《详庖厨》《叙仓库》到《才子论说》《妓女美貌》等都在试策的出题范围之内。这也从另一方面说明了平安时代，尤其是平安后期，日本的贡举试策已经偏离了其本来的"轨道"，开始越来越靠近"文学"，当然，这与平安后期贡举制的"形骸化"也是一脉相承的。

三 平安时代的"策判"

日本贡举制试策"二条"的规定,已经见诸前文,而对于两条试策及第与否的判定基准,《养老令·考课令》中亦有详细的规定,兹录于下。

> 文理俱高者,为上上。文高理平、理高文平,为上中。文理俱平,为上下。文理才粗通,为中上。文劣理滞,皆为不第。①

可见,对试策的判定是以"文""理"的优劣为基准的,根据文理的优劣划定了上上,上中,上下,中上,不第五个等级,二条综合评定得"中上"以上者为及第。

在现存的平安时代的有关对策文文献中,《都氏文集》卷五和《朝野群载》卷十三分别收入了三条,合计共六条"策判",其中《都氏文集》所收"评定荫子从八位上长统朝臣贞行时务策文第事化俗教民"为仅存的时务策的策判,为我们了解进士科时务策提供了宝贵的信息。而另五条秀才科方略策的判例,则为我们提供了策判从"文""理"两方面进行及第判定的详细标准。需要指出的是,这五条策判均判定所评对策文为"中上",也即是及第。实际上,虽然《考课令》规定了"中上"以上尚有上上,上中,上下三级,但是从保存下来的策判分析,得上上、上中,甚至上下的例子几乎没有,试策评判标准之严格,由此可见一斑。另外,除了告诉我们当时试策评定的相关信息外,"策判"对于考察平安时代对策文的文体特征也具有极高的参考价值。下面把《都氏文集》卷五和《朝野群载》卷十三所收策判集录如下。

---

① 惟宗直本:《令集解》,《新订增补国史大系》卷24,吉川弘文馆1966年版,第645页。

第六章 日本古代对策文文献考述

评定文章得业生正六位下行下野权掾菅原对文事

明氏族　辨地震

今按所对，初条云："余是荆安之族，源出由余；余则颍川之人，说通应劭"。案《姓氏谱》云："余氏者夏少康之苗裔。越王勾践子聚，为顾余侯。其后子孙相分，或为顾氏，或为余氏，余氏宗族多在汝南。历代以来，文字讹谬。在北正存余氏，向南误为余氏。"而对文偏寻秦卿由余之本，未辨夏胤变余之疑。遂分余余之一枝，误为疏隔之二族。又云："射鸿胪之后，出自汉季而育三辅；谢灵运之先，出陈留而流千载。"案《三辅决录》注："射援扶风人，其先本姓，与北地谢同族。世祖谢服为将军出征，天子以谢服非令名，改为射，子孙氏焉。"遂有前谢后射，然则谢服射援，其族同，故别以前后。至于谢咸灵运，其定既殊，谁疑其同异？读问置对，岂如此乎？又水龚当作聋，鸣铲亦为胪。凡词人之用思也，必须前后相承，定其区致。若理失通允之次，则文无依托之方。至如后条所引，"时岂泰而安之哉？计不可以得已也"之句，可谓客居一处，不得其偶者也。又寓言海水，难得游鬼之谈；探迹幽荒，未能枭禽之怒。理窟难究，空疲五大山之往还；思风妄吹，徒苦六万岁之交戴。又所引念佛三昧经及大智论，只举六踊六使之体征，不分各六合三之姻缘。又问头之中，脱落名字。况亦病累频发，乖违格律。然而但识词章，其体可观。准之令条文乎（为"文"之误，与下文"理"接）。理粗通，仍置之中上。①

这条策判为都良香评定菅原道真《明氏族》《辨地震》的判文，作为两条从策判到策问文、对策文均存的对策文献之一，其为考察平安时代的方略策在策题、对策和评价等方面提供了宝贵资料。《都氏

---

① 中村璋八、大塚雅司校注：《都氏文集全释》，汲古书院1988年版，第196—198页。

文集》所收另一条策判为"评定文章生从七位上菅野朝臣惟肖对策文第事",为都良香评定菅野惟肖《分别生死》《辩论文章》对策文等第的判策:

> 评定文章生从七位上菅野朝臣惟肖对策文第事
> 分别生死　辩论文章
> 今校所对,颇有疏谬。问云:"去无之有,假何物以为基桢?"对云:"精媾阴阳,非无往诰。"今案对文,虽知男女阴阳之感,不详父母基桢之说。又问云:"自有还无,指何处以为桑梓?"对云:"魂归泰狱,自有前言。"今案张华说,泰山者知命长短,召其魂灵。未闻人之始生从泰山来,已非其所来,何知其还?案人之死也,化穷数尽,反素复始。孟坚复宜之谈,近是得之。今若所对,宁以泰山为故乡乎?泰山之府非故乡。又对云:"有无之辨,孔父秘而罕言。"今案此文,甚非通允。何者?孔子雅命于天,不言所由。但若死生之说,有无之辨,说之详矣。而今称孔父秘而不言,非夫子之本意。又周礼之教,唯发化者去衡尽之谈,不论死生轮回之理。故邢邵云:"人死还生,恐为蛇画足。"而对云:"昔识尚存,后身可托。"既谬其对,亦非其理。又云:"今欲不建丘陇,不设奠祭。"而对文徒论祭祀明验之由,不辨丘陇追思之地。又问云:"两班文学之苑,一种共春。"对云:"班彪著书之业,班固继而易成。"今案刘勰云:"旧说以为固为优彪",然则两班词采,既有先谈。而对文妄引修史之事实,失所问之旨。又案《北齐书》,邢子才与温子升,为文士之冠。世论谓之温邢。又案《隋书·史论》"庐思道居薛道衡之右"。而今对文,温邢庐薛,无所升降。又玄猿漏卮之文,先贤呼为名作;白鸥水砲之词,往彦未有推论。而对文混为一类,不分清浊。又对云:"江南河朔,轻重系乎时",比校下句,时上脱字。又枚马之枚,误作牧字。又宫商误为商商。凡作文之体,自有定

准。其开发端绪,陈置大纲。必须豫论物理,暗合题意。起文于此,会理于彼。取上事以证下事,论后义以足前义。若失比例,体势差爽。而第一策文,发音首词,叙事缀虑,不依题意。虽辛苦于翰墨,而寂寥于事由。作者之病,可谓弥留。亦言贵在约,文不敢多。善合者为难,过繁者为易。而今自谦之词,极为冗长。加之两条之中,闻辞重生。骈枝有损于翰林,附隶不除于文体。况亦病累相仍乖调律。总而论之,二条之中,十六征(原文作微)事,其通着多,其略者少。长短相辅,文理粗通。仍准令条,处之中上。①

值得注意的是,《都氏文集》卷五所收"评定荫子从八位上长统朝臣贞行时务策文第事化俗教民"的策判,据笔者管见,此为仅存的时务策的策判,为我们了解进士科时务策提供了宝贵的信息。

> 评定荫子从八位上长统朝臣贞行时务策文第事
> 化俗　教民
> 今捡所对,导齐桓于淳源,参汉文于霸道。又问头之中,变诸作论。如此之类,可谓纰缪。例之虽教民之宜,颇得其术。而化俗之理,既违其方。准之令条,当为不第。谨案国家之制,文章得业生。及至于进士,独设二科。因兹倾年者,此业者徒有点额之愁,未见奋鳍之势。今贞行之对,推之甲乙,险而难登;设有丙丁,跂而可及。②

《朝野群载》卷十三收录策判三条。这三条策判为平安后期的判例,与都良香策判不同的是,这三条策判虽然也都从"文""理"两方

---

① 中村璋八、大塚雅司校注:《都氏文集全释》,汲古书院1988年版,第203—207页。
② 中村璋八、大塚雅司校注:《都氏文集全释》,汲古书院1988年版,第211—212页。

面出发，对对策文进行评价，但要比都良香策判简略得多。其第一条为元永元年（1118）菅原时登评大江匡周《评文字》《叙射法》策判。

> 评文章得业生正六位行能登大掾大江朝臣匡周对策文事合二条
> 评文字　叙射法
> 今评件策，多达问意，偏对浮词。上条鸡凤比譬之士仅通。姓犹暗名。衣裙数行之文。不答今，亦非古。况亦胡昭揩模，王平识量。无分其主，不明其业。下条河鱼为桥，野草立崖之句。指学海而难究，涉书林而远通。汉天燕雀，便是云表之飞雁也；魏朝两狐，岂方山之胜形哉？徒称管见，而迷氛蒙。空振华词而忘义实，博辨之士岂如斯乎？然而继祖业兮及十代，答征（原作"微"）事兮通半分。缀文之体，家训有踪。准之令条，粗得义理。仍处丁科。①

第二条为永平二年（932）藤原敦光评藤原资光《乡国土俗》《镜扇资用》策判。

> 评文章得业生正六位上行能登少掾藤原朝臣资光策文事　合二条
> 乡国土俗　镜扇资用
> 今评件策，颇乖问意。虽述乡国，土俗之义惟疏。虽辨镜扇，资用之理犹少。加以音韵错乱，点画不正。但谓父祖之儒业，既奕四代。通十六征（原作"微"）事，今及半分。缀文之体，词华可观。仍处于丁科。②

---

① 近藤瓶城编：《朝野群载》，《改定史籍集览》第18册，临川书店1959年版，第289页。

② 近藤瓶城编：《朝野群载》，《改定史籍集览》第18册，临川书店1959年版，第290页。

第三条为康平六年（1063）藤原明衡评藤原有信《明城市》《辨舆辇》策判。

> 评文章得业生正六位上丹波大掾藤原朝臣有信对策文事合二条
> 明城市　辨舆辇
> 今评件策，应对之旨，多违问意。徒饰烟霞之词，不陈罗缕之义。博学之人，岂如斯乎？但病累虽痊，难忘越人□鍼（鍼音"针"）之术；文章可睹，颇惯蜀女织锦之功。征（原作"微"）事十六，已通半分。准之甲令，可为丁科。①

以上，列出了平安时代的策判。在这些策判中，有三条都提到了"征事"且原文中均写作"微"，据先行研究可知，此处的"微"当作"征"，盖为形近而讹（"徵""微"形似）的一个用例。关于对策文"征事"的说法，因与本书第七章"对策文的形式体制"相关内容，在此仅作问题提出，详细讨论参阅第七章。

另外需要特别指出的是，这里仅将"策判"作为策文判定的文献资料集录于此，对于其内容的探讨以及在考察对策文文体方面的作用将在以后章节中陆续进行。

第三节　《经国集》对策文诸本考说

现存对策文文献中，平安时代的对策文，无论是在文献整理还是在学术研究方面都要明显优于奈良时代的对策文。收录平安时代对策文的两部主要文学总集《本朝文粹》和《本朝续文粹》，都有较好的整理本，尤其是《本朝文粹》，不仅有较完备的整理本，详尽的注释

---

① 近藤瓶城编：《朝野群载》，《改定史籍集览》第18册，临川书店1959年版，第291页。

本也早已问世。① 在试策研究方面，平安时代的试策研究同样先于奈良时代，已经取得了相当丰硕的成果。

试策研究需要有连贯性、整体性，从这一意义来说，当前加强对奈良时代对策文的整理与研究显得尤为重要。本节首先对收录奈良时代对策文的《经国集》的诸版本加以考说，接下来，就奈良时代对策文文献考释中的相关问题进行例说，以期为进一步的对策文研究打下扎实的文献基础。

一 《经国集》主要抄本及其在对策文校录中的作用

对于《经国集》，本章第一节已经做了概说。这里需要重申的是，作为保存奈良时代对策文的唯一版本，其在奈良时代试策研究中的文献价值是极为重要的。《经国集》（卷二十，"策下"）收录奈良时代共十三人对策文二十六条，其中策问二十四条（"藏伎美麻吕"与"船连沙弥麻吕"对策的策问相同），对策文二十六条。前文已经指出，由于《经国集》卷十九的散佚，另外十二条对策文的原貌今天已无从知晓，因此《经国集》残卷卷二十"策下"所收作品成了我们今天研究奈良时代试策文学唯一可资参考的文献，尤显珍贵。

现存《经国集》的诸多版本中，写本众多，其中重要的写本有京都上贺茂神社三手文库本、内阁文库庆长御本、静嘉堂文库胁版本三种，其中，京都上贺茂神社三手文库本（图6-1）内容最善，不失为《经国集》校勘中的一个善本。该本卷二十题跋曰："一校了，康永第二之历夷则初七之夕也。"卷一末亦附有"此书莲华王院宝藏之本也"以及契冲"元禄十一年四月十七日此卷写竟……"之跋文，书末更附有"同年八月十六日以契冲阇梨之本写校并讫摄之江南住岑栢"等记载，该本为据松下见林本所写，并与原文处加点，与另外两

---

① 柿村重松注：《本朝文粹注释》，内外出版株式会社1925年版。

个抄本内阁文库庆长御本、静嘉堂文库胁版本基本属于同一系统。

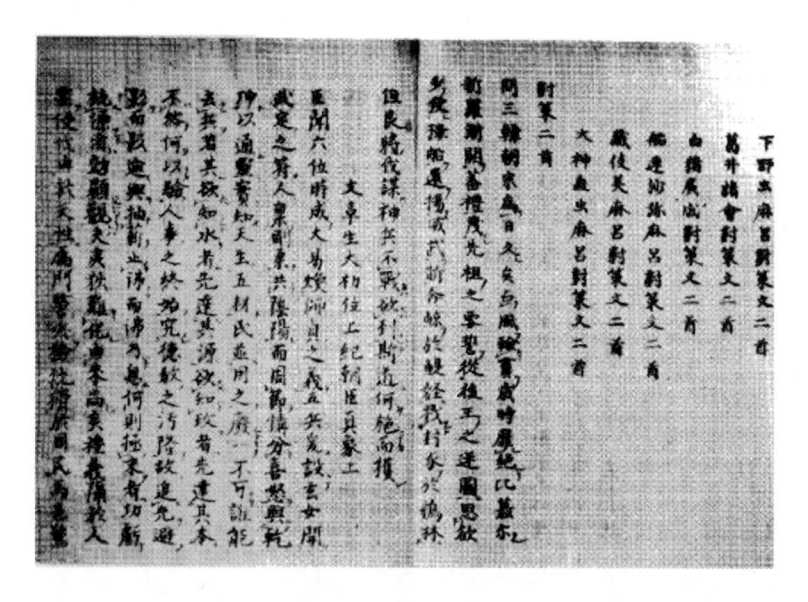

图6-1　京都三手文库本《经国集》卷首

前面已经提到，三手文库本为现存的《经国集》的少数善本之一，其在奈良时代对策文文献的校雠整理中具有极高的参考价值。下面从三个方面分别举例说明：首先，三手本在纠正其他版本的错字等方面可以提供参考。天平三年（731）五月八日船连沙弥麻吕"赏罚之理"对策文中"虞舜征用，举元凯而窜四凶；姬旦摄机，封毕邵而讨二叔"一句中的"征"字，"古典全集本"和"群书类从本"作"微"。原文中的"毕"字，无论是"群书类从本""古典全集本"还是"文学大系本"均作"皋"，根据文意，"微"和"皋"显然不正确，属于写本校雠中常见的"形近而讹"（"征""毕"的繁体字"徵""畢"与"微""皋"字形相近）的例子。但是这两个字在三手本（包括三手本同系的内阁文库本）中则书写正确。类似的例子还有很多，可以说三手本在校勘上明显要优于群书类从本为代表的所谓通行本。其次，通行本中的一些漏字亦可以通过三手本进行补正。同为船连沙弥麻吕“赏罚之理”对策文的策问文中“或有辜而可赏者，或有功而可辜也”的第二个“而”字为根据三手本所补，通行的三个版本均阙此字。根据对策文对偶的原则，阙“而”字显然不确，文意亦不通。最后，在校正通行本的错简、误植等方面，三手本同样可兹参校。仍以船连沙弥麻吕“赏罚之理”对策文为例，“群书类从本”在“举元凯而窜四凶”的“元”“凯”之间混入了十五行（见图6－2所示）白猪广成的对策文，“古典全集本”和“校注日本文学大系本”对于群书类从本的混入不做改正，原样照录。

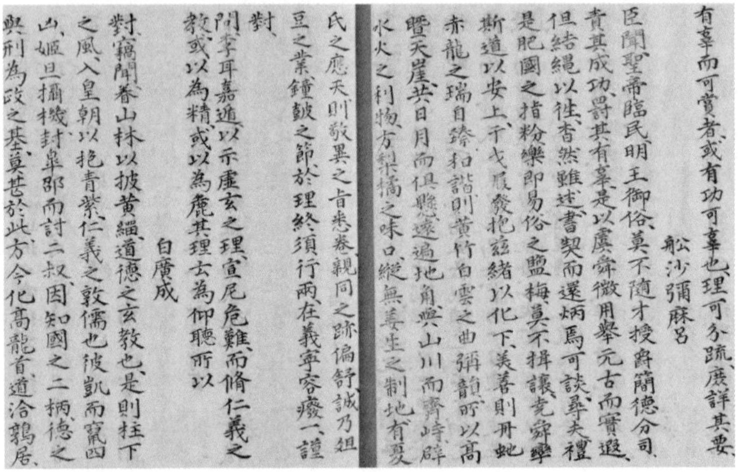
有辜而可賞者、或有功可辜也、理可分疏、庶詳其要、
船沙彌麻呂
臣聞、聖帝臨民、明王御俗、莫不隨才授爵、簡德分司、
責其成功、罰其有辜、是以虞舜徵用、舉元古而實遐、
但結繩以往、杳然難述、書契而還、炳焉可談、尋夫禮
是肥國之指粉、樂即易俗之鹽梅、莫不揖讓堯舜、孿
斯道以安上、干戈屢發、抱慈緒以化下、美善則冉蚍
赤龍之瑞自臻、和諧則黃竹白雲之曲彌韻、所以高
曁天崖、共日月而俱懸、遂遍地角、與山川而齊峙、辟
水火之利物、方梨橘之味口、縱無養生之制、地有爰
氏之應天、則敬異之旨悉眷、親同之跡偏舒、誠乃俎
豆之業、鍾鼓之節、於理終須行兩、在義寧容廢一、謹
對、
問、李耳嘉遁、以示虛玄之理、宣尼危難、而脩仁義之
教、或以為精、或以為麁、其理安為、仰聽所以
白廣成
對、竊聞、眷山林以披黃緇、道德之玄教也、是則柱下
之風、入皇朝以抱青紫、仁義之敦儒也、彼凱而竄四
山、姬旦攝機、封阜邵而討二叔、因知國之二柄、德之
與刑、為政之基、莫甚於此、方今化高龍首、道洽鶉居、

图6－2 《群书类从》船连沙弥麻吕“对策文”

注：从右页第四行第十七字“古”到左页第八行第十六字“彼”，计十五行为混入的白广成策文。

通过以上分析可知，在诸多《经国集》的抄本中，京都三手文库本在奈良时代对策文文献的整理中具有极高的参考价值。小岛宪之氏在《上代日本文学与中国文学》“对策文”中指出，三手文库本的原文为诸本之善，在通行本原文校订方面具有重要的参考价值。①

① 小岛宪之：《上代日本文学与中国文学——以出典论为中心的比较文学考察》（下），塙书房1965年版，第1441页。

二 《经国集》通行本与奈良时代对策文研究

除了以上三个重要的写本，由塙保己一编撰的古文献丛书《群书类从》（见图6-3）卷百二十五亦收录《经国集》残卷共六卷。由于《群书类从》收集古文献全面，分成神祇、帝王等二十五个部类，易于查找，在日本古文献保存方面具有重要的意义。小岛宪之在分析上代散文包括对策文时，多以其为底本。但是《群书类从》所收对策文，如前文所述，对于原文的许多错讹之处并没有校订，不乏令人遗憾之处。

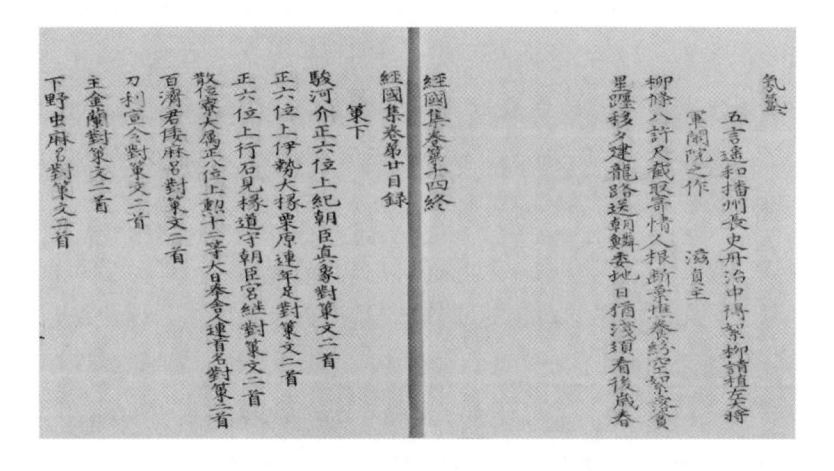

图6-3 明治八年版《群书类从》所收《经国集》卷二十目录

另外两部通行的《经国集》版本一为与谢野宽、正宗敦夫等编纂，日本古典全集刊行会于大正十五年（1926）刊行的《日本古典全集》第一回刊行本，其中收录了《怀风藻》《凌云集》《文华秀丽集》《经国集》以及《本朝丽藻》五部平安时代初期编撰的汉诗文总集。据集前"解题"可知，该书以"群书类从本"为底本进行编撰，并申明"加注ィ号者为塙保己一附注的直接引用"，加"云云"者为编者的"补注"等。尽管编者声明加入了"补注"部分，但是考诸原文，实际上，至少卷二十对策文部分并没有加入编者的"补注"部分，基本可视为据《群书类从》本的录本。

在"日本古典全集本"出版不久，国民图书株式会社于昭和二年（1927）编辑发行了《日本文学大系》第二十四卷，该书同样收录《经国集》卷二十中的对策文。虽然同样以"群书类从本"为底本，但与"古典全集本"不同的是，"文学大系本"除了在原文中直接征引塙保己一的附注外，亦对其中的疏漏之处进行了改定。兹引下毛虫麻吕对策文（开头部分）予以说明。

> 对：窃闻砂石化为珠玉，良难可以疗饥；仓廪实其（1）<u>拁</u>京，唯易（2）<u>迷</u>以济命。是知写图而前，犹事血饮；调律而后，谁不食谷。自太公开九府之制，管父通万钟之式。龙文错于郭里，龙册入于币间。白金驰（3）<u>其</u>奸情，朱（4）<u>仄</u>竞其滥制。①

对于引文中标注下划线的部分，"日本古典全集本"以旁注"イ"的形式分别注为（1）址（2）逮（3）无（4）亥，即原文（1）中"拁"当为"址"（"坻"之讹），（2）处的"迷"当为"逮"，（3）处的"其"当为衍字，（4）处的"仄"应为"亥"等。这与所据底本相同。而"日本文学大系本"对（1）（2）（4）三处直接在原文中进行了订正，对于（3）处的"其"为衍字的说法则没有采纳。不仅如此，"日本文学大系本"还在"头注"中对重要的词句进行了注释。但是，大系本在录文中亦有一些遗憾，比如，第（17）葛井诸会对策的策问中"以屏其晖"的"晖"错录为"弊"字，应当是受到下句"乃显精晖"的影响，从而造成错录。

---

① 与谢野宽、正宗敦夫等编：《怀风藻 凌云集 文华秀丽集 经国集 本朝丽藻》，《日本古典全集》第 1 回，日本古典全集刊行会 1926 年版，第 189 页。

作为重要的"流布本",可以说这三个版本成为今天欣赏、研究奈良时代对策文的重要参考文献。但正如前文所示,三个通行本同属一个系统,以"群书类从本"为重要参考的"古典全集本"和"文学大系本",虽然力图对底本原文进行校订,但是不同程度地存在一定的疏漏之处。因此,要整理出一个经国集对策文的定本,仅靠这三个版本是远远不够的,还必须参校以其他版本。

三 《经国集》对策文整理例说

下面以大神直虫麻吕对策文的考订为例,说明《经国集》诸本在奈良时代对策文整理中的作用等相关问题。原文以"古典全集本"为底本,同时参校三个写本"内阁文库庆长本""静嘉堂文库本""三手文库本"以及通行本"群书类从本"和"文学大系本"等。所录原文为订正过后的文本,文中的俗体、古体、异体字均改为了通行字体,文中不再标注。先看第一段:

> 对:窃以遐览玄风,遐观列辟。结绳以往,洪荒之世难知;刻石而还,步骤之踪可述。至于根英易代,金石变声。咸以事藹芸缣,义彰华篆。焕焉在眼,若秋旻之披密云;粲然可观,似春日之望花苑。①

首先,发句"窃以遐览玄风,遐观列辟"底本阙"遐"字,据"三手文库本"补。这里"遐览玄风,遐观列辟"构成单句对。考诸汉籍,"遐览……""遐观……"的句式随处可见,如初唐骆宾王《对策文》三道"遐观素论,眇观玄风"等。《怀风藻·序》"遐听前修,遐观载藉"以及"遐听列辟,略阅缣细"(清原夏野《上令义解

---

① 与谢野宽、正宗敦夫等编:《怀风藻 凌云集 文华秀丽集 经国集 本朝丽藻》,《日本古典全集》第1回,日本古典全集刊行会1926年版,第196页。

表》）等上代文献中亦不乏其例。均受《文选·序》"式观元始，眇睹玄风"类句的影响。接下来"结绳……""刻石……"构成偶对，古代七十二君泰山封禅刻石的故事见《艺文类聚》"封禅"和《北堂书钞》"封禅"条。"步骤之踪可述"意为诸帝王的事迹（踪迹）可循。"述"底本作"迷"，根据对句语义相对原则，不确。据神宫文库改。"根英易代"云云，意为帝王易代之事均载之于书籍，示之于金石。"根英"见《艺文类聚》"总载帝王"条"礼斗威仪曰：'帝者得其根核，王者得其英华'""事"与"义"的对比见《文选·序》"事出于沉思，义归乎翰藻"。"若秋旻之披密云"中的"旻"字，底本录作"昊"，通行本的"全集本"和"文学大系"均从"群书类从本"。而"三手文库本"系统诸本均作"旻"。那么，究竟应当为"秋旻"还是"秋昊"呢？《初学记·岁时部·夏》："梁元帝《纂要》曰：'天曰昊天'。"可见《初学记》中"昊天"是作"夏天的天空"解的。案，此处当作"旻"，旻，意为"天空。秋天的天空"之意。《尔雅·释天》："秋为旻天。"小岛氏引仲雄王《重阳节神泉苑赋秋可哀应制》："高旻凄兮林蔼变，厚壤肃兮山发黄"诗指出，"高旻""秋旻"的用法未见于六朝、唐诗。据此判断"秋旻""高旻"均应为当时日本的"造语"［《国风暗黑时代的文学》（补篇），第479页］。这一说法应当不确，如陶渊明《自祭文》："茫茫大地，悠悠高旻"诗句中已经出现了"高旻"的用语。敦煌本《兔园策府》之《辨天地》"对宵景以驰芳，概秋旻而发誉"一句中亦使用了"秋旻"一词。接下来的一段与中国古代明君对比，赞美本朝帝王之盛世：

当今握褒御俗，履翼司辰。风清执象之君，声轶绕枢之后。设禹虞而待士，坐尧衢以求贤。鼓腹击壤之民，抃舞于紫陌；负鼎钓璜之佐，接武乎丹墀。方欲穷姬文日昃之劳，明虞舜垂拱之逸。驱风帝王之代，驾俗仁寿之乡。博采葛词，侧访幽介。①

前两句，"握褒"据帝舜的故事，《艺文类聚·帝王部·帝舜有虞氏》："《孝经·援神契》曰：'舜龙颜重瞳大口，手握褒（手中有褒字，喻从劳苦起，受褒饰，致大位也）'。""履翼"据周后稷的故事：后稷之母踩巨人迹而孕生后稷，以为不祥而欲弃之，有飞鸟以翼覆之，从而改悔养育成人。

接下来，"风清执象之君，声轶绕枢之后"意为当今天皇的风声比之执天象的中国明君亦清正无比，皇帝有熊氏亦无法与之相比。"绕枢"指皇帝有熊氏的故事。见《初学记·帝王部·总叙帝王》"皇帝有熊氏，《帝王世纪》曰：'皇帝少典之子，姬姓也。母曰附宝，见大电光绕北斗枢星照野，感附宝而生皇帝与寿丘'"。

接下来两句，"虞"，底本及古典全集本、文学大系本均作"虞"。小岛氏认为作"虞"时"禹虞"当解作"帝夏禹"和"帝尧有虞氏"的连语而与前面的"设"不通。故应从神宫文库本作"麾"，故此处的"麾（指挥旗）"正确。小岛氏的见解完全正确，但他并未找出"禹麾"一词的出典依据。实际上，"禹麾"一词也确实不见于《文选》等典籍。敦煌本《兔园策府序》中出现了"执禹麾而进善，坐尧衢以访贤"的对句用法，可以校正通行本的讹误。

接下来"鼓腹击壤之民，抃舞于紫陌；负鼎钓璜之佐，接武乎丹墀"。两句构成隔句对，"抃"，底本阙。据三手文库本、神宫文库本补。"武"，《尔雅·释训》："武，迹也。"三手文库训作"アト"，文学全集本从之。《文选》卷三十五《七命八首》："车骑竞骛，骈武齐辙"，李善注曰："毛苌《诗传》曰：'武，迹也。'""乎"，群书类从、大系本作"平"。据三手、内阁文库及文学全集本改。丹墀：

---

① 与谢野宽、正宗敦夫等编：《怀风藻 凌云集 文华秀丽集 经国集 本朝丽藻》，《日本古典全集》第1回，日本古典全集刊行会1926年版，第196页。

墀，类从本作"愖"，当为"墀"的形近而讹。丹墀，宫殿的赤色台阶或地面。《文选》卷二张平子《西京赋》："右平左墄，青琐丹墀"，李善注曰："汉官典职曰：'丹，漆地，故称丹墀。'"

"鼓腹、击壤"《初学记·总叙帝王》"事对"曰："史曰：'尧时有老父者，击壤而嬉于路，言曰：我凿井而饮，耕田而食，帝力何有于我哉？'庄子曰：赫胥氏时人，居不知所为，行不知所之，含哺而嬉，鼓腹而游。""负鼎"指伊尹以烹饪之法说汤王行王道的故事。见《史记·殷本纪》："负鼎俎，以滋味说汤，致于王道。""钓璜"指太公望渭水垂钓得璜而辅佐文王的故事。见《艺文类聚·玉》"尚书中侯曰：'文王至磻溪，吕尚钓，王趋称曰：望公七年，今见光景。答曰：望钓得玉璜'刻曰：姬受命，吕佐捡"。两句意为比之于尧时，人民击掌歌舞于巷陌；赞之于殷代，伊尹太公之臣往来于宫廷。

接下来的"姬文日昃""虞舜垂拱"据《汉书》卷五十六《董仲舒传》武帝与董仲舒"制对"，其制曰："盖闻，虞舜之时，游于严廊之上，垂拱无为，而天下太平。周文王至于日昃不暇食，而宇内亦治，夫帝王之道，岂不同条共贯欤，何逸劳之殊也。"最后两句言当今圣上驱风于古代中国古代帝王之世，向往"仁"和"寿"的境地。采纳地位低下者之言，倾听卑微孤苦之士的声音。其中"驾俗仁寿之乡"，类句见于《文选》王元长《永明十一年策秀才文》："跻俗于仁寿之乡。"

在对《经国集》策文进行整理过程中，首先，写本，尤其是三手文库本、神宫文库本，乃至于敦煌写本《兔园策府》残卷等在文字校勘中具有至关重要的作用，可以用来校勘通行本中的诸多错误，用例已见诸上文。其次，除了利用诸多参校本，根据对句以及语义的正确理解同样具有不可忽视的作用，上文中对"昊"与"旻"的辨析很好地说明了这一问题。

第七章 日本对策文文体研究

本章主要探讨对策文的文体特征。作为一种独特的应用文体,对策文具有与其他上代散文文体不同的语言风格特点,是上代散文文体逐步走向成熟的标志。本章通过对对策文的对句和声律以及形式体式的考察,分析对策文自奈良至平安时代的文体流变规律以及与唐日骈文风尚之间的关系。

第一节 奈良时代对策文的对句和声律

日本上代的散文,从"记纪"到风土记,整体表现为四、六字对句为主要形式的骈俪文文体。随着对策文的产生和不断发展,日本上代的骈体文不断发展并逐步走向成熟。下面结合令条所规定对策文评判标准,在《作文大体》之《杂笔大体》关于"杂笔(散文)"的对句和声律说的基础上,对《经国集》所收对策文的文体特征进行整体考察。

一 对策文的评判标准

作为一种考试应用文体,对策的最重要作用当然在于选拔人才。那么,如何来评判对策者的水平高低以确定其及第等级呢?《令集解·考课令》对此作了较为详细的规定:

> 文、理俱高者为上上。文高理平、理高文平为上中。文、理俱平为上下。文、理粗通为中上。文劣理滞，皆为不第。①

根据上面所引令文的评判标准，除了"文劣理滞"为"不第"之外，及第以上评定分为五个层级。

文理俱高……上上（甲科）……及第
文高理平……上中（乙科）……及第
理高文平……上中（乙科）……及第
文理俱平……上下（丙科）……及第
文理粗通……中上（丁科）……及第
文劣理滞………………………不第

需要指出的是，"考课令"确定的这一评判标准与《唐六典》基本一致，是对《唐六典》的借鉴。

从上面的五级评判标准可以看出，令文规定的对策文评定是从"文"和"理"两方面出发进行综合评判的。对于令文所规定的"文""理"标准，《令义解》注云："文，辞也。理，义也。"《令集解》对此亦有注曰："《古纪》云：'问文理，答，文，文句也。理，谓义理也。'"由此可知，对策文评判标准的出发点在"文辞、文句"和"义、义理"两个方面。用现代文学研究概念来说，"文"属于语法、修辞等语言表达方面的特征，而"理"则重在对策文的"述理"功能。关于"理"将在下章探讨，本章重点探讨对策文的"文"。

虽然令条规定了"文"的及第等级从"高""平""粗通"等方面进行判断，但是对于什么样的"文"为"高"，什么样的"文"为

---

① 惟宗直本：《令集解》，《新订增补国史大系第》卷24，吉川弘文馆1966年版，第645页。

"平",乃至于什么样的"文"为"粗通"等,令文并未详细规定。通过对现存的平安时代的策判的分析(详见后述),我们可以明确的是,在对策文的"文"的判定标准中,句式的整炼程度,声律的和谐与否是两个最为重要的标准。虽然现存奈良时代的试策资料中,没有诸如平安时代"策判"一样的资料可兹参考,但在"文"的评判中,对对句和声律的评判也应该是奈良时代对策文评判的两个重要因素。

对于骈文文体的研究,已经有诸多成果可资参考。[①] 铃木虎雄《骈文史序说》指出的骈文特征包括以下五个方面:一是句式整练;二是对偶精巧;三是声律谐调;四是多用典故;五是修辞华丽。大曾根章介氏对日本汉文学中的骈文作品,主要以句式和声律两个方面为出发点进行探讨。[②] 前面已经指出,"策判"关于对策文的"文"的评判中对句和声律为两个重要标准。对偶等修辞手法是句式整炼与否的重要参考指标之一。下面结合《作文大体》的对句和声律说,首先分析奈良时代对策文的语言特征。

二 《杂笔大体》之"对句""声律"说

《群书类从》所收《作文大体》之《杂笔大体》开头便对汉文的十三种句式作了说明:

> 发句、壮句、紧句、长句、旁句、隔句,此内有六隔句,谓轻句、重句、疏句、密句、平句、杂句(以上外二句在之),漫句、送句焉,已上十三句,杂笔之大概也。赋是杂,云古诗体也。其玉章皆纳此中,更无别大体。颇以愚意不可推量,必可问

[①] 日本的研究,例如:铃木虎雄《骈文史序说》,京都大学文学部研究室1936年油印;福井佳夫《六朝美文学序说》,汲古书院1998年版,等等;中国研究,例如:王力《古代汉语》,中华书局1981年版;褚斌杰《中国古代文体概论》,北京大学出版社1990年版;于景祥《唐宋骈文史》,辽宁人民出版社1991年版,等等。

[②] 大曾根章介:《平安时代的骈俪文——以〈本朝文粹〉为中心》,《中央大学文学部纪要》1974年第71号。

先达，定有口传欤？杂序、愿文、奏状、敕诏、敕答、表白（以下杂笔，悉纳此体）。①

根据上面的引文，《杂笔大体》规定的句式共十三种，单句七种：发句、壮句、紧句、长句、旁句、漫句、送句。隔句六种：轻句、重句、疏句、密句、平句、杂句。这十三种句式不仅囊括了"赋"的所有句式（赋是杂云，古诗体也。其玉章皆纳此中，更无别大体），其他诸如杂序、愿文、奏状、敕诏、敕答、表白等亦纳入此体。虽然原文中没有提到对策文，但据"以下杂笔，悉纳此体"之注文，对策文亦当被包括在内。

另《杂笔大体》在"发句"下注曰："施头，又有施中。"如："夫，夫以，夫惟，窃以……"之类。在"旁句"下注曰："相似发句。"在"漫句"下注曰："不对合，不调平他声，或四五字，或十余字也，或施头，或施尾，或代送句。"在"送句"下注曰："施尾，一二三，无对。"

从对句的角度看，除了上面发句、旁句、漫句和送句四种无对句且"不调平他声"之外。"杂笔大体"在"壮句"下注曰："三字，有对，发句之次用之，随行可调平他声，上三下三壮句云。""万国会，百工休。""夜苦长，昼乐短。"在"紧句"下注曰："四字，有对，或施胸或施腰，可调平他声。""四海交会，六府孔修。"在"长句"下注曰："从五字至九字或十余字，有对，可调平他声也。""石以表其贞，变以彰其异。"据此可知，壮句、紧句、长句为单句对，且"可调评他声"。

至于另外的六种隔句对，《作文大体》"隔句"条云："有六种体，谓轻重疏密平杂也。轻重为最，疏密为次，平杂又为次，六体同调平他声也。"据此可知，轻句、重句、疏句、密句、平句、杂句分

---

① 《作文大体》，《群书类从》（第6辑）卷137，经济新闻社1898年版，第1016页。

别为轻隔句、重隔句、疏隔句、密隔句、平隔句、杂隔句。除了有对外，六种隔句对均"可调平他声"。至此，可将十三种句式分类如下。

无对，不调平他声：发句、旁句、漫句、送句　　　　　　共四种

单对，可调平他声：壮句、紧句、长句　　　　　　　　　共三种

隔句对，可调平他声：轻句、重句、疏句、密句、平句、杂句

共六种

对于以上九种对句，主要以字数进行分类。根据前引《作文大体》注释，单对的壮句为三字，紧句为四字，长句稍复杂，为"从五字至九字或十余字"不等。

对于隔句对的分类，现根据《群书类从》本《作文大体》的注释，整理如下。

轻隔句：上四下六。

重隔句：上六下四。

疏隔句：上三下一。多少不定。

密隔句：上五以上，下六以上。多少不定，下三有对。

平隔句：上下或四或五或六。

杂隔句：上四下五或七八。或下四上五七八。又上九十下七八。或上四下九十十一二三也。或上六下五。

需要指出的是，《群书类从》本和观智院本存在差异，最大的出入在于对"杂隔句"字数的规定，观智院本作"或上四下五七八，或下四上六五七八"，把二者进行对照，可以起到互为补充的关系。这也间接证明了《作文大体》自成书后经多人添笔的可能性。其中类从本下划线部分明显与"密隔句"重合，可略去。另外类从本的"或下四上七八"疑"七"前面"五"字脱落，可据观智院本补之。同时，类从本波浪线亦可补观智院本之不足。据此，杂隔句的字数当为"上四下五或七八，或下四上（五）七八，或上六下五"。

又《作文大体》"隔对"条云："有六种体，谓轻重疏密平杂也，轻重为最，疏密为次，平杂又为次，六体同调平他声也。"由此可知，

在六种隔句对当中，轻隔句和重隔句最为重要，而疏密平杂则次之。这是因为骈体文主要构成要素为四、六句，因此，《作文大体》对四、六句构成的隔句对的评价最高。

接下来讨论《作文大体》的声律问题。《杂笔大体》对于"可调平他声"的规定是以对句尾字的"平""他"（同"仄"）来判断的。《作文大体》在单对"紧句"下举例如"四海交会$_{他}$，六府孔修$_{平}$"。"东郊驰车$_{平}$，南郊鞭马$_{他}$"。在隔句对"轻隔句"下举例如"器壮道志$_{他}$，五色发以成文$_{平}$；仁尽欢心$_{平}$，百兽舞以调曲$_{他}$"。"瓢箪屡空$_{平}$，草滋颜渊之苍$_{他}$；藜藿深锁$_{平}$，雨湿原宪之枢$_{平}$"。以上即所谓《杂笔大体》的"可调平他声"，也就是合声律的情况。用图示的方法（以尾字"□"符为平声，以尾字"■"符为仄）隔对可以表示为：

甲　□□□□，□□□■

乙　□□□■，□□□□

即单对尾字的平他声为"—平—他"或者"—他—平"为合声律。同样的办法隔句对的情况为：

甲　□□□■，

　　□□□□，□□□□■

乙　□□□□，□□□□■

　　□□□■，□□□□□

即隔对尾字评他声为"他—平—平—他"或者"平—他—他—平"为合声律。

需要指出的是，铃木虎雄在《骈文史序说》中对于骈文的声律的解说与《作文大体》的这种"可调评他声"的方法一样。大曾根章介氏在分析平安时代的骈文时更是直接采用了《作文大体》的对句与调声说。概括起来，"杂笔大体"的"可调平他声"主要以对句尾字的声韵来判断，对于尾字以外的声韵则不予关注。这也是日本学者考察骈文声律的主要方法。

与日本学者不同，中国学者关于骈文声律的探讨要复杂得多。如褚斌杰在《中国古代文体概论》中概述骈文的音韵声律时，导入了"节奏点"的问题。

> 骈体文运用平仄的规律，跟"律诗"中的律句大致相同，即要求在一句之中，平节和仄节交替。四字句式，第二个字、第四个字是节奏点；六字句式如果是二四式，则第二、第四、第六为节奏点；如果是三三式，则第三、第六为节奏点，节奏点的平仄是最严格的。而骈文中的上、下两联之间，则要求平节与仄节相反，即以平对仄，以仄对平。①

对照《作文大体》的"调声"说与褚斌杰氏的观点，在尾字平仄相反的意见上二者是一致的。不同在于褚氏观点引入了"节奏点"概念，且认为节奏点的平仄是"最严格的"。以六字句三三式为例，褚氏引王勃《滕王阁序》"俨骖騑$_平$于上路$_仄$，访风景$_仄$于崇阿$_平$；临帝子$_仄$之长州$_平$，得天人$_平$之旧馆$_仄$"。用○表平字，●表仄字。则上例上下联四句的平仄为：

(1) □□○□□● ——平——仄
(2) □□●□□○ ——仄——平
(3) □□●□□○ ——仄——平
(4) □□○□□● ——平——仄

上例图清楚地表明，这种六字句三三式结构的骈文，其一句内节奏点上的平仄是相反的。而句与句之间的平仄则近似于律诗"律句"的平仄结构。若抛开句中节奏点的平仄，只看句尾平仄，则为"仄—平—平—仄"的形式。不光是三三式，即使是二四式，也仍然不影响句尾的平仄结构。这与《作文大体》的"可调平他声"一致。

---

① 褚斌杰：《中国古代文体概论》（增订本），北京大学出版社1990年版，第176—177页。

反之，若以《作文大体》所举例句为例，导入褚氏所主张的节奏点，结果会如何呢？以平隔句的例句"燕姬之袖暂收，猜缭乱于旧柏；周郎之簪频动，顾间关于新花"为例，根据节奏点观点，一三句当为二四式，二四句为三三式。各节奏点平仄图示如下：

(1) □○□●□○　—平—仄—平
(2) □□●●□●　——仄——仄
(3) □○□○□●　—平—平—仄
(4) □□○○□○　——平——平

显然，二四句不合声律。第三句的第二节奏点也不合声律。在骈文中，这种节奏点的声律是十分复杂的。尤其是在隔句对当中，要保持节奏点间平仄相对又要保持句末字的声律协调，对创作要求极高。正是基于这一点，《作文大体》的"可调平他声"仅以句尾字的平他声为准，这一方法是极为实用的，无论是铃木虎雄的《骈文史序说》还是大曾根章介的骈文研究，均采用了这一考察方法。

三　奈良时代对策文的对句与声律

上面详细介绍了《作文大体·杂笔大体》中关于对句与声律的问题。《作文大体》成书于十世纪中叶以后，后经历代增补和改编。普遍认为群书类从本与原本差异较大，而作为保存下来的最早的写本，观智院本则被认为是先行流通本的源流，较好地保存了原本的风貌。[①]

作为指导汉诗汉文创作的具有便览性质的工具书，在了解奈良平安时代的汉诗汉文创作方面，《作文大体》所提供的资料更为真实。甚至可以说，它比《文镜秘府论》更具有参考价值。正因为如此，无论是铃木虎雄还是大曾根章介在探讨日本骈文时，均以《作文大体》作为重要的根据。下面对《经国集》所收奈良时代对策文的对句和"调声"进行考察，分析上代对策文在骈文表达方面的特征。为便于

---

① 山岸德平：《日本汉文学研究》，有精堂1972年版，第253—261页。

分析，所引对策文均标出其所属句型，并在句尾标注平仄声。

《经国集》所收最早的对策为百济君倭麻吕的对策文，作于庆云四年（707）。早期的对策文一般篇幅较短，百济君倭麻吕和其后的葛井诸会的对策文在一百二十字至一百六十字之间。现以百济君倭麻吕的《精勤清俭》对策文为例，把文中各句型以及"平仄"声情况列举如下。

【发　句】对：臣闻

【长　句】莅百寮而顺二柄_仄_，宰九州而班六条_平_。

【轻隔句】捐金挍玉_仄_，虞舜之清俭_仄_矣；栉风沐雨_仄_，夏禹之精勤_平_矣。

【旁　句】加以

【轻隔句】杨震作守_仄_，陈神知于枉道_仄_；冯豹为郎_仄_，侍天涣于阁前_平_。

【紧　句】飞誉目前_平_，扬美身后_仄_。

【旁　句】但

【长　句】清者禀根自天_平_，勤者劳株由己_仄_。

【旁　句】又

【重隔句】饮水留犊之辈_仄_，经疏史少_仄_；驾星去虎之徒_平_，古满今多_平_。

【旁　句】臣

【紧　句】器非宋宝_仄_，宇是燕石_仄_，

【长　句】岂堪决前后之源_平_，唯窃折梗概之枝_平_。

【送　句】谨对。

上面把百济君倭麻吕对策文以十三种句型进行了分类并把各句型名称标于句前，同时按照《作文大体》之《杂笔大体》对句"可调平仄声"原则在各句尾字后以"平""仄"形式进行了标注。现根据文中的标注情况，对九种对句的使用频率以及破格情况进行列表统计。表中的"使用频率"是指该种对句在全部对句中的比率，而破格

率则指在该对句中的破格情况。

表7-1　百济君倭麻吕《精勤清俭》对策文对句使用情况

对句类别	句型名称	使用次数	破格情况	使用频率	破格率
单对	壮句	0例	0例	0%	0%
	紧句	2例	1例	12.5%	50%
	长句	3例	1例	12.5%	33.3%
隔句对	轻隔句	2例	2例	25%	100%
	重隔句	1例	1例	12.5%	100%
	疏隔句	0例	0例	0%	0%
	密隔句	0例	0例	0%	0%
	平隔句	0例	0例	0%	0%
	杂隔句	0例	0例	0%	0%
合计		8例	5例	对全句破格率62.5%	

　　根据表7-1，百济君倭麻吕对策文共使用对句八组，其中单对五组，占全部对句的62.5%，隔句对三组，占37.5%。单对中紧句二组，长句三组，其中六字对一组，七字对二组。六种隔对中仅使用了轻隔句（二组）、重隔句（一组）两种。全部对句的破格率为62.5%，其中隔句对全部破格，单对紧句破格50%，长句破格三分之一。

　　百济君倭麻吕对策文的显著特征在于四、六字句的运用上，在全部八组对句中，有六组均为四、六字对句（紧句二组，六字单对长句一组，轻隔句二组，重隔句一组），占全部对句的75%，具有压倒性优势。而从对句62.5%的破格率来看，可以说在奈良初期，对策文在创作上基本不考虑声律问题。

　　下面再看白猪广成的对策文。白猪广成的具体对策年代不详，但据小岛宪之氏考证，当作于养老末年。在《经国集》所收奈良时代的对策文中，无论是篇幅还是对策年代，都处于中间水平，可作为奈良

第七章 日本对策文文体研究

中期的对策文代表,其各句型运用和平仄情况如下。

【发　　句】对:臣闻
【平隔句】三才始辟$_仄$,礼旨爰兴$_平$;六情渐萌$_平$,乐趣亦动$_仄$。
【旁　　句】固知
【平隔句】阴礼之作基$_平$,绵代而自远$_仄$;阳乐之开肇$_仄$,逐古而实遐$_平$。
【旁　　句】但
【平隔句】结绳以往$_仄$,杳然难述$_仄$;书契而还$_平$,炳焉可谈$_平$。
【旁　　句】寻夫
【长　　句】礼是肥国之脂粉$_平$,乐即易俗之盐梅$_平$。
【旁　　句】莫不
【轻隔句】揖让尧舜$_仄$,率斯道以安上$_仄$;干戈履发$_仄$,抱兹绪以化下$_仄$。
【长　　句】美善则丹蛇赤龙之瑞自臻$_平$,和谐则黄竹白云之曲弥韵$_仄$。
【旁　　句】所以
【轻隔句】高及天涯$_平$,共日月而俱悬$_平$;远遍地角$_仄$,与山川而齐峙$_仄$。
【长　　句】辟水火之利物$_仄$,方梨橘之味口$_仄$。
【旁　　句】纵
【长　　句】无姜生之制地$_仄$,有夏氏之应天$_平$。
【旁　　句】则
【长　　句】敬异之旨悉卷$_仄$,亲同之迹偏舒$_平$。
【旁　　句】诚乃
【紧　　句】俎豆之业$_仄$,钟鼓之节$_仄$。
【长　　句】于理终须行两$_仄$,在义宁容废一$_仄$。
【送　　句】谨对。

213

表 7-2　　白猪广成《礼乐之用》对策文对句使用情况

对句类别	句型名称	使用次数	破格情况	使用频率	破格率
单对	壮句	0 例	0 例	0%	0%
	紧句	1 例	1 例	80%	100%
	长句	6 例	3 例	50%	50%
隔句对	轻隔句	2 例	2 例	16.7%	100%
	重隔句	0 例	0 例	0%	0%
	疏隔句	0 例	0 例	0%	0%
	密隔句	0 例	0 例	0%	0%
	平隔句	3 例	1 例	25%	33.3%
	杂隔句	0 例	0 例	0%	0%
合计		12 例	7 例	对全句破格率 58.3%	

据表 7-2 统计，白猪广成对策文共使用对句十二组，其中单对七组，占全部对句的 58.3%，隔句对五组，占 41.7%。单对中紧句一组，长句六组，其中六字对四组，七字对一组，十一字句一组。六种隔句对中使用了轻隔句（二组）、平隔句三组（四字句二组，五字句一组）两种。全部对句的破格率为 58.3%，其中轻隔句二组全部破格，平隔句（三组）破格一组，单对紧句一组破格，长句六字句破格二组，七字句破格一组。

与百济君倭麻吕对策文一样，58.3% 的破格率足以说明，协调声律对当时的律令官人来说，是一件极其困难的事情。从对句情况看，四、六字对句八组，占全部十二组对句的 67%，与百济倭麻吕对策文相比亦没有太大变化。

位于《经国集》卷首的纪真象《治御新罗》对策于天平宝字元年（757），为奈良后期的作品。对策文全文七百三十三字，为奈良时代对策文中篇幅最长的作品。该对策文在"文""理"两方面都堪称奈良时代对策文中的优秀作品。

第七章　日本对策文文体研究

【发　句】对：臣闻
【杂隔句】六位时成_平，大易焕师贞之义_仄；五兵爰设_仄，玄女开武定之符_平。
【轻隔句】人禀刚柔_平，共阴阳而同节_仄；情分喜怒_仄，与乾坤以通灵_平。
【漫　句】实知天生五材，民并用之。废一不可，谁能去兵？
【旁　句】若其
【平隔句】欲知水者_仄，先达其源_平；欲知政者_仄，先达其本_仄。
【旁　句】不然何以
【长　句】验人事之始终_平，究德教之污隆_平。
【旁　句】故
【长　句】追光避影而影俞兴_平，抽薪止沸而沸乃息_仄。
【旁　句】何则
【长　句】极末者功亏_平，统源者效显_仄。
【漫　句】观夫夷狄难化，由来尚矣。
【长　句】礼仪隔于人灵_平，侵伐由于天性_仄。
【轻隔句】雁门警火_仄，猃狁猾于周民_平；马邑惊尘_平，骄子梗于汉地_仄。
【漫　句】自彼迄今，历代不免。
【旁　句】其有
【长　句】协柔荒之本图_平，悟怀狄之远算_仄
【送　句】者，
【旁　句】是盖
【长　句】千岁舞阶之主_仄，江汉被化之君_平
【旁　句】也。
【送　句】故
【长　句】不血一刃而密须归仁_平，不劳一戎而有苗向德_仄。
【旁　句】然则

215

【紧　句】兜甲千重(平)，虎贲百万(仄)。
【长　句】蹴踏戎冠之地(仄)，叱咤锋刃之间(平)。
【长　句】徒见师旅之劳(平)，遂无绥宁之实(仄)。
【旁　句】我国家
【紧　句】子爱海内(仄)，君临寓中(平)。
【长　句】四三皇以垂风(平)，一六合而光宅(仄)。
【杂隔句】青云干吕(仄)，异域多问化之人(平)；白露凝秋(平)，将军无耀威之所(仄)。
【长　句】兵器销而无用(仄)，戎旗卷而不舒(平)。
【漫　句】别有西北一隅鸡林小域，
【紧　句】人迷理法(仄)，俗尚顽凶(平)。
【漫　句】傲天侮神，逆我皇化。
【长　句】爰警居安之惧(仄)，仍想柔边之方(平)。
【漫　句】秘略奇谋，俯访浅智。
【旁　句】夫以
【杂隔句】势成而要功(平)，非善者(仄)也；战胜而矜名(平)，非良将(仄)也。
【旁　句】故
【平隔句】举秋毫者(仄)，不谓多力(仄)；听雷电者(仄)，不为聪耳(仄)。
【漫　句】古之善战者，
【壮　句】无智名(平)，无勇功(平)。
【长　句】谋于未萌之前(平)，立于不败之地(仄)。
【旁　句】是以
【轻隔句】权或不失(仄)，市人可驱而使(仄)；谋或不差(平)，敌国可得而制(仄)。
【杂隔句】发号施令(仄)，使人皆乐闻(平)；接刃交锋(平)，使人皆安死(仄)。

【长　句】	以我顺而乘其逆仄，以我和而取其离平。
【漫　句】	孙吴再生，不知为敌人计矣。
【旁　句】	是
【紧　句】	百胜之术仄，神兵之道仄
【送　句】	也。
【漫　句】	于臣之所见，当今之略者，
【紧　句】	多发船航平，远跨边岸仄。
【轻隔句】	耕耘既废仄，民疲于役之劳平；纺织无修仄，室盈怨旷之叹平。
【长　句】	殆乘抚甿之术仄，恐贻害仁之判仄。
【旁　句】	诚宜
【长　句】	择陆贾出境之才平，用文翁牧人之宰仄。
【长　句】	陈之以德义仄，示之以利害仄。
【旁　句】	然后
【长　句】	啗以玉帛之利仄，敦以和亲之辞平。
【长　句】	绝其股肱之佐仄，吞其要害之地仄。
【旁　句】	则
【轻隔句】	同于槛兽仄，自有求食之心平；类于井鱼平，讵有触纶之意仄。
【送　句】	谨对。

表7-3　　纪真象《治御新罗》对策文对句使用情况

对句类别	句型名称	使用次数	破格情况	使用频率	破格率
单对	壮句	1例	1例	2.8%	100%
	紧句	5例	1例	13.9%	20%
	长句	19例	4例	52.8%	21.0%

续表

对句类别	句型名称	使用次数	破格情况	使用频率	破格率
隔句对	轻隔句	5 例	3 例	13.9%	60%
	重隔句	0 例	0 例	0%	0%
	疏隔句	0 例	0 例	0%	0%
	密隔句	0 例	0 例	0%	0%
	平隔句	2 例	2 例	5.6%	100%
	杂隔句	4 例	1 例	11.1%	25%
合计		36 例	12 例	对全句破格率33.3%	

据表7-3统计,《治御新罗》对策文全文共使用对句三十六组,其中单对二十五组,占全部对句的69.4%,隔句对十一组,占30.6%。单对中壮句一组,紧句五组,长句十九组,其中五字对二组、六字对十三组、七字对二组、八字对一组、九字对一组。六种隔句对中使用了轻隔句(五组)、平隔句(二组,均为四字对)和杂隔句四组。全部对句的破格率为33.3%,其中平隔句二组全部破格,轻隔句(五组)破格三组,单对紧句一组破格,长句六字句破格二组,七字句破格一组。

以《治御新罗》为代表的奈良后期的对策文无论在句式还是在声律方面,与前、中期对策文相比,都开始表现出一些新的特点。句式方面虽然其多用四、六对句的倾向没有改变(占全部对句的近70%),但是,与前、中期对策文相比,隔句对的运用开始增加(十一组,占30%),这表明到了奈良后期,随着篇幅的增加,在大量运用四、六骈体句式的同时,其他散句运用开始增多。

音韵声律运用方面,到了奈良后期,同样发生了变化。以《治御新罗》对策文为例,破格律明显降低,由前、中期的60%以上降低到30%左右。破格率的降低说明,在声律协调方面,奈良后期的对策文已经有了明显的改进。

以上,以百济君倭麻吕、白猪广成和纪真象的对策文为例,分别对奈良时代不同时期的对策文在句式和声律运用等文体表现方面的特征进行了探讨。从奈良时代对策文对四、六对句的运用特征来看，其已明显地具有了骈俪文（又称骈四俪六，四六文等）的特征。关于骈体文的声律，我国研究者一般认为除了骈体的赋、箴、铭、赞、颂、诔等属于有韵骈文，其他体裁的骈文一般不用韵。① 具体到奈良时代的对策文，如果我们仅从前面的例文出发，得出其用韵或是不用韵的结论，这是不妥的。关于这一点，我们还将结合平安时代的方略策作进一步的探讨。

第二节 平安时代对策文的对句和声律

下面沿袭前节分析方法，对平安时代对策文的对句和声律进行考察。进入平安时代，特别是到了平安中后期，随着进士科时务策的式微，秀才科方略策开始勃兴。现存《本朝文粹》《本朝续文粹》所收对策文基本属于方略策，且数量要比现存奈良时代的对策资料多得多。现以《本朝文粹》《本朝续文粹》所收对策文为考察对象，分析平安时代对策文的对句和声律情况。

都良香对策文《神仙》《漏刻》对策于贞观十一年（869），问头博士为春澄善绳，对策文现存于《本朝文粹》卷三。下面以位于卷首的《神仙》对策文为例进行说明，仍以《作文大体》之《杂笔大体》的句式和"可调平他声"说标出各句名称和各对句尾字的平仄。

【发　句】对。窃以
【杂隔句】三壶云浮_平，七万里之程分浪_仄；五城霞峙_仄，十二楼之构插天_平。
【旁　句】信遒
【密隔句】列真之所宅_仄，迹闭不死之区_平；群仙之所都_平，路入

---

① 褚斌杰：《中国古代文体概论》（增订本），北京大学出版社1990年版，第176页。

无人之境仄。

【轻隔句】若存若亡平，言谈杳而易绝仄；隔视隔听平，耳目寂而罕通平。

【旁　　句】遂使

【轻隔句】人少麟角仄，辄比之于系风平；俗多牛毛平，妄喻之于捕影仄。

【旁　　句】是则

【轻隔句】井蛙浅智平，当受笑于海龟仄；夏虫短虑仄，终昧辨于冬冰平。

【轻隔句】求诸素论仄，长生之验实繁平；访于玄谈平，久视之方非一仄。

【旁　　句】故得

【重隔句】扇南烛之东辉平，后天而极仄；掇绛桑之赪葚，入道之真平。

【杂隔句】琼娥偷药仄，奔兔魄于泰清之中平；
　　　　　玉女吹箫平，学凤音于丽谯之上仄。

【杂隔句】鹤归旧里仄，丁令威之词可闻平；龙迎新仪平，陶安公之驾在眼仄。

【紧　　句】莫不垂虹仄，带拖霓裳平。

【紧　　句】洟唾百川平，呼吸万里仄。

【平隔句】四九三十六天平，丹霞之洞高辟仄；
　　　　　八九七十二室仄，青严之石削成平。

【轻隔句】芝英五色仄，春雨洗而更鲜平；松盖千寻平，暮烟扶而弥耸仄。

【轻隔句】奇犬吠花平，声流红桃之浦仄；惊风振叶仄，香分紫桂之林平。

【旁　　句】斯皆

【平隔句】事光彤编平，余映无尽仄；义茂翠简仄，遗霭可探平。

【旁　句】但

【轻隔句】真途辽敻_仄，奇骨秘而独传_平；妙理希夷_平，凡材求而不得_仄。

【密隔句】虽则手谢可挹_仄，王子晋之事不疑_平；
然而口说斯虚_平，项曼都之语难信_仄。

【旁　句】即验

【重隔句】爨朱儿而练气_仄，当在天资_平；向玄牝而取精_平，非因人力_仄。

【旁　句】是故

【轻隔句】骨录攸存_平，好尚分于皮竺_仄；相法既定_仄，表候晃于形容_平。

【杂隔句】眼光照己_平，方诸之紫名相传_平；手理累人_平，大极之青文不朽_仄。

【杂隔句】此类盖多_平，罩邓林而养枝叶_仄；其流弥广_仄，鼓渤澥而沸波澜_平。

【轻隔句】慈心阴德_仄，闻诸青童之谈_平；吐故纳新_平，著自黄老之术_仄。

【漫　句】我后化蹛鞭草，声高吹筠。

【长　句】荫建木而折若华_平，御熏风而罄庆云_平。

【轻隔句】势撐崑岳_仄，蛇身绕而难周_平；德重蓬山_平，鳖背负而无力_仄。

【旁　句】自然

【杂隔句】望汾阳而接軫_仄，不容发于帝放勋_平；嘲曲洛而飞轮_平，请开口于穆天子_仄。

【送　句】谨对。

下面把都良香《神仙》对文的对句使用和声律破格情况进行统计，并进而分析平安初期对策文的文体特点。表7-4的统计方法等与前节中《经国集》对策文的统计方法相同。

221

表 7-4　　都良香《神仙》对策文对句使用情况

对句类别	句型名称	使用次数	破格情况	使用频率	破格率
单对	壮句	0 例	0 例	0%	0%
	紧句	2 例	0 例	8.0%	0%
	长句	1 例	1 例	4.0%	100%
隔句对	轻隔句	10 例	1 例	40.0%	10.0%
	重隔句	2 例	0 例	8.0%	0%
	疏隔句	0 例	0 例	0%	0%
	密隔句	2 例	0 例	8.0%	0%
	平隔句	2 例	0 例	8.0%	0%
	杂隔句	6 例	1 例	24.0%	17.0%
合计		25 例	3 例	对全句破格率 12.0%	

都良香《神仙》对策文全文共使用对句二十五组，其中单对三组，占 12%，隔句对二十二组，占 88%。单句对中四字对二组，七字对一组。值得注意的是隔句对的使用，除了疏隔对，其余五种隔句对均有使用。尤其是以四、六对或六、四对的轻隔对和重隔对，共十二组，占到全部对句的一半。声律方面，全部二十五组对句中三组破格，破格律为 12%。

用同样的方法考察都良香的另一对策文《漏刻》，所得结论与《神仙》对策文大致相同。在对句使用方面均以四、六对的轻隔句为中心，同时，破格率也保持极低水平。以四、六对句为中心，同时于声律协调上尽显用心的都良香对策文，从骈俪文的构成要素看，可以说已经达到了极高的水平。无论从四、六对隔句对使用情况看，还是从声律情况看，《本朝文粹》所收平安前期对策文都表现出了这一特征。

进入平安中期，从十世纪开始，对策文的声律使用开始出现一些新的变化。《本朝续文粹》《朝野群载》等收录平安中后期对策文作品。现以《朝野群载》卷十三藤原有信《明城市》为例，进一步分析平安中后期对策文的对句和声律情况。

第七章　日本对策文文体研究

【发　句】对：窃以

【轻隔句】二仪剖判仄，物类于是区分平；九变裁成平，民庶目斯郁起仄。

【轻隔句】天皇地皇平，肇居众中之大仄；羲氏燧氏仄，爰为海内之尊平。

【轻隔句】圣王筑城平，八挺所以宁居平；明王建市仄，黎民为之乐业仄。

【轻隔句】秋□效功平，礼经之文孔章平；日中通货仄，易传之说不朽仄。

【旁　句】遂乃

【长　句】亘万里以成险仄，分九壝以连间平。

【杂隔句】守在四瀛平，周文王之道德覃仄；闻遍诸夏仄，韩伯休之廉洁大著仄。

【轻隔句】崇墉嶒崒平，长云之势穷目仄；列肆嵯峨平，飞尘之色满望仄。

【轻隔句】翠柳烟闲平，马放胡塞之月仄；青槐荫□，人学鲁国之风平。

【密隔句】营洛邑以命宴仄，周公醉浪上之花平；
　　　　仕汉家以习方平，费氏尝壶中之药仄。

【密隔句】阙重闉而朝万国也仄，远垂强干弱技之规平；
　　　　分曲阜而补乏绝也仄，自彰就贱嫌贵之义仄。

【轻隔句】丹墀青璈仄，歌吹之声沸天平；绀幰旗亭平，罗縠之彩照地仄。

【重隔句】家孟喻胡之论仄，去就有时平；齐地不夜之光平，昭晰如昼仄。

【密隔句】行带以为固仄，墨子之谈在耳平；阅书以无忘仄，王充之智贻名平。

【杂隔句】珠冕玉佩仄，趋金阙之者接辙仄；绫鹤锦怨平，粥绮队

223

之者交眉平。

【漫　句】我圣朝在巢比俗，大庭移风。

【长　句】处紫宫以主枢机平，开金门以聘贤俊仄。

【轻隔句】雨露施泽仄，蛭蚁之居含恩平；
　　　　　日月同明平，烛龙之乡夸惠仄。

【旁　句】彼

【密隔句】访隆汉之代宗平，则祭祀之余卖鱼平；
　　　　　认绛岭之神仙平，忽往来之间如雉仄。

【紧　句】云阁制篇平，烟霞何藏平。

【未　详】其□□□□贡，芬郁可知。

【旁　句】彼时

【杂隔句】洛阳蓄金平，斜日更临宫室之西平；
　　　　　山下峙石平，暗雾岂隔洞户之外仄。

【杂隔句】用布贸丝平，标其文于盐铁之论仄；
　　　　　击鼓唱节仄，录其号于缤缃之典仄。

【送　句】谨对。

表7-5　藤原有信《明城市》对策文对句使用情况

对句类别	句型名称	使用次数	破格情况	使用频率	破格率
单对	壮句	0例	0例	0%	0%
	紧句	1例	1例	5%	100%
	长句	2例	0例	10%	0%
隔句对	轻隔句	8例	3例	40%	37.5%
	重隔句	1例	0例	5%	0%
	疏隔句	0例	0例	0%	0%
	密隔句	4例	3例	20%	75%
	平隔句	0例	0例	0%	0%
	杂隔句	4例	4例	20%	100%
合计		20例	11例	对全句破格率55%	

据表7-5统计，藤原有信《明城市》对策文共使用对句二十组，其中单对三组，占15%，隔句对十七组，占85%。单对中四字对一组，六字对、七字对各一组。在全部十七组隔句对中，轻隔句八组，重隔句一组，密隔句四组，杂隔句四组。值得注意的是四、六对或六、四对的轻、重隔句对共九组，几乎占全部对句的一半。声律方面，全部二十组对句中十一组破格，破格率达到55%。

与《明城市》对策文一样，藤原有信另一对策文《辨舆辇》无论是在对句还是在声律方面，与《明城市》一样都表现出共同的特征。收录在《本朝续文粹》卷三的《辨贤佐》（对策者藤原明衡，问头藤原国成），对策时间为长元五年（1032）。考察明衡《辨贤佐》对策文，在对句方面以隔句对为主（占全部对文的82%）的总特征没有改变，但是平隔句的使用次数开始增多。声律方面，59%的破格率比藤原有信《明城市》的破格率更高。众所周知，藤原明衡同时又是前述藤原有信对策文的问头博士，其判文收录在《朝野群载》卷十三，因此，明衡的对策文应该代表了这一时期对策文的特征。

依据以上分析，平安前期对策文与中后期对策文在对句及声律使用方面表现出一定的差异。都良香《神仙》《漏刻》对策文被收录在《本朝文粹》卷首。不仅如此，都良香还担任了菅原道真对策的问头博士，《都氏文集》中收有其评判道真《明氏族》《辨地震》的判文。都良香在判文中明确阐明了对策文评定标准。《神仙》《漏刻》也在一定程度上代表了平安前期对策文主要特征。

首先，平安前期对策文在对句使用上，一是单对使用率明显降低。二是对句中以四六对、六四对为主的隔句对为主。以《神仙》对策文为例，单对仅占全部对句的12%，隔句对的使用大量增加。同时，紧句、轻隔句、重隔句等四六字句共占全文的80.8%，具有压倒性优势。《本朝文粹》所收平安前期的对策文均表现出类似特征，即单对使用率基本在10%左右，四、六对的使用率一般在80%以上，其中都良香《漏刻》中四、六句甚至达到90.1%。作为骈俪文的重要构成要素,大量的四六隔句对的使用表明,平安初期对策文的骈俪体特征。

声律方面,除了菅原道真对策文的破格率(明氏族19.4%,辨地震26.5%)偏高以外,平安前期对策文破格率基本维持在15%以下。前面已经指出,菅原道真对策文在平安前期对策中属于特殊存在,并不代表这一时期对策的主流,这也是其对策文不被《本朝文粹》收录的原因之一。这一时期对策文相对较低的破格率表明,平安前期的对策中对声律的要求相对严格。

从平安中期开始,虽然对策文以四六隔句对为主的总体趋势没有变化,但是在隔句对的使用方面,密隔句、杂隔句逐步增加。最大的变化表现在声律方面,从平安中期开始,破格率开始明显上升。前举藤原有信《明城市》的破格率为55%,藤原明衡《辨贤佐》的破格率甚至达到60%。从平安前期到中后期的三百年间,对策文在声律方面的要求似乎有逐渐宽松的趋势。

对于平安时代对策文在声律上的这一变化,通过同时期的策判可略知一二。如藤原明衡评判藤原有信的策判中对于《明城市》《辨舆辇》的"文"非但没有提及"音韵"方面的问题,还做出了"文章可睹,颇惯蜀女织锦之功"的判词,这足以说明当时对于对策文声韵方面的态度。除此之外,对句中密隔句、杂隔句等复杂句式的增加,也客观上增加了声律的难度,这恐怕也是平安中后期对策文在声律上发生变化的原因之一。

第三节　对策文的形式体制

第一节对对策文的对句和声律特征进行了分析考察。本节重点考察对策文的形式体制问题。作为一种公用文书性质的考试文体,要求对策者在一定的形式体式内进行创作。经历奈良至平安时代的几百年时间,这种文体在形式上也经历数次变革,最终形成了较为固化的套路。下面首先从对策文的"三段式"结构进行分析，然后对对策文的"征事"部分进行考察。通过对对策文的形式体式的考察，也是探究对策文述"理"功能的重要手段之一。

一 对策文的"三段式"结构

《本朝文粹》和《本朝续文粹》所收平安时代对策文，无论是策问文还是对策文，其三段式的结构特征都十分明显。要分析平安时代对策文的结构特点，先要对这一时期的试策制度做一简单回顾。

首先，平安时代的试策主要包括文章生、文章得业生试策两类。据《令集解·考课令》"凡秀才试方略策二条""凡进士试时务策二条"的规定可知，在日本古代贡举试策中，无论是方略策还是时务策均为"试策二条"，这一点与唐制不同。《令集解·考课令》同时规定"文章得业生试方略策，文章生试时务策"，由此可知，在平安时代的试策中，文章生和文章得业生测试不同的内容。

对于"时务"和"方略"的区别，《令集解·考课令》"进士条"注云："时务者，治国之要务也。假如'既庶又富，其术如何？'之类也。"可见所谓"时务策"乃指治国要务、要道的对策。对于"方略"，《考课令》"秀才条"注云："方，大也；略，要也。大事之要略也。"所以方略策就是以大事要略或方法智略等策问考生，要求考生应具有广博的汉学修养才能应对。《本朝文粹》和《本朝续文粹》所收平安时代对策文全部为文章得业生方略策。

由此，无论是秀才策试还是进士策试均试策"二条"，因此，同时对一次试策的两条对策文进行综合考察才能整体把握对策文的结构特征。《本朝文粹》中完整收录同一人两条对策文的有都言道（良香）《神仙》《漏刻》和大江举周的《辨耆儒》《详循吏》共计四条对策文。《本朝续文粹》中完整收录两条对策文的有菅原清公《辨牛马》《详琴酒》和菅原宣忠的《通书信》《得珠宝》四条。下面以这八条策文为例，分别考察《本朝文粹》所收平安前期和《本朝续文

227

粹》所收平安中后期对策的结构特征。在考察方法上，先分析平安后期对策，然后再考察前、中期对策，通过"倒叙"的方式揭示平安时代试策在形式体制上的演变规律。

二 平安后期对策文体式的定型化

《本朝续文粹》收录平安后期策问文和对策文各十二篇，其中《辨牛马》和《详琴酒》为藤原实范问、菅原清公对。下面通过这两条对策文考察平安后期对策文的段落构成。先看第一条《辨牛马》问文。

问：以乾为马，然犹坤仪有牝马之贞；以坤为牛，然犹乾象垂牵牛之曜。旁禀其灵于二气，盖施其德于四时。故命青衣而列岗上，遗芳躅于孟春之初；作黄土而坚门前，验往训于穷冬之末。是则所以察万物之始终，知三农之迟速也。

未审①精粗异趣，可疑九方之情；②任杜成讼，谁决二家之理。③蒋衮云前，赐钱之功犹暗；④建昌月下，理稻之义未明。且夫同种类而改形容者，贻异端于万代之后；占候而指祸福者，鉴未兆于千载之前。⑤然则毛随去来之潮，寻起伏于何物？⑥鞭悬东北之树，得财货者几年？⑦三疋一槽之梦，指掌而欲问；⑧一日三视之功，敝角者难知。

子大器传家，函牛之鼎还少矣；利根禀性，斩马之刃犹钝焉。庶振高材于春官之策，勿惯寓言于秋水之篇。①

藤原实范策问文分为三段，首先，第一段以"问"起篇，意在对论题进行说明，此段可视为"点名题旨"部分。第二段以"未审"

---

① 黑板胜美编：《本朝续文粹》，《新订增补国史大系》卷29（下），吉川弘文馆2003年版，第34—35页。

开始，连续提出一系列小问题，这一部分被称为"征事"，到了平安后期，征事逐步定型化，一般由八个"小问"组成（引文以数字标出），关于"征事"，将在下节进行具体探讨。本段可视为"征事"部分。第三段，出题者（问头）藤原实范对对策者菅原清公进行赞美，可视为"出题者赞辞"部分。对于策问文的这三段式结构，对策文又是如何应对的呢？下面再看菅原清公的对策文，为了清楚说明问题，现全文引用如下。

  对：窃以二仪开辟之前，万象之形质未著；三才化成之后，百兽之品汇渐分。信乃马者阳畜也，契荧惑于天文；牛者阴灵也，配土德于地理。农皇抚俗之时，容貌仰一人之位；轩后膺图之世，服乘显至命之书。谓其利用，则耕驾遍九有之境；推其吉符，则氏族入万乘之家。汉代祖之初骑焉，继颓纲于二百年之后；晋宣帝之创业矣，传著姓于十八代之中。故白腹唱讴，钱复五铢之号；黄须免难，鞭舍七宝之珍。劳逸变玄黄之色，功能称稼穑之资。任朽索于善御，政理取喻；视游刃于良庖，形骸无全。复有二角及鼻者，公字之象也，赵直所以推蒋家之经；千里市骨者，王化之基也，燕昭由其营隗台之妆。随复百钧过规，东野之词欲败。然而五牸传术，西河之利长存。鲁国三老之客，待凤诏于金门之月；商飙七夕之星，役龙驾于银汉之波。逮于怀土之情，不异人伦；习俗之性，已任造化。胡塞地寒，骧首于塑风之气；吴郡天暖，吐舌于夜月之光者也。遂使绿草萋萋，声嘶华山之晓；红花漠漠，蹄蹈桃林之春。白马从事之立新祠，威信虽旧；青牛道士之归旧里，计会惟新。一道之桥下，长卿之铭尚残千寻之谷中。乌氏之富可量，岂止秦嬴政暴虐之日。齐桓征伐之年，垂老智于孤竹之露而已哉！

  国家圣运应一千之期，亲贤满三九之位。龙云上覆，抽英才于学校之林；虎风外啸，拂飞廉于蛮荒之地。何况仁波所沾，嘉瑞见马泽之畔；女水无竭，治化彰牛山之阿。

若夫问九方于伯乐，则得精而忘粗；寻二家于于公，亦舍杜而用任。驰蒋山而赐钱，萧晃振勇力于南齐；居建昌而理稻，幸灵贻华辨于东晋。但毛随去来之潮起伏，已混九流之中；鞭悬东北之树，财货遂得三年之后。一日三视之器，传器之人，可决其名；三疋一槽之梦，占梦之家，宁迷其义哉！谨对。①

菅原清公的对文依然可以分成三段。首先，第一段以"对"起始，与问文的发句"问"相照应。该段篇幅为四百九十一字，占对文全文的三分之二。文中大量征引中国故事典故对论题进行详细说明。对策文主要考察对策者的汉学修养，对策者自然要广泛征引中国经史中的故事典故对论题详加说明，但这一段并没有涉及策问文中的"征事"，可视为"题旨详论"部分。接下来第二段以"国家"起句，联系论题对天皇治世进行夸赞褒扬，可视为"盛世赞颂"部分。最后第三段以"若夫"起句，对"征事"中的问题进行了简明扼要的解答，当然为"征事解答"部分。

再看第二条《详琴酒》试策的结构特征。首先看策问文。

问：琴者五音之统也，通德神明；酒者白药之长也，含灵天地。易象九五之文，君子获贞吉之利；诗篇三百之义，窈窕闻友乐之情。方今淳风返于栗陆之前，恩泽深于蓬海之底。喻圣道于尧年，中衢之蹲无尽；比化绩于舜日，南薰之歌长传。治世之美，不光古乎？

然则①宣颖赏赐之珍，饰白玉欤、饰玄珠欤？②谢谭独醉之室，入昆弟乎、入朋友乎？③春蚕含丝，金气之断绝奚在？④夜

---

① 黑板胜美编：《本朝续文粹》，《新订增补国史大系》卷29（下），吉川弘文馆2003年版，第34—35页。

月共席，木像之献酬未明。⑤况复重才薄位之喻矣，莫秘曲调于齿牙，⑥二樯一口之饮焉，可分氏族于唇吻？⑦小儿坠琉璃之器，作赋者谁家？⑧鄙人迷箜篌之名，著论于何代？余之濛昧，子宜分明。①

与第一条策问文不同，藤原实范的第二条策问文由两段组成。第一段，以套语"问"字开头，为对论题的详细说明，即"点名题旨"段，这一段与第一条策问文相同。第二段也与第一条策问文一样，设置了八个"小问"，即"征事"部分。与第一条策问文不同的是，第二条策问文独缺"出题者赞辞"部分。与策问的这种变化相比，菅原清公的第二条对文又有怎样的变化呢？下面通过征引全文进行考察。

对：窃以阴阳分声，琴弦施调于时令；星辰定位，酒旗垂耀于天文。削而成器，源起峄阳之桐；忘其积忧，名类堂北之草。是以华绘雕琢，错以犀象之文；清醠浊醪，分其贤圣之色。自古龙图鸿烈之君，刑措圄空之世，莫不以之为移风易俗之导，以之为乡饮朝会之基。周文王之得新书矣，鸾凤翔歌章之词；汉高帝之归故乡焉，风云飞酣畅之席。维则礼典寻踪，献酬之序无爽。然而政绩取喻，弛张之义相分。五十六十，东西定坐立□（之）位；或和或乘，郡国辨理乱之音。法四时而律吕方叶，薰五内而形骸已宽。染浓气于寸丹，飘余响于泰素。苦热烦暑之天，弹则有曲中之雪；严凝沍阴之地，倾亦遇历外之春。故新声寥亮，指寒七绝之间；滋味醇和，耳暖三酌之后。萧思话之调石上，赐银钟于北岭之云；陶渊明之就业边，迎白衣于东篱之露。盖乃隐逸肥遁之栖，可以养其精志；幽冥感动之类，无以秘其形容。华阳

---

① 黑板胜美编：《本朝续文粹》，《新订增补国史大系》卷29（下），吉川弘文馆2003年版，第34—35页。

夜天，清韵理而冤魂暗语；长平故地，膏泽流而怪气忽销。况复栾叔元之得神仙，成都县之雨飒飒；王敬伯之逢窈窕，通陂亭之月苍苍。周洛春阑，羽觞回桃花之浪；楚台秋暮，商弦入松叶之风者乎？

即验宣颖赏赐之珍，加其饰者，非白玉则玄珠也；谢譓幽独之居，入其室者，□清风与朗月也。春蚕含丝之义，载芸缣而长传；夜爵刻木之恩，指柳哲而可识。重才薄位之喻矣，未能后学之鉴前修；二楹一口之饮焉，宁非马姓之忌牛氏。至于小儿误坠琉璃之器，鄙人不辨箜篌之名作。作赋家家，词海阔兮谁寻；著论处处，笔驿遥兮难到者也。

清房才谢贾马，行异伯牛。拜祖庙而倾首，虽仰冥感于百年之后；望杨庭而销魂，何决高问于一日之中。况乎职非乐署，听鹤操而耳根可迷；义入醉乡，对凤策而眼花欲龙。谨对。①

菅原清公的第二条对文除了发句"对"和句末送句"谨对"等对文的固定套语以外，同样分为三段。第一段与第一条一样以较长的篇幅（第一段为四百九十二字，占全篇三分之二左右）广泛征引中国故事典故对"琴与酒"的主题进行详细论述，为"题旨详论"部分；第二段对策问中的"征事"进行了解答，为"征事解答"部分；第三段则为对策者菅原清公的"谦辞"部分。

综合以上对《辨牛马》《详琴酒》两条策文的策问和对文的考察，可以明确的是，在平安后期，两条对策文基本上具备①点明题旨；②征事；③出题者赞辞；④题旨详论；⑤征事解答；⑥盛世赞美；⑦对策者谦辞七个基本构成要素。其中①②③为策问文的构成要素，④⑤⑥⑦则为对策文的基本构成要素。

---

① 黑板胜美编：《本朝续文粹》，《新订增补国史大系》卷29（下），吉川弘文馆2003年版，第36—37页。

在构成策问文的三个基本要素当中，①点明题旨和②征事是必备要素，而③出题者赞辞部分仅为第一条策问文所采用，也就是说第二条策问文中省略了出题者对对策者的赞辞部分。

同样的情况亦存在于菅原清公的两条对策文当中，在对文的四个构成要素中，④题旨详论和⑤"征事"解答为构成对文的必备要素。⑥盛世赞美为第一条对文的构成要素，而⑦对策者谦辞则仅为第二条对文所必备。

在《本朝续文粹》所收策问、对策各十二条对策中，除了菅原清公《辨牛马》《详琴酒》，菅原宣忠的《通书信》《得珠宝》为另外两条俱存的策文。与菅原清公对策一样，菅原宣忠的第一条《通书信》策文的策问文也为三段：第一段①点明题旨，第二段②列举"征事"，第三段为③出题者赞辞。第一条对文三段结构为：第一段④题旨详论，第二段⑥盛世赞美，第三段为⑤"征事"解答。第二条《得珠宝》同样与菅原清公第二条结构相同：策问共两段，与第一条第一、第二段同，而缺"出题者赞辞"部分；对文三段结构为第一段④题旨详论，第二段⑤"征事"解答，第三段⑦对策者谦辞。

由此可知，平安后期一次对策的两条对策文中，第一条和第二条结构不尽相同，策问第一条为三段式结构，第二条为两段式结构。对文两条均为三段式结构。同时，七个构成要素在两条策文中的运用也不相同。现总结如下。

  第一条 策问：①点明题旨；②征事；③出题者赞辞
       对文：④题旨详论；⑥盛世赞美；⑤"征事"解答
  第二条 策问：①点明题旨；②征事；
       对文：④题旨详论；⑤"征事"解答；⑦对策者谦辞

除了以上分析的菅原清公和菅原宣忠的四条策文，《本朝续文粹》还收录其他八条策文，分别为藤原明衡《辨贤佐》（第二条），藤原正家《辨关塞》（第一条），菅原是纲《江湖胜趣》（第一条），藤原广纲《辨论渔猎》第二条，藤原友实《野泽佳趣》（第二条），大江匡时《述行旅》（第二条），藤原资光《乡国土俗》（第一条），纪贯成《详和歌》，这八条策文与上面分析的菅原清公、菅原宣忠的第一条或第二条的段落结构特征完全一致。"征事"数量也相一致（除《详和歌》外，均为八问），现把《本朝续文粹》策文的所属序列和"征事"等信息列表如下。

表7-6　　《本朝续文粹》对策文序列和"征事"数目

策题	对策时间	问头	对策者	所属序列	征事
辨贤佐	长元五年（1032）	藤原国成	藤原明衡	第二条	8
辨关塞	长元八年（1035）	藤原明衡	藤原正家	第一条	8
辨牛马		藤原实范	菅原清公	第一条	8
详琴酒				第二条	8
江湖胜趣	天喜五年（1057）	藤原明衡	菅原是纲	第一条	8
辩论渔猎	承历三年（1079）	藤原敦基	藤原广纲	第二条	8
野泽佳趣	宽治四年（1090）	菅原在良	藤原友实	第二条	8
述行旅	袁保元年（1094）	菅原在良	大江匡时	第二条	8
乡国土俗	永久二年（1114）	藤原敦光	藤原资光	第一条	8
通书信	大治五年（1130）	藤原敦光	菅原宣忠	第一条	8
得珠宝	大治五年（1130）			第二条	8
详和歌		纪贯成	花园赤恒	第一条	6

表7-6所示《本朝续文粹》所收平安后期的策问文、对策文各十二条，无论是段落结构特点还是在七个构成要素的使用等方面均达到了高度定型化。这一定型化一方面说明试策制度的进一步完备，另一方面形式上的定型必然要在一定程度上以牺牲内容的自由表达为代价。这也是平安后期大学寮"别曹"发展，学官世袭化的必然结果。

三　平安前中期对策文的体式特征

通过《本朝文粹》所收策问、对策各十三条策文为考察对象，分析平安前中期对策文体式特征。平安后期策文的两条策问中，除了①点明题旨和②征事两个共通要素使用一致，第一条策问另附有第三段③出题者赞辞这一非共通要素，第二条策问则缺失此项，仅由前两段构成。

但是，考之《本朝文粹》对策文，如大江匡衡《寿考》和纪齐名《陈德行》两条策文，据《江吏部集》卷中、《江谈抄》卷五以及《朝野群载》卷十三等资料记载，均为第一条对策。但是，无论是《寿考》还是《陈德行》策问，均为两段式结构，也就是说，缺平安后期第一条策问所必备的"出题者赞辞"这一要素。

这说明，在平安前期，问头博士是否在第一条策问末尾附加对对策者的诸如"子大器传家，函牛之鼎还少矣；利根禀性，斩马之刃犹钝焉。庶振高材于春官之策，勿惯寓言于秋水之篇"之类的所谓"赞辞"，似乎完全根据问头博士个人考虑，或者说，第一条策问中第三段"出题者赞辞"的有无尚没有形成一定的惯例。

除了以上指出的问文中的区别，平安前中期的对文也与后期对文显著不同。《本朝续文粹》第一条对文的三段式结构为：第一段④题旨详论；第二段⑥盛世赞美；第三段⑤"征事"解答。也就是说，第一条对文的构成要素的顺序为先详论题旨，其次为对当世的赞美，最后为"征事"解答部分。《本朝文粹》所收策文的第一条对文是否也按照这一顺序呢？以大江匡衡《寿考》对文为例（因第一段"题旨详论"无关对此问题的讨论，只引第二、第三段）。

夫以讳老称六十九者，仕后魏而吏南充；遇主言一二三者，酌下若而得上寿。至彼五音四声之相配，万岁一日之无疆。宫商有调，久视之术何违；土俗异风，延龄之道各别者也。况复逢李耳兮见真形，心地自如日月之明；变桃颜兮歌妙曲，年纪既非云雾之暗。（第二段）

我后名轶稽古，化施当今。同降诞于寿丘，富春秋而天长地久；求登用于妫水，感山泽而就日望月。四目之为师，巢阁之凤仪庭。五老之人昂，负图之龙出浪。遂使祯祥不休，能叶帝德之美；符应有信，自固皇欢之基。退方归仁，吹羌笛于塞上之月；远戍忘警，埋夜柝于关外之尘。谨对。（第三段）①

上引《寿考》为大江匡衡天元二年（979）五月二十六日对策及第的两条策文之中的第一条，问头博士为菅原文时，收录在《本朝文粹》卷三，第二条已经散佚。引文第二段以"夫以"发句，为⑤"征事"解答部分。接下来以"我后名轶稽古，化施当今……"为对当今盛世的赞美部分，即⑥盛世赞美部分。与《本朝续文粹》第一条对文④题旨详论→⑥盛世赞美→⑤"征事"解答的结构顺序不同，《本朝文粹》的第一条对文的顺序变为④题旨详论→⑤"征事"解答→⑥盛世赞美的顺序。也就是说，平安前中期策文的第一条对文中，对"征事"解答部分和"盛世赞美"的顺序进行了调整。"征事"解答部分调整为第二段，"盛世赞美"部分调整为第三段。

在《本朝文粹》所收的十三条对策文中，属于第一条对文的共七篇，除了上引大江匡衡《寿考》以外，其余为（按对策时间先后）：都良香《神仙》，藤原春梅《立神祠》，纪齐名《陈德行》，大江以言《详春秋》，藤原广业《松竹》以及大江举周《辨耆儒》共六篇。在这六篇对文中，前四篇对文的结构与匡衡《寿考》一致，体现了平安前期第一条对文的共性特征。自藤原广业《松竹》开始，结构开始发生变化。

国家俗反九首，仁蒙万心。圣化风遐，二华之松献寿；叡德露下，细叶之竹受祥。自然首文背文之鸟，长巢上林之云；羽氏

---

① 大曾根章介、金原理校注：《本朝文粹》，《新日本古典文学大系》第27册，岩波书店1992年版，第168—169页。

翼氏之人，遥就中华之日。（第二段）

然则速成晚就之戒，方策载其人；九疑千仞之谈，圆丘为其处。殷庭周庭之变，梓树之词自明；一生一死之期，竹谱之文方决。即验时代可辨，披齐纪而区分。南北暗知，指族氏而诵咏。行人休止，犹避幽僻之烟；道子山池，谁迷斟酌之水。谨对。（第三段）①

"国家"以下第二段为对当世的赞美，即⑥盛世赞美部分。"然则"以后的第三段为⑤"征事"解答部分，连同第一段的"题旨详论"，④题旨详论→⑥盛世赞美→⑤"征事"解答的结构顺序与《本朝续文粹》所收平安后期的第一条对文结构一致。藤原广业对策于长德四年（998）十二月二十六日，晚于广业三年，于长保三年（1001）对策的大江举周，其第一条对文《辨耆儒》也与广业对文完全一致。

通过以上分析说明，在对策文逐步走向定型化的过程中，长德四年藤原广业对策起到了关键作用。广业为北家藤原氏内麿流、勘解由使藤原有国的长子，广业对策在北家的形成，乃至于在藤原氏各家统地位形成中都具有重要作用。这一点从其对策在策文定型化过程所起的引领作用即可窥知一斑。

四　奈良时代对策文形式体制

《经国集》所收二十六篇对策文，除了延历二十年（801）栗原年足、道守宫继的四篇属于平安初期的作品，其余均为奈良时代的作品。现据此对奈良时代的对策文的形式体制进行简要分析。

（一）策问结构特征

先看策问部分的结构。奈良时代的策文一般篇幅较短，尤其是策

---

① 大曾根章介、金原理等校注：《本朝文粹》，《新日本文学大系》第27册，岩波书店1992年版，第171—172页。

问文,在全部二十篇策问文中,低于五十字的有十一篇,五十字至一百字之间有九篇。其中最短者不过二十多字,长者也不超过五十字。

鉴于奈良时代策问的这种特点,一般很难将其像平安时代的策问那样分为第一条三段式,第二条两段式的结构。自然,策问的三要素①点明题旨、②征事、③出题者赞辞等的区分也不明显。以主金兰对策的两条问文为例。

问:孝以事亲,忠以奉国。既非贤圣,孰能兼此。必不获已,何后何先?

问:雕华绚藻,便贻批末之愆;破玺焚符,终涉守株之讥。彬彬之义,勿隐指南。

这两条策问文的问头博士不明(奈良时代策文均不著问者姓名),第一条问文24字,第二条26字,属于奈良时代问文中篇幅相对较短者。二条均使用直接提问的方式,第一条问忠孝之先后,第二条问文质之义。既不能对策问进行分段,又无法分辨所谓问文的三要素。

陈飞根据唐代策问各部分的特点,将策问部分分为简式、发展式和繁复式三类①。王晓平先生认为奈良时代的大部分策问不仅比《文选》中所收的王元长、任子升的策题要简单得多,有的甚至比《文苑英华》所收初唐问文还要简单,可以说是"超简式"。按照提问方式的特点,王晓平先生把奈良时代这种"超简式"策问文分为两难选择式、顺序判断式、优劣比较式、追根溯源式、辨同析异式五种提问类型②。如前引对主金兰的两条策问,第一条辨忠孝之先后,为顺序判断式,第二条定文质之义,为两难选择式。

其他优劣比较式如:"帝王御世,必须赏罚,用赏罚之道。虽褒

---

① 陈飞:《唐代试策的表达体式——策问部分考察》,《文学遗产》2008 年第 1 期。
② 王晓平:《日本奈良时代对策文与唐代试策文学研究》,《中西文化研究》2009 年第 12 期。

贬善恶，或有辜而可赏者，或有功而可辜也。理可分疏，庶详其要。"要求考生船连沙弥麻吕就赏罚孰轻孰重，孰优孰劣的问题进行辨析。追根溯源式如："上古淳朴，唯有结绳；中叶浇醨，始造书契。是知三五六经，由文垂教。未审七十二君，何字刻石？子贯穿坟典，该博古今。既辨三豕之疑，亦探百氏之奥。懋陈精辨，俟祛兹惑。"在考察纪真象对书契文字之根源的掌握情况。"李耳嘉道，以示虚玄之理；宣尼危难，而修仁义之教。或以为精，或以为粗。元理云为，仰听所以。"则要求考生白猪广成回答对老子思想和孔子思想的看法，为辨同析异式的典型例子。

需要指出的是，在奈良前期策问中，属于上述"超简式"的策问形式占大多数，到了奈良后期，不仅策问篇幅开始增大，平安时代策问中常用的"征事"结构亦开始孕育发展，如天平宝字元年（757）纪真象对策的策问第二条。

上古淳朴，唯有结绳；中叶浇醨，始造书契，是知三五六经，由文垂教。未审七十二君，何字刻石？子（敬嘉堂文库本作"于"，不确，据通行本改）贯穿坟典，该博古今。既辨三豕之疑，亦探百氏之奥。懋陈精辨，俟祛兹惑。

该策问已经明显具有了三段式结构的萌芽，第一段为"点明题旨"部分，第二段以"未审"起句，为"征事"设置的部分。第三段为对对策者纪真象的"赞辞"部分。这一结构特征已经具有了平安时代策问的"雏形"。

《经国集》所收延历二十年（801）菅原清公问，栗原年足对《调和五行》策问与纪真象问文相比，已经明显具有了平安时代策问的结构特征。

问：二仪剖判，五行生成。扬四序而递旋，望七政以无谬。

若使圣哲居世，风霜顺节；号令失时，金木变性。（第一段）

然则①八眉握镜，滔天之灾未休；四肘临图，燋地之眚独历。②岂为天地之应，终可无征；将谓殷唐之治，时有所缺。③孙弘之对，必可有源；班固之书，何所祖述乎？（第二段）

吞乌之藻，无惭于罗生；吐凤之辞，不谢于杨氏。详稽往古之意，今（疑为令之误）可行于当（当下疑有脱字）。（第三段）

菅原清公的问文在结构上已经完全具有了平安时代策问的特征，第一条策问的三个构成要素第一段①点明题旨，第二段②"征事"设置和第三段③出题者赞辞的运用也与平安时代策问无异。只是在第二段的"征事"数量方面与《文粹》《续文粹》每条六问以上的设置不同，清公问文只有三问。这也间接印证了道真申文天长以往"一问之中，多者四事，少者三事"的说法。

（二）对文结构特征

与问文的发展轨迹相同，奈良时代的对文结构在前期与后期亦有着显著的不同。与"超简式"的问文相对应的是，对文亦极其简要。从篇幅看，奈良时代二十二篇对文中，二百字以内的九篇，二百字至三百字七篇，三百字到四百字四篇，超过五百字者仅一篇。其中较短者如庆云四年（707）百济君倭麻吕和和铜四年（711）葛井诸会对策文，全文不超过一百五十字。以篇幅最短的葛井诸会对文第二条为例。

对：窃以诸恶之意，先圣垂典；戮逆之旨，后哲宣轨。所以无为轩帝，动三战之迹；有道周王，示二叔之放。则知凶必殛，邪必正者也。但宣父焉杀之诫，欲行偃草之德，是既拥教；重华节恣之制，乃敬丕天之法，此亦将谟。两圣所立，殊途以同归；二训攸述，异言而混志。谨对。

该对文的策问为:"杀无道以就有道,仲尼之所轻;制刑辟以节放恣,帝舜之所重。大圣同致,所立殊途,垂教之旨,贞而言之。"问文以《论语·颜渊》"季康子问政"和《尚书·舜典》舜"制刑辟"的典故,要求考生葛井诸会就二圣人在"刑辟之旨"问题上虽立论各异,但主旨一致问题进行辨析。葛井诸会对文先列举皇帝"三战遂志"和周公"放逐管、蔡"的典故,然后重申问文中仲尼和帝舜的故事说明题旨。全文仅一百零二字,用如此短小的篇幅是无法对有关刑罚的问题进行深刻论述的,对文不仅不具有平安时代对文的段落结构特征,构成对文的三要素亦不明确,可以视为"超简式"的对策文。

与此不同的是,前面提到的道守宫继《调和五行》的对文已经明显具有了平安时代对文的结构特征。

对:窃以为亹亹圆象,悬日月以垂文;悠悠方议,列山川而分理。于是四时更谢,寒暑往来;五德递迁,王相运转。尔乃皇雄画卦,天人之道爰明;高密锡畴,帝王之法既立。洎陈其性,则帝有不卑;能宝其真,则天有过叙。是以周王虚己,访奥秘于文师;汉帝兴言,穷精微于丞相。

至①唐尧受禄,洪水滔天;殷汤膺图,亢旱燋土。运距杨九,时会百六。②天地非无其征,唐殷非缺其治。是知乘运之谴,哲后不能除。膺期之灾,圣君不能救。故以③孙弘之对,方看其源;班固之书,遂述其旨。

伏惟圣朝仪天演粹,道备于礼经;扬德韬英,义光于易象。犹能欲明四时之理,穷五行之要。实治国之通规,为政之茂范。夫以木火亏政,风蝗所以兴灾;金水乘方,霜雹由其告谴。若乃三驱有制,则曲直成其功;四佞离朝,则炎上得其性。抗威禁暴,遂从革之能;发号柔神,申润下之德;卑俭宫室,稼穑所成。仪形寡妻,草木惟茂。礼敷义畅,龟麟可以献详;仁洽智周，龙凤于焉效祉。既而弘之以德，长无一变之灾；救之以道，安有五时之失。然则巍巍之化，举目应瞻；荡荡之风，企足可待。谨对。

道守宫继对文与菅原清公问文对应，其"三段式"结构特征极其明显。对文第一段为"题旨详论"部分。第二段为"征事"解答部分，"每条三事"的"征事"数量与对文相对应。而第三段以"伏惟圣朝"的套语开头，为"盛世赞美"部分。这与前述《本朝文粹》所收平安前期对文的段落安排完全一致。

第四节 对策文与唐日骈文风尚

前三节从句式和声律的角度对奈良和平安时代的对策文分别进行了考察。本节在对奈良和平安时代对策文在句式、声律等演进进行归纳的基础上，结合中国的骈文风尚等问题，对日本策文的文体作进一步分析。

一 对策文从奈良到平安时代的文体演变

前面分别对百济君倭麻吕《精勤克俭》、白猪广成《礼乐之用》和纪真象《治御新罗》等对文的对句和声律情况进行了考察。三条对策文的句式使用情况如表7-7所示。

表7-7 百济君倭麻吕、白猪广成、纪真象对策文对句使用情况对比

对策者	题目	单句对	使用率	隔句对	使用率	四六句使用率
百济君倭麻吕	精勤克俭	5例	62.5%	3例	37.5%	82%
白猪广成	礼乐之用	7例	58.3%	5例	41.7%	73%
纪真象	治御新罗	25例	69.4%	11例	30.6%	68%

表 7-7 显示了奈良时代对策文的句式主要以整炼的四六对句为主要构成要素,在全部对句中,单句对占有十分重要的比例。以同样的方法对平安时代都良香和藤原有信的对文进行统计,情况如表 7-8 所示。

表 7-8　　都良香、藤原有信对策文对句使用情况对比

对策者	题目	单句对	使用率	隔句对	使用率	四六句使用率
都良香	神仙	3 例	12%	22 例	88%	80.8%
藤原有信	明城市	3 例	15%	17 例	85%	81.5%

可见,平安时代的对文以整炼的四六对句为主要构成要素的情况非但没有改变,还有进一步增加的趋势。与奈良时代的对文相比,最大的变化在于单句对的使用急剧减少,与之相应的是大量的隔句对的使用。若进一步对对句进行比较,无论是奈良还是平安时代,在隔句对中,以四六句为构成要素的轻、重隔句都占有极大的比重,这与对策文整体上以四六对句为主要构成要素的特点相一致。

再从破格率看对策文在声律和谐方面的演变,百济君倭麻吕、白猪广成和纪真象对文的破格率分别为 62.5%、58.3% 和 33.3%。尽管由于年代久远,不能排除对策文在传抄过程中有"失真"的可能,但是这一极高的破格率仍然说明奈良时代的对策文的无韵骈文特征。

到了平安前期,正如都良香《神仙》对文 12% 的破格率一样,同时期的其他对文的破格率也基本保持在极低的水平。结合同时期的策判在声律方面的评判标准,基本可以断定,九世纪的对策文在声律方面的要求是相对严格的。

从平安中期开始,正如前面藤原有信《明城市》对文所显示的那样,破格率在经过九世纪的下降后又开始回升。十一二世纪的两篇策判的判定标准,也回避了对音韵声律方面的评价,说明平安中后期的对策文对声律的要求已经明显宽松。

从上面的分析可知，对策文文体在从奈良到平安时代的演变中，最大的变化在于隔句对使用的不断增加。《经国集》所收奈良时代的对策文，表现出早期骈文以四字句、六字句单对兼用的文体特色。而到了平安时代，随着隔句对，尤其是大量的四六系轻重隔句对句使用的不断增加，对策文又表现出了成熟期的骈俪文的特色。

对策文文体的这一演变，与日本骈文文体的演变特征是一致的。松浦友久通过对《经国集》和《本朝文粹》赋的文体特征进行考察后指出，上代以单对为中心的"骈赋"经天长、庆云年间的过渡，逐步发展为以隔句对为中心的"律赋"①。松浦友久氏对"赋"的文体演变的分析，对于对策文文体的考察同样具有借鉴意义。都良香策判中表现出的对隔句对的崇尚情况，亦表现在其赋的创作上。

平安时代对策文在破格率上的反复，一方面说明初期以都良香为代表的文学家的文章观和汉学水平，另一方面表明随着复杂句式的使用，日本对策文在声律方面要求的逐步放松。

二 对策文与唐日骈文风尚

奈良到平安时代对策文文体的演变情况也反映了自汉魏至唐初的骈文风尚变迁。骈体文自汉魏产生以后，经历了四字与六字对句兼用的早期发展阶段，后经颜延之开创将四字句和六字句组合在一起的隔句对形式，从而形成"骈四俪六"的骈俪文格式，到了南朝齐梁间，骈文尤重声律，强调平仄相协，形成华丽文风。可以说，在从汉魏至梁朝的三百年间，骈文无论在形式上还是创作技巧上都达到了十分完备的程度。

至初唐，一些史学家、文学家开始批判和鞭挞前朝骈体文的浮华文风，如《隋书·文学传序》载："简文、湘东，启共淫放；徐陵、

---

① 松浦友久：《上代日本汉文学中的"赋"——以〈经国集〉〈本朝文粹〉为中心》，《国语与国文学》1963年10月号。

庾信，分路扬镳。其意浅而繁，其文匿而彩，词尚轻险，情多哀思。格以延陵之听，盖亦亡国之音乎！"《群书治要序》："近古皇王，时有撰述，并皆包括天地，牢笼群有。竞采浮艳之词，争驰迂诞之说；骋末学之博闻，饰雕虫之小技。……"① 至此，"亡国之音哀以思"似乎成了史学家批评前朝文风所遵循的一贯公式。

唐初官方这种批评前朝文风的目的在于调和南北，从而形成所谓汉魏风骨、文质并重的新文风。魏征在《文学传序》中指出，南风"清绮"，北风"气质"，气质则"理"胜其词，清绮则"文"过其意，他主张调和南北风格，形成文理兼备的新文风。

但是，唐初官方主导的这种"尚用"的实用主义文风与当时社会上流行的文学风尚并不一致，史学家所批判的前朝那种重声律和对偶的骈体文风在社会上仍然广受推崇。

《兔园策府序》指出："自魏晋之后，藻丽渐繁，齐梁以还，文华竞轶。……穷异辨以邀能。文皆理外之言，理失文中之意。"② 可见这篇序在对前朝文风挞伐方面与当时史学家的论调是多么一致。但是通过敦煌残卷仅存的内容即可判断，其编撰所采用的风格仍然是华丽的骈体文。就是杜嗣先对前朝文风批判的这篇序言本身也是一篇优美的骈文，把其置于六朝骈文之中足以乱真。

对于《兔园策府》的文体特征，后世史志多有著论。晁公武《郡斋读书志》言《兔园策府》乃"纂古今事为四十八门，皆偶俪语"。《北梦琐言》卷十九言："《兔园策府》乃徐庾文体，非鄙朴之谈。"这说明，唐初所实际崇尚的文风与官方主张并不一致。

唐初史学家的文学批评和主张亦为平安初期的文学家所继承。例如，《经国集序》曰："虽齐梁之时，风骨已丧，周隋之日，规矩不存，而沿浊更清，袭故还新，必所拟之不异，乃暗合乎曩篇。"可见，

---

① （唐）魏征、虞世南、褚遂良等撰，吕效祖、赵宝玉等编：《群书治要考译》第1册，团结出版社2011年版，第17页。
② 郑阿才、朱凤玉：《敦煌蒙书研究》，甘肃教育出版社2002年版，第266页。

《经国集序》对齐梁文风的评价承袭了唐初史学家的观点。从前面对都良香策判对策文的评价可知,"文理兼备"亦是其文学批评的主要风格。①

从前面对对策文文体的考察可知,在从奈良到平安时代的演变中,对策文体的骈文风格发展趋势是向上的,恰是在平安前期,也就是都良香文学思想主导策文评价的时期,对策文无论是在句式的整炼还是声律的协调方面都达到了一个新的高度。平安前期这一官方的主张与实际崇尚的文风之间的差异与初唐文学风尚的发展轨迹几乎一致。

---

① 王晓平:《亚洲汉文学》,天津人民出版社2009年版,第87页。

第八章 唐初试策类书与日本对策文研究
——以《魏征时务策》为中心

作为成书于初唐时期与科举试策相关的一部所谓"佚存"之书，《魏征时务策》尚未引起国内学界的重视。日本学者东野治之论文《大宰府出土木简所见〈魏征时务策〉考》对《魏征时务策》在日本典籍中的佚存情况进行了详细考证，指出《魏征时务策》在日本律令时代科举试策研究中具有重要的参考价值①。葛继勇论文结合大宰府出土木简对《魏征时务策》的记载情况，对其主要内容以及在日本的流传情况进行了分析梳理②。本章在先学研究基础上，重点对日本流传的《魏征时务策》的版本及其对奈良时代科举试策的影响等问题作进一步探讨，在此基础上，对《魏征时务策》所体现的文学思想对奈良时代的文风，乃至于对早期日本汉文化的形成和发展中所起的重要作用等问题进行深入剖析。

第一节 《魏征时务策》及其东传日本

1973年9月至11月，考古学家对位于九州北部的大宰府遗址进行了第26次发掘，在位于其正殿后方东北角处发现了大量"习书"

---

① 东野治之：《大宰府出土木简所见〈魏征时务策〉考》，载《正仓院文书与木简研究》，吉川弘文馆1977年版，第162—173页。
② 葛继勇：《佚存日本的〈魏征时务策〉钩沉》，《文物》2013年第12期。

(练习写字)木简,其中大约30枚的木简上的文字清晰可辨。值得注意的是,其中有两枚木简一枚记载有"特进郑国公魏征时务策壹卷",另一枚写有"郑国公务务""魏征"等字样①。尽管大宰府出土木简中没有关于木简制作年代的记载,但根据随木简出土的陶器编年大致可以推断出这些木简的制作年代应当为奈良(710—794)中后期,学者佐藤信根据同时期出土的记载有"书生"字样的木简推断,《魏征时务策》亦为这些属于地方下级官吏的"书生"们所书写②。

对于魏征其人,两唐书《魏征传》均有记载,《新唐书·魏征传》的记载如下。

> 少孤,落魄有大志。初为太子洗马,太宗即位,拜谏议大夫、秘书监,寻晋检校侍中,封郑国公。以疾辞职,拜特进,仍知门下省事。征性谅直,知无不言。太宗或引至卧内,访天下事,尝以古名臣称之。校辑秘书省书,及撰齐、梁、陈、周、隋诸史,序论多出其手。卒,谥文贞。集二十卷,今编诗一卷。③

魏征在唐太宗时期被封为"郑国公",后"因疾辞职,拜特进,仍知门下省事"。魏征校辑秘书省书,"撰齐、梁、陈、周、隋诸史,序论多出其手"。魏征于贞观十七年(643)去世后,被追谥为"文贞"。上引《新唐书》所载魏征事与大宰府木简"特进郑国公魏征"相吻合,可证木简所记《时务策》之撰者与《新唐书》所记魏征为同一人无疑。另外,唐麟德元年(664)成书的《广弘明集》卷六《辩惑篇》有"唐特进郑公魏征策"之记载,《新唐书·艺文志》亦有"魏征时务策五卷"之著录,由此,基本可以确定流传日本的

---

① 有关木简的发掘和《魏征时务策》木简情况请参见九州历史资料馆《大宰府史迹出土木简概报(一)》,1976年3月号。
② 佐藤信:《日本古代的宫都与木简》,吉川弘文馆1997年版,第422页。
③ (宋)欧阳修、宋祁等撰:《新唐书·魏征传》,中华书局1975年版,第3867页。

《魏征时务策》当为魏征本人所撰。

对于《魏征时务策》传入日本的具体时间，因资料的阙如，我们尚不能做出确切的判断。前文已经指出，根据随木简出土的陶器编年大致可以推断出这些木简的制作年代应当为奈良中后期，这也清楚说明最迟在奈良中后期，《魏征时务策》等汉籍已经传入日本，被作为律令制官吏的"登龙门"考试参考书而广为流传。其实，我们还可以根据最早收录《魏征时务策》佚文的日本典籍《古记》（《大宝律令》注释书）成书于天平十年（738）前后的事实，进一步把《魏征时务策》传入日本的时间下限明确为738年。据此，奈良中后期的木简中出现《魏征时务策》的相关记述也就不足为奇了。

作为一部佚存之书，虽然今天已经无从知晓《魏征时务策》的全貌，但通过对保存在中日典籍中的《时务策》佚文的分析，我们仍然可以对《魏征时务策》的大致内容做一个整体把握。最早收录《魏征时务策》佚文的日本典籍为《大宝律令》的注释书《古记》（该书已经不存于世），《令集解》卷二十二《考课令》"进士"条注释中，引用了《古记》所收《魏征时务策》的一条对策文。

> 案《魏征时务策》：问："乡邑何因无孝子、顺孙、义夫、节妇？"答："九族之说，著在虞书；六顺之言，显于鲁册。故义夫彰于郄缺，节妇美于恭姜，孝子则曾参之徒，顺孙则伯禽之辈。自兹已降，往往间出。石奋父子慈孝著名，姜肱兄弟恩义显誉。当今天地合德，日月齐明，万国会同，八表清谧。然上之化下，下之必从，若影逐标，如水随器。但能导之以德，齐之以礼，教之以义，怀之以仁。则孝子、顺孙同间如市，义夫、节妇联袂成帷。荡荡之化可期，巍巍之风斯在。"①

---

① 惟宗直本：《令集解》，《新订增补国史大系》卷23，吉川弘文馆1966年版，第646—647页。

从内容看，上引《魏征时务策》首先阐明了九族、六顺之说的来历，并以历史上郤缺（春秋时晋国大夫。耨于冀，其妻饷之，相敬如宾。文公闻其事，用为下军大夫）、恭姜、曾参、伯禽等例子说明题意，接下来以石奋、姜肱的例子进一步阐明题旨，最后为对当今盛世的赞美，这也是时务策的套语。对策文最后指出以德、礼、仁、义等思想教之以民，则孝子、顺孙、义夫、节妇可"联袂成帷"，从而实现太平盛世。需要指出的是，除了"进士条"注引的上述内容，《令集解》之《赋役令》"孝子顺孙"条注文中同样引用了上述《魏征时务策》的部分内容："桑案《魏征时务策》云：义夫彰于郤缺，节妇美于恭姜，孝子则曾参之徒，顺孙则伯禽之辈。"作为我们了解日本律令时代科举制的唯一参考资料，《令集解》征引《魏征时务策》对策文对进士科试项进行注释，足以说明其对日本进士科时务策的示范作用，下节将对此作重点分析。

除了前述《令集解》完整保存了《魏征时务策》的一条佚文，唐高僧道宣撰《广弘明集》卷六《辩惑篇》第二之二"叙列代王臣滞惑解上"也完整引用了一条《魏征时务策》。

唐特进郑公魏征策有百条。其一条曰：问："经佛兴行，早晚得失。"答："珠星夜陨，佛生于周辰；白马朝来，法兴于汉世。故唐尧虞舜，靡得详焉；孔子周公，安能述也。然则法王自在，变化无穷。纳须弥于芥子之中，覆日月于莲华之下。法云惠雨，明珠宝船。出诸子于火宅，济群生于苦海。笤得砥，则截骨而断筋；车得膏，则马利而轮疾。诚须精心回向，执志归依。宜信傅毅之言，无从蔡谟之仪。"①

这条时务策论述了佛法之兴的问题，与前引《古记》所收《魏

---

① （唐）释道宣辑：《广弘明集》第2册，商务印书馆1936年影印本，第115—116页。

征时务策》佚文一样，大量使用中国故事成语四六对的骈俪文体。从行文特征判断，这两条佚文极有可能同出自《魏征时务策》，尤其引文开头"唐特进郑公魏征策"的记载与大宰府木简"魏征时务策"记载相印证，又据文中魏征策"百条"之记载，说明《魏征时务策》所收对策文数量应当十分可观。据日本学者东野治之的整理，日本典籍中引用的《魏征时务策》佚文或其释文达十七条之多①。东野氏指出，由于这些出自《时务策》的引文均为摘句形式，所以很难根据这些摘句判断其所出对策文的整体意旨，但从摘句的内容看，彼此并不相关，因此基本可以断定，这十七条引文应分别摘自《时务策》的不同条目，这充分说明《魏征时务策》所涉内容的广泛性。

从前述大宰府出土木简"特进郑国公魏征时务策壹卷"的记载可知，在奈良时代，《魏征时务策》至少有一卷本在日本流传。那么中国史志目录对《魏征时务策》及其卷数的记载情况又如何呢？《新唐书·艺文志》"丁部集录"载"《魏征时务策》五卷"；《宋史·艺文志》"集部别集类"载"《魏文正公时务策》五卷"；同《宋史·艺文志》"子部杂家类"也载有"《魏征时物策》（物为务之讹）一卷"；《通志·艺文略》"别集四"载"《魏郑公时务策》一卷"。从上述唐以来的史志目录的记载可知，《魏征时务策》在当时至少有五卷本和一卷本两种版本传世。大宰府木简所载"特进郑国公魏征时务策壹卷"与《宋史·艺文志》"子部杂家类""《魏征时物策》一卷"和《通志·艺文略》"别集四""《魏郑公时务策》一卷"所载卷数一致，说明当时传入日本的《魏征时务策》当为一卷本。东野治之在考察了有关中国官私史志目录的著录情况后指出，《魏征时务策》一卷本可能为无注本，五卷本可能为有注本②。东野氏的这一推断与大宰

---

① 东野治之：《正仓院文书与木简研究》，吉川弘文馆1977年版，第168—169页。
② 东野治之：《正仓院文书与木简研究》，吉川弘文馆1977年版，第162—173页。

府木简所记卷数相一致。

藤原师通（1062—1099）撰《后二条师通记》的一则日记似乎也印证了东野治之的判断，据"宽志五年（1091）七月"条载："十四日辛未，晴。自殿下（师实）以有信（藤原）朝臣御堂（道长）御书《时务荣（策）》三卷（注不见）、《抱朴子》七卷、《词林》十卷（诗）所借给也。"① 同"宽志六年（1092）十二月二十九日"条载："廿九日丁丑，晴。（中略）昨日，《琵琶谱》十卷返上已毕。又《时务策》二卷所下给也。"② 藤原师通第一次从其父藤原师实那里借来了藤原道长手书"《时务策》三卷"，后又于次年十二月二十九日借到"《时务策》二卷"，由第一条之"注不见"的注释可知，当时流行的《魏征时务策》应当为有注本，而师通借来的藤原道长手书本《时务策》应该是无注本。又从镰仓时代僧觉明《白氏新乐府略意》卷上与《和汉朗咏集私注》卷一的注文中均有引用《时务策》注文的情况推断，五卷有注本《魏征时务策》在日本亦有传本，只是其传入日本的时间有可能晚于大宰府木简的制作年代罢了。

第二节 《魏征时务策》对日本对策文的影响

从前节所引《古记》所收的一条《魏征时务策》被作为对进士科"试策"进行注释的情况来看，《魏征时务策》在东传日本后，应当在日本进士科试策中发挥了重要作用。关于进士科试策，《令集解》所收《养老令·考课令》的记述为：

> 凡进士，试时务策二条，帖所读《文选》上帙七帖、《尔雅》三帖。其策文词顺序，义理惬当，并帖过者为通。文义有

---

① 藤原师通撰：《后二条师通记》，岩波书店1957年版，第139页。
② 藤原师通撰：《后二条师通记》，岩波书店1957年版，第323页。

滞，词句不论，及帖不过者为不。帖策全通，为甲。策通二，帖过六以上，为乙。以外皆为不第。①

紧接着在该条下注云"时务者，治国之要务也"，并引《古记》所引《魏征时务策》做了进一步说明。对比《唐六典》对唐代进士科试策的规定可知，《考课令》关于进士科"试时务策二条"的规定比唐代进士科试策的条数要少（《唐六典》规定进士科试"时务策五条"），有关唐日在进士科试策条目方面的差异及其原因，前文第五章第三节"日本贡举制度的实施"中已经做了详细探讨，在此不再赘述。需要强调的是，作为我们今天了解日本律令时代科举制的唯一参考资料，《令集解》引用《魏征时务策》来对进士科试项进行注释本身就足以证明《魏征时务策》对日本进士科时务策的示范作用。

成书于天长四年（827）的敕撰汉诗文集《经国集》卷二十"策下"收录奈良至平安初期的对策文共二十六条，这二十六条对策文也是我们今天了解律令时代进士科试策唯一可资参考的资料。据小岛宪之考证，这二十六条试策全部为进士科时务策②。下面就以《经国集》所收进士科时务策为例，分析律令时期参加进士科试的士子们是如何利用《魏征时务策》来学习对策文创作的。首先看延历二十年（801）大学少允菅原清公问，文章生道守宫继对的一篇对策文，原文较长，现引其要如下。

礼敷义畅，龟麟可以献详；仁洽智周，龙凤于焉效祉。既而弘之以德，长无一变之灾；救之以道，安有五时之失。然则巍巍

---

① 惟宗直本：《令集解》，《新订增补国史大系》卷23，吉川弘文馆1966年版，第645—648页。
② 小岛宪之：《上代日本文学与中国文学——以出典论为中心的比较文学考察》（下），塙书房1965年版，第1423页。

之化，举目应瞻；荡荡之风，企足可待。①

这条对策文的题目为《调和五行》，引文为第三段，为整篇对策文的结论部分。与《经国集》所收对策文多为奈良时代作品不同，道守宫继对策文作于延历二十年（801），应当算作平安初期的作品。文中"弘之以德""救之以道"的句式与前引《古记》所载《魏征时务策》的"导之以德，齐之以礼，教之以义，怀之以仁"的句式相同。而"巍巍之风""荡荡之风"的说法更是直接取自《魏征时务策》佚文中"荡荡之化""巍巍之风"的说法，不同之处只是颠倒了一下语序而已。

值得注意的是，道守宫继的另一条"治平民富"的对文中"上行下化，类水如泥"的说法显然也袭用了《魏征时务策》佚文中的"然上之化下，下之必从，若影逐标，如水随器"一句，二者异曲同工。对《经国集》所收时务策对《魏征时务策》佚文语句的模仿，再举例如下。

（1）启蛰而郊，明之鲁策；立春迎气，著在周篇。［天平三年（731）船连沙弥麻吕对文之二"郊祀时含"］

（2）清靖之风斯在，邕熙之化可期。［天平三年（731）藏伎美麻吕对文之二"赏罚之理"］

上例（1）"……，明之……，……，著在……"的句式与《魏征时务策》佚文之"九族之说，著在虞书；六顺之言，显于鲁册"的句式相同，（2）与《魏征时务策》佚文之"荡荡之化可期，巍巍之风斯在"同样运用了"……可期，……斯在"的句型，只是顺序不同而已。像《经国集》所收时务策模仿《魏征时务策》句式的例子还有很多，在此不再一一举出。

---

① 与谢野宽、正宗敦夫等编：《本朝文粹 凌云集 文华秀丽集 经国集 本朝丽藻》，《日本古典全集》第1回，日本古典全集刊行会1926年版，第183页。

以上道守宫继所作的两条对策文，其语句均出自《魏征时务策》佚文的同一条对文中，其意义确实非比寻常，这足以证明《魏征时务策》在日本律令官人的对策文创作中发挥了巨大作用，也许这些参加科举考试的士子早已把《魏征时务策》作为科考参考书，对其中的重要语句烂熟于胸，从而保证自己在参加考试时能够仿作。这是因为，以律令时代官人的汉文修养来说，制作这种频繁用典，句式整炼的四六骈体文应当是一件十分困难的事情，因此，为了写出"文理俱高"的对策文，找到具有"范文"性质的模仿对象就显得十分重要。从这一意义上说，《魏征时务策》对日本进士科考的意义是非比寻常的。

第三节 《魏征时务策》对奈良文风的影响

上面考察了《经国集》所收时务策在语言方面对《魏征时务策》的模仿情况。当然，奈良时代对策文对于《魏征时务策》的利用，绝不仅限于对个别语句的模仿层面。下面结合魏征本人的文章思想，分析《魏征时务策》在文章风尚方面对《经国集》对策文乃至整个奈良文风方面的重要影响。

一 魏征文章观与奈良时代的文学风尚

魏征不仅作为治国名臣闻名于世，其卓越的诗文才能同样为世人所知。前面已经提到，"五代史"即为魏征主持编撰。更重要的是，这些史书的"总论""序论"，如下面将要引述的《隋书》的"文学传序"等均出自魏征之手。另外，《魏郑公文集》《魏郑公诗集》等均代表了其在文学方面的才能。《魏郑公文集》所收《谏太宗十思疏》等名篇，被收入后来的《古文观止》而脍炙人口。

魏征的文学思想主要体现在其为"五代史"、《群书治要》等所作序言。下面根据《隋书·文学传序》和《群书治要序》等来分析魏征的文学思想。在《隋书·文学传序》中，魏征对南朝特别是齐梁以后的文风提出批评:"简文、湘东,启共淫放;徐陵、庾信,分路扬镳。其意浅而繁,其文匿而彩,词尚轻险,情多哀思。格以延陵之听,盖亦亡国之音乎!"在为《群书治要》所作序中,魏征再次对浮艳文风提出批评:"近古皇王,时有撰述,并皆包括天地,牢笼群有。竞采浮艳之词,争驰迂诞之说;骋末学之博闻,饰雕虫之小技。……"① 这里,魏征遵循了史学家"亡国之音哀以思"的一贯批评公式,把梁陈诸朝之覆亡与当时的淫靡文风联系起来。在对前朝奢靡文风严加鞭挞的同时,魏征提出了融合南北风格树立新文风的主张,其在《隋书·文学传序》中说:

> 然彼此好尚,互有异同。江左宫商发越,贵于清绮;河朔词义贞刚,重乎气质。气质则理胜其词,清绮则文过其意。理深者便于时用,文华者宜于咏歌,……若能缀彼清音,简兹累句,各去所短,合其两长,则文质彬彬,尽善尽美矣。②

魏征指出,南风"清绮",北风"气质",气质则"理"胜其词,清绮则"文"过其意,从而主张调和南北文风,树立新文风。

那么,魏征所主张的新文风在他自己的文学活动中是如何体现的呢?下面我们结合《魏征时务策》两条佚文对魏征的文章观及其具体实践进行分析。首先,通过《广弘明集》的佚文进行分析。为便于考察,仍以《作文大体》之《杂笔大体》的观点把各句所属十三种句型种类和声律情况表示如下。

【杂隔句】珠星夜陨仄,佛生于周辰平;白马朝来平,法兴于汉世仄。

【旁　句】故

---

① (唐)魏征、虞世南、褚遂良等撰,吕效祖、赵宝玉等编:《群书治要考译》,团结出版社2011年版,第17页。
② (唐)魏征等撰:《隋书·文学传序》,中华书局1973年版,第17页。

【平隔句】唐尧虞舜仄，靡得详焉平；孔子周公平，安能述也仄。

【旁　句】然则

【漫　句】法王自在仄，变化无穷平。

【长　句】纳须弥于芥子之中平，覆日月于莲华之下仄。

【紧　句】法云惠雨仄，明珠宝船平。

【长　句】出诸子于火宅仄，济群生于苦海仄。

【疏隔句】砮得砥平，则截骨而断筋平；车得膏仄，则马利而轮疾仄。

【旁　句】诚须

【紧　句】精心回向仄，执志归依平。

【长　句】宜信傅毅之言平，无从蔡谟之仪平。

魏征的这篇策文基本以单句对为主，单句对占全部对句的比例为66.7%。三组隔句对分别为四、五杂隔句，四、四平隔句以及三、六疏隔句。从全文看，四六系句式（尤其是四字句）所占比重极大，占到75%以上。在声律方面，破格率为40%左右，可见作者在时务策创作中并没有严格拘泥于声律之要求。同样的倾向亦表现在《古记》所载《魏征时务策》的另一篇佚文。

【平隔句】九族之说仄，著在虞书平；六顺之言平，显于鲁册仄。

【旁　句】故

【长　句】义夫彰于郄缺仄，节妇美于恭姜平，

【长　句】孝子则曾参之徒平，顺孙则伯禽之辈仄。

【漫　句】自兹已降，往往间出，

【长　句】石奋父子慈孝著名平，姜肱兄弟恩义显誉仄。

【旁　句】当今

【紧　句】天地合德仄，日月齐明平，

【紧　句】万国会同平，八表清谧仄。

【旁　句】然

【漫　句】上之化下，下之必从，

【紧　句】若影逐标_平，如水随器_仄。

【旁　句】但能

【紧　句】导之以德_仄，齐之以礼_仄，

【紧　句】教之以义_仄，怀之以仁_平。

【旁　句】则

【长　句】孝子、顺孙同闬如市_仄，义夫、节妇联袂成帷_平。

【长　句】荡荡之化可期_平，巍巍之风斯在_仄。

与《广弘明集》的时务策一样，这篇对文仍然以四六字句构成的单句对为主，四六字句占全文的比重为接近80%，而四六字句中又以四字句为主。全篇仅用隔句对一组，且为四、四平隔句。与《广弘明集》所收佚文不同的是，全文的破格率较低。

这两篇《魏征时务策》佚文所表现出的文风，与齐梁间那种堆砌华丽辞藻的四六骈俪文风相比已经大为改观。两条对文均避免使用骈四俪六的华丽隔句对形式，而代之以四字句为主的单句对。尽管两条佚文，尤其是《古记》所引佚文也都大体符合声律，但很明显作者并非为声律而声律，而完全是创作中的一种自律行为。可以说，魏征时务策鲜明体现了其"掇彼清音，简兹累句"，从而实现文理兼备的新文风的努力。

以魏征为首的初唐史学家所主张的这种崇尚实用的文风，被平安初期的文学家所接受。《经国集序》曰："虽齐梁之时，风骨已丧，周隋之日，规矩不存，而沿浊更清，袭故还新，必所拟之不异，乃暗合乎曩篇。"王晓平先生指出《经国集序》的这一观点"承袭了史学家对六朝文风的评价，提出应该树立新文风以发展日本汉诗文"[①] 的主张。

前面从语句借用的角度分析了《魏征时务策》在奈良时代对策文中的投影。其实，《魏征时务策》对《经国集》对策文的影响绝不仅

---

① 王晓平：《亚洲汉文学》，天津人民出版社2009年版，第87页。

局限在某些语句方面。《魏征时务策》所体现的魏征的文学思想和文章观对于《经国集》对策文的文体文风的影响也是巨大的。兹举百济君倭麻吕《鉴识才俊》对文说明之。

> 对：窃以赤帝文明，知人其病；素王天纵，取士其失。然则珍砆不可辨矣，蓬性不可量矣。凤鸡别也，草情岂堪识也。但无求不得，负鼎朝殷，扣角入齐，择必所汰。四凶剪虞，二叔除周。况今道泰隆，雄德盛导焉。岁星可谈，占风雨而仰款；竖亥雨步，尽入提封之垠。遂使少微一星，应多士之位；大云五彩，覆周行之列。巍巍荡荡，合其时欤，不驱愚去，不召贤来。

百济君倭麻吕的这篇对文无论是结构还是表现都与《魏征时务策》两条佚文极其相似。全文虽以四六系的骈文体为主，但在句式构成上，主要是四六字的单句对形式。四、六式的隔句对全文仅使用一例，同时声律方面也不拘泥于平仄的绝对和谐，总之与六朝骈四俪六的文风明显不同。

前文第七章第二节对《经国集》所收对策文的句式和声律进行了分析。与百济君倭麻吕的对文一样，可以说在文章风格方面都与《魏征时务策》相近，受其影响的痕迹极为明显。

二 对策文与日本古代的汉文学创作

在建设律令制国家过程中，日本模仿唐制建立了自己的科举试策制度。日本科举试策除了在试策条数和内容上有别于唐制，在实施目的上亦与唐制不同。与唐代以选拔官吏为目的的科举不同，日本科举最主要的目的在于选拔出具有较高汉文修养的文学家，以有效服务于律令制国家建设和最大限度地消化吸收中国文化，可以说这是日本实施科举试策的核心利益所在。高文汉指出，"对于日本人来说，撰写对策比其他作品的难度更大些。它不仅需要渊博的汉学知识，而且要具备思维敏捷、长于思辨的素质。面对朝廷有关宇宙社稷、时务方略等策问，奈良时期的文人基本上已经能从容应对了"①。诚如高文汉所言，正是通过科举对策文创作的"历练"，大大提高了律令官的汉文修养，培养了一批精通儒家经典，擅长汉诗文写作的新型文人，促成了日本早期"文人型态"和"文学型态"的形成。

经过奈良时代几十年文章试策的发展，至平安初期，试策制度进一步完善，现存平安时代的对策文不仅在数量上要比奈良时代多，在创作方面也更加成熟，其中有不少受到白居易所撰对策文的影响，平安时代的文章生在学习期间，将奈良时代的对策文和中国传来的《魏征时务策》《兔园策府》《蠃金》等试策类书一并置于座右，完全是可以想象的。

平安时代以后，日本明经、文章诸道渐趋衰微。随着试策制度的瓦解，对策文创作已不再具有选拔官吏的政治功能。但是，对策文作为一种政论文体，其在思想训练和写作方法训练中的作用非但没有减弱，甚至得到了进一步发挥。到了江户时代，由于幕府将军同样将"文德政治"作为武士政治的补充，不仅主张以"力"治国，也注重借"文"饰世，这时候，对策文就成为一种重要的培养读书、思考以及写作能力的方法。古学派创始人伊藤仁斋就曾以"私拟策问"的形式训练学生对现实问题的思考。例如，他在1667年农历四月初五写的一篇《拟策问》中就如何制定佛教政策提出设问："盖佛法流传我国，殆千有余岁矣。涂民耳目，移民心志。仰之超神明，敬之过父母。上倚之以为法，下守之以成俗。……冀诸君第其可去不可去，及既去之后，有害与否，以著之于篇。"②伊藤仁斋在这篇《拟策问》中以对策文的形式促使学生思考现实的文化难题，并学会正确表述自己的主张。从1661年到1697年的30余年中，伊藤仁斋对学生进行

---

① 高文汉：《中日古代比较研究》，山东教育出版社1999年版，第110页。
② 吉川幸次郎、清水茂校注：《伊藤仁斋 伊藤东涯》，岩波书店1971年版，第284页。

了对策文的训练。《古文先生文集》中收录伊藤仁斋所撰"私拟策问"多篇。

小　结

《魏征时务策》所体现的崇尚实用的文风直接影响了日本对策文的创作。这一文风也必然会通过对策文这一文体形式影响到一般汉诗文创作，进而影响到整个奈良时代汉诗文文风的形成并对后世汉诗文创作产生重要影响。从这一意义上说，佚存日本的《魏征时务策》不仅在律令时代的对策文创作中具有重要意义，就是在早期日本汉文化的形成和发展中所起的重要作用也值得大书特书。

第九章　对策文与早期中国思想文化的容摄

日本对策文主要考察应试者（律令官人）的汉学修养，是律令官人以中国语言书写的中国故事。可以说，对策文是由政治家创作并反映政治生态的，同时具有"公"与"私"双重属性的"官人文学"。对策文既反映了应试者个人对待中国思想文化的态度，也是整个律令社会接纳中国思想文化的整体缩影。

对于初唐诸如"选贤任能""精勤清俭""设官分职"等文化策略在奈良时代时务策中的印记的研究已见诸先学成果。① 本章拟从奈良时代时务策中对有关"忠"与"孝"以及老子玄学思想进行论述的对策文入手，进一步探讨日本律令社会早期在接受中国思想文化方面的特点。

第一节　忠与孝的阋斗：对策文与奈良时代的忠孝观

《经国集》卷二十所收对策文中有两篇直接以"忠""孝"为议题，分别为主金兰和下毛虫麻吕对策文。下面以这两篇对策文为考察对象，通过对对策文中引用的中国孝子故事的背景和意义进行分析

---

① 王晓平：《日本奈良时代对策文与唐代试策文学研究》，《中西文化研究》2009 年第 12 期。

考证。

直接把"忠""孝"作为国家最高官吏登用考试的考题,这说明在奈良时代,"忠君"与"孝亲"的问题,或者说"公"与"私"的问题已经开始成为律令官人不得不直接面对的问题,而当二者尖锐对立,不得不二者取其一的时候,"以孝移忠""先忠后孝"的思想往往成为他们的选择。早期就传入日本的《孝子传》《孝经》等汉藉对奈良时期忠孝观的形成起到了重要作用。

一　主金兰对策文的忠与孝

首先看主金兰对策文。小岛宪之考证主金兰应为归化人,对策时间应该不晚于养老(717—723)年间。① 由于当时多按唐风记名,主金兰前省去了"村"字,故本名应为村主金兰。其他有关主金兰生平的记载不详。由于主金兰与刀利宣令、下毛虫麻吕等人一起对策,而刀利宣令、下毛虫麻吕两人不仅在《怀风藻》中有作品留世,还在养老年间被任命为东宫侍讲和文章博士等官职。据此判断,主金兰在文笔、学问等方面至少应该不低于刀利宣令、下毛虫麻吕二人。《经国集》卷二十目录载"主金兰对策文二首",有关"忠孝先后"的这篇对策为第一首,策问作者不详,先看策问。

> 问:孝以事亲,忠以报国。既非贤圣,孰能兼此。必不获已,何后何先。②

策问首先提出了孝以事亲,忠以报国的命题。作为普通人,当做不到二者兼顾而又必选其一的时候,应该如何选择。策问一开始便单

---

① 小岛宪之:《上代日本文学与中国文学——以出典论为中心的比较文学研究》(下),塙书房1965年版,第1433页。
② 与谢野宽、正宗敦夫等编:《怀风藻 凌云集 文华秀丽集 经国集 本朝丽藻》,《日本古典全集》第1回,日本古典全集刊行会1926年版,第188页。

刀直入地向对策者主金兰提出了这一尖锐命题。下面为主金兰的对策文。

> 臣闻，夫人之生也，必须忠孝。故摩顶问道，负笈从师。然后出则致命，表忠所天之朝；入则竭力，循孝所育之闱。是以参损偏弘孝子之风，政轲犹蕴忠臣之操。盖是事亲之道，莫尚于孝；奉国之义，孰贵于忠。资孝以事君，前史之所载；求忠于孝门，旧典之所编。故虽公私不等，忠孝相悬，扬名立身，其揆一也。别有或背亲以殉国，或舍私以济公。故孔丞割妻子之私，申侯推爱敬之重。即是能孝于亲，移忠于君。引古方今，实足为鉴。在父便孝为本，于君仍忠为先。探今日之旨，宜先忠后孝。谨对。①

对策文先针对策问中"孝以事亲，忠以报国"展开论述，指出忠孝二者缺一不可。首先，肉身受之父母（摩顶）并先从父母那里懂得做人的道理，入学（负笈）后师从先生治学。出仕则尽忠于朝廷，在家则孝敬父母（闱，指父母）。接着，对策文列举了参损（曾参）、闵损（闵子骞）等孝子以及忠臣政轲（聂政与荆轲）的故事。参损、闵损的故事见《孝子传》，二人均为历史上有名的孝子，并同为孔子的弟子，也许正因为如此，主金兰才把二者一并列出。聂政与荆轲的故事同出《史记》刺客列传，以我们今天的眼光，把作为刺客的二人看成侠义之士也许更合适。但在对策文作者主金兰看来，誓死捍卫主人之托的"刺客"与忠于君主之命的"忠臣"也许并无二致。

《孝经·开宗明义》："夫孝始于事亲，中于事君，终于立身"以及《孝经·广扬名》："君子之事亲孝，故忠可移于君"等记述均据

---

① 与谢野宽、正宗敦夫等编：《怀风藻 凌云集 文华秀丽集 经国集 本朝丽藻》，《日本古典全集》第1回，日本古典全集刊行1926年版，第188页。

《孔安国传》"能孝亲则必能忠君,求忠臣必于孝门"之说。孝敬父母的人一定会忠于君主。"孝"与"忠"虽分属于"私"和"公"不同的领域,但二者绝不是水火不容,而是一脉相承的关系,主金兰对策正是在《孝经》的这一基本原则指引下展开论述的。

但是,仅据此尚不足以回答"当不能二者兼顾而又必选其一时,应该优先选择谁"的问题。因此,主金兰再次从公私两方面,从忠与孝的效用方面出发得出了应优先对君主尽忠的结论。作为例证,主金兰引用了"孔丞割妻子之私"和"申侯推爱敬之重"两个例子。"孔丞"的故事见《后汉书·列传》卷三十一《孔奋传》:

> 孔奋,字君鱼,扶风茂陵人也。(中略)除武都丞。时陇西余贼隗茂等,夜攻府舍,残杀郡守。贼畏奋追急,乃执其妻子,欲以为质。奋年已五十唯有一子,终不顾望,遂穷力讨之。吏民感义,莫不倍用命焉。①

孔奋做武都丞(策问中称其为孔丞)时,贼隗茂袭击官府,郡主被杀。孔奋奋力追击,贼掠挟孔奋妻儿作为人质要挟孔奋。其时奋已经五十岁了,被贼掠去的儿子是他的独子。但是奋看都不看妻儿(策文中说"割妻子之私")一眼,奋力追讨。这则故事在白居易所撰类书《白氏六帖》卷二十八"盗寇"条亦有记载,"孔奋字君鲁,为武都丞。贼魏茂等攻郡守。奋追急,乃执奋妻。奋已年五十唯有一子,终不顾,遂擒贼。妻子亦死,世祖褒美之"②。另外,《敦煌类书》"北堂书钞体丙(撰者未详,从书风看应属中唐时期作品)"亦收有以"孔奋心在去盗,不顾妻子"为题的故事,"孔奋心在去盗,为武都郡丞,有贼夜攻郡,杀太守。畏奋径赴,乃执其妻子,欲以为质。

---

① (宋)范晔撰:《后汉书·列传》,中华书局2005年版。
② (唐)白居易辑:《白氏六帖》,文物出版社1987年影印本。

奋终不顾惜，斩贼急，□□灭贼。奋妻子欲以为□，为贼所杀"①。这些类书与《后汉书》对孔奋故事的记述，最大的不同在于类书中明确记载了孔奋妻儿为贼所杀的情节。

那么，"申侯"的故事又如何呢？无论是中国辞书或者是日本的一般辞书，对"申侯"的注释一般为：申侯，周幽王时人，把自己的女儿嫁给幽王为后并生下太子宜臼，但幽王后来宠爱美女褒姒，并废去皇后和太子。申侯派兵攻灭幽王，立太子宜臼为王，即为周平王。但是与对策文中"推爱敬之重"的申侯应非同一人。考虑到孔丞以"孔"姓加官职"丞"的组合，应考虑"申"姓且任"侯"位的与对策文相符的人物。能够进入上代日本人的视野内且符合条件的人中，也许《孝子传》（阳明本，船桥本）中登场的"申明（申鸣）"不失为合适的人选。

> 申明者楚丞相也，至孝忠贞。楚王兄子，名曰"白公"，造逆无人能伐者。王闻申明贤，躬以为相。申明不肯就命，明父曰："我得汝为国相，终身之义也。"从父言往起，登之为相。即便领军伐白公，白公闻申明来，畏必自败，乃密缚得申明父，置一军中。便曰："吾已执得汝父，若来战者，我当杀汝父。"申明乃叹曰："孝子不为忠臣，忠臣不为孝子。吾今舍父事君，若受君之禄而不尽节，非臣之礼。今日之事，先是父之命，知后受言。"遂战乃胜，白公即杀其父。明，领军还楚，王乃赐金千金，封邑万户。申明不受归家葬父，三年礼毕，自刺而死。故《孝经》云："事亲以孝，移于忠，忠可移君。"此谓也。②

楚王为了讨伐叛贼"白公"，欲任命申明为国相，开始申明欲拒

---

① 王三庆：《敦煌类书》，丽文公司印行1993年版，第5002页。
② 幼学会编：《孝子传注解》，汲古书院2006年版，第346页。

绝。但是在父亲的劝说下最终接受了任命，率军讨伐白公。白公惧怕申明，遂绑申父至阵前威胁申明。陷入"忠"与"孝"困境中的申明发出了"孝子不为忠臣，忠臣不为孝子"的哀叹，最终选择"舍父事君"。然从"今日之事，先是父之命，知后受言"可知，目睹父亲被杀，陷自己于如此不孝之境地，他对当初自己的选择是如何后悔。申明凯旋，谢绝了楚王的万千赏赐，为父守孝三年后自尽身亡。

"白公胜叛乱"故事在《春秋左史传》哀公十六、十七年条亦有记载，在《左传》中，叶公子高最终平定了叛乱，白公奔走山林，自缢而死。在《左传》中，无论是本文还是注疏，均没有提及与此相关的话题，甚至连申明的名字都没有出现。考察可知，《说苑》（卷四）与《韩诗外传》（卷十）均记载有该故事，另外，与阳明本《孝子传》一并传入日本的船桥本《孝子传》亦有该故事。除此之外，在唐代以后的类书里均不见有该故事的记载。据此可知，最迟在不晚于汉魏六朝时该故事应广为流传，而唐以后则鲜有人知。但是，在日本，作为重要的童蒙书《千字文》的一种，《纂图附音增广古注千字文》在中世以后广为流传，其"资父事君，曰严与敬"的注中引用了"申明"的故事。据此可知，与中国不同，日本在中世以后，通过《千字文》的学习，"申明"的故事应该是从儿童时候起就广为人知的故事。出现在主金兰对策文中的"申侯"，参考与之构成对句的前句"孔丞割妻子之私"中孔奋的故事来看，应为前面引述的"申明"的故事无疑。《孝子传》至迟在奈良时代就已经传入日本，从被与主金兰同时代的其他对策文，以及《律令》等的注释所引用来判断，主金兰应当是通过《孝子传》而不是《说苑》《韩诗外传》等了解了申明的故事，从而在自己的对策中引用了该故事。虽然我们不能从前面引述的资料中发现"申侯"的称谓，但从前面阳明本《孝子传》中楚王对申明"封邑万户"的记述来看，也许主金兰所看到的当时的资料中有申明被封为"侯"的记载。主金兰在引述了"孔丞割妻子之私"的故事后,接着列举了"申侯推爱敬之重"的故事,从而在对策文结尾得出了"宜先忠后孝"的结论。孔奋的例子,正如对策文所述"舍私以济公"那样,实为"牺牲自己而奉公"的例子,似乎与对策文忠与孝"何后何先"的主题有所偏离。申明的例子则相反,陷于忠与孝悖论中不能自拔,而最终选择了"移孝于忠,先忠后孝",这恰好切中了对策文的主题。

从主金兰的这篇对策文不难看出,从奈良时代始,忠君与孝道这一命题已经开始摆在了律令制官人阶级的面前,并且当二者不可兼得的时候,何者为先的问题已开始进入官员登用考试(科举考试)的问题中。面对这一问题,像主金兰这样的大学寮官员通过传入日本的《孝子传》(有关《孝子传》传入日本的问题,见《〈孝子传〉研究》)中类似于申明不得不目睹生父被杀的悲惨故事,似乎已经找到了应该如何取舍的依据。

二 大神直虫麻吕对策文中的忠与孝

再来探讨大神直虫麻吕的对策文,这篇对策虽然没有像主金兰对策文那样明确运用"忠""孝"的字眼。但对策文明确提出了"亲情"与"公理"即"理"与"法"的两难命题,其本质上仍然是忠与孝的命题。其策问如下。

> 问。明王立法,杀人者处死;先王制理,父仇不同天。因礼复仇,既违国宪;守法隐忍,爰失子道。失子道者不幸,违国宪者不臣。惟法惟礼,何用何舍。臣子之道,两济得无。①

策问中提出了"杀人偿命""父仇不戴天"这一于法于理(礼)

---

① 与谢野宽、正宗敦夫等编:《怀风藻 凌云集 文华秀丽集 经国集 本朝丽藻》,《日本古典全集》第1回,日本古典全集刊行会1926年版,第195页。

第九章 对策文与早期中国思想文化的容摄

看似矛盾的命题。尽孝道（报杀父之仇）与守"公理（国宪，法）"，也即是"子道"与"臣道"二者究竟应该如何选择呢？大神直虫麻吕对策文对此进行了解答，先看对文第一段。

> 对。窃闻孝子不匮（通行本作"遗"，盖为形近而讹），已著六义之典；干父之蛊，式编八象之文。是知兴国隆家，必由孝道。故使蒸蒸虞帝，终受昭华之珪；翘翘汉臣，乃标万石之号。自尔阿刘淳孝，乃殒身而令亲；桓温笃诚，终振刀而杀敌。魏阳斩首，存荐祭之心；赵娥刺仇，至就刑之请。①

首先，大神直虫麻吕从《诗经》（六义之典）和《周易》（八象之文）中引述了有关"孝"的名言，认为中国从太古时起就重视"孝"的观念，"孝道"是兴国隆家的根本之道。

此处列举了孝子"舜（虞帝）"的传说和石奋及其四子（万石君）的故事。接着列举了阿刘、桓温、魏阳、赵娥四人的故事，除了阿刘的故事待考外，其他三人均为报仇雪耻而犯了杀人命案的人物。桓温，晋时人，十五岁时父亲被杀，为报父仇手持利刃斩杀仇人（见《晋书》桓温传，《艺文类聚》人部·报仇）。据《孝子传》载，魏阳的父亲在街市受到恶少侮辱，魏阳打算杀了恶少，为父雪耻，又担心自己获罪后父亲无人照料。

等父亲去世后，魏阳才取了恶少首级献于父亲墓前。魏阳的行为非但没有获罪，作为孝子还受到了赞扬并被授予官位。赵娥的故事见于《后汉书·列女传》和《艺文类聚·人部》"报仇"条。赵娥在兄长病故后，不忘杀父之仇，以女儿之身坚持十数年终报父仇，而后从容自首就刑。

---

① 与谢野宽、正宗敦夫等编：《怀风藻 凌云集 文华秀丽集 经国集 本朝丽藻》，《日本古典全集》第1回，日本古典全集刊行会1926年版，第195—196页。

至于对文中"阿刘淳孝,乃殒身而令亲"一句中所引阿刘究竟所指何人,有待进一步考证。需要指出的是,小岛宪之尽管有所疑问,但是认为《令集解·赋役令》"节妇"条所引"判集"中的妇人刘氏应为对策文中阿刘的原形。① 《令集解》"节妇"条引《判集》云"妇女刘早亡夫婿,情求守志。愿事亡夫数年,遂生一子,款与亡夫梦,今即有娠,姑乃养以为孙,更无他虑。……刘请为孝妇,其理如何? 阿刘宿种澡爨,早丧所天,愿事舅姑,不移贞节"②。从这段记述可知,《令集解》所载刘氏的故事不仅与其他三人明显不同,而且与对策文"殒身(牺牲)"的记述亦明显不符。虽然据笔者管见范围,阿刘出处尚不可考,但是毋庸置疑,阿刘应该是一位为给父母雪耻(抑或报仇)而从容就死的刘姓女性,对此,将留待以后详细考证。至此,这一段对策文列举了为父报仇雪耻的中国的孝子传说,论述了策文中提到的"孝心"的问题。接下来,为对策文的第二段。

> 我国家登枢践历,握镜临图。仁超栖凤之君,道出驾龙之帝。取破觚于汉律,弃繁荼于秦刑。两璧决疑,从陶公之雅说;百锾遗训,协夏典之明科。囚人不祭皋繇之灵,狱气既销长平之酷。蒲鞭澄恶,行苇兴谣。犹恐屈志同天,则弥暌孝弟;推戈报怨,则多挂网罗。广迨刍荛,傍询政略。

这一段为对当今天皇治世的赞美,也是对策文的固定套路,在奈良时代尚没有完全定型,到了平安时代才逐步定型化,关于这一点本书在第七章已有详细论述。本段大神直虫麻吕在陈述了圣帝的仁德统治,减轻酷刑,使犯人普遍感受到了圣恩之后,进一步阐述了策问的主旨:若屈志守法,不报亲仇,则有违孝道;若报仇雪恨,手刃仇

---

① 小岛宪之:《国风暗黑时代的文学》(补篇),塙书房2002年版,第476页。
② 惟宗直本:《令集解》(前篇),《新订增补国史大系》卷23,吉川弘文馆1965年版,第413页。

敌,则触犯刑律。接下来第三段,虫麻吕得出了结论。

> 夫以资父事主,著在格言。移孝为忠,闻诸甲令。由是丁兰雪耻,汉主留赦辜之恩;缑氏刃仇,梁配有减死之论。若使酌恤刑之义,验纯情而存哀;讨议狱之规,矜至孝而轻罚。高柴出宰,良绩远闻;乔卿临官,芳猷尚在。则可能孝于室,必忠于邦。当守孝之时,不惮损生之罪;临尽忠之日,讵顾膝下之恩?谨对。

大神直虫麻吕指出,"资父事主""移孝为忠"等在中国成为"格言"与"甲令(法令)",对父母的"孝"可以转化为对主君的"忠"。显然,这一说法源自《孝经·士》"资于事父以事君,而敬同"和《孝经·广扬名》"君子之事亲孝,故忠可移于君"等语句,也是前节主金兰对文所遵循的主要伦理。

接下来以对句形式列举了丁兰(男性)和缑氏(女性)的故事,丁兰为《孝子传》《蒙求》"丁兰木母"故事中的有名孝子:丁兰在母亲死后,以木为母像(木母),与在世时一样日夜侍奉。某日一邻人来借斧头,丁兰征求木母意见,因见木母面露难色从而拒绝了邻人,邻人怀恨在心,趁丁兰不在时用刀砍去了木母的手臂,(木母)竟然像活人一样鲜血直流。丁兰归家后目睹此景痛不欲生,斩杀邻人并把其首级献于母亲墓前。感怀于丁兰孝心,官府非但没治丁兰之罪,还赐予其官位以示奖励(需要指出的是,在《法苑珠林》卷四九所引郑缉之《孝子传》以及《搜神记》中,"官府"的说法改为了"皇帝",似乎更接近对策文全文)。

"缑氏"则为氏缑之女——缑玉,为报父仇犯下命案,官府欲判其死刑,但是长官梁配感于其孝心,从而减免了对其的刑罚(《艺文类聚》人部·报仇)。紧接着,对策文指出,若长官能为这些孝子的纯情、至孝之心感动而轻其刑罚,(也许这些孝子)就能像孔子的弟子高柴那样，就任费邑宰后，按法规办事，有仁爱之心，受到孔子的称赞和民众的赞扬。同样，也能像孝子魏霸（字乔卿）作巨鹿太守，为官清廉，广施仁政而为乡人所倾慕等，这些孝子后来都成为朝廷的有用人才。最后，对策文归纳为"可能孝于室，必忠于邦"，那些为了尽孝心而不惜触犯刑律甚至丢掉性命也要报仇雪恨的孝子，当需要他们为主尽忠的时候，他们会顾念父母之私情吗？他们一定会选择弃孝而尽忠的吧！

大神直虫麻吕的这篇对策文，面对"策问"中尽父母之孝的"子道"和守天子之法的"臣道"何者优先的两难选择问题，在论述中与主金兰对策文以"忠"为先的立场相对，先从"臣下"的立场出发，主张首先应对尽"子之道"的孝子减免刑责，结论虽不一致，但无论是金兰的对策文还是虫麻吕的对策文，其立论所据"孝亲者亦忠君"思想即源自《孝经·广扬名》"君子之事亲孝，故忠可移于君"思想，这一点是确认无疑的。在奈良朝以中国律令和官僚体制为范本，逐步建立了自己律令官人社会的过程中，"孝"与"忠"的斗争与融合问题已经在思想层面广为注目，这一时期随着《孝子传》等中国典籍的传入，一些孝子、忠臣的故事传说开始影响日本上层，为他们的官人社会形成期中必须面对的"公"与"私"，即如何处理作为"官人"和"私人"的问题提供了一个极好的注解。

需要指出的是，这两篇对策文所反映的奈良时代律令官人在忠孝问题上的思考，也即他们的忠孝观念一直影响着日本人在这一问题上态度。其表现之一便是这一思想观念在后世文学作品中的反映。成书于中世时期的《平家物语》以及近世前期的净琉璃作品《国姓爷合战》等都受到这一思想的巨大影响。这些作品均成功塑造了主人公在面对"忠君"与"孝亲"问题时的复杂矛盾心理。到了江户后期，"义理"和"人情"又成为很长一段时期日本小说、演剧的最为重要的主题。这些都可以说是奈良时代忠孝观念的延续和发展，在这一观念的形成过程中，从汉代就开始传诵，并在上代就已经传到日本的中国孝子故事应该说是起到了巨大的推动作用。

第二节　崇玄与斥老：唐日科举文化中的老子思想

与唐代科举文化中的"崇玄"思想不同，在律令社会形成初期，日本社会在很长一段时间内对待老子玄学思想基本是持排斥态度的。下面将通过对奈良时代科举试策中以老子玄学思想为议题的两篇对策文的探讨，分析奈良时代在吸收唐科举文化的过程中，是如何对李唐时期的"崇玄"思想进行"过滤"以达到其"斥老"目的的，进而分析日本奈良时期"斥老"思想产生的社会背景和思想根源。通过唐代的"崇玄"和奈良朝的"斥老"，我们可以窥知早期日本统治阶层在吸收中国文化过程中的策略考量，同时，也反映了其对老子思想学说及玄学的不同理解。

一　唐代科举中的"崇玄"思想

我们不妨通过对有关唐代科举的文献考察了解其"崇玄"思想的来龙去脉。《唐会要》记载了武则天于上元元年（674）十二月二十日的一篇上表文："伏以圣绪出自玄元，五千之文，实为圣教，望请王公以下，内外百官，皆习老子《道德经》。其明经咸令习读，一准《孝经》《论语》。所司临时试策，请施行之。"紧接着高宗在次年的正月十四日即敕曰："明经咸试《老子》策两条，进士试帖三条。"①从这篇上表和随后高宗皇帝的敕文来看，唐代最早在高宗上元二年就在明经科考试中试《道德经》"策两条"。在此之前，唐代在明经科科目中规定只试儒家经典，上元元年在儒家经典基础上加试老子《道德经》，可见老子思想在唐代统治者中被推崇的程度之深。

到了李唐玄宗时代，对于老子思想及道教的倡导和尊崇达到了一

---

① （宋）王溥编撰：《唐会要》卷75《明经》，中华书局1985年版。

个新的高峰，其表现之一便是设置"道举"科目。关于玄宗设立"道举"，《通典》曰：

> 玄宗方弘道化，至（开元）二十九年，始于京师置崇玄馆，诸州置道学，生徒有差，谓之"道举"。举送、课试与明经同。①

又于"生徒有差"四字下面注曰：

> 京都各百人，诸州无常员。习《老》《庄》《文》《列》，谓之"四子"，荫第与国子监同。

上面的材料反映了玄宗皇帝开设道学并置"道举"的情况，在京师设崇玄馆，诸州开设道学，招收生徒，习老子《道德经》等其他道家经典。同时，"举送、课试与明经同"的规定表明道举在考试上与明经科考试相同，这也表明道举取得了准"明经科"的地位。自此，《道德经》就被赋予了"经"的地位，唐代道举自此便有了自己的"五经""四子"的说法。而对于道举生徒考中后的荫位处置，规定为"与国子监同"，可见当时对道举出身者的重视程度。

玄宗皇帝的"方弘道化"还远不止于此，就在其著令设置道举的开元二十九年五月又急于发布了举行"明四子"科选士的诏令，诏令中说道：

> 自今以后，常令讲习《道德经》，以畅微旨。所置道学，须倍加敦劝，使有成益。是知真理深远，宏之在人。不有激扬，何以励俗！诸色人等，有能明《道德经》及《庄》《列》《文》子

---

① （唐）杜祐编撰：《通典》卷15《选举三》，中华书局1984年影印本。

者，委所由长官访择，具以名闻。朕当亲试，别加甄奖。①

"明《道德经》及《庄》《列》《文》子"，也被称作"明四子"，以此取仕，即为"明四子科"，此诏便是其始置时的著令。此诏发于开元二十九年五月一日，其时距道举置科不足四个月，由此可见玄宗"求道"之心情何等急切。关于考试办法有皇帝"亲试"，也即是"亲策"，同时对及第者"别加甄奖"。从这一考试形式来看，已经超出了常科的性质，而具有了"制举"的特点。

综合以上材料，从高宗上元元年武则天上表令内外百官皆习《道德经》并列入明经科科目，至玄宗时代其地位逐步提高，一再为之设科立目。可以说，唐朝皇帝的"崇玄"思想达到了几近鼎盛的状态。在中国的封建王朝中，再也没有哪个朝代像李唐一样对老子及玄学思想有过如此的崇拜。

二 奈良时代对策文与"斥老"思想

下面再来分析日本的"斥老"观念。完整反映奈良时代科举状况的《养老令》"考课令""学令"以及"选叙令"中，自始至终都没有提及老子的思想及其学说，这与唐代科举中的"崇玄"思想恰好形成鲜明的对比，而且这一状况一直持续到了奈良末期。

其实，老子道学与儒学的争论一直是奈良朝贵族知识阶层的"热门"话题之一，甚至作为考题出现在试策当中。在现存的奈良时代的为数不多的对策文文献当中，直接涉及老子思想学说的对策文有两篇，一篇为白猪广成的辨别《李孔精粗》的对策文；另一篇为下毛虫麻吕就《周孔儒老精粗》所作的对策文。而最能表明这一时期对待玄儒两家思想不同态度的要说白猪广成的对策文。白猪广成的这篇对策是真对"李耳嘉道，以示玄虚之理。宣尼危难而修仁义之教。或以为

---

① （清）董诰等编：《全唐文》卷35，中华书局1983年版。

精，或以为粗。元理云为，仰听所以"的策问所作的对文。很明显，问文的精要在于要求应试者白猪广成就"老子学说"和"周孔儒教"进行辨明，白猪广成的对文全文如下。

> 对：眷山林以被黄缁，道德之玄教也，是则柱下之风；入皇朝以施青紫。仁义之教儒也，彼亦司寇之训。故清虚之理，焕二篇而同春日；旋折之踪，明五经而类秋月。诚能极苍生之沈溺，继皇风之绝废。
>
> 伏惟圣朝德光万寓，化高五岳。动植苞其亭育，翔走荷其陶铸。烈风五日曾不鸣条，崇雨一旬徒无破块（疑"槐"之讹）。复乃南蛮稞壤，占青云以航海。北狄章身，踏（疑脱一字）云以梯山。巍兮腾兮，其化如此。犹惧丹丘之教未备污隆，玄儒之旨有舒雄雌。欲思分其条目，辨其精粗。
>
> 窃以玄以独善为宗，无爱敬之心，弃父背君；儒以兼济为本，别尊卑之序，致身尽命。因兹而寻，盐酸可断。谨对。①

据小岛宪之考证，白猪广成对策于养老（717—723）年间②，故这篇对策文属于奈良前期的作品。对策文已经具有了"三段式"的结构特征，第一段论述老子《道德经》和儒家"五经"之区别，说明题旨。第二段以"伏惟圣朝"套语起句，为"盛世赞美"部分，到了平安时代，这一部分进一步定型化。第三段为结论部分，鲜明表明了白猪广成对待儒老的观点，从"玄以独善为宗，无爱敬之心，弃父背君；儒以兼济为本，别尊卑之序，致身尽命"的表述，可以看出奈良时代的贵族知识阶层"崇儒斥老"思想是如何坚决。同样，与白猪广成同为养老年间的下毛虫麻吕对策文同样以儒老思

---

① 《经国集》，《日本文学大系》卷24，国民图书株式会社1928年版，第372—373页。
② 小岛宪之：《上代日本文学与中国文学——以出典论为中心的比较文学研究》（下），塙书房1965年版，第1423页。

想为论题。

> 问：周孔明教，兴邦化俗之规；释老格言，致福消殃之术。为当内外相乖，为复精粗一揆。定其同不，覶此真讹。
>
> 对：窃以眇观列辟，绕电履翼之皇；遥听风声，洞八连三之帝。虽历代千古，而源仍画一。但随时之便不齐，救弊之术亦异。原夫玄涉清虚，契归于独善；儒抱旋折，理资于兼济。是以泣麟降迹，刻鲁册之秘典；狼跋垂教，阐周编之雅箓。至如白毫东辉，演打刹之道；紫气西泛，望凝玄之期。斯诚事隐探颐之际，理昧钩深之间。然详搜化俗之源，曲寻消殃之术。既识淄渑之疑，亦有泾渭之派。但学谢《籯金》，徒迷同不之义；词瞑《屑玉》，宁述真讹之旨。谨对。①

下毛虫麻吕对策文尽管与白猪广成对策文理论不同，但其对文中"玄涉清虚，契归于独善；儒抱旋折，理资于兼济"的论断，可以说在观点上几乎与白猪广成如出一辙，其根本思想仍然是"斥老"的。对文末"学谢《籯金》，徒迷同不之义；词瞑《屑玉》，宁述真讹之旨"为对策者谦辞部分，到了平安时代也被定型化为对策文套语表现之一。《籯金》《屑玉》均为唐代通俗知识类书。小岛宪之指出，《籯金》《屑玉》等唐代通俗知识类书大概于718年被第七次遣唐使带回，对奈良时代的对策文产生了重要影响。② 从下毛虫麻吕的引用来看，至少在养老年间，二书应该在律令官吏中间有了相当的普及，其传入日本的时间可能更早。

上面所引用的是出现在科举文体——对策文中的"斥老"思想。作为一种考试应用文体，它深刻反映了统治阶级的意志。可以说，奈

---

① 《经国集》，《日本文学大系》卷24，国民图书株式会社1928年版，第372页。
② 小岛宪之：《上代日本文学与中国文学——以出典论为中心的比较文学考察》（下），塙书房1965年版，第1423页。

良朝贵族统治者之所以要求"应考者"辨别"儒老精粗"的问题,是与奈良朝正处于律令制国家形成中这一现实密不可分的。

其实,不仅是对策文,就是在一般的文学作品中也不乏反映当时贵族知识分子对待老子思想的作品。下面不妨从《万叶集》卷五所收山上忆良的一首和歌序《令反或情歌一首并序》中来分析其对待老子思想的态度。

> 或有人,知敬父母,忘于侍养,不顾妻子,轻于脱屣。自称倍俗先生,义气虽扬青云之上,身体犹在俗尘之中。未验修行得道之圣,盖是亡命山泽之民。所以指示三纲,更开五教,遗之以歌,令反其或。①

以上"歌序"深刻反映了山上忆良对待儒教、道教(主要是老庄思想)的态度。歌序中的"倍俗"先生或称"异俗"之人,即为弃世逃亡的"隐逸之士"。② 从"指示三纲,更开五教,遗之以歌,令反其或"的论述中不难看出,这篇"歌序"明显是崇尚儒教而反对老庄的。众所周知,山上忆良曾于702年作为遣唐使"少录"渡唐,学习唐朝文化,这时距武则天上表建言明经科试《道德经》"策两首"已有近三十年时间,对待唐王朝社会的"崇玄"思想理应不会陌生。但反观这篇"歌序"中对待老庄玄学的反对态度,的确令人深思。

另一位奈良时期的著名学者、政治家,曾两次作为遣唐使赴唐的吉备真备所著《私教类聚》一书,共50卷,原文虽已亡佚,但是,其目录却被完整保存在《拾芥抄》中,诸如"示文籍事""人道大意事""可存忠孝事""可存信忠事""可慎饮食事""可劝身行事"

---

① 井手至、毛利正守:《新校注万叶集》,和泉书院2008年版,第115页。
② 辰巳正明:《万叶集与中国文学》,笠间书院1993年版,第646页。

"不可奢侈事""可劝文事""可知弓射事"等计三十八条。其第三条为"仙道不用事",这一条尤其应该引起我们的重视,这里的"仙道"毫无疑问指的是道教思想。前面已经提到,吉备真备曾经两次作为遣唐使赴唐学习,同山上忆良一样,对于唐皇帝的"崇玄"理应是耳闻目睹。但是在其著作中却出现了"仙道不用事"的内容,这确实是极其耐人寻味的事情。

三 唐日科举文化信仰差异及其社会根源

前面以科举文化信仰为背景,分析了老子玄学思想在唐代和日本奈良时代的不同遭遇。那么,这种差异是如何产生的,其背后有怎样的社会根源呢?下面我们就重点对这一问题进行集中分析。

众所周知,在我国,道教思想是在东汉中期以后逐渐成形的,至南北朝达到一个空前的发展时期。到了唐代,由于道家鼻祖老子与唐朝皇室同姓而获得唐皇帝支持,进而发展到设立"道举""明四子"科等一系列"崇玄"举动。究其原因,一方面在于李唐政治日益强烈的"崇古"倾向和要求,另一方面也有借老子思想,宣扬其统治正统性的要求。众所周知,唐代文德政治的理想和目标就是追慕尧舜而下圣君明王的"治化"境界,造成文质彬彬、淳朴自然的人格状态和社会风俗。特别是在玄宗时代,当一切都达到"极盛"之后,他所应该并且能够追求的似乎也只有这样的理想境界了。当然,这一境界也是儒家所一直标榜的理想境界,这一点上,儒家和道家并没有本质区别。但是,要实现这一理想境界,仅靠儒家的东西,尤其是已经教条化了的儒家道术显然是不够的,必须借助老庄道家。甚至可以说,道家的东西或许更适合此时玄宗的需要。

奈良朝的情况则与唐代明显不同,首先,在社会经济发展方面,虽然从圣德太子时代就开始致力于模仿中国建立律令制封建国家,但是,在整个奈良时代,日本社会还都处于律令制的形成之中,其社会经济基础远远不如唐代发达。奈良朝贵族认为,律令制国家的完善,只能依靠孔子儒家教化思想,因而,对老子玄学是存有戒心的,或者说,奈良朝统治者始终认为老子玄学思想不适合当时的日本社会。其次,在奈良时代,由于教育落后,文化尚不能普及于下层人民,只有少数的贵族知识分子才具有接受中国文化的能力,而在贵族知识分子中首先得到传播的便是孔子儒家思想。据史书记载,早在三世纪,百济博士王仁就携带《论语》十卷,《千字文》一卷,共计十一卷去了日本。① 日本学者金谷治考证,在日本,很久以来,以朝廷为中心,一直以学儒教,读《论语》,尊孔子为主。② 最后,虽然道家以老子为开山鼻祖,但是,老子思想学说之于道教并不像释迦之于佛教,耶稣之于基督教,实际上道教与老子思想学说并不完全一致,而只能说只是一个混合各种思想的"杂教"而已。或者是,道教并未作为一种宗教传入日本。

小 结

以上以奈良时代对策文对忠与孝、老子玄学等中国思想文化的态度为中心,考察了日本律令社会早期接受中国思想文化的状况。

律令官人在面对忠孝孰先孰后,子道臣道何以两济等两难选择问题时,以《孝经》为代表的中国古代"忠孝一如"思想往往成为他们立论的重点,而"申明谭"等中国孝子故事也成为他们立论的主要依据。

对于老子玄学思想,律令制国家形成期中的日本社会一度持排斥态度,这与当时的社会状况和对中国思想文化的整体把握程度不无关系。

无论是辨析儒释道三家不同,还是定忠孝先后顺序等这些奈良时

---

① 武田祐吉译注,中村启信解说:《新订·古事记》,角川书店1986年版,第130页。
② 金谷治:《孔子学说在日本的传播》,于时化译,《孔子研究》1987年第1期。

代试策的常用题目，都是相对宏观的，它反映了律令社会早期吸收中国思想文化的特点。正如王晓平先生所指出的那样，奈良时代的对策文"是衡量那一时代文学水平的标尺，也是当时学术思想的缩影"①。随着社会的发展和汉学教育水平的不断提高，日本试策所关注的课题不仅逐步趋向具体，对中国思想文化的理解也自然越发深刻。

---

① 王晓平：《日本奈良时代对策文与唐代试策文学研究》，《中西文化研究》2009年第12期。

下 篇 日本古代试律试策整理研究方法论

第十章 《经国集》对策文精细化整理的学术意义

——兼论敦煌文献在日本汉文写本整理研究中的价值

在律令制国家建设过程中,日本模仿唐制建立了科举选士制度。同唐代科举一样,试策也是日本科举的重要试项之一。与唐代试策不同的是,日本试策在数量以及内容上与唐代略有不同。奈良时代的试策文献——对策文主要保存在《经国集》残卷卷二十"策下"(卷十九"策上"已散佚),收录对策文二十六首(从《经国集》目录称"首")。《经国集》所收对策文是奈良时代文学、思想乃至政治史研究方面的珍贵资料。对于现存《经国集》卷二十以外其他各卷(卷一、卷十、卷十一、卷十三、卷十四)所收汉诗文,学界已多有探讨,但对于卷二十所收对策文,除了小岛宪之进行了部分注释(以下简称小岛注释本),尚无一部完整的注释本问世,更遑论对其进行文学史、思想史、政治史方面的深入研究了。笔者在小岛注释本基础上,尝试对卷二十对策文进行了中文详注。基于对小岛注释本的全面审视,结合王晓平提出的"东亚汉文写本精细化整理与国际合作"学术提案[①],在此对《经国集》对策文精细化整理相关问题,特别是对

---

① 王晓平:《东亚典籍精细化整理与国际合作——写本工作坊的学术提案》,第15届东亚比较文化国际会议中国大会暨东亚文化的互通互鉴国际学术研讨会,2021年11月6日。

敦煌文献及其学术方法在对策文整理研究中的重要学术价值问题进行深入探讨。

第一节 《经国集》的版本及注本

作为保存奈良时代对策文的唯一版本，《经国集》在奈良时代对策文研究中的价值是不言而喻的。《经国集》卷二十"策下"收录奈良时代共十三人对策文二十六首，其中策问二十四首（"藏伎美麻吕"与"船连沙弥麻吕"对策的策问相同）。由于《经国集》卷十九的散佚，另外十二首对策文的原貌今天已无从知晓，因此，《经国集》残卷卷二十"策下"所收作品成了我们今天了解奈良时代试策文学的唯一可兹参考的文献。

一 现存《经国集》重要写本

现存《经国集》的诸多版本中，写本众多，其中重要的写本有：京都上贺茂神社藏三手文库本（图10-1）、内阁文库藏庆长御本、静嘉堂文库胁版本、东山御文库本（图10-2）、中川文库本（甲、乙）（图10-3）等多种。京都上贺茂神社三手文库本保存较为完整，历来被作为《经国集》写本中的一个善本。据该写本卷二十末"一校了，康永第二之历夷则初七之夕也"和卷一末"此书莲华王院宝藏之本也"之识语所记，三手本底本应为康永（1342—1345）年间莲华王院藏本。又卷末附有契冲"元禄十一年四月十七日此卷写竟……"以及"同年八月十六日以契冲阇梨之本写校并讫摄之江南住岑栢"之跋文，该本应为元禄十一年（1698）由松下见林所书并加点之写本。

除了三手文库本，《经国集》尚存两个重要写本，分别为内阁文库庆长御本和静嘉堂文库胁版本。小岛宪之考证指出，内阁文库本和静嘉堂文库本与三手文库本所据底本相同，属于不同时期书写的同一系统

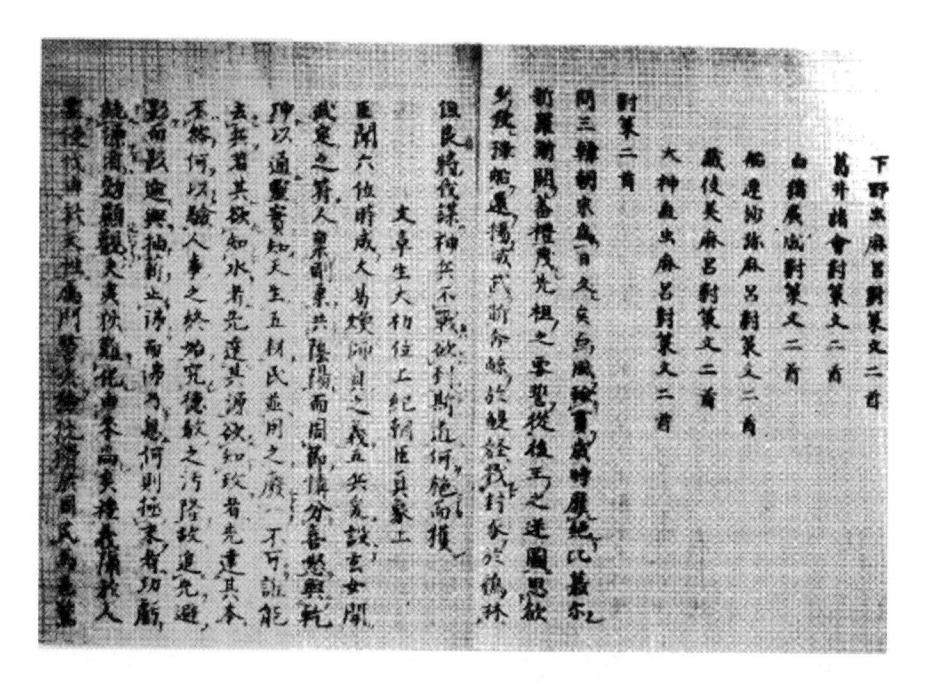

第十章　《经国集》对策文精细化整理的学术意义

图10-1　三手文库藏《经国集》卷首

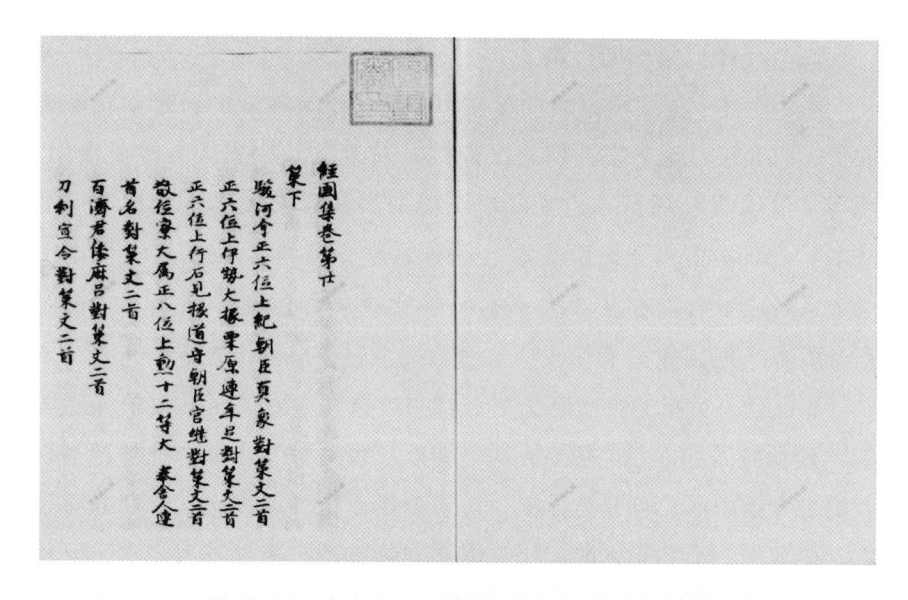

图10-2　东山御文库藏《经国集》卷二十目录

的写本。关于这一系统写本在《经国集》对策文校释中的作用，将在后文中详细叙述。

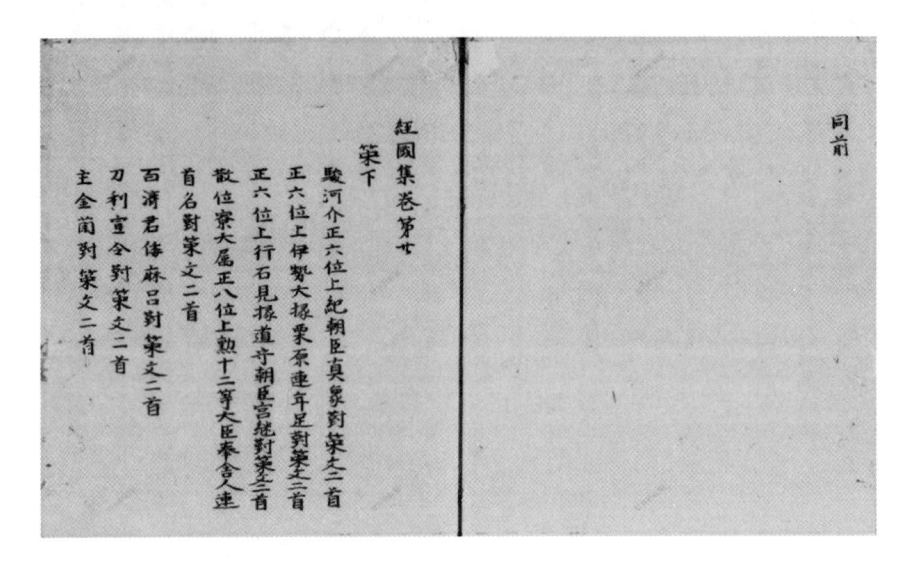

图10-3 中川文库藏（乙）《经国集》卷二十目录

二 《经国集》通行本

除了上述三手文库系统的重要写本，《经国集》的通行本在今天欣赏、研究奈良至平安初期的汉诗文（对策文）中发挥着重要作用。现行《经国集》通行本也主要指《群书类从》所收本（简称群书类从本）和日本古典全集所收本（简称古典全集本）以及校注日本文学大系所收本（简称文学大系本）等所收《经国集》诸版本。现对三个版本《经国集》卷二十所收对策文情况作进一步分析。

塙保己一编撰的古文献丛书《群书类从》卷百二十五收录《经国集》残卷共六卷。《群书类从》分神祇、帝王等二十五个部类，不仅收集古文献全面，且分类详细，易于查找，在日本古文献保存方面具有重要意义。小岛宪之的上代对策文文献整理，多以其为底本。但是《群书类从》所收对策文，如前文所述，对于原文的诸多错讹之处基本原样照录，几乎没有进行校勘整理。

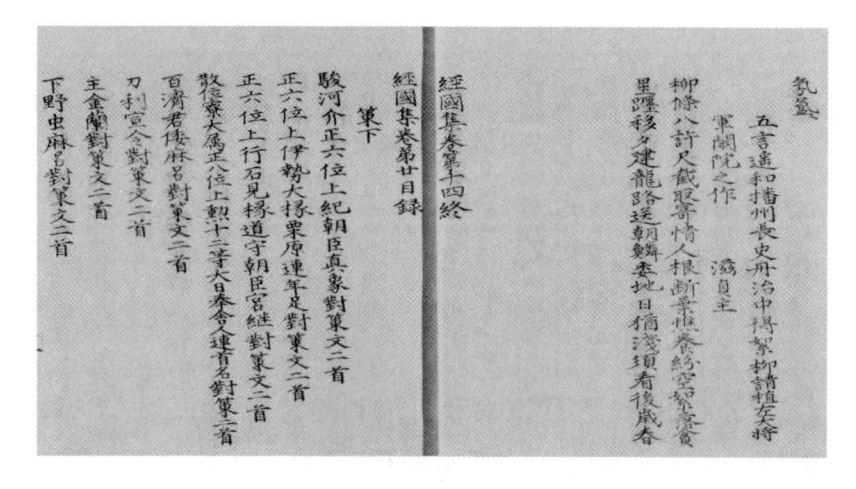

第十章　《经国集》对策文精细化整理的学术意义

图10-4　明治八年《群书类从》所收本《经国集》卷二十目录

　　另外两部通行的《经国集》版本一为与谢野宽、正宗敦夫等编纂，日本古典全集刊行会于大正十五年（1926）刊行的《日本古典全集》第一回收录本，共收录《怀风藻》《凌云集》《文华秀丽集》《经国集》以及《本朝丽藻》五部平安初期编撰的汉诗文总集。据集前所附"解题"可知，该集所据底本为群书类从本。另外编者在"解题"中指出，"文中以'イ'标注的注释为对塙保己一附注的直接引用"，而加"云云"者为编者的"补注"[①] 等。尽管编者声明加入了"补注"部分，但是考诸原文，实际上，至少卷二十对策文部分并没有加入编者"补注"的例子，古典全集本《经国集》基本可视为对底本的原版照录。

　　古典全集本问世后不久，由国民图书株式会社于昭和二年（1927）编辑发行了《校注日本文学大系》，该丛书第二十四卷收录《经国集》。虽然文学大系本同样以群书类从本为底本，但与古典全集本不同的是，该本除了在原文中直接征引塙保己一附注外，亦对群书类从本的疏漏之处进行了订正。兹征引下毛虫麻吕对策文（开头部

[①] 与谢野宽、正宗敦夫等编：《怀风藻 凌云集 文华秀丽集 经国集 本朝丽藻》，日本古典全集刊行会1926年版，第7页。

分)予以说明。

> 对：窃闻砂石化为珠玉，良难可以疗饥；仓困实其①抯京，唯易②迷以济命。是知写图而前，犹事血饮；调律而后，谁不食谷。自太公开九府之制，管父通万钟之式。龙文错于郭里，龙册入于币间。白金驰③其奸情，朱④仄竞其滥制。……①

对于引文中标注下划线的部分，古典全集本以旁注"亻"的形式分别注为①址②逮③无④亥，即原文①中"抯"当为"址"（"坻"之讹），②处的"迷"当为"逮"，③处的"其"当为衍字，④处的"仄"应为"亥"等。这与所据底本相同。而文学大系本对①②④三处，则直接在原文中进行了订正，对于③处古典全集所认为的"其"字为衍字的说法则没有采纳。可见，文学大系本在录文上与群书类从本和古典全集本相比，前进了一步。除了在录文上的改进外，文学大系本还以"头注"形式对重要的词句进行了注释。但是，文学大系本在录文中亦有一些遗憾，例如，第（17）葛井诸会对策文之策问中"仁智信直，必须学习。以屏其晖，乃显精晖"一句中，第一个"晖"字当为"弊"，文学大系本应当是受到下句"乃显精晖"之"晖"字的影响，而导致误录。

作为重要的流通本，可以说这三个版本成为今天欣赏、研究奈良时代对策文的重要参考文献。但正如前文所示，三个通行本同属一个系统，以群书类从本为重要参考的古典全集本和文学大系本，虽然力图对底本原文进行校订，但是不同程度地存在一定的错讹、脱漏之处。因此，要整理出一个《经国集》对策文的定本，除了参考这三个流通本，还必须参校以其他版本，尤其是重要的写本文

---

① 与谢野宽、正宗敦夫等编：《怀风藻 凌云集 文华秀丽集 经国集 本朝丽藻》，日本古典全集刊行会1926年版，第189页。

第十章 《经国集》对策文精细化整理的学术意义

献，方能在文字校勘中做到万无一失。

三 小岛注本概说

在日本古代汉文学各文体中，对策文被公认是最难解读的文体。古代汉文学研究硕学小岛宪之生前不止一次感叹对策文解读之难。不仅是文学家，史学家亦是如此。小岛宪之指出，在与历史学家岸俊男往来书简中，岸俊男博士曾向他抱怨说自己在研究工作中常常因找不到理想的对策文注释资料而苦恼[①]。这说明，一部详尽的对策文注释书在日本古代史研究领域同样具有重要的学术价值。正因为如此，小岛宪之生前耗费巨大精力，以一己之力完成了《经国集》卷二十大部分对策文的注释工作，不仅填补了上代汉文学研究中的一项空白，其在日本古代思想史、政治史研究中的巨大意义，值得大书特书。

小岛宪之的对策文注释成果收录于《上代日本文学与中国文学——以出典为中心的比较文学考察》（下）、《国风暗黑时代的文学》（上）、《日本古典全集》所收《万叶集》以及在其身后出版的《国风暗黑时代的文学》（补篇）等相关学术著作中。笔者对小岛宪之著作中对策文的收录情况进行了统计（详见表10-1）。根据该统计可知，首先，小岛宪之仅完成了全部二十六首对策文中部分篇目的注释，栗原年足对策文二首之第二首《宗庙禘袷》、大日奉首名对策文二首之第二首《信义立身》、百济君倭麻吕对策文二首《鉴识才俊》《精勤清俭》以及藏伎美麻吕对策文二首之第一首《郊祀时令》等五首没有注释。其次，小岛宪之所注二十六首对策文分别收录于以上四部著述中，这些著述旨在探讨奈良时代汉诗文文体流变等相关学术问题，而非对策文注释专书，注释体例因各书写作规范不同而不一致。最后，小岛注释本中的部分篇目，有些注释不够

[①] 小岛宪之：《国风暗黑时代的文学》（补篇），塙书房2002年版，第315页。

完整，有的注释过于简略，前者如纪真象《制御新罗》，后者如主金兰《忠孝先后》、白猪广成《李孔精粗》等收录在《上代日本文学与中国文学》（下）相关章节中的篇目。

概言之，小岛宪之注释本因非对策文注释专书，从文献整理角度看，在文字校勘、词语出处、语注以及作者小传考证等方面均存在进一步精细化整理的空间，下面对此进行一一探讨。

表 10-1　小岛宪之注释《经国集》对策文收录情况一览

序号	策文作者	策题			
	对策者	第一条	收入著作	第二条	收入著作
1	纪真象	制御新罗	《上代日本文学》《国风暗黑时代的文学》（补篇）（未完）	书契文字	《国风暗黑时代的文学》
2	栗原年足	天地始终	《国风暗黑时代的文学》	宗庙禘祫	无注释
3	道守宫继	调和五行	《国风暗黑时代的文学》	治平民富	《国风暗黑时代的文学》
4	大日奉首名	文道武略	《国风暗黑时代的文学》	信义立身	无注释
5	百济君倭麻吕	鉴识才俊	无注释	精勤清俭	无注释
6	刀利宣令	设官分职	《国风暗黑时代的文学》	宽猛之要	《国风暗黑时代的文学》
7	主金兰	忠孝先后	《上代日本文学》	文质之义	《国风暗黑时代的文学》
8	下毛虫麻吕	惩治不义	《万叶以前》	周孔儒释异同	《国风暗黑时代的文学》
9	葛井诸会	学习之理	《国风暗黑时代的文学》	刑辟之旨	《国风暗黑时代的文学》
10	白猪广成	礼乐之用	《国风暗黑时代的文学》	李孔精粗	《上代日本文学》
11	船连沙弥麻吕	赏罚之礼	《国风暗黑时代的文学》	郊祀时令	《日本古典全集》所收《万叶集（二）》
12	藏伎美麻吕	郊祀时令	无注释	赏罚之礼	《国风暗黑时代的文学》
13	大神直虫麻吕	礼法两济	《国风暗黑时代的文学》及《补篇》	劳逸之述	《国风暗黑时代的文学》及《补篇》

注：《上代日本文学》指小岛宪之《上代日本文学与中国文学——以出典为中心的比较文学考察》（下）。

第二节　《经国集》对策文精细化整理的学术意义

小岛宪之的《经国集》对策文注释，为进一步深入研究的展开提供了可靠的文献资料，具有重要的学术价值。下面结合小岛宪之注释成果，从底本式整理、语释、句读、作者小传等方面阐述进一步精细化整理的方法、路径等。

一　三手本与底本式整理

现存《经国集》残卷写本不下四十种，常见的有内阁文库庆长本、京都上贺茂神社三手文库本、神宫文库本、池田家本等。其中学界公认三手文库本为现存写本中的善本，所谓"善本"，从文献整理的角度看，指"接近原稿的足本、精本、旧本"①。对于《经国集》卷二十所收对策文，京都上贺茂神社三手文库本（以下称"三手本"）保存内容比较完整，书写年代较早。据该写本卷二十末"奥书"之"一校了，康永第二之历夷则初七之夕也"和卷一末"奥书"之"此书莲华王院宝藏之本也"之记载可知，三手本所据底本应为康永年间（1342—1345）莲华王院藏本。又据卷末所附契冲"元禄十一年四月十七日此卷写竟……"之识语以及跋文中"同年八月十六日以契冲阇梨之本写校并讫摄之江南住岑栢"之记载，可以断定，现存三手本为松下见林于元禄十一年（1698）手抄加点本。另外，从文字校勘角度分析，三手本对《经国集》对策文文字校勘的学术价值主要体现为：一是三手本可以正通行本（《群书类从》《日本古典全集》和《校注日本文学大系》所收本等）文字错讹，例如船连沙弥麻吕《赏罚之理》"虞舜征用，举元凯而窜四凶；姬旦摄机，封毕邵而讨

---

①　许逸民：《古籍整理释例》（增订本），中华书局2011年版，第141页。

二叔"一句中"征"字、"毕"字,通行本分别作"微"字和"皋"字①。纪真象《治御新罗》"倾蕞尔新罗,渐阙藩礼"一句中"蕞"字,通行本作"棊"字②,这属于写本中常见的"形近而讹"的情况,利用三手本系写本可校订通行本以上文字错讹。二是三手本可以补通行本阙字,如船连沙弥麻吕《赏罚之理》"或有辜而可赏者,或有功可辜也"一句③,根据上下句对偶的原则,可知下句当阙"而"字,这一阙字可据三手本补之。三是三手本可以校订通行本的错简、误植,仍以船连沙弥麻吕《赏罚之理》为例,通行本在"举元凯而窜四凶"的"元"字和"凯"字之间混入了十五行白猪广成对策文内容④。参校三手本,可以纠正通行本这一严重误植。

综合以上分析,可以看出三手本满足足本、精本和旧本的特征。小岛注释本以群书类从本为底本,以三手本为主要参校本,校订了底本的大量文字讹误以及误植、错简等。古籍校勘的底本选择,一般遵循"有刊本一般不用抄本;有刻本一般不用排印本"的原则,正因为如此,小岛注释本以群书类从本为底本,同时,以三手本作为重要的参校本,需要特别指出的是,小岛宪之本人亦认为三手本为《经国集》写本中的重要善本⑤。

毫无疑问,三手本在《经国集》对策文文字校勘中具有重要参校价值,但过于依赖三手本,也会造成词义误释,如大神直虫麻吕对策

---

① 与谢野宽、正宗敦夫等编:《怀风藻 凌云集 文华秀丽集 经国集 本朝丽藻》,日本古典全集刊行会1926年版,第192—193页。
② 与谢野宽、正宗敦夫等编:《怀风藻 凌云集 文华秀丽集 经国集 本朝丽藻》,日本古典全集刊行会1926年版,第177页。
③ 与谢野宽、正宗敦夫等编:《怀风藻 凌云集 文华秀丽集 经国集 本朝丽藻》,日本古典全集刊行会1926年版,第192页。
④ 与谢野宽、正宗敦夫等编:《怀风藻 凌云集 文华秀丽集 经国集 本朝丽藻》,日本古典全集刊行会1926年版,第192页。
⑤ 小岛宪之:《上代日本文学与中国文学——以出典论为中心的比较文学考察》(下),塙书房1965年版,第1441页。

第十章 《经国集》对策文精细化整理的学术意义

中"四乳登皇运，经三征之虐政"① 中"三征"，三手本作"三微"，若按"三微"解，则语义不同。藏伎美麻吕《赏罚之理》"道忠信而齐俗，班礼教而训民"② 中"道"，小岛注从三手本作"遵"。按：作"遵"语义不通，当作"道"，《左传》僖公二十四年："心不则德义之经为顽，口不道忠信之言为嚚。"为了最大限度地还原底本原貌，提高文字校勘水平，对于作为重要参校本的三手本，按照王晓平提出的"底本式"整理方法，通过精细化整理，还原底本原貌，揭示出与其他写本的文字异同，对于提高《经国集》对策文文字校勘效率和准确性具有积极意义。

二 语释

我们今天所处的时代，与小岛宪之注释《经国集》对策文的年代相比，在技术条件上已经有长足的发展。我们已经建立了完善的汉籍、佛典全文检索数据库。通过先进的检索手段，无论多么生僻的成语典故，只需轻轻点击一下鼠标，就可以毫不费力地检索到来源。据说小岛宪之在考察汉诗文中词语出典时，基本靠手工制作卡片进行，这与强大的数据库相比，检索效率显然要大打折扣，进而影响到对词语来源出处的判断和对词义的精准把握。

1. 词语出典与佛典

奈良时代的对策文，其词语用典除了出自经史子集外，出自佛经中的例子亦不在少数。小岛注释本对一些词语的解释和来源出处的说明主要依据汉籍，鲜少涉及佛典，如纪真象《治御新罗》"若其欲知水者，先达其源；欲知政者，先达其本"一句，小岛宪之注释本缺少详细注释。从文意看，该句简洁明了，似无特别注释之必要。汉籍中

---

① 与谢野宽、正宗敦夫等编：《怀风藻 凌云集 文华秀丽集 经国集 本朝丽藻》，日本古典全集刊行会1926年版，第197页。
② 与谢野宽、正宗敦夫等编：《怀风藻 凌云集 文华秀丽集 经国集 本朝丽藻》，日本古典全集刊行会1926年版，第95页。

确实也检索不到类似表达。检之佛典，发现如下类句，唐湛然《止观辅行传弘决》："深水曰渊，水本曰源。见众生病知病根本，如人见水知水源底。"①该句主旨正与"欲知水者，先达其源"相通。后句有关政治之根本的类句见于《晋书·何会传》："汉宣乘曰：'百姓所以安其田里，而无叹息仇恨之心者，政平讼理也。……此诚可谓知政之本也。'"又如，同一对策文中"追光避影而影俞兴"一句，亦可以在汉文佛典中检索到相似语句，如唐玄嶷《甄正论》："趋日避影重觉心劳，欲隐而彰伪迹愈显。"②

以上从纪真象对策文中举出了两个与佛典语类似的表达。诚然，我们尚不能据此判断对策文作者直接从佛典中借鉴了这一表达方式，但至少，从词语注释角度看，从佛典中找出类似表达，可以帮助我们理解词义，读懂文意，不失为注释对策文的一种有效途径。

2. 语释中的"难解语"

大神直虫麻吕《劳逸之术》："根英异代，金石变声。""根英"，小岛宪之注引《艺文类聚》卷十一《礼斗威仪》："帝者得其根核，王者得其英华，霸者得其附枝。故帝道不行，不能王，王道不行，不能霸，霸道不行，不能守其身。"据此认为"根英"意指"根与花"③。在《补篇》中又指出"根英"为"难解语"（よくわからぬ語）。④按："根英"，同"茎英"，指上古武帝颛顼和帝喾所作乐曲名"六茎"和"五英"的合称，典出《周礼·春官·大司乐》："以乐舞教国子。"贾公彦疏引《乐纬》："颛顼之乐曰《五茎》，帝喾之乐曰《六英》。"《文苑英华》卷七十八王起《宣泥宅闻金石丝竹之声赋》："固可掩歌钟于二四，佩茎英于三五。""根英"用法亦见于《文苑英

---

① （唐）湛然：《止观辅行传弘决》，《大正新修大藏经》卷46，大藏出版株式会社1988年版，第346页。
② （唐）玄嶷：《甄正论》，《大正新修大藏经》卷52，大藏出版株式会社1988年版，第563页。
③ 小岛宪之：《国风暗黑时代的文学》（上），塙书房1968年版，第210页。
④ 小岛宪之：《国风暗黑时代的文学》（上），塙书房1968年版，第495页。

第十章 《经国集》对策文精细化整理的学术意义

华》卷四百八十《贤良方正科二道》所引阙名《又应贤良方正科第一道》："臣闻圣人法天而理，察道而行。……虽根英易辙，火木殊途，革去故而鼎就新，变咸池而歌大夏。然而无易兹典，其故何哉？"①引文中"根英"比喻历代先王的为政之道，与大神直虫麻吕对策文"根英"用法一致。《文苑英华》所收该对策在《全唐文》卷三百收录为苏晋作品，同书卷九百五十九又被视为斛律齐的作品。虽然该对策成立年代已不可考，但用以解释"根英"一词显然更有说服力。

又大神直虫麻吕"劳逸之术"："水鱼不犯，共喜南风之熏；门鹊莫喧，咸怀东户之化。""东户"一词，小岛注从底本作"东后"，注引《尚书·舜典》"岁二月东巡守……望秩于山川，肆觐东后"之故事，作"帝舜感化东方诸侯"②。按："东后"不确，当从三手本、神宫文库本作"东户"，指上古时的君主"东户季子"。《淮南子·缪称训》："昔东户季子之世，道路不拾遗，耒耜余粮宿诸畮首。使君子小人各得其宜也。"高诱注："东户季子，古之人君。"陶渊明《戊申岁六月中遇火》："仰想东户时，余粮宿中田。鼓腹无所思，朝起暮归眠。"

又纪真象《治御新罗》："是盖干戚舞阶之主，江汉被化之君也。"前句"干戚"指"盾与斧，亦为武舞所执的舞具"。该句使用舜、禹不诉诸武力而使有苗归附的典故。舜的故事见《文选·钟会〈檄蜀文〉》："王者之师，有征无战，故虞舜舞干戚，而服有苗。"该典故亦见于《艺文类聚》卷一《帝王世纪》。禹的故事见《淮南子·缪称训》："禹执干戚，舞于两阶之间，而三苗服。"后句"被化之君"，小岛氏推测指"禹的故事"（禹に関する故事をさす）③，但未指出具体据何故事。按：小岛氏说法不确。"江汉被化之君"一句，

---

① 罗积勇、张鹏飞校注：《唐代试律试策校注》，武汉大学出版社2009年版，第431页。
② 小岛宪之：《国风暗黑时代的文学》（补篇），塙书房2002年版，第514—516页。
③ 小岛宪之：《国风暗黑时代的文学》（补篇），塙书房2002年版，第433页。

使用周文王故事。《诗经·周南·汉广》:"汉广德广所及也。文王之道被于南国,美化行乎江汉之域,无思犯礼。"引文中"江汉"指长江和汉水,乃周文王德化之地。《诗经·国风·召南·行露》:"行露,召伯听讼也。衰乱之微俗,贞信之教兴。"孔颖达疏:"由文王之时被化日久,衰乱之俗已微。"由此判断,该句当指周文王的故事无疑。

以上三例,小岛注释因对词语来源出处判定不准确从而误断其为"难解语"。以今天的检索手段,可以轻松检索出全部相关故事典故的出处,并根据准确的典源正确理解词义,从而变小岛注本中的"难解语"为"易解语"。

三 句读与训读

纪真象《治御新罗》"观夫夷狄难化,由来尚矣"一句,小岛宪之训读为"观夫,夷狄难化,由来尚矣(観るに夫れ、夷狄化し難きこと、由来尚夷)"①。在另一部收录该对策文的《上代日本文学与中国文学》中,该句则训读为"観れば夫れ、夷狄の化け難きこと、由来尚し"②。无论是把"观夫"训读为"観るに夫れ"还是训读为"観れば夫れ",其原因在于,一是在"观夫"后进行了断句,二是把"夫"字作"语助词"处理。就一般汉文训读规则来看,"观夫"后一般不进行断句,且把"夫"字作"代词"处理,从而将其训读成"夫の○○を観るに"的形式。例如,《后汉书·顺帝纪》:"观夫顺朝之政,殆不然乎。"吉川忠夫训读为:"夫の顺朝の政を観るに。"③ 又如,《续高僧传·译经篇》:"论曰:'观夫翻译之功,诚

---

① 小岛宪之:《国风暗黑时代的文学》(补篇),塙书房2002年版,第428—429页。
② 小岛宪之:《上代日本文学与中国文学——以出典论为中心的比较文学考察》(下),塙书房1965年版,第1425页。
③ 吉川忠夫注:《后汉书》(第2册),岩波书店2002年版,第195页。

远大矣！'"吉村诚等训读为"夫の翻訳の功を観るに、誠に遠大なるも"①。以上两例均没有在"观夫"后断句，由此把"夫"训读为"夫の"这一代词形式。综上所述，"观夫夷狄难化，由来尚矣"一句的正确训读应当为"夫の夷狄の化し難きを観れば、由来は尚し"。

大神直虫麻吕《劳逸之术》："夫帝王之道，条贯岂异。何劳逸之不同，而黔黎之怀辑。欲使变斯俗于彼俗，化奸吏于良吏，人民富庶，囹圄空虚，其术如何？"小岛注释本断句为："夫帝王之道，条贯岂异，何劳逸之不同。而黔黎之怀辑，变斯俗于彼俗，化奸吏于良吏，人民富庶，囹圄空虚。其术如何？"②小岛注本将"何劳逸之不同"与"而黔黎之怀辑"以句号断开，而把"何劳逸之不同"归为前句。根据文意以及对偶原则，"何劳逸之不同"与后句"而黔黎之怀辑"当为一句，二者组成表转折关系的复句"何劳逸之不同，而黔黎之怀辑"，"而"字当训读为表转折关系的"而るに（しかるに）"而非小岛注本将其训读为表顺接关系的"而して（そうして）"。

王晓平指出，"在对汉唐辞赋断句时，有些长句，日本注本常常断开，使不同层次之间的关系显得割裂"③。许多日本汉文注释本，都不同程度地存在这种因断句而导致的训读异同问题，其根本原因在于中日不同的语言阅读习惯。重新审视现有校注本的句读，纠正这种因语言差异导致的断句问题，是《经国集》对策文精细化整理的一项重要内容。

四 作者小传

奈良时代的对策文，因年代久远，作者信息大多不明。《经国集》

---

① 吉村诚、山口弘江译注：《续高僧传》，《新国译大藏经》，大藏出版社2012年版，第235页。
② 小岛宪之：《国风暗黑时代的文学》（补篇），塙书房2002年版，第489页。
③ 王晓平：《日本汉文写本中文校注的学术意义——以〈都氏文集〉为例》，《国际汉学》2021年第3期。

目录仅存作者官职等较为简略的信息。为了全面了解当时的试策情况，有必要对对策文作者详加考证，勾勒出相对完整的"作者小传"。在小岛宪之的计划里，注释工作包括"诗人小传"，但遗憾的是，小岛氏生前并没能完成这项工作①。这也从一个侧面说明了对策文注释难度之大。

随着新资料的不断发掘和研究工作的持续展开，一些对策文作者的相关信息正逐步浮出水面。在对对策文进行精细化整理中，完全可以借助这些资料，勾勒出相对完整的作者生平。例如《经国集》卷二十卷首收录纪真象对策文二首，有关纪真象个人情况，只有"目录"之"骏河介正六位上纪朝臣真象"以及第一首篇首"文章生大初位上纪朝臣真象"等简单记载。考之其他相关历史资料，亦无更多信息。近年，随着平城宫遗址木简的出土，有望打破这一局面，为考证对策文作者提供有用信息。如平城宫出土文物中，发现了记载有"从七位下纪朝臣真□"字样的木简，有学者指出，该木简记录的正是《经国集》卷二十收录对策文的作者纪真象本人②，结合学界的相关考证，我们可以推测出纪真象生活的大致时代和活动轨迹，从而勾勒出一个相对完整的"作者小传"，以补小岛注释本缺失之憾。

第三节　敦煌本《兔园策府》在《经国集》对策文整理中的学术意义

现存敦煌写本《兔园策府》残卷，编号分别为 S.614、S.1086、S.1722 和 P.2573，共四卷。四卷写本经郭长城、周丕显、郑阿才、王三庆等缀合校补，为已知较为完整的《兔园策府·卷第一并序》写

---

① 小岛宪之：《国风暗黑时代的文学》（补篇），塙书房2002年版，第452页。
② 马场基：《平成京的生活·天平人的悲欢》，吉川弘文馆2010年版。

卷，完整保留了书名、卷次、作者和序文等系列信息以及第一卷之《辨天地》《正历数》《议封禅》《征东夷》《均州壤》五条问对。关于敦煌本《兔园策府》的性质、成书及其东传日本等情况，拙论有较为详细的考证①。下面重点探讨其在《经国集》卷二十对策文校勘整理中的文献价值。

一 敦煌本《兔园策府》与《经国集》对策文整理

今存敦煌本《兔园策府》残卷"序"及卷第一所收五篇策问对，为我们提供了不少可对《经国集》对策文校勘整理进行参考的例子。如神虫麻吕《劳逸之述》："当今握襃御俗，履翼司辰。风清执象之君，声轶绕枢之后。设禹麾而待士，坐尧衢以求贤。"②引文中"设禹麾而待士，坐尧衢以求贤"对句中"禹麾"的"麾"字，通行本系作"虞"字，同属三手本系的神宫文库本作"麾"字。小岛宪之认为作"虞"时，"禹虞"当解作"帝夏禹"和"帝尧有虞氏"，这样一来，二者组成的连语与前面的"设"不通。因此，小岛氏认为应从神宫文库本的"麾"字。按："麾"，军旗、指挥旗；指挥。《尚书·周书·牧誓》："王，左杖黄钺，右秉白旄以麾曰：'逖矣，西土之人。'""设禹麾"意为像禹一样竖起招贤纳士之旗子。《楚辞·大招》："魂乎归来，尚贤士只。……直赢在位，近禹麾只。豪杰执政，流泽施之。"王逸注："禹，圣王，明于知人，麾，举手也。言忠直之人皆在显位，复有赢余贤俊以为储副，诚近夏禹指麾取上。"王逸注中"麾"作"指挥"之意。另据《大唐开元礼·皇帝元正冬至受皇太子朝贺》："设麾于殿上西阶之西，东向。"该例中"麾"作"军旗"之意。

---

① 孙士超：《敦煌本〈兔园策府〉与日本古代的对策文研究》，《日语学习与研究》2016年第4期。
② 与谢野宽、正宗敦夫正等编：《怀风藻 凌云集 文华秀丽集 经国集 本朝丽藻》，日本古典全集刊行会1926年版，第196页。

// 下篇　日本古代试律试策整理研究方法论

以上，小岛注本从校勘的角度纠正了底本的文字讹误，对于"禹麾"一词的来源，则语焉未详。敦煌本《兔园策府序》："执禹麾而进善，坐尧衢以访贤。"神虫麻吕对策文"设禹麾而待士，坐尧衢以求贤"不仅句意、句式异曲同工，尤其是后半句，神虫麻吕只是将"访贤"改为了"求贤"，句式则完全照搬。另外，《经国集》卷二十所收另一篇刀利宣令对策文中亦出现了"执禹麾而招能，坐尧衢而访贤"这一句式，均为敦煌本《兔园策府》中的类似句式，模仿痕迹一目了然，这些用例进一步说明该典故在时务策中所具有的普遍意义。

同一对策文之第一段："窃以遐览玄风，遐观列辟。……焕焉在眼，若秋旻之披密云；粲然可观，似春日之望花苑。"① 该段引文中"若秋旻之披密云"一句中"秋旻"一词的"旻"字，通行本均讹误为"昊"字，三手本作"旻"。按，此处当作"旻"，意为"秋天的天空"之意。《初学记·岁时部·夏》："梁元帝《纂要》曰：'天曰昊天'。"可见《初学记》中"昊天"作"夏天的天空"之意。《尔雅·释天》："秋为旻天。"小岛宪之引仲雄王《重阳节神泉苑赋秋可哀应制》诗："高旻凄兮林蔼变，厚壤肃兮山发黄"指出，"高旻""秋旻"的用法未见于六朝、唐诗，从而判断"秋旻""高旻"的用法应为日本的"造语"②。"旻"字在《文选》中出现两例，其一为卷二十六谢灵运《永初三年七月十六日之郡初发都》"秋岸澄夕阴，火旻团朝露。"李善注引《尔雅》曰："秋为旻天。"又注引《毛诗》曰："野有蔓草，零露团兮。"其二为卷五十七谢希逸《宋孝武宣贵妃诔》"恸皇情于容物，崩列辟与上旻"。诚如小岛氏所言，这些用例中均没有出现"高旻""秋旻"的用法。但小岛宪之考释《经国集》对策文词语来源所常依据的文献《文选》中没有用例并不代表唐前文献中无此用法。实际上，"秋旻"一词常见于唐前汉籍、佛典

---

① 与谢野宽、正宗敦夫正等编：《怀风藻 凌云集 文华秀丽集 经国集 本朝丽藻》，日本古典全集刊行会1926年版，第196页。
② 小岛宪之：《国风暗黑时代的文学》（补篇），墙书房2002年版，第479页。

中。如《弘明集》卷十张翻《扬州别驾张翻答》："至如感果之规，理照三世，孝飨之范，义贯百王，妙会与春冰等释，至趣若秋旻共朗。"陶渊明《自祭文》："茫茫大地，悠悠高旻。"这说明"秋旻"一词在唐前文献中的使用相当普遍。

进一步检索敦煌本《兔园策府》，发现其残卷之《辨天地》中"对宵景以驰芳，概秋旻而发誉"一句亦使用了"秋旻"一词。敦煌本《兔园策府》的这一用例不仅证明了三手本作为《经国集》对策文整理中的善本的性质，更重要的意义在于，其进一步明确了敦煌本《兔园策府》残卷在《经国集》对策文整理中所具有的独特文献价值。

需要指出的是，上段引文中"遂览玄风，遐观列辟"两句，"遂览……""遐观……"这一句式在汉籍中多有使用。如初唐骆宾王《对策文》三道"遐观素论，眇观玄风"等。《怀风藻序》"遂听前修，遐观载藉"以及"遂听列辟，略阅缣缃"（清原夏野《上令义解表》）等上代日本汉诗文中亦不乏用例。这些用例大概均受到《文选序》"式观元始，眇睹玄风"这一类句的影响。敦煌本《兔园策府》残卷之《议封禅》一篇中"眇观列辟，拟议者多人；遂览前王，成功者罕就"的类句表明，在对策文中此类用法似乎更为普遍。奈良时代的律令官人在对策文创作中直接参考了《兔园策府》中这些类句的可能性很大。

二 敦煌文献与日本汉文写本整理

以上重点分析了敦煌本《兔园策府》在日本对策文整理研究中的重要价值。同《兔园策府》一样，唐代编纂成书的《籯金》《屑玉》等与科考相关的类书，在中土也早已失传。有赖于敦煌文书的发现，我们得以了解其中的部分内容。如敦煌本《籯金》残卷 S.2053、P.2537 等基本保留了唐李若立编著《籯金》以及敦煌张景球改编《略出籯金》的情况。小岛宪之指出，同属科举类书的《籯金》《屑玉》等与《兔园策府》一起传入日本，对律令时代的科举试策产生了重要影响①。上文通过对敦煌本《兔园策府》与《经国集》对策文校勘整理中作用的分析亦足以证明，这些敦煌科举类书在日本对策文文献整理与研究中的重要价值。

古代日本在律令制国家建立过程中，不仅模仿唐制建立了完备的律令体系，文学上同样吸收六朝初唐的文学体式，创作了大量汉文学作品，可以说，汉文学对日本古代文学、文化发展起到了重要作用。解读这些作品，离不开中国文化，其中敦煌文献就对解读日本汉文具有十分重要的意义。王晓平提出在东亚汉字文化圈汉文研究中，"打通敦煌写本与域外汉籍研究"的重要性②。在具体研究实践中，王晓平借助敦煌俗字研究成果，解决了大量在日本汉字文献解读过程中出现的误读误释现象，在敦煌研究和日本汉籍研究间架设了一座桥梁③。可以说，这一课题还是一座有待开发的富矿，我们有理由期待更多的成果问世。

小　结

在同属汉字文化圈的日本、朝鲜、越南等东亚各国，都曾有过相当长时间的汉文书写历史。这些"域外"的汉文学创作，除了具有汉文学（中国文学）的一般性特征，还受到本国语言和思维方式的介入和影响，具有特殊性。要对日本古代汉文学，尤其是像对策文这样艰涩难懂的文体进行注释，首要的任务就是在汉籍、佛典中找出其出处

---

① 小岛宪之：《上代日本文学与中国文学——以出典论为中心的比较文学考察》（下），塙书房1965年版，第1438—1440页。
② 王晓平：《日本汉籍古写本俗字研究与敦煌俗字研究的一致性——以日本国宝〈毛诗郑笺残卷〉为中心》，《艺术百家》2010年第1期。
③ 王晓平：《俗字通例研究在日本写本考释中的运用——以〈万叶集〉汉诗文为例》，《天津师范大学学报》2010年第6期；王晓平：《敦煌俗字研究方法对日本汉字研究的启示——〈今昔物语集〉讹别字考》，《天津师范大学学报》2011年第5期。

和来源，据此分析其语义用法与原典文献语境中语义用法的异同，是原典语义的"照搬"，还是作者另附新意的"造语"，这些都离不开对原典文献的准确把握。

小岛宪之对《经国集》卷二十对策文的注释，是一项开创性工作，对于对策文研究的深入开展具有积极的学术意义。然而小岛注释本在文字校勘、语释、断句乃至作者解说等方面尚存值得商榷之处。文献整理本身是一项不断完善的动态过程，新资料的发掘和互联网新技术的广泛应用，为《经国集》对策文的精细化整理提供了可能，运用敦煌文献及其整理方法，可以弥补小岛注释本诸多不足。

第十一章　金泽文库旧藏本《本朝续文粹》及其整理研究

《本朝续文粹》（以下简称《续文粹》）收录平安后期汉诗文二百三十二篇，编撰体例沿袭《本朝文粹》，被视为《本朝文粹》的续篇，与《本朝无题诗》《朝野群载》一起，成为了解平安后期汉诗文的一部重要汉诗文词华集。然《续文粹》成书后，非但不像《本朝文粹》那样受到历代儒者学人的追捧，反而饱受"冷落"，其表现之一便是《本朝文粹》早在宽永六年（1629）就有了活字本，而《续文粹》直至明治二十九年（1896）才被刊刻，有了活字版，比《本朝文粹》的活字版晚了二百多年。随着内阁文库收藏金泽文库旧藏本的复制、公开，《续文粹》开始受到学界关注。山岸德平、佐藤道生等对《续文粹》的成书、构成和撰者等进行了详细考述[①]，一些诸如文体研究方面的成果也不断问世。整理方面，在明治二十九年活字本基础上，图书刊行会本、校注日本文学大系本等整理本相继出现。这些整理本各具特色，又不同程度地存在一些脱漏、错讹之处。随着《续文粹》写本的不断公开，有必要对《续文粹》的版本进行进一步梳理及仔细校勘，纠正现有整理本的粗疏之处。作为国家社科基金重大项目"日藏汉文古写本整理与研究"（项目号14ZDB085）的一部

---

① 山岸德平：《〈本朝续文粹〉解说》，载《日本汉文学研究》，有精堂1972年版，第122—129页；佐藤道生：《〈本朝续文粹〉解题》，《日本汉学研究》2010年第3号。

分，笔者对《续文粹》的版本进行了重新梳理并对金泽文库旧藏《续文粹》写本进行了底本式校勘整理，现基于具体的整理工作实践，对《续文粹》的版本特征以及《续文粹》写本整理的范式和原则等问题作简要说明，以求教于方家。

第一节 《本朝续文粹》成书及构成

《本朝续文粹》全书共十三卷，收录自后一条天皇宽仁二年（1018）至崇德天皇保延六年（1140）一百二十年间的汉诗文作品二百三十二篇，其中文章占绝大部分，诗仅四首。主要作者有藤原敦光（1064—1144）、大江匡房（1041—1111）、藤原明衡（989—1066）等约四十位。

《续文粹》所收作品中，标注有确切创作年代者，最晚为藤原敦光于崇德天皇保延六年（1140）七月十三日作《辞准后表》，当然，由于《续文粹》所收作品中创作年代不详者亦不在少数，因此，尚不能判断保延六年为最晚创作年代，但《续文粹》成书于保延六年之后不久，这已经成为学界共识。山岸德平氏据此进一步推断《续文粹》当成书于保延六年至近卫天皇天养年间，即1140年至1144年之间。

《续文粹》（内阁文库藏金泽文库旧藏本）共分十三卷，其文体分类和排列顺序基本沿袭《本朝文粹》，各卷具体构成和所收篇数（文体后标注阿拉伯数字为篇数）如下。

卷一：赋5、杂诗4（古调3、越调1）

卷二：诏2、敕答4、位记1、勘文1

卷三：策问12、对策12

卷四：表19（贺表2、辞表17）

卷五：表（辞表）9、辞状15

卷六：奏状13

卷七：书状6、施入状5

卷八：序27（谱序1、诗序26）

卷九：序18（诗序18）

卷十：序24（诗序6、和歌序18）

卷十一：词1、赞11、论1、铭4、记7、牒1、都状1、定文1

卷十二：祭文1、咒愿文2、表白2、愿文8

卷十三：愿文14、讽诵文1

从上面统计可知，《续文粹》所收文体要比《本朝文粹》少，比如《本朝文粹》卷一"杂诗"中的"字训""离合""三言""江南曲"，卷二中的"敕符""官符""意见封事"，卷八中的"书序"以及卷十二中的"起请文""奉行文""禁制文""怠状""落书"等文体，《续文粹》中均未收录。当然，《续文粹》所收"施入状""都状""定文"三种文体，亦不见于《本朝文粹》。另外，在卷数、所收作品数等方面，二者亦有差异，与《文粹》十四卷、四百三十二篇作品相比，金泽文库本《续文粹》为十三卷，二百三十二篇作品，不仅少了一卷，所收作品数仅相当于《本朝文粹》的二分之一多一点。

关于《续文粹》的撰者，《本朝书籍目录》《类聚部》有"《续文粹》，十四卷，季纲撰"之记载。松下见林在元禄十三年（1700）所作《本朝续文粹序》[①]中引用了《本朝书籍目录》的这一说法："《日本书籍目录》载《本朝续文粹》十四卷，季纲撰。按：季纲姓藤原，所谓南家儒者也。"需要指出的是，松下见林当初是受京都书肆之邀，为《续文粹》加点并作序以备刊行之用的，后因种种原因，该集并未刊行，但松下见林所作之序却被广为传抄，流传甚广。松下见林的这一观点，亦为学界所接受，后来，尾崎雅嘉《群书一览》，冈本保孝《难波江五》等均视《续文粹》撰者为藤原季纲。

藤原季纲，生卒年不详，为文章博士藤原实范之子。季纲作为平

---

① 松下见林：《〈本朝续文粹〉序》，载《本朝续文粹》，山田圣华房1896年版，第1页。

安后期儒者而负有盛名。天喜四年（1056）以文章生身份应诏参加"殿上诗合"，可见其诗文才能当时已颇受天皇赏识，同年，对策及第（《朝野群载》卷十三《请殊蒙天裁因准先例给方略宣旨令课试文章生正六位上藤原季纲状》①），历任备前守、越后守，最终官至从四位上大学头。其文亦被收入《朝野群载》，另有诗文见于《本朝无题诗》等。山岸德平征引《中右记》康和四年（1102）九月十一日条"故季纲所撰之检非违使厅日记十一卷，令见给，且又……"又同十四日条"故越后守季纲朝臣所撰，检非违使厅日记十一卷，可见给者，仍从院，件书持参内……"认为，"故季纲"之记载证明至少在康和四年（1102）九月，季纲已经去世，因此，他认为藤原季纲为《续文粹》撰者的说法不足为信，并考证认为《续文粹》应当为藤原敦光后人或其门人弟子等所撰。② 目前，学界对山岸德平这一"式家儒者所撰"说基本持认同态度。佐藤道生在山岸氏说法基础上，通过对藤原明衡与藤原季纲个人交往以及《文粹》与《续文粹》编撰意图等方面的对比，对《本朝书籍目录》所记进行了补充，详细考证了藤原季纲作为《续文粹》撰者的可能性。③

第二节　《本朝续文粹》的主要版本

一　《本朝续文粹》的主要写本

内阁文库所藏金泽文库旧藏本《续文粹》为镰仓时代写本，为已知现存最早的古写本全本，为金泽文库创始者北条实时（1224—1276）于文永九年（1272）所抄写。该写本曾于庆长七年（1602）转为德川家康所有。家康去世后，作为"骏河御文库"本收藏于红叶

---

① 《历代皇纪 朝野群载》，载近藤瓶城编《史籍集览》第18册，第284页。
② 山岸德平：《〈本朝续文粹〉解说》，载《日本汉文学研究》，有精堂1972年版，第122—129页。
③ 佐藤道生：《〈本朝续文粹〉解题》，《日本汉学研究》2010年第3号。

山文库。昭和三十年（1955）该写本被指定为"重要文化财"。

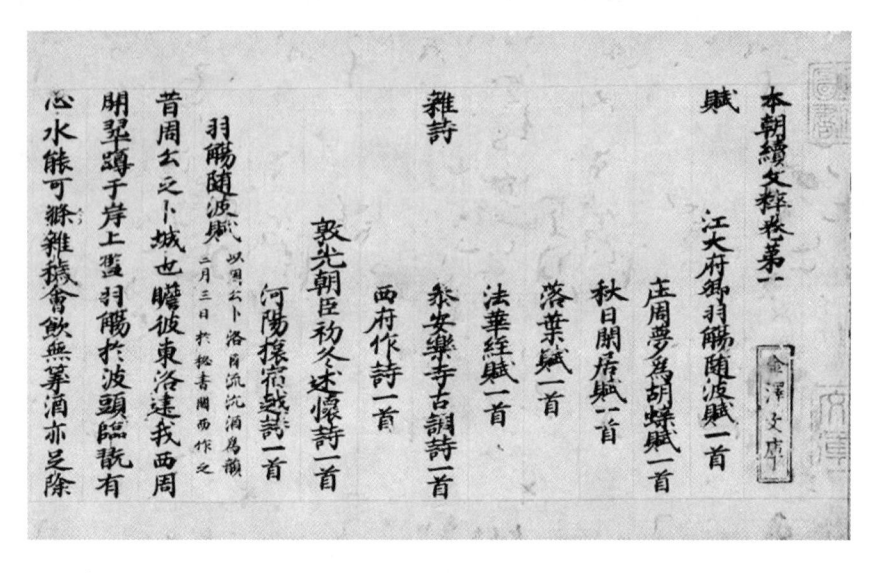

图11-1　内阁文库藏金泽文库旧藏本《本朝续文粹》卷第一

现存金泽文库旧藏本《续文粹》为卷子本，共十三卷、十三轴。内文抄写于"乌丝栏"①内，墨界十五字，笔体"遒劲古雅"，内文附朱、墨两笔"乎古止（ヲコト）点"（卷九只附墨色校记，不见朱色"乎古止点"，卷十三朱色"乎古止点"和墨色校勘符号均无）、句点、旁训，并偶有校异的注记，表明该写本经异本和加点本校异，每卷首尾附有"金泽文库"墨印。卷一的卷尾附有北条实时于文永九年（1272）所写识语（见图11-2）。

　　文永九年十月廿二日以相州御
　　本书写校合了于点者本
　　无点之间当时无沙汰者也

---

① 古籍版本用语，谓书籍卷册中，绢纸类有织成或画成之界栏，红色者谓之朱丝栏，黑色者谓之乌丝栏。"乌"形容其色黑，"丝"形容其界格之细。

第十一章　金泽文库旧藏本《本朝续文粹》及其整理研究

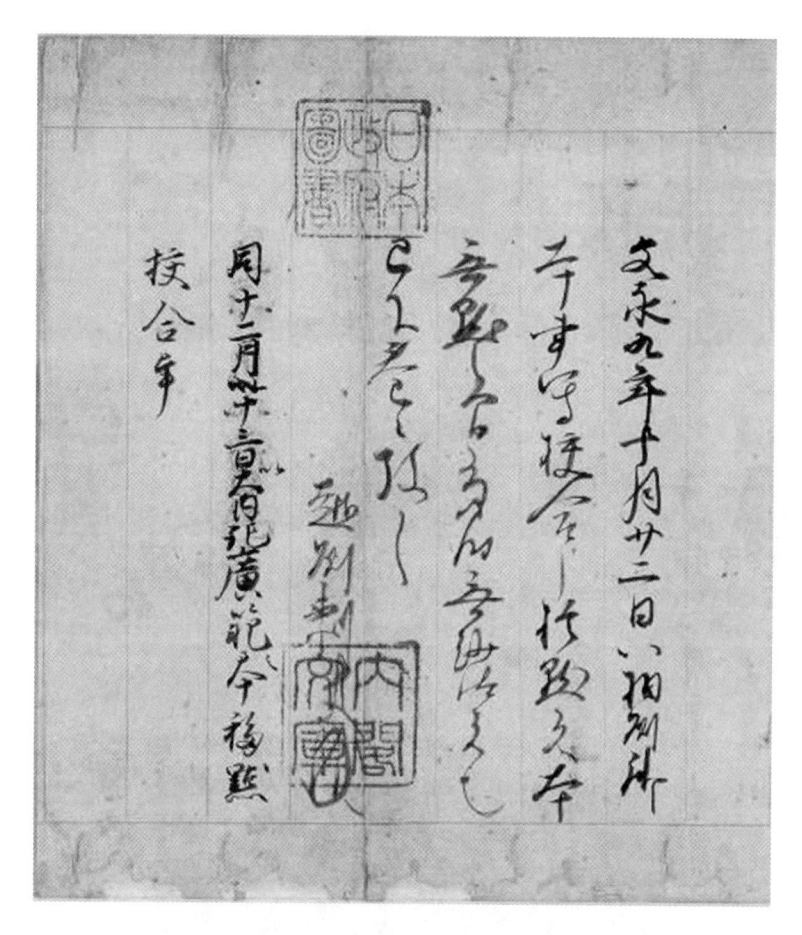

图 11-2　金泽文库旧藏本《本朝续文粹》卷一识语

已下卷卷放之
　　越州刺史（花押）
同十二月十三日以大内记广范之本移点校合毕

据此识语可知，该本据北条实时相州御本——时宗本所写，并校异、移点于大内记广模板。由于《续文粹》在编纂成书直至明治时代的六七百年间均以写本流传于世，因此原文中存在不同程度的误记、脱漏情况，给后世阅读和研究造成一定困难。金泽文库旧藏本作为已知现存最古的全本，其在《续文粹》的校勘整理中自然具有不可替代的价值。

除了上述内阁文库所藏金泽文库本，据笔者考察，现存的各种《续文粹》写本尚有不下十七种。

1. 庆大图书馆所藏胁坂本。近世写本，十四卷七册，每册两卷和缀，朱表纸大开本，31厘米×21厘米，八行十七字，附"乎古止点"和训读符号。

2. 静嘉堂所藏本（图11-3）。共十二册。茶色表纸，每页八行十七字。卷首附"松阪学问所""纪伊国古学馆之印"。第三卷尾附朱笔"以私本校合了""小中村清矩""庆应元年八月朔日功讫"等字样，部分附"乎古止点"。

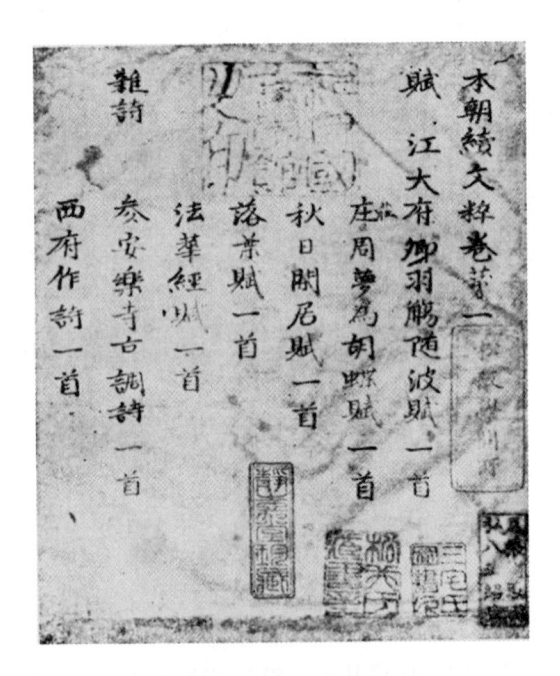

图11-3 静嘉堂藏松井本《本朝续文粹》卷一目录

3. 东大国文本居藏本。内、尾、外见《本朝续文粹》书名，十三册。

第十一章　金泽文库旧藏市《市朝续文粹》及其整理研究

4. 富山市图书馆藏山田孝雄藏本。江户中期写本，十三卷六册，附"□□藏书"印记。卷第一、二47帖，卷第三、四68帖，卷第五、六72帖，卷第七至九共82帖，卷第十、十一61帖，卷第十二、十三73帖。

5. 石川县图书馆藏川口文库藏本。袋缀线装本，共十三卷四册，阪仲文笔。

6. 刈谷图书馆藏村上文库本。内、尾、外见《本朝续文粹》书名，十三册。

7. 蓬左文库藏本。内、外、帙外见《本朝续文粹》书名。六册。

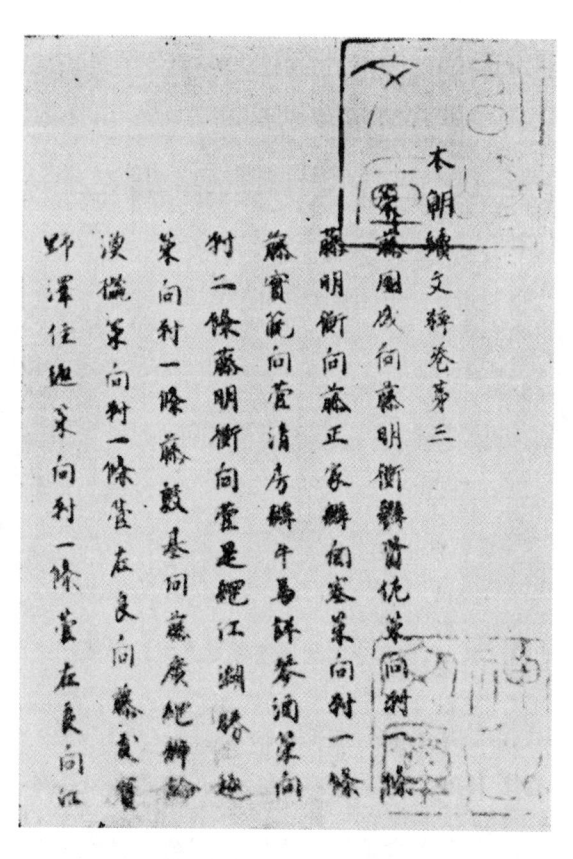

图11-4　神宫文库本（甲）《本朝续文粹》卷三首

8. 神宫文库藏本（甲）。内、尾、外见《本朝续文粹》书名，七册。

9. 神宫文库藏本（甲本）（图11-4）。内、尾、外见《本朝续文粹》书名，十三册。

10. 阳明文库藏本。内、目录、尾、外见《本朝续文粹》书名，十三册。

11. 三手文库今井似闲藏本。内、目录、尾、外见《本朝续文粹》书名，七册。

12. 关西大学图书馆藏长泽文库藏本。卷一至十三，十三册。

13. 大和文华馆藏本（图11-5）。卷一至十三，四册，现存胶片，共423帧。

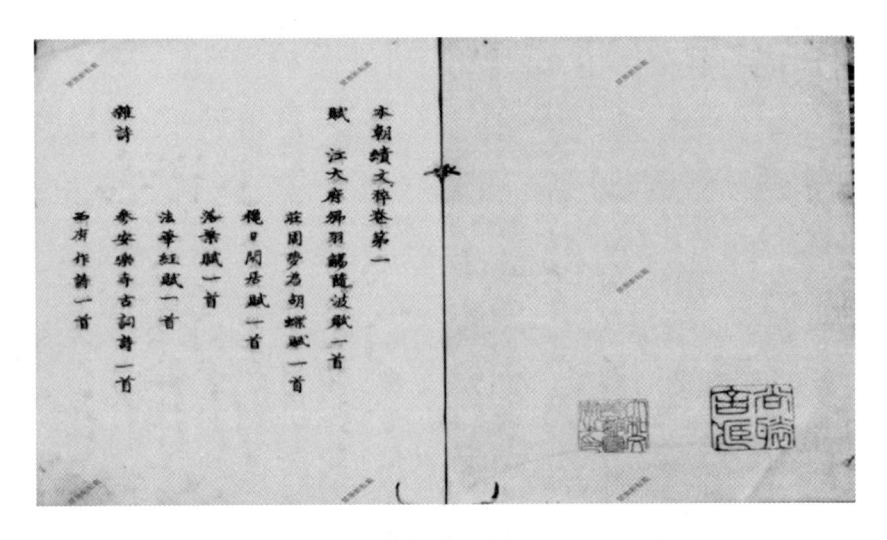

图11-5 大和文华馆藏《本朝续文粹》卷第一目录

14. 山口县图书馆藏本。七册。

15. 佐贺县图书馆莲池锅岛藏本。江户时期写本，阙卷三、四。

16. 鹿儿岛大学玉里文库本（图11-6）。册子本，卷一至十三，共六册。

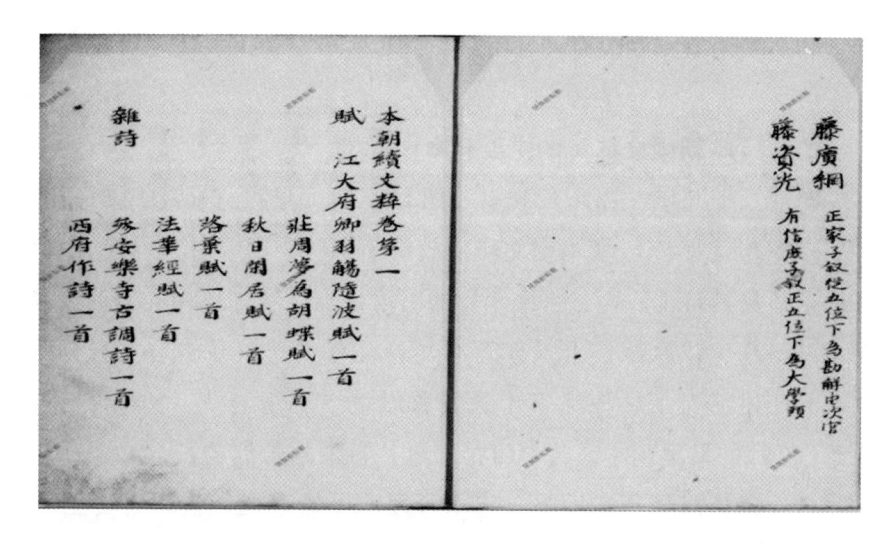

图 11-6　鹿儿岛大学玉里文库藏《本朝续文粹》卷第一目录

17. 津市图书馆有造馆藏本。江户后期写本，横刷毛目表纸，袋缀装，十三卷，五册。

以上所列十七种写本，大多抄写于江户时期，这是因为直到明治二十九年（1896），《续文粹》刊本才得以问世（后述），也就是说，在整个江户时期，《续文粹》仍然主要以写本形式流传，这也是我们今天所见《续文粹》写本多为江户时期写本的主要原因。

上述所列写本中的奈良大和文华馆藏本（13）和鹿儿岛大学玉里文库藏本（16）都属于江户时期写本，二者已经有了复制本，其中大和文华馆藏本内附"大和文华馆图书印"，鹿儿岛大学玉里文库藏本内附"鹿儿岛大学附属图书馆藏书印"以及"校本"等字样，且正文前附《续文粹》作者及官职等。与鹿儿岛大学玉里文库藏本不同，大和文华馆藏本正文前没有作者、官职等记录，从写本特征看，两个写本均为每页八行竖写，每行十七字。从字体来看，虽然二者不如金泽文库本字体整齐、美观，但书写规范、大方。与大和文华馆藏本相比，鹿儿岛大学玉里文库藏本的书写略显潦草。正如在其正文前所附"校本"两字所示，鹿儿岛大学玉里文库藏本正文中偶有校异注记，而大和文华馆藏本则没有校勘附记。

二 《本朝续文粹》的主要刊本

明治二十九年（1896）刊本（图11-7）。早在宽永六年（1629）和正保四年（1647），《本朝文粹》就有了木活字本（林道春序言本）和松永昌易校订本，而二百多年后的明治二十九年（1896）九月，京都书肆圣华房菅原德长氏以菅氏本（卷首有"菅家原本"字样）为底本刊印木活字版，该活字本通常称被为"菅家本"。该本为已知《续文粹》的最早刊本，共十四卷七册，卷末附菅原德长"古书多以写本传，鲁鱼风凤不一而足，然不可漫改，姑存疑以俟识者是正"[①]之识语。

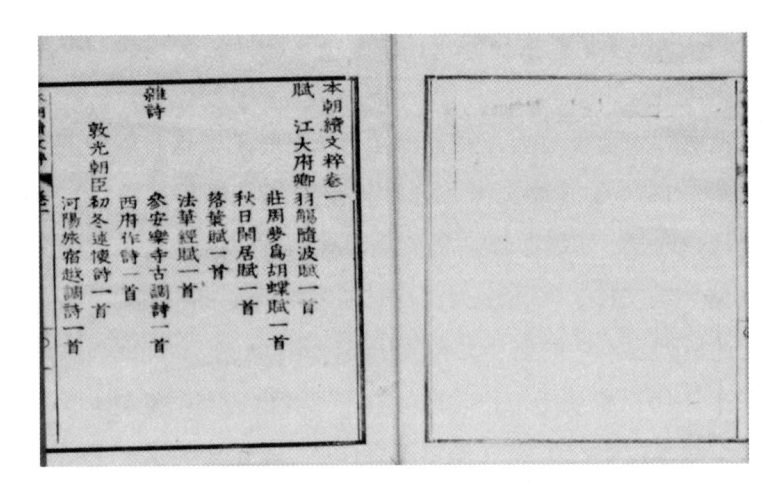

图1-7 明治二十九年菅原德长木活字版《本朝续文粹》卷第一目录

国书刊行会本（图11-8）。继明治二十九年木活字本后，大正七年（1918）四月，国书刊行会刊行了《文粹》与《续文粹》的合订本，该本《续文粹》以金泽文库旧藏本为底本，并校以其他流通

---

① 菅原德长：《〈本朝续文粹〉跋》，载《本朝续文粹》，山田圣华房1896年版。

第十一章 金泽文库旧藏市《市朝续文粹》及其整理研究

本,但讹误、脱漏仍然不少,因此,该本并非一个十分完备的善本。

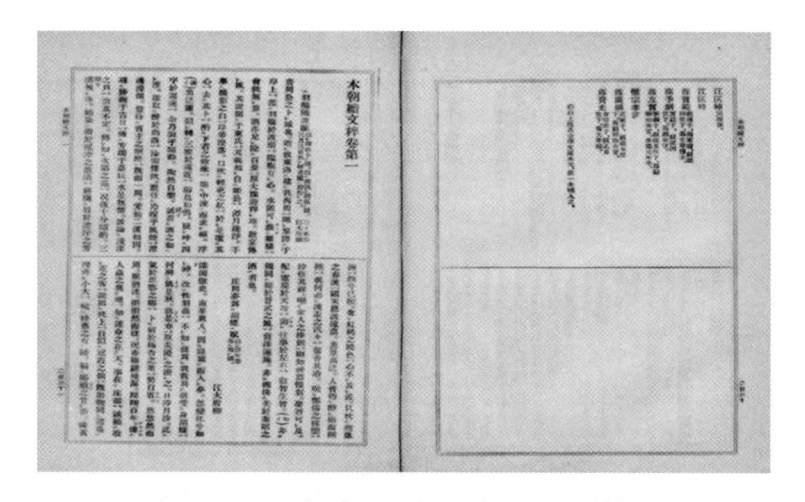

图 11-8 国书刊行会本《本朝续文粹》卷第一

校注日本文学大系第二十四卷所收本。该本以明治二十九年刊本为底本,由国民图书株式会社于昭和二年(1927)刊行。该本的最大特点是以"头注"形式加入了佐久节氏的简注。该版问世后广泛流行于世,成为《续文粹》的重要流通本之一。

新订增补国史大系所收本。吉川弘文馆昭和十六年(1941)刊新订增补国史大系第二十九卷下收入《文粹》与《续文粹》合订本。其中《续文粹》以金泽文库旧藏本为底本,同时参校了其他诸多写本和活字本,是目前《续文粹》整理本中校勘较为完备的一个刊本。

以上四个刊本中,前三者属于明治二十九年刊本系列,而国史大系本则以金泽文库本为底本,属于金泽本系刊本。这两个系统的整理本文字校勘各具特色,但均不同程度地存在一些讹误、脱漏等现象。下节就《续文粹》的重要写本、刊本在文字校勘方面所存在的问题进行详细分析。

第三节　金泽文库本《本朝续文粹》校勘整理相关问题

一　《本朝续文粹》流通本的特点与存在问题

如前所述，《续文粹》存在国书刊行会、校注日本文学大系（以下称"文学大系本"）以及新订增补国史大系（以下称"国史大系本"）三个主要流通本。其中国史大系本《续文粹》以金泽文库旧藏本为底本，参校本有尾张德川黎明会藏本、水户德川家编集《本朝文集》所收本以及明治二十九年（1896）刊东坊城德长氏校订活字本等，并校之以《日本纪略》《扶桑略记》《本朝世纪》《中右记》《朝野群载》《本朝丽藻》等诸多典籍，同时以"头书"形式标出"据何本改""据何书补"校记信息，可以说是目前三个流通本中校勘最为详细的一个版本。

国史大系本的最大特点是尽可能地保存了底本原貌，试举一俗字的例子来说明这一问题，卷十二《白河法皇八幡一切经供养愿文》（以下简称《供养愿文》）"整万乘临幸之仪"一句中的"整"字，底本作"憗"，国史大系本亦录作"憗"，而其他版本则校订为"整"。同样的问题还存在下面这一俗字用例中，同愿文"继嗣益广，以承皇统"一句中的"统"字，底本作絖，国书刊行会和文学大系本均校订为"统"字。只有国史大系本直接录作"絖"。显然辑录者把该字误录为"左纟，右死"的结构，从俗字的角度很容易判断出该字应为"统"字的俗写体。

当然，我们不能据此认为国史大系的辑录者不了解俗字的用法，也许这恰好说明了辑录者的校勘原则，即最大限度地保持底本原貌。当然这一策略，也给今天的读者和研究者造成了一些困难。因为录本过于"忠实"于底本，对一些俗字、讹俗字等原文照录，且很多并不在"头书"等注记当中加以说明，自然会造成理解上的困难。但是也

第十一章　金泽文库旧藏市《市朝续文粹》及其整理研究

恰恰是这一特性，赋予了国史大系本在《续文粹》重新整理中的重要参考意义。

与国史大系本相比，国书刊行会本和文学大系本对底本俗字、讹俗字等进行了一些校订，但并不全面，尤其是在断句方面，这两个版本存在较多错误，如"初冬十月下旬二日，便于祠坛展以斋席"的断句就明显不妥，而国史大系本"初冬十月，下旬二日，便于祠坛，展以斋席"的句读则较为合理。类似的例子还有很多，不再一一举出。

在《续文粹》的三个写本当中，金泽文库本作为书写年代最古的全本，是目前所知可信度最高的一个善本，这恐怕也是后来的校录本多选择其作为底本的原因所在。

至于大和文华馆和玉里文库所藏本，前面已经指出，二者当属于不同系统的本子。比如在对俗字的处理方面，二者就明显不同，仍以卷十二《供养愿文》"继嗣益广，以承皇统"一句中的"统"字为例，玉里文库本作統，而大和文华馆本作则作統。将《敦煌俗字典》中"统"字写法与二者比对，就能发现与玉里文库本基本相同，这一点恰好也可以与其前面所附"校本"字样相印证，表明其在俗字校订方面独具匠心。

通过以上分析，基本可以明确，由于金泽文库本书写年代最古，保留内容最全，也最适合作为重新整理《续文粹》的底本。而另外两个江户时期写本所具有的重要参校价值也是毋庸置疑的。至于通行本，如前所述，国史大系本无论从其对底本的忠实程度还是校异情况来看，都是一个较好的参校本，而同属明治二十九年刊本系统且校订较为粗疏的国书刊行会本和文学大系本的参校价值相对较小。

二　金泽文库旧藏本的整理范式及原则

在金泽本《续文粹》整理中，首先要准确把握写本文字周围的一些特殊符号，如句点、圈发符号等；其次是准确判断写本中大量使用的俗字；最后，从出典论的角度，征引书证也是有效整理日本汉文写本的重要方法。下面结合实例进行具体说明。

1. 准确把握写本中的句读与圈发符号

在金泽文库、玉里文库和文华馆本三个写本中，金泽文库本为现存最早的写本全本，与其他两个写本的不同之处在于内文附有句读、旁训等圈发符号。而玉里文库和文华馆本则没有句读点等圈发符号。其中玉里文库本偶有校异注记出现，如在"先帝传以九五之位"一句中"五"字右侧标注"本作百"字样。再如，"依彼十部依彼十部专读之功"一句中，"依彼十部"右标注"四字衍乎"。需要指出的是，写本中的句读点以及圈发符号等千差万别，在校勘时需要特别注意。与刊本不同，写本在抄写过程中，经常会出现脱漏，抄写者或者后人会参校其他本子进行补充，例如，卷十二愿文上藤原敦光《鸟羽院参御熊野山愿文》中"仍极妙极奇，匪雕匪刻"一句，原文中第一个"匪"后阙"雕匪"二字，校勘者在第一个"匪"字后加上两个"小椭圆点"，并在右边补以"雕匪"二字。同愿文"列仙之所窟宅也"句中"列"字下同样标注两个小椭圆点，并在右侧补以"仙"字。但是，需要指出的是，这样的校勘符号在古代的写本中是不一致的，同样以补阙字之点为例，大和文华馆本则以字下圆圈标注，如卷十二《供养愿文》"併游觉苑"一句"併"字后标注圆圈而在右下方补以"游"字。而在大念佛寺抄本《毛诗二南残卷》中，同样的符号则以字下小圆点标出。① 这就要求对于不同的写本要做不同的分析，避免出现误读。

2. 重视对写本中俗字的校勘

在金泽文库本《续文粹》的整理中，正确处理俗字至关重要。前面已经指出，无论是写本还是通行本，都不同程度地存在俗字误读的情况。因此，有效利用俗字，特别是敦煌俗字通例研究成果进行俗字

---

① 王晓平：《大念佛寺抄本〈毛诗二南残卷〉释录》，《国际中国文学研究集刊》（第2集），上海古籍出版社2013年版，第44页。

第十一章　金泽文库旧藏本《本朝续文粹》及其整理研究

校勘就显得十分重要。

《续文粹》卷十二《供养愿文》"继嗣益广，以承皇统"中的"统"字金泽文库本原文作統，而国史大系本则直接录作"統"，显然，录者把该字看作"左纟，右死"的结构。考之中国字书，均不收录该字。《说文解字》有"死"部，但不见"統"字。考之《敦煌俗字典》可知，"统"的俗写体为"統"，与大和文华馆本統，玉里文库本統的写法相同，据此可判断，此处当为"统"，"继嗣益广，以承皇统"的说法正确。

"自尔占每年沽洗之候，整万乘临幸之仪"一句中"整"字，金泽文库本作"憗"，国史大系和国书刊行会本照录，而文华馆本、玉里文库本以及文学大系本均作"整"。《正字通·心部》："憗，俗整字"。《干禄字书》："憗整，上俗下正。"《敦煌俗字典》亦收录该字。《敦煌变文集·降魔变文》："憗里衣服女心意，化出威稜师子王。"P.2965《佛说生经》："遣其太子，千百骑乘，皆使严憗。"《双恩记》："他也憗顿威仪。"

"律管遞奏，传雅音于云门"一句中"遞"字，金泽本作遞。遞为"递"的俗字。《敦煌俗字典》收录该字。《双恩记》："因此街坊人众，遞互相我传，装裹衣裳，供给茶饭。"

"唯须永永奉饰法乐，生生方持加护"一句中"饰"字，金泽本作餝，国史大系、文学大系本录作"餝"。《敦煌俗字典》：餝为"饰"的俗字。并引胡适藏卷《降魔变文》："不向园来数日，倍加修饰胜长时。"按："饰"字《敦煌变文集》录作"餝"，不确。由此可以判断，此处当为"饰"。

从以上所举俗字例子不难看出，在金泽文库旧藏本《续文粹》整理中，正确处理俗字至关重要。这要求整理者掌握俗字知识。需要特别指出的是，一些日本古代写本中大量使用敦煌俗字，因此，正确掌握敦煌俗字也是整理日本古写本所必备的知识。

3. 书证与《续文粹》文字校勘

在金泽文库旧藏本《续文粹》整理中，单从俗字的角度，并不能解决所有问题。因为写本情况复杂，存在讹误、简化、省笔等情况，这些也都在后来的录本中不同程度地存在。对于这种情况，有时候我们可以借助中国典籍，以出典论的观点进行判断，往往能有意想不到的结果。《供养愿文》"绿耳驰蹄，驱麋鹿以雨血；青骹在臂，逐雉兔而风毛"一句中的"骹"字，玉里文库、国书刊行会、文学大系本均录作"鹘"，而金泽文库、国史大系、大和文华馆本则作"骹"。《说文解字》："骹，胫也。从骨，交声。口交切。"《尔雅·释畜》："四骹皆白，驓。"郭璞注："骹，膝下也。"《龙龛手鉴》："骹，苦交反。胫近足近处也。与跤同。"而对于"鹘"字，《说文解字》："鹘，鹘鸼也。从鸟，骨声。古忽切。"《尔雅·释鸟》："鶌鸠，鹘鸼。"郭璞注："似山雀而小，短尾，青黑色，多声，今江东亦呼为鹘鸼。"郝懿行义疏："《左·昭十七年》疏引舍人曰：鶌鸠，一名鹘鸼。今之斑鸠也。"汉张衡《东京赋》："鸭鶌秋栖，鹘鸼春鸣。"单凭以上字书对二字的解释，很难判断究竟是"青骹"还是"青鹘"。如果从出典论的角度进行考察，这一问题便可迎刃而解。晋张载《榷论》："青骹繁霜，萦于笼中，何以效其撮东郭于韝下也。"《文选·张衡〈西京赋〉》卷二："青骹挚于韝下，韩卢噬于继末。"薛综注："青骹，鹰青胫者。"《文选·潘安仁〈射雉赋〉》卷九："奋劲骹以角槎，瞵悍目以旁睐。"徐爰注："骹，胫也。"唐章孝标《少年行》："手抬白马嘶春雪，臂竦青骹入暮云。"结合以上出典，就不难判断，"青骹"乃为一种青腿的猎鹰，从而可以判断，金泽系本是正确的。

还有很多可以借助出典论观点对《续文粹》进行整理的例子，再如，"赤县夸雍熙之化，苍生恣欢娱之情"一句中，金泽本系作"悬"，文学大系、国史大系本作"县"。"赤悬"语意不通。《史记·孟子荀卿列传》："中国名曰赤县神州"；《梁书·元帝》："斯盖九州之赤县，六合之枢。"按《洞玄灵宝诸天世界造化经》："其黄曾天下,凡有九州,皆以小海环之,流通昆仑大海。我今教化之处,名曰赤县小洲,中为九州,法彼大洲者也";即天下共有九大洲,中原为九大洲中的一个洲,名为赤县,赤县又分为九个州。赤县之九州即禹之序九州。据此出典,即可判断此处当作"县"。

三 底本式整理与校勘记撰写

"底本式"整理是文献整理的基础,其目的在于描述底本原貌,直观反映底本与参校本的文字差异。基于对金泽文库旧藏《续文粹》的整理,笔者认为,校勘记撰写要充分考虑以下几个方面。

第一,中国文献学与日本文献学不尽相同,体现在文献整理中的校勘记撰写方式,两国亦有区别。整理工作者首先要熟稔两国文献学,尤其是写本文献学之异同,做到二者融会贯通,取长补短,践行"一字一句一标点都要中国式,不能中日混杂,不能不伦不类,说的都是专业话"这一日本汉文古写本整理的总原则。

第二,正确处理写本原件中的特殊文字和符号。日本汉文古写本,文字周围均不同程度地分布着各种特殊文字和符号,只有正确把握这些符号,才能了解日人诵读汉文经典的独特方法和为了创造这些方法所付出的艰苦努力。校勘记中应该尽量保留这些文字和特殊符号,这也是日本汉文写本整理不同于我国写本的特殊之处。

第三,校勘记以"文字校订"为主,校注合一。文字校订包括对底本文字的讹、脱、衍、倒和错简等情况进行校勘和考证辨析,并写入校勘记。对原文史实考证和重要词语的注释等需要注释的部分从简,不再专门撰写注释部分,而采用校勘、注释相结合的方式。

第四,引据书证。对于日本历史上律令官人用汉字创作的汉文写本,要注意从日本典籍和中国典籍两方面征引书证,这是因为,在日本古代汉文化发展过程中,由于各个时期汉文接受水平不同,律令官人对中国典籍的接受状况和理解水平也不一样,这也反映在其汉文创作中,一方面表现出其努力学习中国汉文,在修辞、用典等方面与中国典籍一致的特征；另一方面又体现出与中国汉文的异质性，即"和习"性。因此，在校勘这些汉文写本文字时，应该兼顾到日本和中国两方面的书证，既兼顾到"继承性"又兼顾到其"异质性"。

第五，引用前人研究成果，要注明出处。写本整理是一个动态的过程，随着新材料的不断发现和研究工作的持续开展，可以为文字校勘源源不断地提供新的资料。在校勘记撰写过程中，要注明所引用参考文献的出处，以体现出写本整理的学术规范性。

第六，校勘记中不对不同意见进行讨论和驳斥。校勘记撰写不同于学术论文，除了要有明确的判断外，应体现简洁、明了原则。因此，如若对于所引参考文献持有不同意见甚至批驳意见，不应在校勘记中体现，但是，可以写成专文进行讨论，这也是从校勘走向研究的必然阶段。

当然，由于书写年代、流传范围、传抄程度各不相同，每个写本都有其独特的"个性"，写本整理应当根据每个写本具体的"物质"特征进行不同的处理。从这个意义上说，校勘记撰写也不能一成不变、墨守成规。在日本汉诗文写本整理过程中，创造性地吸收中日写本文献学各自的特点，融会贯通、发挥各自所长，撰写出分属各个写本的独一无二的校勘记，这是我们的使命。

第十二章　敦煌本《兔园策府》与日本古代对策文研究

敦煌写本《兔园策府》残卷自二十世纪初被发现以来，就吸引了众多中外学者的目光，一个多世纪以来，中外学者对其进行了多角度的分析研究。本章通过对先学研究成果的梳理，就《兔园策府》究竟为"蒙书"还是"类书"的问题进行深入探讨，纠正学界长期以来在该书性质划分方面存在的分歧。《兔园策府》在传入日本后，成为律令官人参加科举考试的"参考书"，从而深深地影响了日本古代的对策文创作。《兔园策府》的发现，对日本古代对策文文献整理乃至试策文学研究都具有极为重要的意义。本章拟就以上问题略抒管见，旨在抛砖引玉，就教于方家。

第一节　《兔园策府》与类书

现存敦煌写本《兔园策府》残卷，编号分别为 S.614、S.1086、S.1722 和 P.2573 共四卷。四卷写本经郭长城、周丕显、郑阿才、王三庆诸位先生缀合校补①，为已知较为完整的《兔园策府·卷第一并

---

① 详见郭长城《敦煌写本〈兔园策府〉叙录》，《敦煌学》第 8 辑，1984 年；敦煌写本《兔园策府》佚注补，《敦煌学》第 9 辑，1985 年。周丕显：《敦煌古钞〈兔园策府〉考析》，《敦煌学辑刊》1994 年第 2 期。郑阿才、朱凤玉：《敦煌蒙书研究》，甘肃教育出版社 2002 年版，第 265—274 页。王三庆：《敦煌类书》（上、下），丽文文化事业有限公司 1993 年版，第 117—119 页。

序》写卷，保留了书名、卷次、作者和序文等系列信息以及《辨天地》《正历数》《议封禅》《征东夷》《均州壤》五条策问对。以上诸家的迻录，不仅为我们提供了一睹《兔园策府》残卷"芳容"的机会，更为重要的是为进一步的学术研究奠定了基础，可谓善莫大焉。

对于《兔园策府》一书的性质，学界似乎尚未形成共识。考之历来的《兔园策府》相关研究，尽管分法各异，但一般均视其为"蒙书"。如郑阿才、朱凤玉把敦煌蒙书分成识字类、知识类、德行类三种，在知识类蒙书中收入《兔园策府》①。台湾学者高明士②以及日本学者东野治之③则根据对写本题记中"学仕郎"（学士郎）、"学郎""学生""学士"等抄写者身份的判定从而把《兔园策府》归入蒙书之列。后来的研究在该书性质的界定上也大多与此相同，认为《兔园策府》是一部记叙"自然名物、社会名物、人文礼仪、政事征讨等有关掌故方面的综合性蒙书"④。

另有一种观点认为《兔园策府》为类书，如王三庆《敦煌类书》按"旧文排列体""类句体""文赋体"等六体分类，其中的"文赋体"收录《兔园策府》。日本学者小岛宪之没有说明划分标准，认为《兔园策府》与《籯金》《屑玉》同为唐代的"私撰通俗类书"⑤。刘进宝论文则根据《兔园策府·序》："忽垂恩教，令修新策。今乃勒成一部，名曰《兔园策府》，并引经史，为之训注"的说法，断定该

---

① 郑阿才、朱凤玉：《敦煌蒙书研究》，甘肃教育出版社2002年版，第265—274页。
② 高明士：《唐代敦煌的教育》，《汉学研究》1986年第12辑，第231—270页。
③ 东野治之：《训蒙书》，《讲座敦煌与〈敦煌文献学〉》，大东出版社1992年版，第401—438页。
④ 参见周丕显《敦煌古钞〈兔园策府〉考析》（《敦煌学辑刊》1994年第2期）。葛继勇、屈直敏论文（葛继勇《〈兔园策府〉的成书及东传日本》，《甘肃社会科学》2008年第5期、屈直敏《敦煌本〈兔园策府〉考辨》，《敦煌研究》2001年第3期继承了周氏这一说法。
⑤ 小岛宪之：《上代日本文学与中国文学——以出典论为中心的比较文学考察》（下），墉书房1965年版，第1438—1440页。

第十二章　敦煌市《兔园策府》与日市古代对策文研究

书为"唐代科举考试之模拟题"①。虽未明确指出该书为"类书",但是"科举考试模拟题"的说法显然与"童蒙书"概念不同。

学界之所以在《兔园策府》的性质认定方面存在差异,原因大概有二:一是受到历史上官私史志目录对该书评述之影响。北宋孙光宪(901—968)《北梦琐言》卷十九载"北中村野,多以兔园册教童蒙"②。《新五代史》卷五十五:"兔园册者,乡校俚儒教田夫牧子之所诵也。"③南宋晁公武(约1104—约1183)《郡斋读书志》卷十四录有"至五代时,行于民间,村野以授学童"④。以上诸家对《兔园策府》一书性质的定位,毫无疑问直接影响了今天的研究者。二是在现存的敦煌蒙书之中,无论从其编纂形式,还是从其功用看,都与类书极为相似,分辨起来极其困难,例如《新集文词九经抄》,其本身就是汇聚众书的书抄形式;再比如《俗务要名林》采用分别部居、标举名目之体式,亦与类书无二。应该说这一点也直接影响了对《兔园策府》一书性质的定位。

笔者认为,确定《兔园策府》的性质,应从内容、编撰目的和流传及其影响等方面综合考察,而不能片面地依据某一个方面。

以现存第一卷《辨天地》《正历数》《议封禅》《均州壤》《征东夷》五篇目来看,这些问题恰是当时统治阶级所面临的政治、经济、外交等方面的重大问题。把这些问题列为国家选士考试的出题范围,令士子们广泛探讨,发表意见,进而为统治阶级治国理政提供参考,这是再自然不过的事了。因此,从内容分析,《兔园策府》在成书之初应当是为士子们提供科举之参考,绝非"村野以授学童"那么简单。

---

① 刘进宝:《敦煌本〈兔园策府·征东夷〉产生的时代背景》,《敦煌研究》1998年第1期。
② (宋)孙光宪:《北梦琐言》,中华书局1960年版,第146页。
③ (宋)欧阳修撰,(宋)徐无党注:《新五代史》,中华书局2000年版,第415页。
④ (宋)晁公武撰:《郡斋读书志》(六),商务印书馆1934年版,第234页。

《兔园策府·序》在肯定汉代以来"文不滞理，理必会文，削诔论以正辞，剪浮言而体要"之文风的同时，认为魏晋以后"藻丽渐繁""文华竞轶"，从而导致了"文皆理外之言，理失文中之意"，认为这种文风有违"得贤之雅训"。《兔园策府·序》之所以要对汉代以后历代对策文的文风进行评判，其目的只有一个，那就是力促当时对策文文风之改变，为当朝统治者选拔出"文理兼备"的治国之才服务。《兔园策府》的这一编撰目的，显然与蒙书功能相去甚远。

再从《兔园策府》的流传看，从后世史书目录等对其著录情况来看，其在唐至五代期间的流传是相当广泛的。尤其值得注意的是，该书在八世纪初流传到日本，对日本奈良时代的对策文创作产生了广泛影响（后述）。

日本学者本田精一通过对历来有关《兔园策府》的评述史料的梳理，指出《兔园策》和《兔园策府》应为不同的两部著述，分别由虞世南和杜嗣先撰成。后来诸家著述所载大多混淆了二者的区别。通过分析，本田氏进一步指出前者（虞世南《兔园策》）应为后世撰述所指的"村书"，即蒙书，而后者（杜嗣先《兔园策府》）则是为参加科举考试的士子所撰参考书，而非"田夫牧子"的"启蒙教材"[①]。尽管本田氏论文尚缺乏有力证据，但其无疑为重新定位《兔园策府》一书的性质提供了新的思路。

通过以上分析，基本可以断定，现存敦煌本《兔园策府》在撰述之初，其主要目的是为参加科举考试的士子提供参考，具有今天所说"模拟题"的性质。把其归为类书，进而称之为"科举类书"也许更为妥当。

---

① 本田精一：《兔园策考——村书的研究》，九州大学文学部东洋史研究会1993年第1号。

第二节 《兔园策府》的成书及东传

关于《兔园策府》的成书时间，学界亦有不同见解，概括起来主要有以下几种：王国维认为成书于贞观七年（633）至永徽三年（652）①。周丕显认为该书成书于"贞观末至显庆间"，至于判断理由，论文并未详述②。刘进宝据《旧唐书·太宗诸子》"蒋王恽，太宗第七子也。（贞观）十年，改封蒋王、安州都督，赐实封八百户。二十三年，加实封满千户。永徽三年，除梁州都督。……上元二年，有人诣阙诬告恽谋反，惶惧自杀"之记载，断定该书应当成书于贞观十年（636）至上元年间（674—676）③。郭长城氏据写本讳"民"作"人"，讳"世"作"代"以及《日本国见在书目录》的著录情况，断定该书撰成于唐太宗至唐昭宗时④。屈直敏根据写本"民""世""承""乾"等字皆讳，而独不讳"治"字的情况，断定该书当成书于李治被立为太子的贞观十七年（643）之前的642年⑤。以上关于《兔园策府》成书年代的种种推断，要么依据南宋王应麟（1223—1296）《困学纪闻》卷十四之记载并结合《旧唐书·太宗诸子》有关对蒋王恽的记载来进行判断，要么根据写本中的避讳来推断，均缺乏一定的说服力。

《杜嗣先墓志》的发现，为推定《兔园策府》的成书年代提供了

---

① 参见王国维［唐写本《兔园策府（残卷）》跋］，《观堂集林》卷20，中华书局1959年版，第1014—1015页］，王氏的主要判断依据为：一是 p.2573 序中"治"未缺笔；二是蒋王恽于永徽三年除梁州都督。
② 周丕显：《敦煌古钞〈兔园策府〉考析》，《敦煌学辑刊》1994年第2辑。
③ 刘进宝：《敦煌本〈兔园策府·征东夷〉产生的时代背景》，《敦煌研究》1998年第1期。
④ 郭长城：《敦煌写本〈兔园策府〉叙录》，载《敦煌学》第8辑，1984年，第47—63页；郭长城：《敦煌写本〈兔园策府〉佚注补》，载《敦煌学》第9辑，1985年，第83—106页。
⑤ 屈直敏：《敦煌本〈兔园策府〉考辨》，《敦煌研究》2001年第3期。

进一步的史料证明。据《杜嗣先墓志》对其生平的记述，可以明确得知杜嗣先任蒋王僚佐的起止时间为显庆三年（658）至麟德元年（664）。因此，如果《困学纪闻》"唐蒋王恽令僚佐杜嗣先仿应科目策，自设问对，引经史为训注"所记可信的话，基本可以确定的是，《兔园策府》成书于显庆三年（658）至麟德元年（664）①。据墓志推断，该时期正是杜嗣先25岁至31岁。作为"少好经史兼属文"的杜嗣先来说，在该时期奉命编撰《兔园策府》是非常可能的。

作为为士子参加科举提供参考的模拟题，《兔园策府》甫一问世，自然会受到士子们的欢迎，杜嗣先在世之时该书已经"见行于世"应是合情合理的。因此可以断定，在7世纪中期以后，该书已经在中土科举备考士子中广泛流传。

那么，该书是在什么时间传入日本的呢？藤原佐世撰《本朝见在书目录》卷四十"总集"类收录"《兔园策》九"，不录作者。严绍璗先生考证指出，清和天皇贞观乙未（875）天皇御书所"冷然院"失火，第二年，即876年，大学头藤原佐世即奉敕编撰《本朝见在书目录》②。由此可知，作为最早的日本官修书目，《本朝见在书目录》的成书稍晚于《隋书·经籍志》而又早于《唐书·经籍志》。由于《隋志》乃至于新旧《唐志》均不著录《兔园策府》，《本朝见在书目录》为已知最早著录该书的日本官修书目，比国内最早著录该书的《北梦琐言》要早50年以上。《兔园策府》传入日本的时间自然在《本朝见在书目录》成书的876年之前。

《本朝见在书目录》的著录为我们提供了《兔园策府》在日传播的证据，对于推断《兔园策府》传入日本确切时间更能提供参考价值的资料依然是前面提到的《杜嗣先墓志》。《墓志》载杜嗣先奉敕与

---

① 葛继勇引用《杜嗣先墓志》，同样得出了近似的结论。
② 严绍璗：《〈本朝见在书目录〉的学术价值与问题的思考》，《中日关系史料与研究》第1辑，北京图书馆出版社2002年版，第37页。

"李怀远、豆庐钦望、祝钦明等宾于藩使，共其语话"，据伊藤宏明推定的杜嗣先年谱①，此次接待遣唐使的时间为武后长安二年（702）（杜嗣先69岁时）日本第七次遣唐使团。需要指出的是，第七次遣唐使团派遣的701年，《大宝律令》开始颁布实施，此时正值日本致力于建设律令制国家的时期，通过向唐朝派遣使节，实地考察国家运营体制，从而为日本建设中央集权的律令制国家提供借鉴是此次遣唐使的主要目的②。以此推断，作为刚刚颁布实施的《大宝律令》的重要制度之一，科举选士制度及其实施情况，很可能成为他们"共其语话"的内容之一。作为《兔园策府》撰者的杜嗣先，也极有可能把自己所撰《兔园策府》"馈赠"给日本使节③，或者日本使节在唐购得此书而后于704年归国时舶载回日本④。当然，这还仅是一种推断，尚无确切的史料提供佐证。

第三节 《兔园策府》与日本古代对策文研究

成书于七世纪中期的《兔园策府》于八世纪初即传入日本，对于律令早期的科举试策产生了多方面的影响。《日本国见在书目录》卷四十"总集"类收录《兔园策府》（括号内文字为双行注）：

《文心雕龙》十卷（刘勰在杂家）《兔园策》九卷《注策林》廿卷《文选》卅卷（昭明太子撰）《文选》六十卷（李善注）《文选钞》六十九卷（公孙罗撰）《文选钞》卅卷《文选音义》

---

① 伊藤宏明：《〈徐州刺史杜嗣先墓志〉杂感》，《鹿儿岛大学法文学部纪要人文学科论集》2006年第63号。
② 上田雄：《遣唐使全航海》，草思社2006年版，第69—70页。
③ 日本使节获取书籍的方式大概分为相知馈赠、用钱购买、物物交换三种，参见严绍璗《汉籍东传日本的轨迹与形式》，《日本中国学史稿》，学苑出版社2009年版，第504页。
④ 关于《兔园策府》东传日本，葛继勇认为由日本留学生吉备真备和唐人袁晋卿于天平八年（736）"携至日本的可能性较大"，而小岛宪之则认为《兔园策府》与《蠃金》《屑玉》等"私撰通俗类书"一起于718年被第8次归国遣唐使带回日本。

十卷（李善撰）《文选音决》十卷（公孙罗撰）《文选音义》十卷（释道淹撰）《文选音义》十三卷（曹宪撰）《文选抄韵》一卷《小文选》九卷《文馆词林》千卷《金轮万载集》五十一卷（一卷目录）……①

从上文《日本国见在书目录》"总集"所引典籍来看，《兔园策府》位列《文心雕龙》之后，《注策林》之前，之后著录了十部有关《文选》的著作。关于《文选》，《养老令》卷五《选叙令》"秀才进士"条载："进士取明闲时务，并读《文选》《尔雅》者。"②《养老令》之《考课令》还具体规定了《文选》《尔雅》的具体考试方法。

凡进士，试时务策二条，帖所读。《文选》上七帖、《尔雅》三帖。其策文词顺序，义理惬当。并帖过者，为通。事义有滞、词句不论，及帖不过者，为不。③

由上述律令条文的规定可知，《文选》在律令时代被作为大学寮教材使用并被规定为科举考试的重要内容之一。对于《文选》在日本科举试策中的重要作用，我们可以通过其中的王元长"策秀才文"对现存对策文的影响略知一二，略举例以示之。

《经国集》卷二十大神直虫麻吕对策文之二"驱风帝王之代，驾俗仁寿之乡"。《文选》卷三十六王元长《永明十一年策秀才文五首》之三："能出入于贴危之域，跻俗于仁寿之地。"李善注："《汉书》王吉上疏曰：'陛下驱一世之民，跻之仁寿之域，则俗何以不若成、

---

① 藤原佐世：《日本国见在书目录》，名著刊行会1996年版，第90—91页。
② 黑板胜美编：《令集解·选叙令》，《新订增补国史大系》卷23，吉川弘文馆1966年版，第505页。
③ 黑板胜美编：《令集解·考课令》，《新订增补国史大系》卷22，吉川弘文馆1966年版，第684页。

康，寿何以不若高宗也。'"很明显大神直虫麻吕"仁寿之乡"的用法直接化用了《文选》"仁寿之地""仁寿之域"的说法。再如同为大神直虫麻吕对策文之二"劝之以耕桑，勗（勖的俗字）之以德义"的用法同样见之于《文选》卷三十六王元长《永明十一年策秀才文五首》之四："今欲专士女于耕桑，习乡闾以弓骑；五都复而事庠序，四民富而归文学。"李善注："《孝经·钩命决》曰：'耕桑得利，究年受福。'"《文选》卷十一何平叔《景福殿赋》："存问高年，率民耕桑。"李善注："司马彪《续汉书》曰：'凡郡国掌治民，常以春行，所至县劝民耕桑。'"像这样对策文直接受到《文选》影响的例子还有许多。这充分说明《文选》在律令时代的贡举试策中占有重要地位。

同样，《日本国见在书目录》所列的《兔园策府》《注策林》《文馆词林》等有关试策等方面的类书在律令官人备考以测试"文词顺序，义理惬当"为目的的试策也应是大有帮助的。《兔园策府》与《文选》《注策林》等一样，对准备参加贡举试策的律令官人来说，也应该是重要的参考教材。那波里贞氏指出，那些在唐代极其普及的学习教材等，在唐代的日本留学生对它们也极为熟悉，他们会在归国之际带回，作为私学的教科书而被传抄诵读①。

前面已经指出，作为科举考试参考的私撰类书，《兔园策府》成书之初便在参与科举的士子中间广为流传。因此，在其传入日本后，与《文选》等一样被作为贡举考试的教材是合情合理的。

小岛宪之指出，敦煌本《兔园策府》曾被奈良时代的学人所利用，成为他们写作对策文的重要参考②，但小岛氏并没有从奈良对策文作品中找出具体的例证。王晓平考证指出，刀利宣令关于"设官分职"的对策文结尾部分"东游天纵，犹迷两儿之对；西蜀含章，莫辨

---

① 那波里贞：《唐代社会文化史研究》，创文社1974年版，第217页。
② 小岛宪之：《上代日本文学与中国文学——以出典论为中心的比较文学考察》（下），塙书房1965年版，第1438—1440页。

一夫之问。至于授洪务,维帝难之。况乎末学浅志,岂能备述"。除了在个别字句上有所改变,实际上是对《兔园策府》首篇《辨天地》结尾"夫以东游天纵,终迷对日之言;西蜀含章,竟诎盖天之论。前贤往哲,犹且为疑,末学庸能,良难备述"的改头换面①。诚然,两部分均运用了孔子未能圆满回答两小儿关于日远近问话的典故,以及扬雄被问有关天文问题难住的典故,表明面对帝王都感到为难的题目,士子未必能回答周全。句末谦辞"末学浅志,岂能备述"与"末学庸能,良难备述"更是句式完全相同。

尽管敦煌本《兔园策府》残卷今仅存序及卷一所收五篇对策文,但是从这仅存的内容中亦可以找出不少对日本奈良时代对策文影响的例子,下面据笔者管见再略举数例以说明之。《经国集》卷二十大神直虫麻吕对策文二首之二对文:

当今握褎御俗,履翼司辰。风清执象之君,声轶绕枢之后。设禹麾而待士,坐尧衢以求贤。② ……

首先,对文"设禹麾而待士,坐尧衢以求贤"一句中"禹麾"的"麾"字,群书类从、文学全集以及文学大系本均作"虞"。小岛宪之认为作"虞"时,"禹虞"当解作"帝夏禹"和"帝尧有虞氏",这样一来,二者组成的连语与前面的"设"不通。因此,小岛氏认为应从神宫文库本的"麾"字,"麾"意为军旗、指挥旗。小岛氏的见解完全正确,但他并未有找出"禹麾"一词的出典依据。实际上,"禹麾"一词也确实不见于《文选》等典籍。敦煌本《兔园策府·序》中出现了"执禹麾而进善,坐尧衢以访贤"的对句用法,不仅

---

① 王晓平:《日本奈良时代对策文与唐代试策文学研究》,《中西文化研究》2009 年第 12 期。
② 与谢野宽、正宗敦夫等编:《怀风藻 凌云集 文华秀丽集 经国集 本朝丽藻》,日本古典全集刊行会 1926 年版,第 196 页。

第十二章　敦煌本《兔园策府》与日本古代对策文研究

"禹麾"的用法可以校正日本诸本的讹误,在句意上以及句式上亦与大神直虫麻吕对文"设禹麾而待士,坐尧衢以求贤"异曲同工,尤其是对句之后半句,大神直虫麻吕只是将"求贤"改为"访贤"而完全照搬。同为大神直虫麻吕该对文之第一段,亦有出自《兔园策府》的句子。

> 对:窃以遐览玄风,遐观列辟。……焕焉在眼,若秋旻之披密云;粲然可观,似春日之望花苑。①

首句"遐览玄风,遐观列辟"构成单句对。"遐览……""遐观……"的句式在汉籍中多有使用,如初唐骆宾王《对策文》三道"遐观素论,眇观玄风"等。《怀风藻·序》"遐听前修,遐观载藉"以及"遐听列辟,略阅缥缃"(清原夏野《上令义解表》)等上代日本文献中亦不乏用例。这些用例大概均受到《文选·序》"式观元始,眇睹玄风"类句的影响。敦煌本《兔园策府》残卷之《议封禅》中亦有"眇观列辟,拟议者多人;遐览前王,成功者罕就"的类句再次表明,对策文中此类用法似乎更为普遍,奈良时代的律令官人在对策时也许正是参考了这些中国典籍中的类句。

同为上段引文中的"若秋旻之披密云"一句中"秋旻"一词的"旻"字通行本均讹误为"昊",而三手文库本作"旻"。此处究竟应当为"秋旻"还是"秋昊"呢?《初学记·岁时部·夏》:"梁元帝《纂要》曰:'天曰昊天。'"可见《初学记》中"昊天"是作"夏天的天空"解的。案,此处当作"旻",旻,意为"天空。秋天的天空"之意。《尔雅·释天》:"秋为旻天。"小岛宪之引仲雄王《重阳节神泉苑赋秋可哀应制》:"高旻凄兮林蔼变,厚壤肃兮山发黄"诗指出,"高旻""秋旻"的用法未见于六朝、唐诗。据此判断"秋旻"

---

① 那波里贞:《唐代社会文化史研究》,创文社1974年版,第217页。

"高旻"均应为日本的"造语"①。小岛氏这一说法应当不确,如陶渊明《自祭文》:"茫茫大地,悠悠高旻"诗句中已经出现了"高旻"的用语。

"旻"字在《文选》中有两例。其一为卷二十六谢灵运《永初三年七月十六日之郡初发都》"秋岸澄夕阴,火旻团朝露"注引《尔雅》曰:"秋为旻天。"又注引《毛诗》曰:"野有蔓草,零露团兮。"其二为卷五十七谢希逸《宋孝武宣贵妃诔》"恸皇情于容物,崩列辟与上旻"。诚如小岛氏所言,这些用例中均没有出现"高旻""秋旻"的用法。但是敦煌本《兔园策府》之《辨天地》"对宵景以驰芳,概秋旻而发誉"一句明显使用了"秋旻"一词。《兔园策府》的这一用例,除了为大神直虫麻吕对策文提供校勘价值,再一次证明了《兔园策府》在奈良时代对策文创作中的独特价值。

《兔园策府》之于上代对策文的影响绝不仅限于某些句式的模仿方面。现存的敦煌本《兔园策府》残卷卷第一所保存的五篇篇目,不仅是唐王朝所关心的核心话题,也是中国历代封建王朝所共同关心的问题,因此,作为太宗之子蒋王僚佐的杜嗣先,在奉命编撰《兔园策府》以供参与科举考试的士子参考之用时,自然会将上述封建王朝所关心的问题拟作题目编入其中。

日本科举试策模仿唐制,这些中国封建王朝所关心的话题自然也会进入日本律令时期科举考试的策题之中,尤其是《经国集》所收时务策当中,均是关于所谓治国要务的题目。比较《经国集》时务策和《兔园策府》卷第一之策题,可以发现二者不乏相似之处。如《经国集》卷二十菅原清公问、栗原年足对之《天地始终》《宗庙禘祫》与《兔园策府》卷第一之《辨天地》《议封禅》,《经国集》卷二十纪真象之《治御新罗》与《兔园策府》之《征东夷》等。仅仅是所存五篇之中就有三篇与《经国集》时务策题目相同或者是议题相关。这除

---

① 小岛宪之:《国风暗黑时代的文学》(补篇),塙书房2002年版,第479页。

第十二章　敦煌本《兔园策府》与日本古代对策文研究

了说明唐日科举试策在所关心议题方面相似之外，还表明《兔园策府》之类的科举考试参考书在日本试策题目的拟定中所具有的参考价值，也间接证明了《兔园策府》传入日本后作为官私学校教科书被传抄传诵的可能性。

《兔园策府·序》指出了自"周征造士，汉辟贤良"以后历代对策文的优劣得失，指出刘君（汉武帝）、董仲舒、孙弘、杜钦、马融等人对问"文不滞理、理必会文，消谀论以正辞，剪浮言而体要"。而自魏晋以后，齐梁已还，"文皆理外之言，理失文中之意"。杜嗣先认为这样的对策文风"乖得贤之雅训"，自然不能达到选拔真正有用之才的目的。

杜嗣先对历代对策文文风的评价实际上也反映了其编撰《兔园策府》的目的，那就是纠正魏晋以后、齐梁以还科举试策中所崇尚的浮艳、奢华文风，主张科举试策应该回归先代"文理兼备"的文风中去。需要指出的是，杜嗣先在《兔园策府·序》中所展现的这一文学批评观，与唐初史学家"亡国之音哀以思"的一贯批评公式是相符合的。唐初史学家在文风上的这一主张，亦为平安初期的文学家所继承。《经国集·序》："虽齐梁之时，风骨已丧，周隋之日，规矩不存，而沿浊更清，袭故还新，必所拟之不异，乃暗合乎囊篇。"王晓平指出《经国集·序》的这一观点："承袭了史学家对六朝文风的评价，提出应该树立新文风以发展日本汉诗文的主张。"[①]

平安初期文学家对于唐初文风的继承还可以通过对都良香策判中有关对策文"文""理"的评价与《兔园策府·序》中对这一问题的主张进行比较分析。都良香在《评定文章得业生正六位下行下野权掾菅原对文事》中指出"若理失通允之次，则文无依托之方"，也就是说"理"以"文"为依托，"文"一旦失衡，"理"也就无从谈起。接下来，在《评定文章生从七位上菅野朝臣惟肖对策文第事》中对惟

---

① 王晓平：《亚洲汉文学》，天津人民出版社2009年版，第87页。

肖对文作出"骈枝有损于翰林,附隶不除于文体"的酷评,并标明其"言贵在约,文不敢多。善合者为难,过繁者为易"的观点。

从都良香"骈枝有损于翰林,附隶不除于文体"批判角度来看,他与杜嗣先乃至唐初史学家等对前朝文风的鞭挞着眼点是一致的。而其所主张的"文贵在约,文理相托"的观点,也正与《兔园策府·序》"文不滞理,理必会文"一脉相承。

小　结

受历史上官私史志目录评述等的影响,加之现存敦煌蒙书的编纂形式、功用等与类书极为相似,中日学界在敦煌本《兔园策府》一书的性质划分上历来意见不一,有学者以童蒙书视之,有学者则把其划归为类书之列。无论哪种观点,其划分标准似乎都稍显随意,缺乏有力证据。通过对《兔园策府》的内容、编撰目的以及流传和影响等种种因素的综合考察可知,《兔园策府》明显具有"科举类书"的性质。

对于《兔园策府》的成书和东传日本,学界同样看法不一,各持己见。《杜嗣先墓志》的发现,为确定《兔园策府》的成书和东传日本提供了确切证据。据《墓志》记载以及由墓志推断的杜嗣先年谱,基本可以断定,《兔园策府》大致成书于显庆三年(658)至麟德元年(664),也就是杜嗣先25岁至31岁之间。成书后,很快便在中土士子中广为流传,并于704年由第七次遣唐使团归国时带回日本。

敦煌本《兔园策府》除了在奈良时代对策文文献整理和语句出典研究等方面具有极高的参考价值外,其在日本古代试策文学,乃至古代汉文学研究方面的文献价值同样不容小觑。敦煌本《兔园策府》与日本古代试策文化的比较研究这一课题,尚未引起学界足够重视,期待今后更多的学界同人参与到这一研究中。

第十三章　基于文本复杂形成过程的文献整理方法论问题

——以《释氏源流》的一则校勘为例

随着出土文献以及写本文化研究的不断深入，有关文本生成过程的复杂性问题越来越受到学界的关注。孙少华论文《钞本时代的文本抄写、流传与文学写作观念》对文本变化与古代文学写作观念之间的关系进行了深入探讨。① 林晓光则通过对唐代类书中存在的大量文字删削现象的分析，指出了类书生成的复杂过程。② 从文献整理的角度来说，这种复杂的文本形成过程给传统的辑佚、校勘、训诂等学术方法带来了不同程度的挑战。笔者通过对《释氏源流》之《康僧舍利》中有关康僧会至建业时间为"赤乌十年（247）"还是"赤乌四年（241）"这一问题的考订，比对了诸多文本，对不同文本的引文体例及其内部结构的复杂性和矛盾性进行了分析，对文本形成的复杂性有了进一步认识，并据此重新思考了文献整理方法论的相关问题。

---

① 孙少华：《钞本时代的文本抄写、流传与文学写作观念》，《华中师范大学学报》2015年第5期。
② 林晓光：《文献·历史·文本——汉魏六朝文学研究的三种基本范式再思》，《早期文本的生成与传播》第1辑，中华书局2017年版，第57—67页。

第一节　问题的提出：从《释氏源流》的一则校勘谈起

《释氏源流》一书为明初释宝成从《太子瑞应本起经》《修行本起经》《佛本行集经》《释迦谱》等近七十部佛传经典中辑录出大约四百个故事，以右图左文（亦有上图下文传本流行于世，见图13－1）的形式刊刻而成的一部佛学著作。全书共四卷，前两卷约二百个故事形象地展示了释迦牟尼从诞生、出家、修行、成道、说法传教直至涅槃的故事。后两卷同样用大约二百个故事加绘图的方式讲述了佛教传入中国的曲折过程以及中土高僧之传记与法脉传承，故名《释氏源流》。该书刊行后，因其所收内容之完备而成为佛教流通的一个重要底本，为后世不断翻刻、影印。后来，由清代永珊辑录宝成本《释氏源流》前两卷约二百个佛传故事为《释迦如来应化事迹》一书，并在有清一代广为传播。

传世的《释氏源流》刊刻本主要分为"宝成本"系和"宪宗本"系两大系统。仅据笔者管见，传世的两大系统刊刻本就达十一种之多。《释氏源流》在朝鲜、日本、越南以及欧美亦有传本，可见其影响范围之广。然而，就是这样一部重要的佛学著作，近百年来，几乎为世人所忘却，不能不令人遗憾。

宝成本《释氏源流》下卷《康僧舍利》以"《出三藏记》云"开头（《释氏源流》每则故事均以"某某云"的形式开头，参见图13－1、图13－2），表明该故事辑录自《出三藏记》一书。《出三藏记》，即《出三藏记集》，该书为梁僧祐（445—518）于齐、梁间凭借定林寺丰富的经藏，在道安《综理众经目录》基础上编撰而成，故后人又称为《僧祐录》《祐录》等。

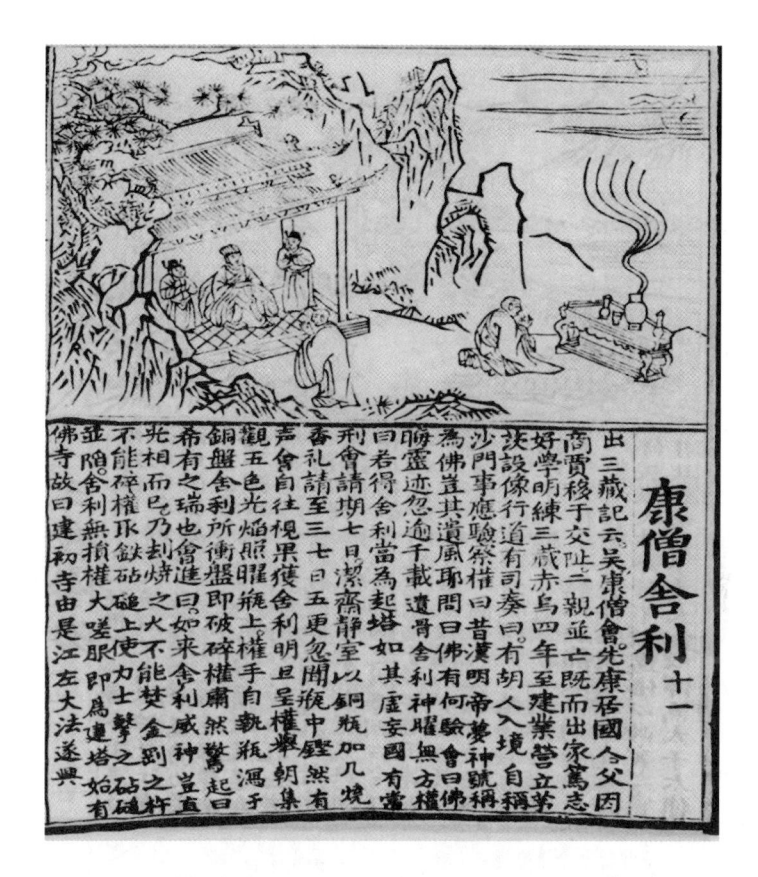

第十三章 基于文本复杂形成过程的文献整理方法论问题

图13-1 中国书店复制宝成本《释氏源流》卷下《康僧舍利》

表13-1 《康僧舍利》引文与《出三藏记集》原文对照

《康僧舍利》引文	《出三藏记集》原文
出三藏记云。吴康僧会。先康居国人。父因商贾移于交阯。二亲并亡。既而出家。笃志好学。明练三藏。赤乌四年至建业。营立茅茨。设像行道。……权大嗟服。即为建塔。始有佛寺。故曰建初寺。由是江左。大法遂兴	康僧会，其先康居人。世居天竺。其父因商贾，移于交阯。会年十余岁，二亲并亡，以至性闻。既而出家，砺行甚峻。为人弘雅有识量。笃志好学，明练三藏，博览六典，天文图纬，多所贯涉，辩于枢机，颇属文翰。时孙权称制江左，而未有佛教。会欲运流大法，乃震锡东游。以赤乌十年至建业，营立茅茨，设像行道。……权大嗟服，即为建塔。以始有佛寺，故曰建初寺，因名其地为佛陀里。由是江左，大法遂兴

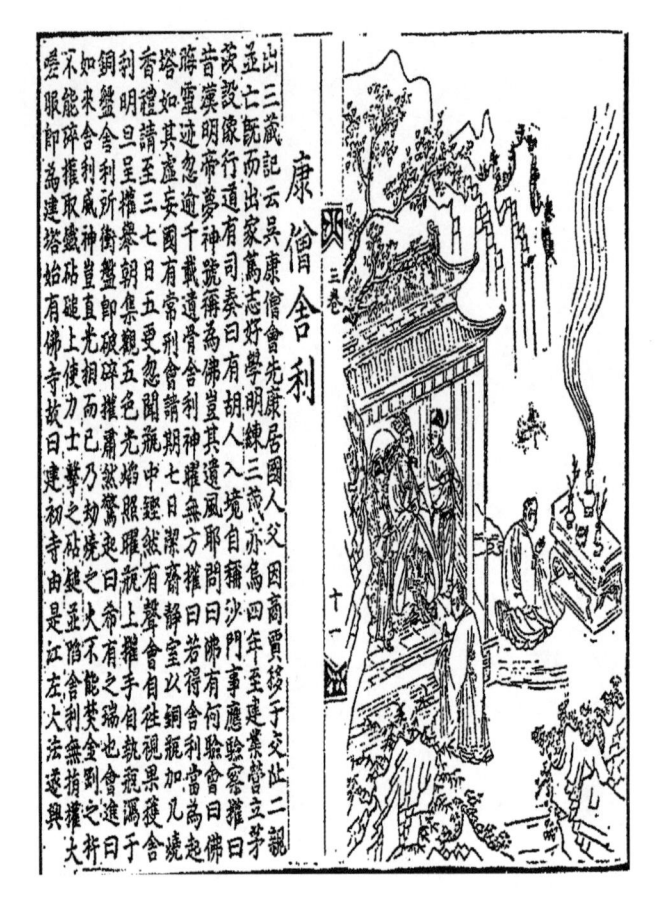

图 13-2　朝鲜宪宗十四年（1674）版扬州佛岩寺本《释氏源流》卷三《康僧舍利》

表 13-1 左栏为《康僧舍利》辑自《出三藏记集》的部分引文①，右栏为《出三藏记集》原文。② 通过比较可以发现，除了增减个别字词使前后文意连贯、文体统一，《康僧舍利》基本上是对《出三藏记集》的原文摘录。考之《释氏源流》其他故事引文特征，大体与此相同，这也正是《释氏源流》的基本辑录原则之一。

---

① 引文底本据宝成本《释氏源流》卷下《康僧舍利》，中国书店1993年影印本，下同。
② 本章所引《出三藏记集》《高僧传》《集古今佛道论衡》《破邪论》《广弘明集》《释迦方志》《法苑珠林》原文底本均据大正新修大正藏经电子版，网址 http://www.cbeta.org，笔者按新式标点进行了重新断句，下同。

通过仔细比对原文,笔者发现释宝成在摘录《出三藏记集》之《康僧会传》时,对其中的一处时间做了"修改",即将《康僧会传》中康僧会至建业传道,孙权为之建寺的时间"赤乌十年"改为了"赤乌四年"。释宝成为何会将《出三藏记集》的"赤乌十年"改为"赤乌四年"呢?是文本流传中发生的舛误,还是辑录者释宝成有意而为之?对今天的文献校勘者来说,这是一个无法回避的问题。

表13-2 《出三藏记集》《高僧传》所收《康僧会传》原文对照

《出三藏记集》原文	《高僧传》原文
康僧会,其先康居人,世居天竺。其父因商贾,移于交阯。会年十余岁,二亲并亡,以至性闻。既而出家,砺行甚峻。为人弘雅有识量,笃志好学,明练三藏,博览六典,天文图纬,多所贯涉,辩于枢机,颇属文翰。时孙权称制江左,而未有佛教。会欲运流大法,乃震锡东游。以赤乌十年至建业,营立茅茨,设像行道。……权大嗟服,即为建塔。以始有佛寺,故曰建初寺,因名其地为佛陀里。由是江左,大法遂兴	康僧会,其先康居人,世居天竺。励行甚峻,为人弘雅有识量,笃志好学。明解三藏,博览六经,天文图纬,多所综涉,辩于枢机,颇属文翰。时孙权已制江左,而佛教未行。僧会欲使道振江左,兴立图寺,乃杖锡东游,以吴赤乌十年,初达建业,营立茅茨设像行道。……权大叹服,即为建塔,以始有佛寺,故号建初寺,因名其地为"佛陀里"。由是江左大法遂兴

除了《出三藏记集》,康僧会的故事亦见于梁慧皎(497—554)撰《高僧传》。《高僧传》成书于梁天监十八年(519),略晚于《出三藏记集》。表13-2列出了《出三藏记集》与《高僧传》所收《康僧会传》中有关康僧会故事的原文。对比表13-2原文,可以发现,除了个别字句的削删和措辞上的改动,《高僧传》完全承袭了《出三藏记集》的文体风格。中华书局1995年点校版《出三藏记集·序言》指出,《出三藏记集》为《高僧传》的直接资料来源。[①] 通过上述原文的对比,也间接证明了这一说法的可靠性。尤其在本章要讨论的康僧会至建业时间问题上,《高僧传》与《出三藏记集》保持一致,同

---

① (梁)僧祐撰,苏晋仁、萧炼子点校:《出三藏记集》,中华书局1995年版,第2页。

样采用了"赤乌十年"这一说法。前文已经指出,《出三藏记集》在道安《综理众经目录》基础上编撰而成。由于《综理众经目录》的散佚,导致了《出三藏记集》中《康僧会传》的出典不可考。换句话说,《出三藏记集》为康僧会"赤乌十年"至建业传道的最早文献记载。据此推断,释宝成应该是基于这一实事才将《出三藏记集》作为辑录《康僧舍利》故事的原本。

表13-3　　初唐五部佛教著述所引《吴书》康僧会故事佚文

撰者		引《吴书》原文
唐法琳	《破邪论》	《吴书》曰:"吴主孙权赤乌四年辛酉之岁,有沙门康僧会,是康居国大丞相之长子,初达吴地,营立茅茨,设像行道。"……吴主叹异,信心乃发,因造建初寺,度人出家
唐道宣	《集古今佛道论衡》	《吴书》云:"孙权赤乌四年,有沙门康僧会者,是康居国大丞相之长子。神仪刚正,游化为任,于时三国鼎峙,各擅威衡。佛法北通,未达南国。会欲道被未闻,开教江表。初达建业,营立茅茨,设像行道。"……臣主惊嗟,信情发起,因为造塔,度人立寺,以其所住为佛陀里。教法创兴,故遂名建初寺焉
唐道宣	《广弘明集》	孙权赤乌四年,有康居国大承相长子,弃俗出家,为沙门,厥名僧会,姓康氏。神仪刚正,游化为任。时三国鼎峙,各擅威权。佛法久被中原,未达江表。会欲道被未闻,化行南国。初达建邺,营立茅茨,设像行道。……臣主惊嗟,稀有瑞也。信情大发,因为造塔,度人立寺。以其所住为佛陀里。又以教法初兴,故名建初寺焉
唐道宣	《释迦方志》	《吴书》曰:"赤乌四年,有康居国沙门康僧会者,行化道也,初达吴地,营立茅茨,设像行道。吴人初见谓为妖异,有司奏闻。吴主孙权问曰:'佛有何灵验耶?'会曰:'佛晦灵迹,出余千载,遗骨舍利,应见无方。'权曰:'若得舍利,当为起塔。'经三七日遂获舍利,五色曜天,剖之逾坚,烧之不然,光明出火,作大莲华照曜宫殿。吴主叹异,信心乃发,为造建初寺,度人出家"

续表

撰者		引《吴书》原文
唐道世	《法苑珠林》	《吴书》云:"孙权赤乌四年,有康居国沙门,名僧会姓康,来到吴国,遂感舍利,五色光曜天地,鎚之逾坚,烧之不燃,光明出火,作大莲华照曜宫殿。臣主惊嗟,叹稀有瑞。为立塔寺,度人出家。又以教法初兴,名为建初寺"

除《出三藏记集》和《高僧传》,释法琳(572—640)撰《破邪论》,道宣(596—667)撰《集古今佛道论衡》《广弘明集》《释迦方志》以及道世(?—683)撰《法苑珠林》(668)五部初唐佛教典籍也都收录了康僧会江左传教的故事。这五部佛教著述所引康僧会故事的共同之处在于:一是这五段引文均出自《吴书》,二是五段引文关于康僧会传道江左的时间均为"赤乌四年"(参见表13-3)。

再看五段引文,详略不同,文体也不尽一致。就连同出道宣(596—667)一人之手的《集古今佛道论衡》《广弘明集》《释迦方志》三部著述,其引文结构和文体特征亦有差异。这表明哪怕是同一撰者,在不同时期的不同撰述中,对同一引文的处理策略也是不同的。

通过以上考察可知,《出三藏记集》和《高僧传》中有关康僧会事迹所采用的"赤乌十年"说显然与《破邪论》《集古今佛道论衡》《广弘明集》《释迦方志》《法苑珠林》等"赤乌四年"说所据资料不同。七部著述构成了两个系统,前者采用"赤乌十年"说,后者持"赤乌四年"说。

《吴书》是三国时期东吴的一部官修史书,今不存于世。但后世史书,如《隋志》、两《唐志》等对其均有著录。《隋书·经籍志》著录为:"《吴书》二十五卷,韦昭撰。本五十五卷,梁有,今残缺。"《旧唐书·经籍志》著录为:"《吴书》五十五卷,韦昭撰。"《新唐书·艺文志》著录为:"韦昭《吴书》五十五卷。"假如《隋书·经籍志》所记可信的话,基本可以确定的是,至隋代《吴书》

尚存二十五卷。而从"本五十五卷，梁有，今残缺"之注释可知，至少至梁代，尚有五十五卷完本《吴书》流传于世。也就是说，无论是僧祐还是道宣，在他们撰述时，《吴书》尚存于世。特别是僧祐撰《出三藏记集》时代，《吴书》尚有完本存世。但是，各家撰述在康僧会至建业时间记载上的歧异，更增加了文本生成过程的复杂性。

在引用了《吴书》所记有关康僧会事迹之后，五部佛教典籍接下来又引述了一段吴主孙权与尚书令阚泽有关佛道优劣的对话，结合这段对话进行分析，也许可以找到释宝成之所以要对"赤乌十年"进行"修订"的更有价值的线索，如表13-4所示。

表13-4 初唐佛教著述引《吴书》所记吴主与阚泽有关佛教传入问对

初唐佛典	吴主与阚泽对问
《破邪论》	吴主问尚书令都卿侯阚泽曰："汉明帝以来凡有几年？"阚泽对曰："从永平十年至今赤乌四年，合一百七十五年"
《集古今佛道论衡》	寻下勅问尚书令阚泽曰："汉明已来，凡有几年？佛教入汉既久，何缘始至江东？"泽曰："自永平十年佛法初来，至今赤乌四年，则一百七十年矣"
《广弘明集》	下敕问尚书令阚泽曰。汉明已来凡有几年。佛教入汉既久。何缘始至江东。泽曰。自汉明永平十年佛法初来至今赤乌四年。则一百七十年矣
《释迦方志》	权问尚书令都乡侯阚泽曰。汉明已来凡有几年。佛教入汉既久。何缘始至江东。泽曰。从永平十年。至今赤乌四年合一百七十年
《法苑珠林》	敕下问尚书令阚泽。汉明已来凡有几年。佛教入汉既久。何缘始至江东。泽曰。自汉明永平十年佛法初来。至今赤乌四年。则一百七十年矣

尚书令阚泽在回答孙权有关佛教传入中国"已有几年"的问题时，《破邪论》所记与其他四部略有不同，前者回答为"合一百七十五年"，后者回答为"则一百七十年矣"。明帝永平十年（67）至孙权赤乌四年（241），恰好相距175年。阚泽身居尚书令之职，自然不

会把明帝永平十年距孙权赤乌四年的时间弄错，因此回答为"合一百七十五年"是完全没有问题的。《集古今佛道论衡》等其他四部典籍把确切数字"一百七十五年"说成"一百七十年矣"，从文学角度分析也不为过。但是，假如以《出三藏记集》《高僧传》的"赤乌十年"之说计算，距永平十年就是一百八十一年了，若再回答为"一百七十年矣"，显然不符合常理。因此，若《吴书》所记可信的话，无疑康僧会传道江左的时间当为"赤乌四年"无疑。也许正因为如此，初唐佛家在撰述《集古今佛道论衡》等佛家经典时才没有采用前代经典《出三藏记集》和《梁高僧传》之说，而引用了《吴书》的记载吧。

基于以上分析，前文提到的释宝成在辑录《出三藏记集》成《康僧舍利》故事时，对康僧会初至建业的时间做出"修订"一事，个中缘由似乎也就不难理解了。释宝成以"存疑"的态度，在"参校"了后世相关经典基础上，采用了更为有说服力的"赤乌四年"之说，从而对所据原典进行了修正。如前所述，这一行为背后折射出的正是《康僧舍利》文本形成过程的复杂性问题。

第二节　跨文化传播与文本形成的复杂性

前述以释宝成辑录《康僧舍利》故事时，对其出典文献《出三藏记集》的一处时间上的"修订"为线索，分析对比了七部与之相关的佛教文献。这七部文献按照在《康僧舍利》文本形成中的不同地位和作用，可以分为两个层次：一是《出三藏记集》和《高僧传》；二是初唐五部佛教文献《破邪论》《集古今佛道论衡》《广弘明集》《释迦方志》《法苑珠林》。第一层次为《康僧舍利》的直接资料来源。第二层的五部文献看似与《康僧舍利》文本形成没有直接关系，实际上与释宝成对康僧会至建业时间的"修订"紧密相关，属于间接文献。

从前面对释宝成将《出三藏记集》"赤乌十年"修改为"赤乌四

年"的校勘过程的分析可知，根据在《康僧舍利》文本生成过程中的不同作用，上述七部先行文献内部结构极其复杂，出现了两个层次的变异文本，产生了多种互文文献：首先，在直接资料来源层面，从《出三藏记集》到《康僧舍利》，产生了一个变异文本，也就是释宝成在摘引《出三藏记集》原文时进行的文句削删和"意引"，尤其是对康僧会初至建业时间的改动。其次，间接资料来源层面，即初唐五部佛教著述在引用《吴书》康僧会故事时产生的互文文献。其中，最典型的莫过于出自道宣一人之手的三部著述《集古今佛道论衡》《广弘明集》《释迦方志》，三者对同一故事的征引体例并不相同，出现了三种互文文本。

虽然《释氏源流》文本形成过程的复杂性颇为极端，但仍具有代表性。根据林晓光的研究，唐代类书在编纂过程中亦存在大量的文字削删现象。[①] 孙少华的研究也证明了唐宋人对古书文字的改变，不仅仅限于类书，对待其他古书及注释文字，也有删削行为。[②] 导致这种文本变异的因素，至少可以从两方面考量：第一，文本编选者的主观意志使然，也就是说文本中加入了编选者个人的主观判断内容；第二，与文本的流传方式有关。

首先，从文本编纂者角度来说。一方面，钞本时代的编纂者同时又以一名"校勘者"的姿态出现，他们始终以"存疑"的态度，对所辑录文献进行"校勘"。在《康僧舍利》故事中，释宝成把《出三藏记集》原文中"赤乌十年""修订"为"赤乌四年"，这与版本流传过程中产生的讹误无关，是建立在释宝成对先行文献（前举的五部初唐佛教著述）校勘的基础上，这一行为生动地体现了文本编纂者的主体意识。也正是这样的主体意识，造成了传世文本的复杂性。另一方面，在"存疑"的同时，文本编纂者可能会因为自己的一时粗疏而

[①] 林晓光：《艺文类聚存录方式与六朝文学变貌》，《文学遗产》2014年第4期。
[②] 孙少华：《钞本时代的文本抄写、流传与文学写作观念》，《华中师范大学学报》2015年第5期。

第十三章 基于文本复杂形成过程的文献整理方法论问题

导致舛误。以梁启超撰文为例,梁启超写文章向来以出手快著称,下笔成文。但这种快也极易产生错误,尤其在征引原文写作学术文章时。正如有学者指出的那样,梁启超在引用文献时,动辄对原著的文字加以删改,致使引文与原文时有出入。① 以梁启超在《佛教初传入》中引用《后汉书·楚王英传》的一段为例。

> (1)英晚节更喜黄老学,为浮屠斋戒祭祀。永平八年,诏令天下死罪皆入缣(2)续。英……奉送缣帛,以赎(3)愆。……诏报曰:"楚王诵黄老之微言,尚浮屠之仁(4)慈,洁斋三月,与神为誓,何嫌何疑,当有悔吝?其还赎,以助'伊蒲塞'(即优婆塞)、'桑门'(即沙门)之盛馔,因以班示诸国。"②

在这段不长的引文中,梁启超便对《后汉书·楚王英传》原文做了四处"意引",(1)处梁氏删去了"少时好游侠,交通宾客"二句。(2)处"续"字原文作"赎"。(3)处"愆"字后梁氏略去了一个"罪"字。(4)处"慈"原文为"祠"。像这样的错误,有的已经影响了原文的意思,显然是由于梁氏撰文时的粗疏所致,若认真对照原文应该可以避免。

其次,从文本传播方式看,唐前文献一般以写钞本形式流传。从文本"抄手"的角度看,也必然会带来相应的文字舛误。这种抄写过程产生的舛误,原因是多方面的,既有抄写者主观上的削删造成的,也可能与抄写者的知识水平和判断能力及其抄写时的心理状态、所处环境等因素相关。宇文所安指出,"抄写和重抄时认真程度的不同"也是造成钞本文字差异的原因。③ 在《释氏源流》之《三教优劣》一

---

① 梁启超撰、陈士强导读:《佛学研究十八篇》,上海古籍出版社2011年版,第17页。
② 梁启超撰、陈士强导读:《佛学研究十八篇》,上海古籍出版社2011年版,第26页。
③ 宇文所安:《中国早期古典诗歌的生成》,胡秋蕾等译,生活·读书·新知三联书店2012年版,第4页。

段中,"费叔才等自感而死,门徒归葬南岳,不预出家,无人流布"一句中的"感"字,不同版本之间就产生了异文,如高丽本作"憾"字。当今的流通本多采用"憾"字,从而纠正了可能在流通中产生的这一舛误。

上述情况下产生的各种变异文本,无论哪种情况,都是在同一文化系统内产生的。当一个文本在跨越国境进入异域,就开始了在另一文化系统内的传抄和流传,经异域抄写者或者编选者的二次"加工",会相应地产生另一种形态的变异文本。这种在异质文化中发生的文本变异,与同一文化系统内的变异不同。除了在传播中因客观因素造成的讹误,跟异域编选者和传抄者的汉语接受水平、理解能力和民族文化审美心理等相关。我们现在看到不少写本经日人的传抄后,被加入了许多异质文化因素,如各种训点符号等,而且这种训点符号与不同时期的不同"家学"传承密切相关。这些符号生动地说明了文本在异域文化中被重新阐释和解读的情况。我们不妨称这种现象为文本的"跨文化变异"。藤原师通(1062—1099)撰《后二条师通记》"宽志五年(1091)七月"条所记可以作为文本在异文化中被删削的一个例证:"十四日辛未,晴。自殿下(师实)以有信(藤原)朝臣御堂(道长)御书《时务荣(策)》三卷(注不见)、《抱朴子》七卷、《词林》十卷(诗)所借给也。"① 该条记录了藤原师通从其父藤原师实那里借来藤原道长手书"《时务策》三卷"之事。通过文中"注不见"的注释可知,当时流行的《魏征时务策》应当为有注本,而师通借来的藤原道长手书本《时务策》应该是道长略去了"注"的无注本。写本的传抄者除了主动删节和改变底本正文文字,像藤原道长这样主动删节或改变底本注文文字的现象也是常见的。

宇文所安认为,不仅是钞本时代的编者和抄手"往往按照自己的

---

① 藤原师通:《后二条师通记》,岩波书店1957年版,第323页。

观念，对文本进行随意的改变"①，就是到了印刷文化初期，也存在类似的情况，即编选者们对其认为错误的地方往往会根据自己的想法加以改正，或使其编选的文本符合某一标准，并且对这种改动根本不加注明。② 西方以圣经学为代表的文本校注之学已经对此有了很好的诠释。如巴特·埃尔曼《错引耶稣》所示，钞本时代的经文充满着各种有意无意的歧异，出自不同系统的钞本会带来各种异文，直接与不同方向的阐释缠绕在一起，有时是阐释取向催生了异文，有时则是文本变异导致了阐释的歧途。③ 这些都说明，文本的生成过程极其复杂。如何在文献整理中应对这些复杂的变异文本，成为当今学界不得不面对的一个重要课题。

第三节　基于文本复杂形成过程的文献整理方法论回应

随着出土文献整理研究的不断深入，尤其是近年来对海外汉籍中写本文献整理与研究的不断深入，学界对于文本生成过程的复杂性、变异性的探讨越来越多。随着研究的不断深入，也给传统的文献整理研究理念和范式带来了新的挑战。前面通过梳理初唐佛教经典"修订"《出三藏记集》和"意引"《吴书》的例子说明，文本的形成过程极其复杂，经常会催生出各种异文，因此，我们今天所看到的文本，很难说就是其诞生之初的样子，而可能在传抄、辑录、校勘、刊刻等每一个环节都发生异变。基于这种认识，要求我们思考新的文献整理理念。

---

① 宇文所安：《中国早期古典诗歌的生成》，胡秋蕾等译，生活·读书·新知三联书店2012年版，第29页。
② 宇文所安：《中国早期古典诗歌的生成》，胡秋蕾等译，生活·读书·新知三联书店2012年版，第69页。
③ 林晓光：《文献·历史·文本——汉魏六朝文学研究的三种基本范式再思》，《早期文本的生成与传播》第1辑，中华书局2017年版，第58页。

首先，从文献辑佚校勘层面来说。文本形成过程的复杂性理论给传统的辑佚校勘之学提出了更高的要求。通过前面的分析，我们已经意识到所谓"佚文"，既然从属于新的变异后的文本中，就必然受文本编选者甚至是"抄手"不同程度的"改造"，因此，同一佚文在不同引书中会出现不同的异文。这就给传统辑佚学提出了新的要求，就是要对不同变异文本的引用体例进行梳理，分辨出其中的异同，从而更加谨慎地认识各类佚文，辨别真伪。传统的校勘学也是如此，笔者前面在分析释宝成将《康僧舍利》故事中"赤乌十年"改订为"赤乌四年"的例子时，提出了文本的编选者同时又是校勘者的观点。这必然要求后世的校勘者要对前人的校勘"成果"进行再校勘，确定真伪。这种校勘，要求找到前人"他校"时所依据文本，并辨别这些互见文献究竟在多大程度上保留了其原初的版本形态，这就要求结合具体的文本进行评估。

其次，"底本式"整理是揭示变异文本个体特征的重要手段。文本形成和传播过程的复杂性，要求我们必须面对不同变异文本的内部矛盾，找出其变异的规律和路径，并寻求进入文本内部深层结构的途径。要实现这一目标，在具体整理方法上，力求描述底本原貌的"底本式"整理，就显得极为重要。所谓"底本式"整理，是保留底本的原貌（对写本中的舛误亦原样保留），同时在校记中指出其与其他写本或传世刻本的文字异同。这样的整理能帮助我们窥探文本深层机构，还会进一步丰富我们对于文本复杂演变过程的认识，对文本的形成过程形成全方位的认识。

再次，文献整理与文本细读相结合。文本细读（close readings）为20世纪英美新批评派提出的一种理论主张。该理论强调以语义分析作为诗歌批评的最基本方法，意在摒弃空洞的文学外部研究，回归文本并立足文本。通过以上论述，对文本形成过程的复杂性已经有了充分了解。文献整理的目的就是充分揭示文本的深层特性，这就需要整理者在传统的版本、校勘、文字、训诂等文献学基础上，辅之以深层次的文本细读。通过认真比对异文、细读文本,理清彼此之间的异同。通过文本细读,实际上也实现了文献整理、学术研究和理论探讨的有机融合。

最后,从文献整理主体来说,组建跨文化的团队和探索新的整理模式也是新时期文献整理与研究的必然要求。近年来,一些大型汉籍特别是海外汉文写本的整理研究正成为学术热点,越来越多的成果得以呈现。对这些跨文化文本,除了必须以"异域之眼"重新审视,整理和研究者是否具有汉语母语者的学术理想、人文思考与民族情感也至关重要。因此,建立一个跨文化的整理团队是十分必要的。在整理模式上,读书会这种稳定的形式也是已经被证明了的行之有效的方式之一。

《中庸》言"致广大而尽精微",把这句话运用到文献整理与研究中来,我们不妨倒过来说"尽精微而致广大"。"尽精微",是说文献的基础整理要做到精和深;"致广大"则是说在文献整理基础上的理论探索,这是基本目的。实现这一目的的基本途径则是文本细读,把文献整理与文本细读结合起来,努力实现文献与思想、理论的统一,这是当下文献整理工作所面临的重大问题。

参考文献

日文

（一）引用版本

《本朝续文粹》，《日本文学大系》卷 24，国民图书株式会社 1928 年版。

大曾根章介、金原理等校注：《本朝文粹》，岩波书店 1992 年版。

黑板胜美编：《本朝文粹·本朝续文粹》，《新订增补国史大系》卷 29 下，吉川弘文馆 2003 年版。

黑板胜美编：《本朝文集》，《新订增补国史大系》卷 30，吉川弘文馆 1966 年版。

黑板胜美编：《朝野群载》，《新订增补国史大系》卷 29 上，吉川弘文馆 1964 年版。

黑板胜美编：《令集解》，《新订增补国史大系》卷 23，吉川弘文馆 1943 年版。

《经国集》，《日本文学大系》卷 24，国民图书株式会社 1928 年版。

神宫司厅藏版：《古事类苑》（普及版），吉川弘文馆 1976 年版。

正宗敦夫等：《经国集》，《日本古典全集》（第 1 回），日本古典全集刊行会 1926 年版。

（二）研究著作

濱田寛：《平安朝日本漢文学の基底》，武藏野书院 2007 年版。

波户冈旭：《上代漢詩文と中国文学》，笠间书院 1989 年版。

川口久雄：《敦煌よりの風》，明治书院 1990 年版。

川口久雄：《平安朝日本漢文学史の研究》（上），明治书院 1959 年版。

川口久雄：《平安朝日本漢文学史の研究》（下），明治书院 1961 年版。

川口久雄：《平安朝日本漢文学史の研究》（中），明治书院 1960 年版。

村上哲见：《科挙の話——試験制度と文人官僚》，讲谈社 2000 年版。

大曽根章介：《王朝漢文学論考——〈本朝文粋〉の研究》，岩波书店 1994 年版。

都良香撰，中村璋八等校注：《都氏文集全释》，汲古书院 1988 年版。

福井重雅：《漢代官吏登用制度の研究》，创文社 1988 年版。

岡田正之：《近江奈良朝の漢文学》，养德社 1946 年版。

宮崎市定：《科挙》，中央公论社 1963 年版。

黒板胜美编：《公卿補任》，《新订增补国史大系》卷 53，吉川弘文馆 1938 年版。

后藤昭雄等校注：《江谈抄·中外抄·富家语》，《新日本古典文学大系》卷 32，岩波书店 1966 年版。

加藤周一：《日本文学史序说》，筑摩书房 1975 年版。

菅原道真撰，川口久雄校注：《菅家文草·菅家后集》，《日本古典文学大系》卷 72，岩波书店 1978 年版。

久木幸男：《大学寮と古代儒教》，サイマル出版会 1969 年版。

久木幸男：《日本古代学校の研究》，玉川大学出版部 1990 年版。

山岸德平：《日本汉文学研究》，《山岸德平著作集》，有精堂 1972 年版。

柿村重松：《本朝文粹注释》，内外出版株式会社 1922 年版。

松浦友久：《日本上代汉诗文论考》，《松浦友久著作选》（三），研文出版（山本书店出版部）2004 年版。

桃裕行：《上代学制の研究》，《桃裕行著作集》（一），思文阁出版1994年版。

藤原佐世撰：《日本国见在书目录》（宫内厅书陵部藏室生寺本），名著刊行会1966年版。

小岛宪之：《国風暗黒時代の文学》（补篇），塙书房2002年版。

小岛宪之：《国風暗黒時代の文学》（上），塙书房1968年版。

小岛宪之：《国風暗黒時代の文学》（中上），塙书房1986年版。

小岛宪之：《国風暗黒時代の文学》（中下），塙书房1986年版。

小岛宪之：《国風暗黒時代の文学》（中中），塙书房1986年版。

小岛宪之：《国風暗黒時代の文学》（下二），塙书房1995年版。

小岛宪之：《国風暗黒時代の文学》（下三），塙书房1998年版。

小岛宪之：《国風暗黒時代の文学》（下一），塙书房1991年版。

小岛宪之：《日本文学における漢語表現》，塙书房1988年版。

小岛宪之：《上代日本文学と中国文学——出典論を中心とする比較文学的考察》（上），塙书房1962年版。

小岛宪之：《上代日本文学と中国文学——出典論を中心とする比較文学的考察》（下），塙书房1965年版。

小岛宪之：《上代日本文学と中国文学——出典論を中心とする比較文学的考察》（中），塙书房1964年版。

野村忠夫：《官人制论》，雄山阁出版1975年版。

野村忠夫：《律令官人制の研究》（增订版），吉川弘文馆1970年版。

幼学会编：《孝子传注解》，汲古书院2004年版。

（三）研究论文

滨田宽：《対策考——策判と菅原道真〈請秀才課試新立法例状〉》，《早稲田大学大学院教育学研究科纪要（别册）》2001年3月号。

大崛英二：《道守宫继の対策文——律令官人の儒教理解と漢詩》，《日本文化と神道》2005年6月号。

福井重雅：《前漢対策文書再探——董仲舒の対策の予備的考察》，

《社会文化史学》1995年8月号。

三木雅博：《〈忠と孝とのせめぎ合い〉と中国孝子譚——〈経国集〉対策文から平家・近松へ》，《国語と国文学》2011年10月号。

三品泰子：《対策文〈鳥獣言語〉と九世紀の史官たち言語に分節する技としての十二律・六十四卦・三十一文字》，《古代文学》2004年12月号。

三品泰子：《習書木簡にみる文字の縁——万葉集の縁字・対策文の作句との関連から》，《古代文学》2005年12月号。

山田尚子：《対策の変容故事と論述》，《和汉比较文学》2006年11月号。

山田尚子：《匡房の後継——〈本朝続文粋〉所収〈述行旅〉策をめぐって》，《艺文研究》2008年6月号。

伊泽美绪：《遺脱する対策文——〈本朝文粋・散楽策〉の再検討》，《古代中世汉文学论考》2003年7月号。

张娜丽：《敦煌発見の自注童蒙書について——〈蒙求〉〈兎園策府〉の諸問題を中心に》，《お茶の水女子大学中国文学会報》2003年4月号。

佐藤道生：《平安時代の策問と対策文》，《〈心〉の形——東西文献資料に見られる心性の表象》，庆应义塾大学出版部，2005年7月号。

中文

（一）研究著作

《辞海》（缩印本），上海辞书出版社1989年版。

陈飞：《唐代试策考述》，中华书局2002年版。

程千帆：《唐代进士行卷与文学》，上海古籍出版社1980年版。

褚斌杰：《中国古代文体概论》（增订本），北京大学出版社1998年版。

褚斌杰：《中国古代文体概论》（增订本），中国社会科学出版社1990年版。

翟国璋主编：《中国科举辞典》，江西教育出版社2003年版。

傅璇琮：《唐代科举与文学》，陕西人民出版社1986年版。

高明士：《日本古代学制与唐制的比较研究》，学海出版社1986年版。

高明士：《隋唐贡举制度》，文津出版社1999年版。

高文汉：《中日古代文学比较研究》，山东教育出版社1999年版。

［日］古濑奈津子：《遣唐使眼里的中国》，郑威译，武汉大学出版社2007年版。

弘法大师撰，王利器校注：《文镜秘府论校注》，中国社会科学出版社1983年版。

［日］后藤昭雄：《日本古代汉文学与中国文学》，高兵兵译，中华书局2006年版。

黄留珠：《中国古代选官制度述略》，陕西人民出版社1989年版。

［日］堀敏一：《隋唐帝国与东亚》，韩昇、刘建英译，云南人民出版社2002年版。

（唐）李坊等编：《文苑英华》，中华书局1966年版。

刘海峰、李兵：《中国科举史》，东方出版中心2006年版。

（南朝梁）刘勰：《文心雕龙》，万卷出版公司2008年版。

陆坚、王勇主编：《中国典籍在日本的流传与影响》，杭州大学出版社1990年版。

罗积勇、张鹏飞校注：《唐代试律试策校注》，武汉大学出版社2009年版。

马骏：《日本上代文学"和习"问题研究》，北京大学出版社2012年版。

马瑞临编撰：《文献通考》，上海古籍出版社1987年影印本。

毛礼锐、沈灌群主编：《中国教育通史》，山东教育出版社1986年版。

（唐）欧阳询撰，汪绍楹校：《艺文类聚》，上海古籍出版社1995

年版。

斯波六郎编：《文选索引》（全三册），李庆译，上海古籍出版社 1997 年版。

滕君等编著：《中日文化交流史：考察与研究》，北京大学出版社 2011 年版。

汪小洋、孔庆茂：《科举文体研究》，天津古籍出版社 2005 年版。

王道成：《科举史话》，中华书局 1988 年版。

（五代）王定保撰，姜汉椿校注：《唐摭言校注》上海社会科学院出版社 2003 年版。

王钦若等编：《册府元龟》，中华书局 1984 年影印本。

王维坤：《中日文化交流的考古学研究》，陕西人民出版社 2002 年版。

王晓平：《东亚文学经典的传播与翻译》，中华书局 2014 年版。

王晓平：《日本中国述闻》，中华书局 2008 年版。

王晓平：《亚洲汉文学》，天津人民出版社 2009 年版。

王勇、大庭修主编：《中日文化交流史大系 9 · 典籍卷》，浙江人民出版社 1996 年版。

王勇等：《中日"书籍之路"研究》，北京图书馆出版社 2003 年版。

（唐）吴兢编撰：《贞观政要》，上海古籍出版社 1978 年版。

吴云、冀宇校注：《唐太宗全集》，天津古籍出版社 2004 年版。

（梁）萧统编，（唐）李善注：《文选》，上海古籍出版社 1986 年版。

（唐）徐坚等撰：《初学记》，中华书局 2004 年版。

许延明：《中国古代职官科举研究》，中华书局 2006 年版。

严绍璗：《汉籍在日本的流布研究》，江苏古籍出版社 1992 年版。

阎步克：《察举制度变迁史稿》，辽宁大学出版社 1997 年版。

杨学为：《中国考试制度史资料选编》，黄山书社 1992 年版。

杨学为主编：《中国考试史文献集成》，高等教育出版社 2003 年版。

张弓主编：《敦煌典籍与唐五代历史文化》，中国社会科学出版社 2003 年版。

章必功:《文体史话》,同济大学出版社2006年版。

郑阿才、朱凤玉:《敦煌蒙书研究》,甘肃教育出版社2002年版。

(二) 研究论文

陈飞:《唐代"秀才科"考辨》,《文献季刊》2002年第3期。

陈飞:《唐代试策的表达体式——策问部分考察》,《文学遗产》2008年第1期。

陈飞:《唐代试策的形式体制——以制举策文为例》,《文学遗产》2006年第6期。

高明士:《日本没有实施过科举吗》,《玄奘人文学报》2004年第3期。

葛继勇:《〈兔园策府〉的成书及东传日本》,《甘肃社会科学》2008年第5期。

葛继勇:《佚存日本的〈魏征时务策〉钩沉——日本出土木简对中国佚书复原研究的意义》,《文物》2003年第12期。

周唯一:《〈文选〉策诏文源流及艺术特色》,《中国文学研究》2005年第2期。

李宇玲:《平安朝文章生试与唐进士科考》,《日语学习与研究》2009年第2期。

刘进宝:《敦煌本〈兔园策府·征东夷〉产生的历史背景》,《敦煌研究》1998年第1期。

刘乃亮:《也谈日本的科举制度》,《石油大学学报》(社会科学版) 1999年第8期。

刘银红:《隋唐时期中国典籍在日本的流传与影响》,《图书与情报》2001年第3期。

屈直敏:《敦煌本〈兔园策府〉考辨》,《敦煌研究》2001年第3期。

汪小洋、孔庆茂:《科举文体文化与文学发展》,《江苏广播电视大学学报》2005年第5期。

王晓平:《日本奈良时代对策文与唐代试策文学研究》,《中西文化研究》2009 年第 12 期。

王勇:《隋唐时代的"书籍之路"》,《甘肃社会科学》2008 年第 1 期。

吴承学:《策问与对策——对一种考试文体的文学与文化研究》,四川大学中文系《新国学》1991 年第 1 期。

吴光辉:《科举考试与日本》,《东南学术》2005 年第 4 期。

吴光辉:《日本科举制的兴亡》,《厦门大学学报》2003 年第 5 期。

萧瑞峰:《日本有没有实行过科举制度——读日本汉诗献疑》,《文史知识》1995 年第 7 期。

张守军:《浅谈元、白对策文》,《辽宁教育学院学报》1997 年第 2 期。

钟涛:《〈文选〉制策文散论》,《柳州师专学报》2003 年第 6 期。

周丕显:《敦煌古钞〈兔园策府〉考析》,《敦煌学辑刊》1994 年第 2 期。

邹维:《遣唐使与中日古代文化交流》,《兰台世界》2012 年第 5 期。